이미지로 읽는 고대문명
田野圖像 —北緯34°偏北

이미지로 읽는 고대문명
田野圖像 —北緯34°偏北

초판1쇄 인쇄 2022년 11월 7일
초판1쇄 발행 2022년 11월 25일

지은이   한충야오(韓叢耀)
옮긴이   오성애 최정섭
펴낸이   이대현
편집   이태곤 권분옥 임애정 강윤경
디자인   안혜진 최선주 이경진
마케팅   박태훈 안현진

펴낸곳   도서출판 역락
출판등록   1999년 4월 19일 제303-2002-000014호
주소   서울시 서초구 동광로 46길 6-6 문창빌딩 2층 (우06589)
전화   02-3409-2060
팩스   02-3409-2059
홈페이지   www.youkrackbooks.com
이메일   youkrack@hanmail.net

ISBN 979-11-6742-390-0 03910

이미지로 읽는 고대문명

田野圖像 ─ 北緯３４。偏北

한충야오(韓叢耀) 지음

오성애 · 최정섭 옮김

역락

사랑하는 한국 독자들께

『이미지로 읽는 고대문명』이 여러분들을 만나게 되어 매우 기쁩니다. 다행히도, 우리는 같은 동방에 살고 있습니다. 이곳에서 꿈을 펼치며 우뚝 서 있지요.

우리는 지리적 위치가 가까워, 좁은 바다만 건너면 될 정도입니다. 우리는 문화가 가깝고, 풍속도 통합니다. 우리는 본래 언어로 인한 장벽이 필요없이 마음 가는대로 자유로이 교류할 수 있었으나, 그 역시도 어제의 낙원에서였습니다. 그때는 종족이나 국가를 구분 짓는 언어 문자는 없고 오로지 리듬과 높낮이가 있는 소리, 생물적인 몸짓이나 시각적인 이미지 기호들만 있었을 뿐이였지요. 사람들은 이미지로 서로 교류하고 소통하였습니다. 이미지는 우리의 교류에서 가장 효과적인 기억 매체였고 동시에 우리의 교류 역사를 기억시켜 주기도 하였습니다. 우리는 공동의 이미지, 공동의 문명 교류 방식을 공유하고 있습니다.

저는 일찍이, 도상은 인류의 가장 오래되고 또 부단히 새로워지는 문화적 유전자로서, 시각적 도식(圖式) 하나하나가 모두 인류의 정신적 패러다임을 비추고 있다고 말한 적이 있습니다. 유인원(類人猿)이 처음으로 나무 막대기를 주워들고, 최초의 돌멩이를 던졌을 때부터 인류와 함께하면서 인간의 감정을 표현하였고, 인간이 자연과 세계를 인식하도록 도왔고, 인류가 걸어온 모든 역정을 기록하였으며, 유인원에서 인류로, 오늘날에 이르기까지의 모든 문화적 DNA계보를 형성하였습니다. 기나긴 역사 발전 과정에서, 이미지와 자연, 이미지와 사회, 이미지와 사람, 이미지와 이미지가 서로 겹치고 침투하고 교착(交錯)하였으며, 그것들의 상호 융통(融通)은 다양하고 다중적이며 다층적인 이미지문화의 거대한 틀을 형성했고, 겸용병축(兼容竝畜)하고, 촉류방통(觸類旁通)하며, 박대정심(博大精深)한 이미지문화의 맥을 형성하였습니다.

이미지는 우리 모두의 정신적 고향과도 같습니다. 이미지는 인류의 어제이고 오늘이며 미래입니다.

저는 평생동안 이미지와 사랑에 빠져, 공부하고, 연구해 왔습니다. 흔적성 이미지, 상사성 이미지, 상징성 이미지, 취합성 이미지를 연구했습니다. 저는 앞으로도 인류 고문명의 드넓은 광야를 걸으며 고대 문명의 축선(軸線)에 놓인 이미지들을 고찰해 나갈 것입니다. 여러분이 지금 보고 계신 것은 저의 첫 번째 전야도상(田野圖像) 답사 기록들입니다. 이어지는 전야도상 시리즈들도 하루빨리 여러분들과 만날 수 있기를 희망합니다.

여러분의 건강과 행운을 기원합니다.

당신의 벗: 한충야오
2022년 4월 10일

북위 34도 미북(微北) 지대
-지구상의 문명대(文明帶)

인류가 생존하는 지구상에서, 북위 32도 일대는 일조량이 충분하고, 강수량이 풍부하고, 사계절이 분명하고, 기후가 적절하고, 식생(植生)이 무성하고, 생물의 종(種)이 다양하다. 여기에 이 푸른 별 위의 절대 대부분의 식물 생명, 동물 생명이 인류를 포함한 생명 형태가 집중되어 있고, 가장 복잡하고 가장 장대한 생명 활동 지대를 형성했다.

그렇다면, 식물, 동물 및 인류 생명이 이처럼 넉넉하고 빼어난 이 황금지대에서, 인류가 창조한 문명도 그것을 따라 흥하고, 그것에 수반하여 좌우되는가? 그러나, 거듭 문헌을 연구하고, 위아래로 지리지식을 탐색하고, 인류 4대문명이 시작된 곳을 고증해보면, 오히려 놀랍게도 지구상의 4대 고(古)문명은 결코 여기에서 발원하지 않고,—마치 약속이나 한 듯이 일치하여 '위치이동'이 발생했고, 또 놀랍도록 일치하여 북위34도 미북의 동서 축선지대에 편향되었다.

"머리 들어 서북쪽 뜬구름을 바라보니, 만 리 하늘을 다스리려면 장검이 필요하네. 사람들은 말하네, 이 곳에서 심야에는 두우성의 빛이 자주 보인다고(擧頭西北浮雲, 倚千萬里須長劍. 人言此地, 深夜長見, 斗牛光焰.)" 천 년 전, 한 중국인이 사(詞) 속에서 아득히 먼 위치 이동 중에 쉬지 않고 이어지는 대자연의 웅대한 기상을 호탕하게 토로했는데, 땅(地藏)과 하늘(天見)이 서로 표리가 되는 말로 하기 어려운 신기함에 감개하였다. 북위 34도 미북에 편향한 동서축선지대 역시 내가 감개하고 놀라는 것이다. 그것들은 동에서 서로 이어지는 한 줄기 문명활동대로서, 화하문명, 고인도문명, 고바빌로니아문명 그리고 고이집트문명을 핵심으로 하는 인류문명이 이를 따라 멀리 굽이굽이 펼쳐져 있다.

종이 위에서 얻은 지식은 결국 얄팍하니, 이것을 제대로 알려 하면 몸으로 행해야 하네(紙上得來終覺淺, 絶知此事要躬行.) 그러므로 낡은 종이의 안내와 이끌림을 따라, 나는 책을 내려놓고 필드로 나가고, 실재하는 산과 바다로 걸어 들어간다. 도보의 멀고 지루함은 변치 않은 초

북위 34도 4대 고대문명 지대 설명도

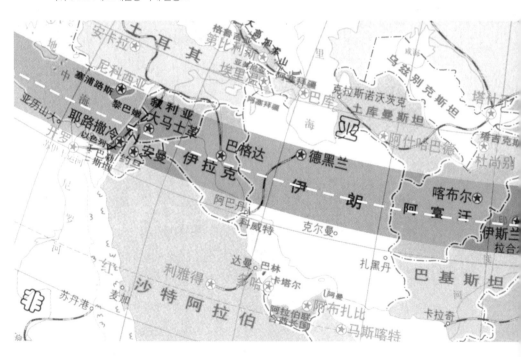

이미지로 읽는 고대문명

심이 있어 순수하면서 충실한 즐거움으로 채워진다. 진정한 의미는 결코 찾아서 얻는 것이 아니며, 연마(鍊磨) 속에서 절로 생겨난다.

　대략 8, 9천년 전, 이 푸른 별의 큰 강변에서 인류문명이 싹트기 시작했다. 양대강유역, 나일강유역, 인더스강유역, 황하유역은 잇달아 고바빌로니아문명, 고이집트문명, 고인도문명, 고황하문명을 낳았다. 이 세계 4대 문명 발원지와 대응하는 것은 4대 문명고국(文明古國)이다. 그중 고바빌로니아(서아시아에 위치, 현재의 이라크), 고이집트(동아프리카에 위치, 현재의 이집트), 고인도(남아시아에 위치, 현재의 인도·파키스탄·아프가니스탄을 포함). 4대문명고국의 위치는 인류문명이 최초로 탄생한 지역이다. 4대문명은 이후 여러 문명의 발원지이고, 각자의 지역에서 거대하고 심원한 영향을 낳았다. 4대 고대문명은 원생문명(原生文明)이

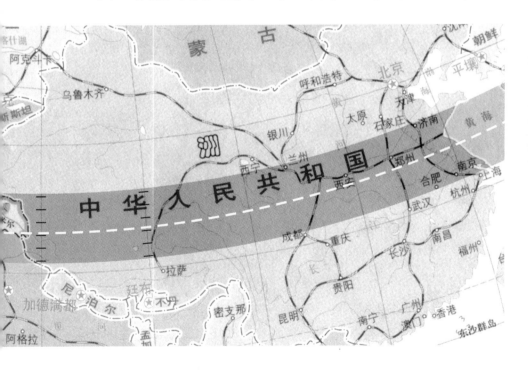

고, 기타 문명은 가까운 원생문명의 영향을 받은 파생문명이다.

양대강유역(티그리스강, 유프라테스강)에서 기원한 고바빌로니아문명 즉 메소포타미아문명은 비록 겨우 2백여 년을 생존했지만, 세계 최초의 인류문명인 양대강 도시국가문명(6500년 전~6000년 전)을 낳았고, 세계 최초의 문자 - 수메르인의 쐐기문자(5200년 전), 세계 최초의 도시 - 예루살렘 부근의 여리고성(8천년~1만년 전)과 시리아 수도 다마스커스(8천년년~1만년 전), 세계 최초의 제련실천 - 양대강유역 도시국가의 금은광석제련실험(7천년 전), 세계 최초의 청동제련기술 - 양대강유역 도시국가의 청동제련술(6천 년 전), 세계 최초의 철기문명 - 히타이트문명(3500년 전), 세계 최초의 역법(曆法) - 수메르인의 태음(월)력(구체적 시간은 미상. 이집트 태양력보다 빠르며, 5천 년 역사를 가지고 있다는 견해도 있다.) 세계 최초의 체계적 종교 - 유대교(4천 년 전, 힌두교와 병렬), 세계 최초의 농업 - 초승달지대(1만 천 년 전)가 나타났다. 이 2백여 년 중에, 불행히 외족의 침입을 받은 후, 찬란한 문명이 눈 깜짝할 사이에 연기처럼 흩어지고, 그후 '공중정원'은 전설 속에만 존재할 수 있었다. 자질구레한 기록과 함무라비법전을 새긴 석주(石柱)같은 잔해 외에, 더 이상 그 시대의 찬란함을 조사할 방법은 없다.

나일강변의 고이집트문명은 세계 최초의 통일왕조/제국—미노스 통일상하(上下)이집트를 수립했고 이집트 제1왕조(5100년 전)를 수립했다. 세계 최초의 수학—고이집트수학(5200년 전), 세계 최초의 기하학—고이집트 기하학(5천년 전), 세계 최초의 전용필기도구—갈대펜과 파피루스(5천년 전). 고이집트문명은 일찍이 고왕국시기에 불후의 걸작—피라미드를 만들었다. 후에 중(中)왕국시기에 들어온 이후 끊이지 않는 대외전쟁 때문에 신왕국시기에 들어와서 이집트문명은 극히 큰

이미지로 읽는 고대문명

충격을 받았고, 신왕국시기가 끝날 때 이집트는 이미 분열의 늪에 빠져 있었다. 리비아인이 북방을 점거했고, 누비아인이 남방을 점령했다. 고희랍과 페르시아제국이 번갈아 유린한 후 고이집트는 마침내 페르시아 제국에 병탄되었고 신앙도 점차 무슬림화하였다. 국가의 멸망에 문명도 흩어져 없어지기 시작했고, 복잡한 고이집트문자도 점차로 사람들에게 잊혀졌으며, 현재 사학자들이 추측만 할 수 있을 뿐인 '죽은 문자(死字)'가 되었는데, 이미 알아볼 수 있는 사람이 없기 때문이다. 지금의 이집트인은 이미 '파라오의 백성'이 아니라 유럽인과 아랍인의 후예이다.

인더스강유역의 고인도문명은 인류의 가장 오래된 문명 중 하나이다. 고인도문명을 두 부분으로 세분해서 보면, 하나는 인더스강 유역에서 탄생한 문명이고, 또 하나는 갠지스강 유역에서 탄생한 문명이다. 고인도문명의 소실이 가리키는 것은 인더스강 유역의 문명의 소멸이고, 갠지스강 유역의 문명은 결코 멸망하지 않았다. 인도의 원고(遠古)문명은 역사의 먼지 속에 묻혔다가 20세기에 와서야 고고학을 통해 발견되었는데, 그 유적지는 우선 인도 하라파지역에서 발굴되었기에, 통상 고인도문명을 '하라파문화'라고 부른다.

고인도는 빈틈없는 사회등급제도를 세웠고, 문학, 철학, 자연과학 등의 방면에서 인류문명에 독창적인 공헌을 했다. 정교하고 아름다운 회화와 조소(彫塑)를 창작했고, 불후의 서사시 『마하바라타』와 『라마야나』를 창작했다 오늘날의 논리학에 해당하는 '인명학(因明學)'을 창립했다. 세계에서 통용되는 계수법(計數法)을 발명했다. '0'을 포함한 10개 숫자 기호를 창조했는데, 이른바 아라비아 숫자는 실제로 인도에서 기원했다. 이 오래된 땅은 세계 3대 종교 중 하나인 불교의 탄생지이기도 하다.

화하문명은 중화문명이라고도 부르며, 세계에서 가장 오래된 문명의 하나이고, 세계에서 지속시간이 가장 긴 문명이기도 하다. 일반적으로 중화문명의 원류는 세 개가 있다. 즉 황하문명, 장강(長江)문명 그리고 북방초원문명이다. 중화문명은 이 세 가지 지역문명이 교류하고 융합하며 승화한 열매이다.

화하문명은 대지만문화(大地灣文化), 배리강문화(裴李崗文化), 용산문화(龍山文化), 앙소문화(仰韶文化)에서 기원한다. 화하의 선민(先民)은 일찍이 8천년 전에 이미 황하 유역에 대지만문화(감숙성 천수(天水) 일대)와 배리강문화(하남성 신정(新鄭) 일대)를 세웠다. 또 7천~5천년 전에 북으로는 장성(長城) 연선(沿線) 및 오르도스(河套)지역에 이르고, 남으로는 호북성 서북부에 달하고, 동으로는 하남성 동부 일대에 이르고, 서로는 감숙성과 청해성(靑海省)의 접경지대에 이르는 곳에 앙소문화를 세웠다. 다시 지금으로부터 약 4600~4000년 전에 황하 중하류에 분포하던 산동성, 하남성, 산서성, 섬서성 등의 지역에 용산문화를 세웠다. 지금으로부터 5300년 전후에, 중화대지(中華大地)의 각 지역은 계속해서 문명단계에 진입했다. 지금으로부터 3800년 전후에, 중원지역은 더 성숙한 문명형태를 형성했다.

중화문명(화하문명)의 기원 시간에 관해서, 문명의 기원에 대한 서방의 정의에 따르면, 중화문명은 3천년 전에 발원했다. '양저문화(良渚文化)'는 중화문명 5천년을 실증했는데, 양저문명은 지금으로부터 약 5300~4300년 전으로서, 대체로 고이집트문명, 수메르문명, 하라파문명과 같은 시대에 처한다. 홍산문물(紅山文物)의 최신 연구결과와 문명기준에 관한 정의는 중화문명이 적어도 8천년 전에 기원했음을 증명하

이미지로 읽는 고대문명

기에 족하다.

여기서 많은 세계 최초의 문명 성과가 탄생했다. 예를 들면,세계 최초의 조선 기술—절강성 소산(蕭山)과 과호교(跨湖橋) 유적지 독목주(獨木舟)(8천년 전), 세계 최초의 양조기술—하남성 무양(舞陽) 가호(賈湖) 유적지의 과일주 침전물(9천년 전) 등 모두 이곳에서 발견되었다.

광음(光陰)이 흘러가, 상전벽해(桑田碧海), 4대 고대문명 중 3개가 이미 앞서거니 뒤서거니 멸망하고, 오직 화하문명만이 그 뿌리와 맥이 계속 이어져서, 여지껏 사라지지 않았다. 어떤 고대문명은 중단되었고, 어떤 고대문명은 축심이 이동하여서, 문명의 형태가 이미 우리로부터 멀리 간 것 같지만, 우리는 여전히 그것들이 일찍이 발산했던 빛을 느낄 수 있고, 전율을 일으키는 과거의 매력을 느낄 수 있다.

북위 32도가 지구의 물질문명대(物質文明帶)라면, 북위34도 미북은 인류의 정신문명대(精神文明帶)라고 할 수 있다.

이 4대 고대문명의 도상적 흔적에 대한 필드 리서치는 동에서 서로 진행되었고, 그것이 지나간 공간의 크기는 지구의 거의 태반을 가로질러, 아시아, 유럽 대륙으로부터 바다를 건너 다시 아프리카 대륙에 닿는다. 그것이 지나간 시간은 장장 만년에 달하여, 문자가 없던 원시사회로부터 다채로운 그림과 글과 음성과 영상이 있는 현대사회까지 이른다. 그림 하나에 하나의 세계가 있어서 조대(朝代)의 교체를 한눈에 알아본다.

그렇다면 북위 34도 미북의 문명대는 오래 전부터 존재하던 자연적인 사실인가, 역사적인 우연의 일치인가, 아니면 흥미로운 발견인가? 발로 더듬어 측정을 해 봐야만이 해답을 얻을 수 있겠다.

4대 고대문명 중 어떤 것은 이미 멸망했고, 어떤 문명중심에서는 전이(轉移)가 발생했다. 살펴볼 수 있는 기성(既成)의 문헌이 없으니 그저 두 발을 내디뎌, 황량한 들판과 산수(山水)를 편력하며, 발로 측량하고, 눈으로 관찰하고, 마음으로 느낄 뿐이다. 고증을 제공할 수 있는 문헌은 없지만, 문화현장은 아직 있고, 문명 유적지도 아직 있고, 문화적 분위기도 아직 있고, 인류 물질문명의 유적지도 아직 있다. 더 중요한 것은, 이미지 문명이 아직 있다는 것이다.

이미지는 고대문명의 가장 유구한 문화 기호로서, 그것은 상징형태일 뿐 아니라 상사(相似)형태이고, 나아가서는 흔적 형태이며, 심지어 복잡한 취합(聚合)형태이기도 하다. 그것은 흔적적으로 혹은 생물적으로 고대문명의 문화적 유전자를 보유한다. 그것은 문자보다 더 오래되었고, 더 직관적이고, 더 형상적이다. 이미지는 나면서부터 생물적 시각전승의 지시성(指示性), 상징성, 흔적성 등 장점을 가지고 있고, 자연스럽게 족군(族群)의 물질문명의 원생형태와 비물질문명의 원생형태를 금석에 새겨서 계승하고 있다.

이미지의 역사 기록, 역사 전승, 역사 논증, 역사 구성에 대한 연구는 학문의 한 분과이다. 그것은 남아 있는 이미지 사료가 싣고 있는 내용과 노출된 역사 정보에 의거하고, 학제적(學際的) 연구방법을 채용하며, 역사학, 도상학, 미디어학, 인류학, 예술학, 사회학 등의 이론적 방법 및 연구성과를 이용한다. 그중 진실하고 합리적인 역사 환경 정보와 미디어 형태 정보를 추출하여, 객관적 진실에 가장 가까운, 이미지가 전승한 역사 생태 환경을 복원하고, 그리하여 역사 이미지의 '본래적 컨텍스트(原境)의 재구(再構)'를 완성한다.

이미지를 이용해 역사를 기록하는 것은 '도상기사(圖像記史)'라고 부를 수 있고, 명사(銘史)라고 부를 수도 있다. 역사를 기록하고 드러내는

이미지로 읽는 고대문명

방면에서, 이미지는 후에 인류가 발명하여 사용한 문자와 마찬가지로, 역사적 사실을 기록하고 새긴(記刻) 시각기호로서, 이미지와 문자는 동질이구(同質異構)이다. 하나는 이미지의 서술구조를 이용해 '역사적 사실'을 나타내는 시각적 구성이고, 하나는 문자의 선성(線性)을 이용해 '역사적 사실'을 묘사하는 어문적(語文的) 구성이다.

현재 가장 일찍 이미지 역사로부터 문자 역사로 걸어들어간 사람들(문자기술을 장악한 사회 엘리트)는 온 길을 망각했고 초심을 잊고서는 그저 문자만 껴안을 줄 알고, 문자서사(書寫)의 역사만 껴안을 줄 알아서, 심지어 문자 이전의 사회를 '사전사회(史前社會)'라고 부르면서, 인류의 역사가 문자를 가진 시대에 비로소 시작되었다는 듯이 여기는데, 이 같은 천박함과 건망증은 있어서는 안 된다. 문자문헌기록(이방(異邦) 문헌을 포함하여), 고고학적 발견(고고학적 자료와 고고학적 신발견) 그리고 구두전승(신화 전서, 사시(史詩), 민요, 의식어(儀式語) 등)은 오늘날 전문학자들에게 이미 매우 익숙한 학술전통이자 표준화된 방법이지만 이미지서사(書寫)의 역사(상형(象形), 도형(圖形), 명부(銘符), 도상(圖像) 등)과 기물형제(器物形制)(물상공간(物象空間)[01], 신체서사(身體敍事, body narrative), 장치담론(裝置談論), 과학감정(科學鑑定) 등)에 대해서는 오히려 약간 낯설어 보이며, 심지어 학계 전문가 학자들의 안목에는 들어가지도 않는다. 실제로는, 이미지기사가 문자보다 이르고, 문자보다 더 진실하다.

이미지를 이용해 역사를 전파하는 것은 '도상전사(圖像傳史)'라고 부를 수 있다. 이미지가 나타내는 역사는 아마도 역사의 가장 진실한 일

---

01   구체적 사물형상이 있는 삼차원 입체 공간 - 역자주.

부분으로서, 도상사(圖像史)는 곧 전 인류문명역사의 일부분이고, 이미지와 문자는 동질동구(同質同構), 모두 역사를 전승하고 문명을 형성한다. 이미지는 문자보다 더 오래도록 역사를 계승하고, 또 문자보다 더 형상적이고 더 객관적으로 역사를 전파한다. 도상전사의 형태는 독특한 문화유전자 전승의 안정성, 확장성, 창조성을 가지고 있다.

현재 인류의 역사 전승은 주로 두 가지 방식이 있다. 한 가지는 어문(말, 언어, 문자, 추론적 기호 등)을 주요 담지체로 하는 선적(線的)이고, 통시적이고, 논리적인 전승방식이다. 또 한 가지는 이미지(도형, 도회(圖繪), 영상, 구조적 기호 등)을 담지체로 하는 면적(面的)이고, 공시적이고, 감성적인 전승 방식이다. 문자기술과 역사전승의 방식은 근 오천 년 이래 이미 인류문명을 나타내는 주류 방식이 되었다. 백만 년 역사가 있고 또 대량의 문명정보를 보유한 도상 전사 방식이 있지만, 오히려 줄곧 응분의 중시와 충분한 과학적 해독을 얻지 못했고, 도상 전사와 문자전사(文字傳史)의 상호구성적 관계는 줄곧 응분의 중시를 얻지 못했다.

이미지를 이용한 역사 연구는 '도상증사(圖像證史)'라고 부를 수 있다. 이미지 사료(史料)는 오늘날 사람들의 과학적 역사관에서 볼 때, 전사(傳史)만이 아니라 증사(證史)도 할 수 있다. 비록 도상사적(圖像史的) 연구와 전통적 문자사학적(文字史學的) 연구가 이용하는 사료는 주요 부분이 완전히 다르긴 하지만, 오히려 모두 동일한 역사 사건 혹은 역사 사실을 드러낼 수 있다. 이미지와 문자는 이질동구(異質同構)이고, 각기 자신의 장점으로써 역사를 확증하고, 역사를 선명하게 드러내어, 역사의 사회적 깊이와, 본래 있어야 할 다차원적 내함을 증가시켰다. 문자 문헌이 극히 적게 다루는 중요한 역사 정보들을 이미지 사료는 종

이미지로 읽는 고대문명

종 직관적이고 간결한 형식으로 드러낼 수 있고, 문자가 묘사하기 어려운 역사적 경위는 이미지 사료에서 드러날 수 있다.

이미지 사료는 언어문자가 구성하는 역사자료와 전혀 달라서, 이미지 자체가 구성하는 시각 도식은 최초의 시각적 면모와 본래의 사회적 의의를 매우 많이 보존하고 있다. 역사적 분과학문으로서의 도상사(圖像史)에서, 역사 이미지는 시종 그 분과 학문의 핵심이자 연구대상이다. 역사이미지라는, 이 역사기록과 정보가 교류하는 이미지 사료를 통해야만, 그 가장 은밀한 관념과 신앙이 비로소 후세에게 전해질 수 있다. 역사이미지의 약간의 진실한 정보는 역사이미지화면을 통해 자연스럽게 흘러나오고, 이런 역사정보야말로 진실하고, 신뢰할 수 있기에, 비로소 그 진실한 존재를 증명할 수 있다.

이미지를 이용해 역사를 구성하는 것은 '도상구사(圖像構史)'라고 부를 수 있다. 도상사는 이미지 사료 위주의 시각구성(視覺構成)이고 전통사학은 문자문헌 위주의 텍스트 구성이다. 그것들은 비록 사용하는 사료의 재질(材質)이 다르고, 구성방식이 다르고, 표현형식이 다르고, 표현내용이 다르며, 이미지와 문자는 이질이구(異質異構)이고, 그것들은 독특하게 역사를 진술하고, 독립적으로 역사를 연역하고, 독자적으로 역사를 구성하지만, 모두 유효한 역사적 표현으로서, 합하면 동일하고, 나뉘면 서로 증명해준다.

전통사학연구는 문자문헌 위주로, 이미지 사료는 상대적으로 적게 사용한다. 도상사학(圖像史學)은 이미지 사료를 주로 하고, 문자문헌과 상호 구성하고 상호 융합하며, 상호 증명하고 상호 신뢰한다. 어떤 의의에서 말하자면, 이미지 사료가 전개되는 장소야말로 이미지가 역사를 구성하는 가장 좋은 영역이고, 이미지 사료는 그것이 있어야 할 장소에서 전시되어야 비로소 선명하고, 비로소 이미지의 역사적 가치를 드러낼 수 있다. 이미지 사료는 전개되지 않으면 역사전파의 의의가 없다. 이미지 사료는 매개기능이 아니면 문명적 의의가 없다. 이미지 사료를 이용한 역사 구성은 이미지를 문자로 묘사하는 데에만 머무르지 않고, '원래의 모습(原樣)'을 이용해 드러내야 하고, 원(原)'도(圖)'를 이용해 분석해야 하며, 가능한 한 이미지사료 당시의 전시장소를 복원하고, 이미지 사료가 최초로 응용된 역사적 장면을 재구(再構)하여, 역사이미지로 하여금 '집에 돌아가' 길을 찾게 하여야 한다.

도상사를 쓰기는 매우 어려워, 연구자에게 시각언어에 통효(通曉)하는 능력을 가질 것을 요구할 뿐 아니라, 역사학, 인류학, 미디어학, 사회학, 예술학, 문화학 등등 여러 분과학문의 협력을 통해 이미지 사료에 대한 '역사적인 원래의 컨텍스트(原境)'를 복원하고 이 '원래의 컨텍스트' 속에서 이미지에 대해 역사화된 이해를 행할 능력도 요구된다. 쓰는 이는 도상사를 쓸 문화프레임, 말하자면 이미지 자체의 역사에 속하는 문화적 틀을 집요하게 찾아야 하고, 그 틀의 핵심을 확정하려 시도해야 한다. 왜냐하면, 매 하나의 문화프레임은 모두 신성한 핵심을 가지고 있고, 이 신성한 핵심은 사회와 정치가 자리잡는(定位) 데에 도움이 되고, 그 속의 사회성원으로 하여금 자신이 처한 지위를 명확히 알 수 있게 해 주는데, 이것이 바로 문화, 사회, 그리고 정치가 모이는 곳이기 때문이다.

강조해야 할 것은, 역사는 민족의 정신적 지주이고, 이미지를 이용한 역사 구성은 매우 엄숙한 일이며, 한 민족, 한 국가를 구성하는 정신적 영역에서, 이 민족, 이 국가의 시각적 당안사(檔案史)를 쓴다는 것이다. 도상사의 연구와 쓰기(書寫)는 민족에 대한 책임, 국가에 대한 책임,

이미지로 읽는 고대문명

역사에 대한 책임의 정신에 바탕하여, 연구 속에서 신중하고 또 신중하게 서로 다른 문명이 형성한 서로 다른 역사영역의 이론적 방법과 연구 성과를 사용해야 하지만. 결코 임의(任意)로 역사를 짓밟고, 자의(恣意)로 역사를 평설하고, 수의(隨意)로 역사를 단순화하고, 사의(肆意)로 역사를 소비해서는 안 된다. 역사를 존중하고, 정확하게 역사를 인식해야만 역사도상(歷史圖像)의 방식을 이용해 역사를 구성하고 역사를 전파할 자격이 있다. 그래야만 비로소 도상사(圖像史)의 최종 양태가 도(圖)와 문(文)과 (사史)가 근원을 같이할 수 있고, 도와 문과 (사)가 상호 융합할 수 있고, 도와 문과 (사)가 상호 구성하는 데에 이를 수 있다.

문명과 문화에 관해, 에드워드 타일러(Edward Burnett Tylor)는 일찍이 1871년 출판한 『원시문화(Primitive Culture)』에서 그것을 일체(一體)라고 보았다. 그는 말했다. "광의의 민족학적 의의에서 말하면, 문화 혹은 문명은 하나의 복합적 총체이다. 그것은 지식, 신앙, 예술, 도덕, 법률, 풍속, 그리고 사회성원의 한 분자로서 획득한 능력과 습관 전체를 포함한다." 20세기이래 비교적 유행한 견해는 이렇게 여긴다. 즉, 문명은 물질문화이고, 문화는 정신문화와 사회문화이다. 즉, 문명은 물질적인 것이고, 문화는 정신적인 것이며, 문화는 인간의 가치, 신앙, 도덕, 이상, 예술 등의 요소를 포함하고, 문명은 그저 기술, 기교, 그리고 물질의 요소를 포함한다는 것이다. 더 많은 학자들은 문명은 인류가 창조한 물질적 재부와 정신적 재부의 총화이고, 문화적 성과 속의 정수가 되는 부분이라고 여긴다. 문명은 문자가 출현하고 도시가 형성되고 사회가 분업화한 후에 형성되었으며, 문화의 최고형식이거나, 혹은 인류 자신을 정복하는 활동, 과정, 성과 등 다방면의 내용의 총화이다. 문명은 상대적으로 안정된 도약식 발전이다. 인류는 문명사회 이전에 이미 원시문화를 낳았는데, 문화는 동태적이고, 점진적이며, 중간에 끊기지 않는다.

인류의 가장 오래되고 또 부단히 이어지면서 새롭게 바뀌는 문화적 유전자로서의 이미지, 그 시각 도식 하나 하나는 모두 인류의 정신적 패러다임을 비추고 있다. 유인원이 최초의 나무방망이를 들고, 최초의 돌을 던지자, 그것은 인류를 따라 인류의 정감과, 자연에 대한, 세계에 대한 인지를 나타내고 있으며, 인류가 걸어온 모든 역정을 기각(記刻) 하고 있고, 유인원에서 인류로, 오늘날까지 도달한 완정(完整)한 문화적 DNA계보를 형성한다.

외계 물상(物像)을 감지하는 인류의 생물적(촉각, 청각,. 후각, 미각, 시각) 유전자 중에서, 감지특성(感知特性)은 생물적 실존과 긴밀히 연관되는데, 오직 시각만이 생물적 실존을 벗어나서, 외재적 기호를 통해 오래도록 이런 감지특성을 보존했다. 그러므로 인류가 생명의 시작부터 줄곧, 각종 기억감지기호를 창조해 이런 시각적 감지를 기각(記刻)하고, 시각감지계통을 전파하는 공동기호상태 - 문화를 새겨서 기록했고, 촉각적, 청각적, 후각적, 미각적 감지를 시각도상의 기각(記刻)계통으로 전환했다. 인류는 지구상에서 이미 수십 억년이나 생존하였지만, 인류 사회가 기록의 역사를 가진 것은 오히려 수천 년뿐이고, 게다가 이 수천 년의 역정 중에서, 인류 대부분 문명의 진화형태는 여전히 시각적 글쓰기의 이미지패러다임 속에 감추어져 파악되지 못했다. 시각도식은 정신적 패러다임을 나타내고 있고, 정신적 패러다임은 시각도식을 결정하고 있다. 그것이 4대 고대문명의 전야도상(田野圖像) 고찰에 대해 가지는 의의의 근본이 있는 곳이고, 또한 이 이야기의 요지(要旨)이기도 하다. 이것은 철학적 범주를 벗어나는 명제로서, 자못 유심주의적인 미신적 색채들이 있고, 논증하기는 어렵다. 그러나 그것은 또 생명에 관한, 문명기원에 관한 도전적인 명제를 가장 갖추고 있으며, 나아가 현대인이 반드시 대면해야 하는 문화적 문제이다. 시각적 사유를 파악하는 정신적 패러다임은 있기도 하고 없기도 하며, 진실하기도 하고 의심스럽기도 하며, 대상(大象)은 형체가 없고, 형(形)이 흩어지면 신(神)이 모인다. 이미지의 시각도식은 정처없이 흘러다녀, 사람으로 하여금 헤아리기 어렵게 하며, 미지(未知)로 가득하게 하지만, 그러나 또 확실히 존재하여, 사람들이 다 볼 수 있다.

이미지는 문화연구의 대상물로서, 그것은 물질기술의 층위(層位)에 속하기도 하고, 문화내용에 속하기도 한다. 인류 문명전파활동 중에서, 이미지는 문명을 쓸 뿐 아니라, 이미지 자체가 바로 일종의 문명이다. 이미지의 발전역정을 고찰하면 인류문명 진행과정의 원천을 조망할 수 있고, 역사학연구에 기초적 사료를 제공할 수 있다.

과학 연구는 세계의 모든 사물이 그 고정불변의 물리적 성분을 가지고 있다고, 그 본질적 특성을 부각시키는 정신적 인자(因子)를 가지고 있다고 우리에게 알려준다. 만약 4대 고대문명에 대한 고찰의 시점을 이미지를 생성하는 시각도식의 문화적 원소에 고정하고, 시각도식에 대한 깊이 있는 연구와 도상학적 분석을 통하면, 시각도식을 구성하는 최소공분모를 약분할 수 있다. 시각도식은 정신적 패러다임을 반영하고, 정신적 패러다임은 시각도식을 결정한다. 어떤 생물시각정보도 그 공액(共軛)적 물상(物像)을 가지고 있기 때문에, 공액관계는 모델링(modeling)하여 토론할 수 있다.

이미지는 인류의 인지(認知) 수단이고, 정보전파의 텍스트이고, 사회

기록의 지도(地圖)이다. 이미지 사료(圖像史料)는 당대 사회의 가장 확실한 역사정보이고, 보편적인 대중매개문화이기도 하다. 이미지에 대한 필드리서치는 고대문명의 이미지매개를 통해, 인류가 문화를 전달하는 공유기호를 연구하는 과정이다. 이미지 기사(記史), 전사(傳史)의 지식을 연구하는 것은 문명사회 건설의 기초이고, 그것은 또 동시에 세계에 대한 사람들의 인지/상상 및 그 인지/상상의 방법을 건설하고 있다.

역사 진행 과정 중의 이미지문명 형태는 고대 인류문명을 받쳐주는 유형적(有形的)인 주축이고, 그것은 족군(族群)의 정신적 영역을 구축하고, 족인(族人)의 일상행위를 규범화하고, 문명발전의 가능한 방향을 인도한다.

이미지는 인류의 정보교류에 기초를 제공했고, 또 인류의 문명모델에 거대한 전파공간과 시간을 제공했고, 동시에, 세계 속에서 인류의 작용을 더 상세하게 이해하고 분석하는 데에 조건을 제공했다.

왜 풍부한 생명이 북위 32도의 지대에 분포되어 있고, 4대 고대문명이 모두 북위 34도 미북의 지대에서 기원했는지로 돌아오면, 우리는 아마 이렇게 대답을 시도할 수 있을 것이다.

문화는 응취(凝聚)의 경향을 갖고 있고, 또 마치 바깥을 향하는 듯이 보이는 장력(張力)을 통해 그 응취를 실현한다. 문명은 잠재화의 경향을 갖고 있고, 물질과 정신 사이에서 배회하는 유령으로서, 시종 온화(溫和)와 고난의 전야를 유랑한다.

원고(遠古)는 퇴색한 적이 없고, 유적은 원기(元氣)를 보존한다. 전야는 고와 금을 연결하고, 먼 길은 진심을 알게 해 준다. 북위34도 미북, 지구를 둘러 싼 문명 댕기이다.

‖ 차례 ‖

제3장 돌에 새긴 서사시(石銘史詩)

제4장 청명상하(上河淸明)

제5장 원수(洹水)에서 하늘에 묻다(問天洹上)

제6장 낙신의 이미지(洛神意象)

제7장 백마가 불경을 지고 오다(白馬駄經)

제8장 황천후토(皇天后土)

아침에는 이슬을 피우고,
저녁에는 술을 데우며,
사물을 마주하여 도를 구하네.

밤에는 정회를 풀고,
낮에는 넋을 놓으며,
빛을 추슬러 티끌에 섞이네.

(晨蒸露, 夕煮酒, 格物問道:
夜遺怀, 日銷魂, 和光同尘.)

바위를 비추는 따스한 햇볕(巖上日暖)

돌 위에 새겨진 신앙과 영혼

새벽의 햇빛이 이 산애를 비스듬히 비추자, 사람들은 놀라 기뻐하며 크기가 다른 세 개의 태양이 세월에 거칠어진 산암(山巖) 위에 조용히 배열되어 있는 것을 보았다. 고풍스럽고 수수하고, 순박하고 서툴며, 원숙하고 매끄러우면서 여전히 빛은 사방으로 비친다—누가 그 뜨거운 것들을 얼음처럼 차가운 해변 산암에 새겼을까?

　　태양이미지의 서북쪽 바로 곁에는, 몇 줄기 수직선이 고르게 나눈 밭 전자(田字)의 네모 도안이 유달리 뚜렷하다. 태양과 멀지 않은 곳에, 면적이 비교적 작고 밀도가 고르지 않은 일련의 동그라미들과 분명 배열 규칙이 있는 짧은 세로선이 뒤섞여 동남쪽으로 구불구불 멀리 이어져간다. —네모, 동그라미, 점, 선으로 이루어진 이 기하학적 도안들은 또 무엇을 가리키고 있을까?

그림 1 연운항 장군애의 태양이미지가 새겨진 암석. 한충야오 촬영

태양도형은 정주(鄭州) 대하촌(大河村) 신석기시대 유적지에서 출토된 채도편(彩陶片)의 태양무늬장식과 비슷하다. 삼각형배열을 드러내는 것은 아마도 원시시대의 옛사람들이 해의 그림자에 근거하여 계절을 측산한 '관천(觀天)'활동과 관련 있을 것이다. 태양이미지 왼쪽의 선은 동물 두골(頭骨) 도안인데, 아마 태양과 동물생명의 생존 사이에 긴밀한 관련이 있음을 표시할 것이다.

그림 2 연운항 장군애 선사시대 암각화 중의 세 태양이미지. 한충야오 촬영

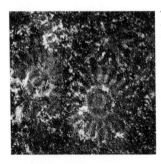

그림 3
예전에 촬영한 연운항 장군애 선사시대 암각화 중의 세 태양이미지[01]

---

01   『中國古代文化遺迹』, 蕭師鈴主編, 朝華出版社, 1995年.

이미지로 읽는 고대문명

그림 4 연운항 장군애 선사시대 암각화 속의 몇 개 기하학적 도안. 한충야오 촬영

그림 5 연운항 장군애 선사시대 암각화 속의 성상도(星象圖). 한충야오 촬영

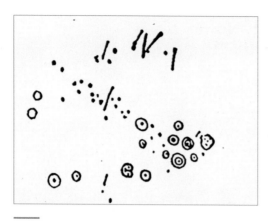

그림 6 연운항 장군애 선사시대 암각화 속의 태양과 성상도(부분)

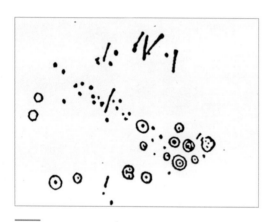

그림 7 연운앙 장군애 선사시대 암각화 속의 태양과 성상도02

태양과 멀지 않은 곳에, 면적이 비교적 작고 밀도가 고르지 않은 일련의 동그라미들과 분명 배열 규칙이 있는 짧은 세로선이 뒤섞여 동남쪽으로 구불구불 멀리 이어져 간다.

02 『中國圖像文化史·巖畵卷』, 韓叢耀主編, 陳兆復著, 中國攝影出版社, 2017年.

이미지로 읽는 고대문명

6.23미터 길이의 띠모양 성운(星雲)도안은 마치 은하계의 별띠[星帶]같다. 중간에서는 또 짧은 선을 이용해 화면을 네 마디로 나누었는데, 아마도 우주 성운(星雲)의 변화를 표시하는 것일 터이다. 오른쪽 윗모서리에 동물 두골 도안이 있는데, 아마도 암각화를 새긴 이가 동물을 이용해 천체(天體)에 제사를 지내면서 평안을 기도하고 또 풍작을 가져올 날씨를 기도한 활동과 관련 있을 것이다. 별과 비슷한 많은 동그라미를 새기고 그 사이를 직선으로 이은 것은 아마도 태양과 달, 성좌 등서로 다른 갖가지 천체를 의미할 것이다.

더욱 호기심을 불러일으키고 흥분케 하는 것은 태양도안 서쪽의 큰암석에 있는 이미지다. 이것은 환면(幻面)의 party인가?—여기 모인 열몇 개의 환면은 하나같이 통통한 얼굴이다. 환면들은 모두 기괴한 선으로 가득한데, 마치 고양이 같은 수염을 기른 듯하다. 이 얼굴들 위의머리 모양(어쩌면 머리 장식)은 모두 다르다. 어떤 것들은 뱅헤어스타일이고, 어떤 것들은 가발 같으며, 어떤 것들은 앞이마 위에 몇 개의 고데기가 말려 있는 것 같다. 그 크기는 일정치 않은데, 큰 것은 직경이 약1미터이고, 작은 것도 약 20센티미터이다. 그것들은 제각각의 높이에서 수소 풍선처럼 공중에 떠다닌다. 매(每) 환면은 모두 가늘고 긴 하나의 선에 이어져 있는데, 선의 또 다른 한쪽 끝은 식물과 비슷한 삼각형도안이다. 환면들은 대체로 지평선과 수직인데, 어떤 것은 조금 옆으로기울어져 있어, 당신을 진지하게 주시하고 있거나 고개를 갸웃하며 호기심에 차 당신을 살피듯이, 한결같이 눈을 크게 뜨고 있다. —그것들은 또 누구인가? 그것들은 무엇을 하고 있는가?

그림 8 연운항 장군애 선사시대 암각화 속의 환면과 농작물 이미지. 한충야오 촬영

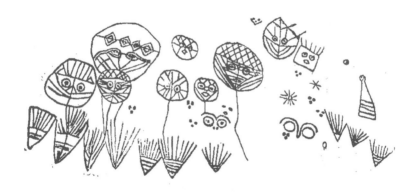

그림 9 연운항 장군애 선사시대 암각화 속의 환면과 농작물 이미지[03]

---

03 『中國圖像文化史·巖畵卷』, 韓叢耀主編, 陳兆復著, 中國攝影出版社, 2017年.

이미지로 읽는 고대문명

볏모도안은 두 종류로 나뉜다. 하나는 아래에서 위로 복사(輻射) 모양의 선을 새겼는데, 많게는 한 무리에 여덟 가닥이 있고, 적게는 한 무리에 네 가닥이 있으며, 볏모 중에는 과일 혹은 곡식을 나타내는 둥근 점도 섞여 있다. 다른 한 가지는, 복사선 아래쪽에 삼각형을 새겼는데, 식물의 뿌리 부분을 나타내는 것 같으며, 어떤 것은 몇 가닥의 가로선을 새겼는데, 아마도 지면(地面)을 나타내는 듯하다.

만약 당신에게 이 신비하고 재미있는 이미지들이 지금으로부터 오륙천 년 전, 우리 조상들이 직접 그린 것이라고 말한다면, 당신에게는 어렴풋한 감응, 강렬한 자부심, 타임슬립의 아찔함이 느껴지지 않은가?

이 땅은 무슨 땅인가?

황해(黃海) 해변, 중국 강소성(江蘇省) 연운항시(連雲港市), 금병산(錦屛山), 장군애(將軍崖). 이것이 이 땅의 현재의 지리적 명칭이다.

금병산맥(錦屛山脈)은 9킬로미터에 이어지는데, 웅장하게 자리잡은 산봉우리, 우뚝 솟은 암석, 울창한 초목은 흡사 해주성(海州城)의, 비단으로 수놓은 병풍과 같아서 이런 이름을 얻었다. 몇 해 전에, 또 다른 하나의 시공(時空)에서 자욱한 구름 속에 유연하고 아름답게 펼쳐져 있는 저 신수(神樹)는 일찍이 여기에서 나고 자랐다. 신비하고도 장난꾸러기인 저 열 개의 태양(金烏)은 일찍이 이 나무 위에서 옮겨 다니며 뛰어오르고, 서로 쫓아다니며 놀았다.……

……바로 여기, 궁상(窮桑)의 옛터, 부상(扶桑)의 신수(神樹), 열 개의
해가 바다에 잠긴다.

……바로 여기서부터, 저 태곳적 아득히 먼 시공으로부터, 저 소박
한 아름다움으로부터 시작해, 화하민족의 끊임없이 이어져오는 웅혼
(雄渾)하고도 북받치는 천지고사(天地故事)가 나고 자랐다.

> 『산해경(山海經)·해외동경(海外東經)』: "아래에 탕곡이 있
> 다. 탕곡에는 부상이 있는데, 10개의 태양이 목욕하는 곳으
> 로서, 흑치의 북쪽에 있다. 물 가운데에 큰 나무가 있는데 아
> 홉 개의 태양이 아랫 가지에 있고 한 개의 태양이 윗 가지에
> 있다(下有湯谷. 湯谷上有扶桑, 十日所浴, 在黑齒北. 居水中, 有大木,
> 九日居下枝, 一日居上枝.)"04
>
> 『산해경·대황동경(大荒東經)』: "동해 밖에 대학이 있는데
> 여기가 소호국이다. 소호가 전욱임금을 이곳에서 키우고 그
> 때의 거문고를 버려두었다. 감산이라는 곳이 있어 감수가 여
> 기에서 나와 감연을 이룬다(東海之外大壑, 少皞之國. 少皞孺帝顓
> 頊于此, 棄其琴瑟. 有甘山者, 甘水出焉, 生甘淵.)05
>
> 『산해경·대황남경(大荒南經)』: "동해의 밖, 감수의 사이에
> 희화국이 있다. 희화라는 여자가 있어 지금 감연에서 해를
> 목욕시키고 있다. 희화는 제준의 아내로 열 개의 해를 낳았
> 다(東南海之外, 甘水之間, 有羲和之國. 有女子名曰羲和, 方浴日之甘
> 淵. 羲和者, 帝俊之妻, 生十日.)"06

---

04 『山海經·海外東經』, 中華書局, 2011年, 251쪽.
05 『山海經·大荒東經』, 中華書局, 2011年, 286쪽.
06 『山海經·海外南經』, 中華書局, 2011年, 298쪽.

이미지로 읽는 고대문명

진(晉)나라 사람 곽박(郭璞)은 『산해경』 '감연(甘淵)'에 주를 달 때 "감연은 실은 『대황남경』에서 희화가 해를 목욕시킨 그 감연이며, 그 땅은 탕곡의 부상이다(甘淵實當卽『大荒南經』義和浴日之甘淵, 其地乃湯谷扶桑也.)"라고 말했다.

이 시공에서 희화는 화룡점정(畵龍點睛)격의 인물이다.

전설 속에서 그녀는 동이인(東夷人) 조상인 제준의 처로서, 열 개의 태양을 낳았다. 또 일설에는 희화가 해수레(日車)를 모는 신이라고 한다. "열 개의 태양을 낳았건" 아니면 "해수레를 몰 수 있었건" 간에, 극히 비범한 재주를 갖고 있으니, 희화는 중국판 태양신이라고 칭해진다.

희화에 관한 고사는 판본이 많은데, 가장 널리 전해진 것은 다음과 같다.

태양여신 희화는 열 명의 아이를 낳았으니, 곧 열 개의 태양이다. 그들은 동방 해외의 탕곡에 산다. 거기에는 큰 나무가 하나 있는데, 이름을 '부상'이라고 하고, 그래서 그 지명을 '부상'이라고 한다. 이 큰 나무는 높이가 수천 장(丈)인데, 열 개의 태양이 그 나무 위에 산다. 그들은 매일 하나씩 돌아가면서 하늘에서 당직을 섰다. 아침에, 어느 태양이 당직을 서든 간에 그들의 어머니 희화는 수레를 몰고 배웅했다. 이 수레는 장관이었으니, 여섯 마리 용이 끌었다. 기점인 탕곡에서 종점인 몽곡(蒙谷)까지 모두 열 여섯 정거장이 있는데, 하루 꼬박 걸리는 노정(路程)이다. 수레가 백 마흔 네 번째 정거장인 비천(悲泉)에 이르면, 태양은 수레에서 내려 걸어갔고, 어머니 희화는 빈 수레를 몰고 탕곡에 돌아와, 내일 당번을 서는 아이를 배웅하기 위해 준비했다. 매일 아침, 당번을 서는 태양은 부상을 떠나 용수레에 타기 전에, 반드시 먼저 함지(咸池)에서 목욕을 했다. 희화는 또 늘 아이들을 데리고 동남해외(東南海外)의 감연에서 함께 목욕했는데, 감연의 물은 매우 감미로우며, 희화는 아이들을 하나하나 눈부시도록 깨끗이 씻었다.

이것은 『산해경』과 『초사(楚辭)』 속의 관련된 기술과 기록을 모은 중국판 고전적 신화이다. 즉,

태양 여신과 그녀의 아이들

어떤 전설에서는 희화가 반고(班固), 여와(女媧)와 함께 거론된다. 예를 들면 다음과 같은 것이다.

> 반고가 하늘과 땅을 열자, 해와 달과 별들이 각기 그 직책을 맡고, 사해(四海)가 통일되어 화목하고 즐거웠다. 뜻밖에 태양이 폭발하여 운석(隕石)이 내려왔고, 마침내 (하늘을 메우고 있던) 돌이 깨지고 하늘이 놀랐으니, "사극(四極)이 무너지고 구주(九州)가 찢어져" 백성이 안심하고 살 수 없었다. 다행히 고산(高山) 꼭대기에서 여와가 하늘을 메우고 희화가 동해 해변에서 태양을 목욕시켜 수많은 생명을 구하였다.

『사기(史記)·역서(曆書)』와 『상서(尙書)·요전(堯典)』에서는 모두 희화를 천문역법(天文曆法)을 관장하는 관리로 여긴다.

이미지로 읽는 고대문명

현존사료에 근거해 추측해 보면, 매혹적인 전설의 태양이 거하는 곳인 궁상의 옛터, 희화지국(羲和之國)은 대체로 현재의 산동(山東) 남부에서 강소(江蘇) 북부 해변에 이르는 지역에 있다.

현재는 궁상이 지금의 산동 곡부(曲阜)라고 여기는 사람이 많은데, 아마 그다지 확실하지 않을 것이다. 예를 들면, 진(晉)나라 사람 황보밀(皇甫謐)은 『제왕세기(帝王世紀)』에서 "황제는 궁상에서 제위에 올랐고, 후에 곡부로 옮겨갔다(黃帝由窮桑登帝位, 後徙曲阜.)"라고 말했다. 이미 '옮겨가야만' 도달할 수 있으니, 곡부가 결코 궁상이 아님을 알 수 있다.

옛 전적 속에서 희화와 소호가 거처하는 궁상의 땅이 "그 동쪽은 바다이다(其東爲海)"라고 한 말이 가리키는 것은 일치한다. 예를 들면

『산해경·대황동경』: "동해의 바깥에 대학이 있는데, 소호의 나라이다(東海之外大壑, 少昊之國.)"

『산해경·대황남경』: "동남해의 바깥, 감수의 사이에 희화의 나라가 있다(東南海之外, 甘水之間, 有羲和之國.)"

『습유기(拾遺記)』: "궁상이란 것은 서해 바닷가이다(窮桑者, 西海之濱.)"라고 실려 있다.

여기서 지적해야 할 것은, 『산해경』과 『습유기』에서 칭하는 '동해'와 '서해'는 모두 현재의 황해를 가리킨다는 것이다. 상고시대에는 그것이 대륙의 동쪽에 있었기에 그렇게 명명했다. 한(漢)나라 이후의 옛 전적에서는 또 이 '동해'를 '서해'라고 칭하는데, 궁상에 나라를 세운 동이족의 수령(首領) 소호가 후에 '서방의 황제(西方之帝)'라고 견강부회되고 떠

받들어졌기에, 그것을 따라 '서해'라고 칭한 것이다.

그렇다면, 설마 암각화 속의 이 세 태양이 신비한 시공이 남겨놓은 태양의 화석이란 말인가?

저 동그라미들은 밤하늘에 명멸하는 별들의 인간세계에서의 영상(映像)인가?

저 균일하게 나뉘어진 도안들은 대지(大地) 위 전야(田野)의 상형(象形)인가?

저 환면들은 희화의 나라의 신선(神仙)들의 화신(化身)인가?

아름답고 성대한 신화의 시대 후에, 구체적으로는, 이와 같은 이미지를 암벽에 새기고 창작한 시대에 이르러, 이 암석은 이 원시적 혼돈의 지역에서 또 일찍이 어떤 소재(所在)였던가?

고고학은, 암각화가 있는 금병산 산록에 석기시대의 촌락유적지 열 몇 곳이 흩어져 있는 것을 발견했다. 여기서는 일찍이 여러 차례 석핵(石核), 석편(石片) 등 구석기시대 후기의, 그리고 그물추, 뼈바늘(骨針), 갈아서 만든 돌도끼, 도기로 만든 방륜(紡輪), 도기 조각 등 신석기시대 문화유물이 여러 차례 출토된 적이 있다. 그래서 사람들은 다음과 같이 대체적으로 추측했다. 암각화는 원시농경부락의 작품이라고.

장군애가 처한 지리적 위치로 판단하면, 여기는 고대 동이의 범위에 속한다. 환면에 가득 그려져 있는 기괴한 선(線)도 고서(古書)에 기록된 동이족 사람들의 '짧은 머리와 문신(斷髮文身)'이라는 외모적 특징과 부합한다. 동이족인 소호씨는 새의 이름으로써 관직을 명명하는데, 새는 씨족의 토템이었다. 암각화 가운데 새의 머리에 사람의 얼굴(鳥頭人面)이 위에 있다는 것은 암각화의 작자가 동이씨족(東夷氏族)에 속한다는 것을 설명한다.

이미지로 읽는 고대문명

그림 10 연운항 장군애 선사시대 암각화 속의 조두인면 이미지. 한충야오 촬영

그림 11 연운항 장군애 선사시대 암각화 지점. 한충야오 촬영

제1장 바위를 비추는 따스한 햇볕(巖上日暖)

우리가 암각화에서 조금 먼 높은 곳에 서서 멀리 바라보면, 장군애 아래에 천연의 광장 같은 평탄한 암면(巖面)이 있는 것을 발견하게 되는데, 사방에 여러 봉우리가 병풍처럼 서 있어, 엄연히 하늘이 자연스럽게 이루어놓은 제단(祭壇)이다. 장군애 아래, 암각화의 중심부위에는 큰 돌 하나가 장군애의 산체(山體)와 연접해 있는데, 길이는 4미터에 가깝고, 높이는 약 2미터이다. 두 개의 작은 돌이 또 있는데, 길이 2미터, 두께 약 40에서 70센티미터이며, 그것들은 옛 전적에 기록된 '사석(社石)'과 닮았다. 그러나 '사석'은 일반적으로 모두 큰 돌 하나와 작은 돌 셋, 모두 네 개의 돌로 이루어진다. 만약 장군애 아래의 큰 돌이 사주(社柱)라면, 작은 돌 셋 중 모자라는 하나는 어디에 있는가? 사람들은 암각화 서쪽 17미터 지점의 풀밭에서 그것을 찾았는데, 알고보니 1957년에 어떤 이가 그것을 산비탈로 던져버린 것이었다. 이 돌을 제자리에 되돌리면, 하나의 온전한 석사(石社)가 암각화 앞에 나타난다. 이리하여, 우리는 대체로 온전하게 이 곳을 묘사할 수 있게 된다.

　　병풍처럼 서 있는 산봉우리 속에 천연의 평평한 암면(巖面)이 있고, 암면의 한쪽 끝에, 흑색 병풍 같은 석애(石崖)가 하나 우뚝 서 있다. 석애의 가운데 부분에서, 하늘과 땅이 만들어 낸 듯 하나의 긴 선형(線形) 거석이 뻗어나온다.—이것은 참으로 천제(天帝)가 마련한, 교사(郊祀)를 행하는 절묘한 장소이다. 저 작은 돌 셋은 천생(天生) 여기에 있을 것이며, 또 아마도 옛사람들이 다른 곳에서 옮겨왔을 것인데, 그것들은 저 천생의 큰 돌과 함께 제단의 중심—사주(社主)—를 형성한다.

이미지로 읽는 고대문명

이렇게 보면, 여기는 일찍이 동이조국(東夷鳥國)의 '사직단(社稷壇)'이었을 가능성이 크지 않겠는가?

오늘 저녁은 무슨 저녁인가?

대략 5천여 년 전의 어느 해질녘, 사람 몇몇이 뾰족하게 간 돌을 쥐고 산애(山崖)에다가 애써 경건하게 그림을 새긴다. 그들은 막 끝낸, 그들의 뜨거운 피를 끓게 한 신성하고 장엄한 제사활동을 기록하려 한다.

이날은 일년 중 낮이 가장 긴 날로서, 일년 중 낮이 가장 짧은 날과 마찬가지로, 하늘이 미리 정해 놓은 이것은 기념일이고, 경축일이다. 세월이 바뀌어도, 매년 낮이 가장 긴 날과 가장 짧은 날 이 두 날에 사람들은 여기에 달려온다. 부락 수령의 인솔하에, 사람들에게 빛과 온기를 주는 태양신, 부락이 평화롭고 무사하도록 도와주는 사신(社神), 그리고 사람들에게 양식이 되는 곡물을 주는 직신(稷神)에게 제사 지낸다.

이른 아침부터, 그들은 안절부절하고 흥분하여 여기에 모였다. 안절부절한 것은, 신의 보살핌을 얻지 못하여 충분한 식량을 얻지 못할까, 부락의 인구가 줄어들까, 또는 전쟁이 일어날까 두려워한 것이다. 흥분한 것은, 그들이 부락 수령과 신 사이의 신성한 소통 및 그가 전달해주는 신의 총애, 그리고 전 부락을 돕는다는 신의 뜻을 보았을 가능성이 더 크다.

갑자기, 그들은 함께 즐겁게 또 리듬 있게 손에 든 나무방망이를 두드리며, 같은 방향을 바라본다.

> 멀리, 무사(巫師)와 수종(隨從)에게 에워싸인 채 그들의 수
> 령 소호가 걸어왔는데, 그의 몸과 머리에 장식한 화려한 새
> 깃털이 엇갈리면서 가볍고도 우아하게 약동했고, 기운이 범
> 상치 않다.

사람들은 조용해졌고, 무사의 지령에 따라 제대(祭臺) 앞에서 신을
즐겁게 해 주는 춤을 추었고, 그후 집중하여 신에 대한 소호의 찬미와
기원(祈願)을 경청(傾聽)하였는데, 기대하던 순간이었다.

> 한줄기 햇빛이 약속이나 한 듯 소호의 몸에 비쳤고, 마치
> 그의 온 몸이 빛을 내기 시작한 듯 하며, 화려한 새깃털이 햇
> 빛 속에서 더욱더 가득 흐드러지고, 빛깔은 알록달록하여, 모
> 든 사람들이 그 순간 그들의 수령 소호가 바로 신의 화신이라
> 고 확신했다.

신이 사람들에게 온기, 빛, 수확을 가져오니, 사람들은 신이 보도록
춤을 추었고, 요청하고 기구하며, 찬미하고 또 경건하게 희생제물을 바
쳐, 신의 비호와 도움을 청했다. 그들은 돌 위에 태양의 이미지를 새겼
고, 또 볏모와 그 볏모의 생장을 관장한다고 여긴 신을 새겼다.—저 한
장 한 장의 떠 있는 환면은 아마도 농작물의 신 즉 직신(稷神)의 모양일
것이다. 그들의 신기(神祇)는 그들과 마찬가지로 멋지고 신비한 문신을
가지고 있을 뿐 아니라, 그들과 마찬가지로 평안에 대한 기대와 수확의

그림 12 연운항 장군애 선사시대 암각화 속의 환면이미지, 한충야오 촬영

바람을 가지고 있다.

그들은 암석 위에 이 도안들을 새겨, 제사 중에 와서 자기들을 돌보아주었던 수호신을 모두 이 오래도록 견고한 애벽(崖壁)에 남겨두어, 신으로 하여금 항상 존재케 하고, 신이 자기와 함께 있게 하였다……

그림 13 연운항 장군애 선사시대 암각화 중의 환면 중 하나07

그림 14
연운항 장군애 선사시대 암각화 중의 올빼미 얼굴상. 한충야오 촬영

또 어떤 이는 이 환면인(幻面人)들이 영혼에 대한 옛사람들의 독특한 신앙 같으며, 아마도 소호족 사람들이 혼을 안정시키고 '혼을 부르던(招魂)' 그림일 것이라고 여긴다. 그것들은 여전히 무슨 진정한 의미에서의 의식(儀式)이 남긴 것은 아니지만, 옛사람들의 소박한 바람을 실었고, 이런 기이한 이미지의 방식으로 영혼, 대지, 볏모를 긴밀히 연결하고, 영혼, 바람(願望), 신을 튼튼하여 믿음직한 암석 위에 함께 남겨두

07　『中國圖像文化史·巖畫卷』, 韓叢耀主編, 陳兆復著, 中國攝影出版社, 2017年.

이미지로 읽는 고대문명

었다.

영혼, 바람, 신은 모두 신성하고 신비한 힘을 갖고 있어 비호(庇護)를 실현할 수 있기에, 암각화로 가득 찬 이 산애 역시 부락의 '성전(聖殿)'이 되었다.

현존사료에 근거해 추측하자면, 동이 소호의 궁상지국(窮桑之國)은 지금으로부터 대략 5천에서 6천 년 떨어져 있는데, 그때는 바로 모계씨족 사회가 끝나고 부계씨족 사회가 시작하던 신구 씨족사회 교체시기였다. 장군애 암각화 속 환면의 체적의 크기가 서로 다르고 얼굴의 무늬장식이 각기 다른 것은 모계씨족 사회의 혈연친족의 차이 혹은 부계씨족 사회 가정성원의 등급장유(等級長幼)의 차이를 표현한 것인지, 아니면 그 밖의 우의(寓意)를 갖고 있는지는 여전히 역사의 미스터리이다. 그러나 이들 환면 중의 무늬장식은 『산해경·서산경(西山經)』의 "다시 서쪽으로 200리를 가면 장류지산이라고 하는데, 그 신은 백제 소호가 거하고, 그 짐승은 모두 꼬리에 무늬가 있고, 그 새는 모두 머리에 무늬가 있다(又西二百里, 曰長留之山, 其神白帝少昊居之, 其獸皆文尾, 其鳥皆文首)"[08]라는 기록과 확실히 서로 돕는 곳이 있는 듯하다.

이 대지 위에, 정확히 말하자면 이곳과 멀지 않은 산동 서남부에, 제성전채(諸城前寨)에서 출토된 도기 항아리 잔편(殘片)에는 새겨진 글자로 '구(口)', 즉 '해 일자가 아래에 있고 부수는 불 화(日下從火)'인 '炅'자(字), 즉 '昊'의 본자(本字)가 있다. 중국의 저명한 고고학자 당란(唐蘭)이 조사하여 결정한 바에 따르면, 이 도편(陶片)의 연대는 대략 오천팔백년 전이다. 이것이 틀리지 않다면, 이 도기는 당연히 역사전설 속 소호

---

08 『山海經·西山經』, 中華書局, 2011年, 52쪽.

시대의 산물일 것이다. 이것은 대략 '오천팔백년 전'이며 또한 당시 동이소호족 범위에 함께 속하던 장군애 암각화의 대체적 연대이기도 한데, 그렇다면 암각화는 아마도 바로 오천팔백년 전 동이부락의 제사활동의 유적일 것이다.

원시사회의 사람들이 숭배한 대상은 극히 광범하여, 각종 신령, 동식물 및 무생명의 자연물과 자연현상이 있다. 사람들은 하늘을 천막으로 삼고 땅을 자리로 삼아, 하늘을 사당으로 삼고 땅을 신단(神壇)으로 삼고, 산악(山嶽)을 제상(祭床)으로 삼아, 세계의 모든 사물의 영혼을 향해 평안을 기구했는데, 태양신과 식량신에 대한 숭배가 가장 보편적이었다. 장군애의 천연적으로 형성된, 크게 탁 트이고 평탄한 애면(崖面)은 자연히 여기 거류하는 동이인(東夷人)이 기신(祈神)활동을 거행하는 이상적 장소가 되었다. 그때는 아직 통일되고 규범화된 제사의례가 없었으나, 사람들이 이 암각화들을 새긴 것은 오로지 감동받고 고무되었고 또 신이 오래도록 함께하기를 바랐기 때문이다.

제사(祭社)는 곧 토지에 대한 제사(祭祀)로서, 중요한 집단활동이다. 특히 중국 동부지역에서 토지에 기대어 생활하는 농경민족은 이 제사활동(祭祀活動)을 매우 중시하고 경건히 하는데, 토지를 잃는 것은 씨족 생존의 근거를 잃는다는 것도 의미하기 때문이다. 토지숭배는 부락과 방국(方國)으로 말하자면 농후한 영토 권력 의식을 지닌다. 사(社)는 나라의 근본을 대표하고, 이 근본은 반드시 자연계의 가장 견고한 물질을 이용해 대표해야 하기에, 사람들은 거석(巨石)을 선택했다.—이를 빌려 국가는 반석처럼 견고하기를 기원했고, 하나의 부락 혹은 방국을 멸망시키는 표지는 바로 그 사석(社石)을 뽑아내는 것이었다.

사람들은 장기간의 생활노동 속에서, 토지를 갖고 있다는 것이 결

이미지로 읽는 고대문명

그림15 연운항 장군애 선사시대 암각화 중의 농작물 이미지. 한충야오 촬영

코 풍족한 수확을 의미하지 않는다는 것을 발견했다. 농작물은 비록 토지에서 나고 자라지만, 풍년과 흉년은 결코 전적으로 토지가 결정하는 것이 아니다. 농작물은 자기의 생명과 의지를 가지고 있고, 게다가 그것과 해, 달, 별들과의 운동 사이에도 옛사람들이 파악할 수 없었던 모종의 신비한 관계가 있다. 그래서 토지 제사와 사직 제사는 종종 곡신(穀神) 제사와 연결된다.

천문기상학에 기대어 추측하자면, 장군애 암각화 속의 세 태양원심(太陽圓心)은 직각삼각형으로 배열되는데, 이런 배열은, 당연히 태양의 위치에 근거해 동지와 하지의 시간을 추측해내기 위해서이다. 그렇다면, 삼각형 볏모로부터 '자라난' 저 둥근 환면은, 농작물의 정령, 즉 직신을 대표하는가? 사실 사신(社神) 제사와 직신(稷神) 제사는 옛사람들에게 이처럼 중요했고, 후세의 역사서에도 기록되어 있는데, 제사(祭社), 농작물 관찰(觀黍), 풍년을 기도하는 것(祈年), 맑은 날과 비를 구하는 일(求晴雨) 등과 토지, 농작물, 기상(氣象) 등과 관련된 것은 왕이 반드시 늘 친히 거행해야 하는 큰일이었다.

이에 근거해 우리는 5천여 년 전의 그날을 상상해볼 수 있다.

그날은 아마도 동지 혹은 하지, 일년 중 낮이 가장 길거나 짧은 하루였을 것이다.

아마도 춘분 혹은 추분, 일년 중 낮과 밤의 길이가 같은 날이었을 것이다.

아마도 모종의 상서로운 것 혹은 징조가 나타난 날이었을 것이다.

동이인은 아름다운 새 깃털로 장식한 각급 씨족 수령의 인솔 하에 장군애 아래 이 신성한 천연의 제대(祭臺)에 모여, 찬가와 희생제물을 바치고, 태양신, 토지, 그리고 농작물의 신에게 향사(享祀)하였을 것이다.……보았는가?—뭇 별들이 달을 떠받들듯이 사대(社臺)의 가운데에서 에워싸여 있는, 가장 화려하고 아름다운 장식을 한, 인상적인 외양의 저 사람, 그가 곧 부락연맹의 대수령인 소호이다. 그러나, 각급 수령은 왜 새깃털로 장식해야 했는가? 소호는 또 누구인가?

소호는 어떤 사람인가?

여러 신화전설과 옛 전적에 모두 명확히 나와 있기를, 소호는 새를 토템으로 하는 동이족의 수령이라고 한다. 그렇다면, 소호는 어떤 사람인가? 그가 다스린 동이조국(東夷鳥國)은 또 어떤 방국인가?

화화(華夏)의 오래된 문명의 비밀은 도화에서 나온 상형문자 속에 숨어 있는 것이 많은데, 호(昊)의 비밀은 무엇인가? 호자(昊字)의 유래를 한번 보아도 좋겠다.

그림 16 예서(隷書)—소전(小篆)—금문(金文)—갑골문(甲骨文)—골각문(骨刻文)09

최초의 昊는 머리 위에 새깃을 장식한 사람의 모습과 얼마나 닮았는가!

전설 속 소호는 궁상에서 태어났는데, 이름이 지(摯)이고(질(質)이라고도 한다), 동이족의 수령이다. 그가 재위기간에 태호복희(太昊伏羲)씨의 덕행을 계승할 수 있었고 태호의 법을 닦을 수 있었기에, 소호(少昊) 혹은 소호(小昊)라고 칭한다.

동이족은 새를 토템으로 하기에, 소호는 일찍이 새를 스승으로 삼고, 새로써 관직의 이름을 붙였으며, 공정(工正)과 농정(農正)이라는 관직을 두었으니, 각기 수공업과 농업을 관리하여 생산을 발전시켰다. 동시에 또 "도량(度量)을 바로잡았다." 즉, 도량의 표준을 정립하였다. 또 천상(天象)을 관측하고, 역법(曆法)을 제정하고, 악기를 발명하고, 악곡을 창작했다.

그는 또 염황부족(炎黃部族)과 밀접한 교류관계를 수립하였다. 예를 들어, 그는 황제(黃帝)의 자손 전욱(顓頊)을 거두고 양육하여, 동이부족연맹의 수령이라는 자신의 직무를 이어서 맡게 했다고 한다.

09　丁再獻·丁蕾,『東夷文化與山東·骨刻文釋讀』, 中國文史出版社, 2012년, 662쪽.

동이소호족의 새 숭배는 많은 전설과 옛 전적에 보인다. 그중 가장 유명한 것은 "공자가 관직에 대해 묻다(孔子問官)"인데, 이 고사는 『좌전(左傳)·소공(昭公) 17년』에 기록되어 있다.[10]

노(魯)나라 소공 17년(기원전 525년), 담(郯)나라 임금 담자(郯子)가 노나라 임금을 알현하니, 소공이 성대한 잔치를 열어 환대하였다. 그 자리에서 노나라 대부(大夫) 숙손소자(叔孫昭子)가 원고시대의 제왕 소호씨가 새의 이름으로써 관직을 명명한 일에 대해 물었다.

> 제가 듣기로, 동이소호라는 이 국가의 관직은 모두 새의 이름을 이용하여 호칭한다고 들었는데, 이는 왜입니까? 담자는 전적들을 뒤져가며 조상의 덕을 일컬으면서, 당당하고 차분하게 말했다. 그는 "소호는 저의 조상입니다, 저는 물론 이에 대해 알고 있지요. 종전에 황제(黃帝)가 구름으로써 일을 기록하였기에, 그의 백관(百官)은 모두 구름으로써 명명하였습니다. 염제(炎帝)는 불로써 일을 기록하였기에 그의 백관은 모두 불로써 명명하였습니다. 공공씨(共工氏)는 물로써 기록

---

10 『左傳·昭公十七年』 원문은 다음과 같다. (十七年) 秋, 郯子來朝, 公與之宴. 昭子問焉, 曰: "少皞氏鳥名官, 何故也?" 郯子曰: "吾祖也, 我知之. 昔者黃帝氏以雲紀, 故爲雲師而雲名; 炎帝氏以火紀, 故爲火師而火名; 共工氏以水紀, 故爲水師而水名; 大皞氏以龍紀, 故爲龍師而龍名. 我高祖少皞摯之立也, 鳳鳥適至, 故紀於鳥, 爲鳥師而鳥名. 鳳鳥氏, 曆正也; 玄鳥氏, 司分者也; 伯趙氏, 司至者也; 青鳥氏, 司啓者也; 丹鳥氏, 司閉者也. 祝鳩氏, 司徒也; 鴡鳩氏, 司馬也; 鳲鳩氏, 司空也; 爽鳩氏, 司寇也; 鶻鳩氏, 司事也. 五鳩, 鳩民者也. 五雉爲五工正, 利器用, 正度量, 夷民者也. 九扈爲九農正, 扈民無淫者也. 自顓頊氏以來, 不能紀遠, 乃紀於近. 爲民師而命以民事, 則不能故也." 仲尼聞之, 見於郯子而學之. 旣而告人曰: "吾聞之, '天子失官, 官學在四夷', 猶信." 『左傳』, 上海古籍出版社, 2016년, 823쪽.

이미지로 읽는 고대문명

하였기에, 그의 백관은 모두 물로써 명명하였습니다. 태호씨(太昊氏)는 용으로써 일을 기록하였기에, 그의 백관은 모두 용으로써 명명하였습니다. 나의 고조(高祖) 소호(少昊) 지(摯)가 즉위했을 때, 마침 한 마리 봉조가 날아왔고, 그래서 이 상서로움을 유래로 삼아, 각종 새의 이름을 이용해 관직을 명명했습니다.

그는 이어서 한 무더기 조관(鳥官)의 이름을 열거했다.

"봉조(鳳鳥)로써 일년의 시작을 관장한다. 제비(玄鳥)로써 춘분과 추분을 관장한다. 때까치(伯勞鳥)로써 하지와 동지를 관장한다. 다섯 종류의 비둘기(鳩鳥)로써 민사(民事)를 관장하는데, 각기 사도(司徒), 사마(司馬), 사공(司空), 사구(司寇), 사사(司事)를 임명한다. 다섯 종류 꿩(雉鳥)으로써 수공업의 각기 다른 부문을 관장하고 또 도량형을 확정한다. 아홉 종류의 청작(靑雀)으로써 농업을 관장하여, 민으로 하여금 농업과 양잠에 종사하고 빈둥빈둥 놀지 않도록 독려한다." 이 말을 듣고, 좌중을 가득 채운 이들은 담자의 학식이 깊고 넓음에 감탄하지 않는 이가 없었다. 공자는 당시에 노나라에서 작은 관직을 지내고 있었는데, 그는 담자의 이 말을 들은 후 담자를 방문하여, 관직제도(官職制度)를 가르쳐 줄 것을 요구했다. 돌아온 후 그는 감개(感慨)하여 말했다. "나는 원래 천자의 관직은 그 직을 잘 수행하지 않고, 관직에 관한 학문은 지금 모두 사방의 작은 오랑캐 나라(蠻夷小國)에 보존되어 있다"고 듣고서도 수긍하지 않았는데, 소호국의 빈틈없는 관직제도는 나에게 정말 그러하다는 것을 알게 하였다!

'공자가 관직에 대해 물은' 이 역사적 사실은 2500여 년 간 구전되어 왔는데, 한유(韓愈)의 「사설(師說)」 속 '공자는 담자를 스승으로 삼았다(孔子師郯子)'는 말의 출처이기도 하다. 현재 곡부(曲阜) 공묘(孔廟)의 「성술도(聖述圖)」에는 한 폭의 「담자에게 배우다」 그림이 있는데, 여기서 말하는 것 역시 이 고사이다.

담자는 상고시대 소호지국의 풍부하고 다채로운 새 토템숭배를 상세히 기술하여, 마치 당시 동이족의 특색이 선명한 기치(旗幟)장식을 눈으로 본 듯하게 만든다. 그리고 '공자가 관직에 대해 묻다'는 고사도 지금 여전히 고대 관제의 형성과 원고시대 민족변천을 연구하는 데에 중요한 자료이다. 소호는 새의 활동으로 계절의 변화를 관찰하고 표시했다. 그래서 그의 관직 중에는 역법과 시령(時令)을 관리하는 관직이 적지 않고, 게다가 지위가 높다. 이들 관직은 신직(神職)의 기능도 겸하니, 아마도 고대 무축(巫祝)의 전화(轉化)일 것이다. 후조(候鳥)로써 역법의 관직을 명명한 것 외에, 유용한 새들을 약간 뽑아 민사와 농업, 수공업을 관장하는 이들을 명명했다. '새를 스승으로 삼고 새로써 관직을 명명하는' 이런 방법은, 새를 토템으로 하는 동이의 풍속을 반영했다.

문헌기록과 고고학적 조사를 통해, 사람들은 효구(鳴鳩)가 뻐꾸기이고, 상구(爽鳩)가 매이고, 골구(鶻鳩)가 새(鳥), 올빼미(梟), 독수리(雕)라는 것을 발견했다. 당시 맹금류(鷙鳥)를 토템으로 삼던 소호지국은 각기 봉조(鳳鳥), 현조(玄鳥), 백조조(伯趙鳥), 청조(靑鳥), 단조(丹鳥) 및 오구(五鳩), 오치(五雉), 구호(九扈) 등의 조류를 토템으로 삼던 크고 작은 부락(씨족)을 포용하고, 또 각 부락(씨족) 수령에게 그 세력과 특징에 따라 각기 서로 다른 권한과 직능의 관직을 수여해, 그들과 함께 천하 정사를 관리했다.

이미지로 읽는 고대문명

이것들은 담자의 기술과 부합한다.

소호씨의 조상에 대해서도 학자들이 그 유래를 찾고 추정했다. 왕청(王靑)선생은 『대문구(大汶口)에서 용산(龍山)까지: 소호씨의 이동과 발전에 대한 고고학적 탐색』에서, 동이소호씨족은 중국 동부 연해지역의 오래된 부족이고, 소호씨는 선사시대 동이인의 중요한 방계(傍系)라고 여긴다. 고고학이 발견한 도문(陶文)과 대묘(大墓)는 소호씨가 대문구문화(大汶口文化)시기에 존재했을 뿐 아니라 용산문화시기까지 이어졌다. 그 사이 부단한 이동과 발전의 과정을 거쳐, 씨족은 부단히 발전하여 강대해지고 문명화수준은 부단히 높아지니, 고국(古國)에서 방국(方國)으로의 사회적 전환도 거쳤음을 증명한다. 용산문화(龍山文化) 말기에 이르러, 소호씨는 쇠망으로 향하고, 동이 가운데 새로 흥기한 고요(皐陶), 백익(伯益) 등의 정권 실체에 의해 대체되었다. 시간상 장기간 이어지고 공간상 부단히 이동 발전한 이 과정은, "궁상의 옛당, 희화의 나라는 대체로 지금의 산동 남부에서 강소 북부에 이르는 해안지역에 있었다"에 대한 이 글의 추단과 들어맞고, 또 지지해준다.

후세에 되어, 소호가 중국 왕조의 목화토금수(木火土金水) 오행(五行)의 상생상극(相生相克), 오덕종시(五德終始)의 '오제계통(五帝系統)'에 억지로 갖다 붙여져, '소호금천씨(少昊金天氏)는 금덕(金德)으로 왕노릇하고, 서천제(西天帝)가 되었다'고 하는 관점에 대해 많은 역사학자들은 부정적 태도를 지녔다. 그러나 동이부락에 일찍이 소호씨의 그런 빈틈 없고 질서정연한, '새를 스승으로 삼고, 새로써 관직을 명명하는' 관직제도가 있었든 없었든 간에, 갈수록 많은 고고학적 발견은 동이부락이 확실히 새를 토템으로 하는 인류족군(人類族群)임을 증명하며, 소호의 동이조국(東夷鳥國) 영수의 신분도 모두가 공인하는 것이다.

맺음말

바위를 비추는 태양은 따스하고, 세월은 갈마든다. 푸른 바다는 뽕밭으로 변하고, 시간과 공간은 바퀴처럼 돌아간다. 한때를 풍미했던 인물들은 일찌감치 연기처럼 사라졌으나, 이곳의 신적(神迹), 사상(事象) 그리고 깊은 사색(思索)은 돌 위에 새겨진 이 이미지들 위에 남아 있다. 새기거나 그린 이 암석상의 화면(畫面)들은, 사람들의 이미지 의식이 이미지표현으로까지 승화된 대표작품으로서, 그것들은 문자 발명 이전에 나타났고, 사람들이 문자를 교류의 도구로 삼은 때에 점차로 사라졌다.

강소성 연운항시 금병산의 장군애 암각화는 중국에서 지금까지 발견된 가장 오래된, 농경부락의 원시적 숭배를 반영한 암각화이다. 돌 위에 새겨진 이들 신앙과 영혼은, 사람으로 하여금 무한한 상상에 빠져들게 한다. 그것은 오랜 세월을 여는 열쇠이며, 옛사람들이 우리에게 남겨준, 그들의 생존하고 생활하던 모습을 탐구하는 참된 거점(據點)이다. 이 까마득히 멀고 신비한 상상한 결코 전혀 근거 없는 것이 아니며, 암각화 속의 환면을 붙잡아 맨 저 긴 연결선처럼, 이 선사시대 암각화들은 한편으로는 가물가물하고 신비롭고 어슴푸레한 세월과 이어지고 있고, 한편으로는 두껍고 무겁고 다부진, 우리와 옛사람들을 싣고 있는 이 공동의 대지(大地)를 긴밀하게 연결하고 있다.……

이미지로 읽는 고대문명

암화[11]에 관하여

암화라는 이 이름은, 우리나라에서 예부터 지금까지 일찍이 많은 칭호가 있었다. 즉, 석각(石刻), 각석(刻石), 화석산(畵石山), 마애석각(摩崖石刻), 애화(崖畵), 애벽화(崖壁畵), 암화(巖畵), 암각(巖刻), 암조(巖雕) 등. 현재의 암화라는 이 이름은 대략 20세기 70년대초 감숙성(甘肅省)의 흑산암각(黑山巖刻) 발견 후에야 유행하기 시작한 것인데, 아마도 그것이 대중적이고 이해하기 쉬워, 사용에 편리하기 때문일 것이다. 현재 우리나라에서는, 대중적으로 통용되던 것을 인정하여 '암화'라고 통칭하게 되었다.

암화는 일반적으로 자연상태의 암석이나 애벽(崖壁) 위에 만들어지는데, 거기에 만들어진 것은 도화뿐만이 아니고, 기호, 도안(圖案), 도장, 각종 구멍(凹穴)과 선(線) 등도 있다. 그것은 대체로 상하, 좌우 이차원 공간 뿐이며, 기본적으로 평면조형이다. 화면 위의 각 이미지나 기호는 통상 각자 배열되며, 서로 겹치는 것은 비교적 적게 보인다. 형상의 표현에서는 물상(物象)의 기본형만을 잡고 세부사항은 생략했으며, 이미지는 수의적(隨意的) 성격이 있어, 그 함의는 종종 다의적이기도 하다.

일찍이 문자 발명 전에, 암각화는 원고시대 인류의 상상과 예술창조의 최초의 기록이며, 인류의 문화유산 중 가장 보편적 의의가 있는 부분이 되었다. 문자 이전의 사회에서, 암각화의 내용은 당시 인류의 추상, 종합, 상상의 재능을 반영했고, 인류사회의 활동, 인류의 관념, 신앙 그리고 실천을 묘사해 내었다. 인류의 정신생활과 문화양식을 깊이 인식하는 데에서 그 밖의 어떤 것도 암화를 대체할 수 없다.

---

11 이 책에서 암각화라고 번역한 단어의 원문은 '암화(巖畵)'이지만, 한국어로는 낯설기에 번역문에서는 '암각화'라고 옮겼다. 이 단락에서는 '암화'라는 중국어 단어를 설명하고 있기에, '암화'라는 표현을 남겨둔다. - 역자주.

그것은 '문자 이전의 문자'이고, '원시사회의 백과전서'이다.

세계적 범위에서, 역사 방면에서 말하자면, 암화의 문화적 내함을 분석하는 것은 완전히 새로운 연구영역이다. 예술방면에서 말하자면, 암화 가운데 어떤 보편적 양식은 현대예술 속에 여전히 존재하고 있다. 암화는 인류가 표현하고 의사소통하는 '원시모어(元始母語)'이기도 하여, 지역이나 장애물, 문화적 차이, 언어의 다름을 초월하여 모종의 공통성과 유사성을 드러낼 수 있으니, 인류의 전(全) 역사를 재건하는 매우 중요한 자료이다.

전 세계 천만 이상의 암화 작품 중에는 분명 매우 최근의 작품도 있지만, 전체적으로 말하자면 암각화는 원시시대에 속하는 것이다. 암화는 숭산준령(崇山峻嶺) 사이에 새겨지거나 그려져 있고, 바위동굴의 석벽 위에 숨겨져 있거나, 바위 아래 가려진 곳에 숨어 있다. 늘 많은 사람들 속에서 백 번 천 번 찾았으나, 그것은 오히려 산속 동굴과 골짜기 구석구석에 있다. 이는 암각화의 장소 선택에 그 특수한 요구가 있기 때문에, 즉 암각화가 소재지는 이어진 산들의 기복(起伏)이 있어야 한다는 것 때문이다. 그것은 주위를 둘러싼 산하(山河)의 실경(實景)과 한몸으로 녹아든다. 원시 이미지작 품 중에서, 암각화는 인류 초기 활동을 보존하고 있는 연속적, 전방위적 이미지 텍스트이다. 그것은 원고시대 옛사람들의 수렵, 유목, 제사(祭祀), 병거(兵車)와 전마(戰馬), 전쟁, 춤 등 원고시대 인류 사회 생활의 각 방면을 보존하였다. 한 곳의 암각화를 관찰하면 고대 역사의 두루마리 그림이 황홀하게 열어 젖혀져, 광경이 보여지고 줄거리가 제시되니, 순식간에 현실과 역사의 거리를 단축하여, 현재의 생활과 원고시대의 생활이 멀리서 감응하여, 길게 맞물린다.

암각화는 인류 초기 이미지로 정보를 획득하고 전파한 방식이고, 인류의 오래된 문화유전자로서, 문자 발명 전에 인류가 가진 가장 거대한 문학과 역사의 문건(文件)을 이루었다. 암각화는 사회적 역사적 철학적 종교적 천문적 심미적 관념을 포함하며, 인문과학과 자연과학의 각 방면 거의 모두와 관련 있다. 그러므로 우리는 암각화의 이미지를 '원시의 언어', '문자 이전의 문자'라고 부른다. 암각화는 인

이미지로 읽는 고대문명

류가 기원할 때의 사유방식, 관찰방법 및 의사소통 양식을 드러냈으니, 그것을 찾아 해독하는 것은 곧 인류가 감지하고 표현하는 방식을 탐구하는 것이고, 사유와 이미지의 근원을 조사하여 고찰하는 것이며, 인류의 역사를 복원하는 것이다. — 우리가 온 길을 찾는 것이다.

　　[행보] 2017년 1월 1일, 나는 실마리를 찾아 무작정 강소성 연운항시 장군애 선사시대 암각화가 있는 산기슭을 향했다. 따스한 새해 햇살이 비추는 거기서 나는 먼 옛날 선민들의 작품, 그들의 영혼과 신앙과 함께 같은 하늘과 대지, 같은 태양과 해안을 바라보고 굽어보며 연륜을 새겨 보았다.

그림 17　원고시대 암각화와 함께 따뜻한 햇살을 만끽하는 한충야오(2017년 1월 1일 촬영)

제2장

큰 바람 일어난다 (大風起兮)

한의 정신적 기상과 도상적 특질

큰 바람 일어나 구름이 날아오르고
위엄 천하에 떨치며 고향에 왔지
어떻게 용사를 얻어 사방을 지킬까!

큰 바람이 일어날 때 하늘 속으로 구름이 날아오르는 것을 볼 수 있는데, 틀림없이 위를 향하는, 높고 먼 곳을 향해 멀리 내다보는 호기와 격정일 것이다. 또 이런 꿰뚫어보는 주시(注視)와 열렬하고 간절한 안목이 있어야만 현재 거주하는 곳을 넘어, 천하를 위압하는 장엄한 장면을 한눈에 담아두고, 공을 세우고 업적을 쌓을 인생의 포부를 품을 수 있다.

이런 시대에, 투박하고 수수하지만 포만(飽滿)하고 진실된 도상들이 천지를 덮으면서 화폭 가득하게 다가왔다. 하나하나 살아움직이고, 신비롭고 낭만적이며, 사람의 마음을 사로잡는 역사적 화권(畵卷)을 창작하여, 세인(世人)들에게 한민족(漢民族)의 찬란한 문화와 강대한 대국의 풍채를 남겼다.

한대 이미지는 웅혼하고 박졸하며, 날아예듯 움직인다. 그 내용은 연극적 성격으로 긴장되어 있고, 생동감에 기울어 있다. 그 정신적 기상은 낙관적이고 명랑하다. 그 인생 태도는 적극적이고 긍정적이다. 그들은 천당을 상상하고, 세계를 관상(觀賞)하며, 만물을 음미한다. 천상에서 지하까지, 역사에서 현실까지, 인간과 신이 섞여 나오고, 소와 말 떼가 달리고, 용이 날고 봉황이 춤추며, 만물이 뒤섞이니, 있어야 할 각종 대상과 사물과 장면이 다 있다. 한대 이미지 세계는 다채롭고 옹골지며 비범한 활력과 생명력이 넘쳐나 시끌벅적하기 그지없는 세계이다. 한대에는 신선세계(神仙世界)도 있고 지하세계도 있지만 지옥은 없다. 한대에는 세간의 갖가지 즐거움이 있지만 고난에 대해 애써 묘사한 것도 없고 고난을 이용해 위협하고 협박하는 이미지도 없다. 한대 이미지는 삶의 흥취가 넘쳐흐르며 생기가 왕성하지만, 후대 이미지와 같은, 갈라진 가지 하나 잎 하나에 대해 부분적으로 관찰하는 세밀한 생각과 고생 속에서 즐거움을 찾는 깊은 퇴폐가 없다.

한대 이미지는 큰 기상이 충만하고, 기세가 있고, 힘이 있고, 운동과 생장(生長)의 미가 있다.

그 기백은 이처럼 얽매임 없이 광대하며, 그 정신은 이처럼 낙관으로 가득하다. 그것은 자유롭게 과거와 미래 사이를 빈번히 오가면서, 인간의 세계 속에 대무외(大無畏)의 신적(神迹)을 삽입하고, 신의 세계 속에 즐거운 인간 생활을 배치하여, 하늘과 땅 사이에 확 뚫려 있는 '호연지기(浩然之氣)'가 관류(貫流)한다. 그것이 도달한 현실의 폭과 낭만적 높이는 전에 없던 것으로, 후대인 지금에도 도달하기를 바랄 수 없다.

한대 이미지는 용솟음 치는 내재된 힘을 표현하지 않은 것이 없고, 천진한 광야의 성정을 드러낸다. 규모나 제재와 상관없이, 한대 이미지 속에 감도는 것은 가로막을 것이 없는 기세이다. 큰 바람이 일어난다!

큰 바람이 일어나, 바람을 타고 가니, 바람은 일어나고 구름은 솟아나, 위세가 해내에 더해진다.

이는 어떤 흉금(胸襟)인가?
이는 어떤 자재(自在)인가?

이미지로 읽는 고대문명

바람이 일어나 구름이 날아 오른다

한대는 2천년 전의 독도시대(讀圖時代)라고 해도 과언이 아니다. 4백년 간, 도서(圖書), 도참(圖讖), 도보(圖譜) 등 각종 이미지 형태의 고정 및 변화 확장, 이미지 담지체의 풍부한 개척, 이미지 작용 및 기능의 개발 등 이미지가 한대에 도달한 현실적 폭과 낭만적 높이는 전에 없던 것일 뿐 아니라, 이후의 어느 조대(朝代)도 거기에 미칠 수가 없다. 그 기백은 이처럼 얽매임 없이 광대하며, 그 정신은 이처럼 낙관으로 가득하며, 그것은 자유롭게 과거와 미래 사이를 빈번히 오가면서, 인간의 세계 속에 대무외(大無畏)의 신적(神迹)을 삽입하고, 신의 세계 속에 즐거운 인간 생활을 배치한다. 과거와 미래가 모두 있고, 인간과 신이 공존하였으니 한대 이미지가 그렇게 촘촘했던 것도 이상할 것이 없다. 그들은 결국 그림을 읽는 시대에만 산 것 아니라 한 발자국 더 나아가 하나의 사차원공간의 시대에 산 것이다.

한대인은 이미지의 작용을 중시하는데, 그들이 보기에 이미지와 문자는 똑같이 중요하다. 당시에는 도(圖)와 문(文)이 함께 서술된 도서가 많이 퍼져 있었다. 예를 들면, 「산해경도(山海經圖)」, 「주례도(周禮圖)」 서한시기 유향(劉向)의 「효자도(孝子圖)」, 한대 관방(官方)에서 반포하고 인가한 「서응도(瑞應圖)」 등이다. '도(圖)'는 이미지를 가리키고, '서(書)'는 문자를 가리키니, '도서'의 개념은 이미지와 문자 두 방면의 내용을 포괄한다. 고고학적 발견은 진한(秦漢)시기의 죽간(竹簡)에도 삽도(挿圖)가 있고 백서(帛書)에도 삽도가 있어, '도와 문이 함께 융성함(圖文幷茂)'이 중국 도서의 우수한 전통임을 증명한다.

장사(長沙) 동교(東郊) 자탄고(子彈庫) 초묘(楚墓)에서 발견된 「백서십이월신도(帛書十二月神圖)」는 현재 발견된 최초의 삽도본 도서이다. 호북(湖北) 운몽(雲夢) 수호지(睡虎地), 감숙(甘肅) 천수(天水) 방마탄(放馬灘), 강소(江蘇) 동운항(東雲港) 윤만한묘(尹灣漢墓) 등에서도 모두 진한 시기 간독에 그려진 삽도가 출토되었다. 장사 마왕퇴(馬王堆) 삼호묘(三號墓)에서 출토된 「천문기상잡점도(天文氣象雜占圖)」, 「신기도(神祇圖)」, 「도인도(導引圖)」, 「지형도(地形圖)」, 「주군도(駐軍圖)」 등은 모두 도와 문이 함께 융성한 백서이다. 산동(山東) 가상(嘉祥) 무씨사(武氏祠)에서 출토된 「상서도」는 도와 문이 섞여서 배치되어 있는데, 문자 내용은 『송서(宋書)·부서지(符瑞志)』의 기록과 거의 동일하다. 이들은 모두 "옛 사람들은 도와 서를 병칭하였으니, 서가 있으면 반드시 도가 있다"[01]는 견해를 증명했다. 안타깝게도 이들 '도서'는 전해지는 과정에서 사라졌고, 약간의 판본 목록만 남아 있다.

기원전 196년, 유방(劉邦)이 영포(英布, 黥布)의 군대를 격파하고 장안으로 돌아올 도중에 고향인 패현(沛縣)을 지났다. 막 강적을 이겨 득의양양한 유방은 연회를 베풀어 고향의 노인들을 초대했는데, 술기운이 오르자 축(筑)을 두드리며 노래했다.

> 큰 바람 일어나 구름이 날아오르고
> 위엄 천하에 떨치며 고향에 왔지
> 어떻게 용사를 얻어 사방을 지킬까!

큰 바람이 일어날 때 하늘의 날아오르는 구름을 볼 수 있다는 것은

---

01   [清]叶德辉: 『书林清话』, 上海: 上海古籍出版社, 2008年.

더욱 높이, 더욱 멀리 내다보려는 호기와 격정이 있기 때문이다. 오직 이런 꿰뚫어 보는 주시(注視)와 열렬하고 간절한 안목이 있어야만 현재 거주하는 곳을 넘어, 천하를 위압하는 장엄한 장면을 전면적으로 고려하고 공을 세우고 업적을 쌓을 인생의 포부를 품을 수 있다. "큰 바람이 일어나 바람을 타고 가니 바람이 일어나고 구름은 솟구친다." 노래 한 곡을 다 하고 나서, 5년 후(기원전 202년) 유방은 과연 천하를 통일하고 "천하에 위엄을 떨쳐", 중국 역사상 전에 없이 강대한 대한왕조(大漢王朝)를 세웠다.

진한은 춘추 시대부터 시작해 500여 년 간 제후가 봉건방국(封建邦國)을 둘러싸고 지키던 지역문화를 종결시켰다. 지역문화는 조대문화(朝代文化)로, 즉 전장제도(典章制度), 언어문자, 문화교육, 풍속습관이 통일된 조대문화로 전환된 것이다. 진한시대는 중화민족발전사에서 하나의 중요한 시기로서, 한대의 수립은 '한문화'의 본격적인 시작을 의미한다. 한족과 주변 각 소수 족군(族群)은 모두 한대 중국다민족국가의 성원이고, 한 이후 각 조대의 명칭은 비록 변화가 있었지만, 국가의 주체민족으로서 한족의 지위는 시종 변하지 않았는데, 이 역시 한대문화의 가장 중요한 특색이다.

중국 역사에서 볼 때, 한대는 중국역사의 특수한 결절점(結節點)이다. 그것은 바로 중국 조대사(朝代史)에서 1/2이 되는 시간적 지점에 있다. 위로는 하(夏)·상(商)·주(周) 삼대문명을 계승하고, 아래로는 위진(魏晉)·당송(唐宋)·원명청(元明淸) 각 왕조의 문화를 열었다. 기원전 21세기부터 기원후 21세기까지, 진한시기는 위를 계승하고 아래를 여는 단계로서, 원고시대와 이어지면서 후대를 열었다.

중국 지리에서 볼 때, 한대의 판도에서, 동방이 대해인 것을 제외하면, 북방에는 흉노(匈奴)·동호(東胡)·오환(烏桓)·선비(鮮卑) 등의 민족이 있었다. 서북쪽에는 월지(月氏)·오손(烏孫) 등 서역 각 부락이 있었다. 서남에는 전국(滇國)·야랑국(夜郞國) 등 서남이(西南夷)와 현재의 양광(兩廣) 일대인 남월국(南越國) 등이 있었다. 이들 지역은 자신의 문화 외에, 그 경계를 마주하고 있는 지역의 문화와 밀접한 교류가 있었고, 이들 민족은 각 문화권 사이의 전파사절이 되었다. 한대 제국(帝國)의 강역(疆域)은 광활하여서, 일찍이 선진 시기에 서로 다른 지역에 살던 사람들은 그 풍부한 상상력과 창조력으로 서로 다른 지역문화를 만들었다. 제로문화(齊魯文化)·연조문화(燕趙文化)·중원문화(中原文化)·파촉문화(巴蜀文化)·오월문화(吳越文化)·형초문화(荊楚文化)·진진문화(秦晉文化)·영남문화(嶺南文化)는 이미지에서 서로 다른 풍격과 지역적 특징을 드러내었다. 풍부한 지역문화는 봉건적 전제(專制)라는 조대문화(朝代文化)에 의해 대체되어, 한대 이미지문화의 통일성과 다원성을 형성했다.

그림 1 서역으로 통하는 실크로드

이미지로 읽는 고대문명

그림 2
채회도무용(彩绘陶舞俑),
서주(徐州) 타람산(馱籃山)
초왕묘(楚王墓) 출토

세계 지리에서 볼 때, 당시 지구상
에는 로마·파르티아·쿠샨·진한(秦漢)
이라는 4대 제국이 나란히 있었다. 이
4대 제국은 각기 지중해문명·바빌로
니아문명·고인도문명(古印度文明)·화
하문명(華夏文明)을 대표한다. 유라시
아 초원을 가로지르는 실크로드는 마
치 거대한 띠와 같이, 각 문명고국을
긴밀하게 한데 연결했다. 한대에 서역
과 통한 이후 동서문화교류가 촉진되
어, 한제국은 바다가 온갖 강물을 받아
들이듯 다 같이 수용하는 마음가짐을
가지고, 이역(異域)에서 오는 다른 문화
를 받아들였기에, 동서방의 문명은 여
기서 모였다

그림 3
동한(东汉) 치거화상전(辎车画像砖) 사
천(四川) 성도(成都) 양자산(扬子山) 출토

그림 4
'희평석경(熹平石经)' 잔석
(残石)(서기 25년 - 220년)

한의 정신적 기상

통일제국으로서 진한은 강역 내의 문화를 융합하고 발전시켰을 뿐 아니라, 주변 민족 및 역외국가와의 경제·문화적 교류를 적극적으로 전개하였고, 각종 문화에 대한 포용·흡수·융합 위에 수립되었기에, 진한사회의 이미지는 동방제국의 기품을 갖추어, 이대위미(以大爲美:큰 것을 아름답게 여김), 겸수병축(兼收幷畜:모두 수용하여 함께 쌓아둠), 질박위미(質朴爲美:질박함을 아름답게 여김), 천인합일(天人合一:하늘과 사람이 하나를 이룸), 낭만진솔(浪漫率眞), 기운생동(氣韻生動)이라는 한대 이미지의 시각 예술적 특징을 형성했다.

큰 것을 아름답게 여기고, 수용하고 쌓아두다

한대 이미지는 그 천자백태(千姿百態)이고, 웅혼(雄渾)하고 과장되며, 환상으로 충만한 예술적 풍모로써 세인들에게 한대의 강성한 국력과 한민족의 찬란한 문화의 당당한 풍채를 펼쳐보였다. 선진 이미지의 사실(寫實)이나 육조(六朝)이후 이미지의 섬세(纖細)와는 달리, 한대 이미지가 표현한 정신적 기질은 대체로 웅건유력(雄健有力)하고 생기발랄하여, 대한왕조의 시대적 기백을 빛내고 있다. 그것은 극히 큰 포용정신으로 서로 다른 민족, 서로 다른 지역의 예술형식 및 풍격을 하나의 용광로에 녹여, 넓고 크고 정밀하고 깊은(博大精深) 개성적 풍격을 구성했다. 이 모든 것이 지금 중국 국내외 예술가의 그것에 대한 추구·모방·찬탄을 불러일으킨다. 근 2천년을 거쳐 온 이들 도용(陶俑)·석조(石雕)·화상석(畫像石)·화상전(畫像磚)·백화(帛畵)·벽화(壁畫)는 하나하나가 활

기차게 살아 움직이고, 신비하고 낭만적이며, 사람의 마음을 사로잡는 역사적 화권(畵卷)을 창조하였고, 그 예술적 생명은 지금도 여전히 밝게 빛나는 광채를 발하고 있다.

일찍이 서한이 막 안정되었을 때, 소하(蕭何)는 미앙궁(未央宮)을 조영(造營)하면서 동궐(東闕)·북궐(北闕)·전전(前殿)·무고武庫)·태창(太倉)을 세웠는데, 그 이유는 "천자(天子)는 사해(四海)를 집(家)으로 여기니, 장려(壯麗)함이 아니면 위세를 무겁게 할 수 없다. 또 후세에 이보다 더 장려하지 못하게 한다(天子以四海爲一家, 非壯麗無以重威, 且無令後有以加也)."(『사기(史記)·고조본기(高祖本紀)』)[02]는 것이었다. 이 '대미(大美)'사상은, 한대 예술형식의 포진(鋪陳)·영요(榮耀)·화려(華麗)를 육성했는데, 건축·음악·백희(百戲)·대부(大賦)·조각·회화 등 각 방면에서 체현되었다. 한대 이미지는 회화형식과 조각형식 두 가지 이미지의 시각예술을 포함할 뿐 아니라, 우리가 볼 수 있는 거의 모든 예술품형식에 걸쳐 있다.

'대미(大美)'는 한대인(漢代人)의 심미적 사상이 가장 중시하여 추구하고 숭상한 것이다. 한대의 광활한 강토와 모두 수용하여 함께 쌓아두는 넓은 흉금은 사람들의 적극적이고 진취적인 정신을 만들었고, '큰 것을 아름답게 여기는(以大爲美)' 심미적 경향으로 응결되었다. 선진시기에 이미 사람들에게는 대미의 사상이 있었다. 노자(老子)는 "도가 크고 하늘이 크고 땅이 크고 사람도 크다. 사람이 땅을 본받고, 땅이 하늘을 본받고, 하늘이 도를 본받는다.(道大, 天大, 地大, 人亦大. 人法地, 地法天, 天法道.)[03]고 하였다. 맹자는 "충실(充實)을 미(美)라고 하고, 충실하면서

---

02 [汉] 司马迁: 『史记·高祖本纪』 卷八, 中华书局, 1985年, 341쪽.

03 [春秋] 老聃著, 涂小马校点: 『老子·第二十五章』, 大连: 辽宁教育出版社, 1997年, 8쪽.

광휘(光輝)가 있는 것을 대(大)라고 하며, 대이면서 감화(感化)하는 것을 성(聖)이라 하고, 성이면서도 알 수 없는 것을 신(神)이라고 한다.(充實之謂美, 充實而有光輝之謂大, 大而化之之謂聖, 聖而不可知之之謂神)"[04]고 하였다.

한대 미학의 정초자 『회남홍렬(淮南鴻烈)』은 선진시대의 도(道)·유(儒)·노장(老莊)·맹자(孟子)의 천지대미(天地大美) 사상을 계승발전시켜, "팔극(八極)을 가로지르고 고숭(高崇)에 도달한다"[05]는 문화이념을 제출했다. 동한 고유(高誘)의 주에서는 "홍(鴻)은 크다는 말이다. 열(烈)은 밝다는 말이다. 크고 밝은 도를 말한 것으로 여긴다(鴻,大也; 烈,明也. 以爲大明道之言也)"고 하였다.[06] 이로 보건대, 『회남홍렬』이라는 서명은 이미 그 책이 '대'만을 거론하고 "대"를 아름답다 여긴다는 기본 취지를 분명히 보여주었다. 실제로, '대' 혹은 '대미'에 대한 추모(追慕)와 동경(憧憬)은 확실히 책 전체를 관통하는 주선(主線)이다.

『회남자』의 '대' 제창은 근본적으로 '도(道)'에 대한 존숭에 있다. 이는 그것이 황로학(黃老學)에 편중되어 있다는 것과 관련되어 있다. 이른바 '큰 도는 형태가 없다(大道無形)', '큰 소리는 들리지 않는다(大音希聲)', '큰 통나무에는 새기지 않는다(大樸無雕)', '큰 모는 모서리가 없다(大方無隅)', '큰 상은 형체가 없다(大象無形)'는 모두 '대'라야 비로소 지고무상한 미임을 표시한다.

'큰 것을 아름답게 여기는' 사상은, 한대의 대유(大儒) 동중서(董仲舒)에게서 한층 더 발휘되었다. 이른바 '천지의 미를 얻는다(得天地之美)',

---

04 [战国]孟轲著: 『孟子·尽心下』, 王云五主编: 『孟子今注今译』, 重庆出版社, 2009年, 420쪽.

05 [汉]刘安: 『淮南鸿烈集解·泰族训』, 中华书局, 1989年.

06 [汉]刘安: 『淮南鸿烈集解叙』, 中华书局, 1989年.

이미지로 읽는 고대문명

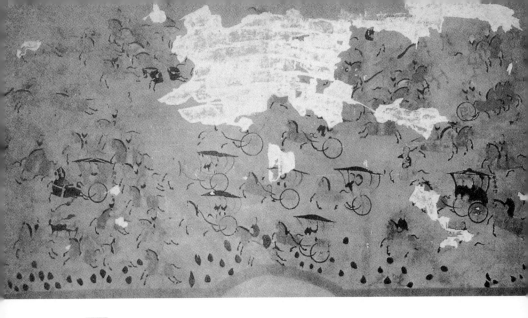

그림 5 동한출행도벽화(东汉出行图壁画), 내몽고(内蒙古) 호화호특(呼和浩特) 신점자(新店子)

'천지의 미를 얻어 그 몸을 기른다(取天地之美以養其身)'[07]는 바로 맹자의 '천지간에 가득한' '호연지기'이다. 동중서의 '천인합일(天人合一)', '천인 감응(天人感應)', '천인상통(天人相通)'의 신비사상에서 실제로 말한 것은 사람과 자연의 관계이다. 사람과 자연은 피차 단절되거나 상호 적대시 해서는 안 되며, 상호 침투하고, 조화롭게 통일해야 한다는 것이다. '사 람이 자연을 본받는다(人法自然)'는 사상이 한대 미학사상에 끼친 영향 은 거대하다. '천인합일' 관념에서 볼 때, 생명은 광대한 우주에 차고 넘 치며, 전(全) 천지자연을 관류(貫流)한다. 천지만물은 씩씩하게 떨쳐 나 아가는 생명으로 가득 차 있지 않음이 없으며, 인류와 만물은 생명의 결정(結晶)이 아닌 것이 없다.

　이 '대미'사상은 한대 예술형식의 포진(鋪陳)·영요(榮耀)·화려(華麗)

07　[淸]苏輿撰: 『春秋繁露义证·循天之道』, 北京:中华书局, 1992年.

를 육성했는데, 건축·음악·백희(百戲)·대부(大賦)·조각·회화 등 각 방면에서 체현되었다.

"큰 바람이 일어나고 구름이 솟구친다"는 웅장한 노래는 적극적으로 향상하려는 정신을 독려한다.

이미지는 생활의 반영으로서, 위대한 시대가 위대한 이미지를 낳는데, 한제국은 바로 이런 시대이다. 한대의 이미지 문화는 고졸하고 질박하면서도 활발한 운치미, 적극적인 개척의 창조 수법, 다원적 문화 융합이라는 선명한 시대적 특징들을 드러내 보여주고 또 내포하고 있다. 한대를 돌아보면, 우리는 화하(華夏)의 각 민족 문화의 빼어난 아름다움을 보게 될 뿐 아니라, 로마문화, 서아시아문화, 중앙아시아문화, 인도문화의 그림자도 보게 된다. 특히 동한시기의 이미지 중에는 스키타이민족의 동물도안, 바빌로니아 풍격의 각룡(角龍), 파르티아에서 공물로 바친 사자와 부발(扶撥)[08], 쿠샨제국의 불교적 제재(題材)가 있다. 심지어 지중해지역인 희랍과 로마의 기둥 등도 있다. 이들 이역(異域) 풍격의 화면은 진한 이미지문화의 표현 풍격과 창작 내용을 극히 풍부하게 해 주었다.

질박함을 아름답게 여기고, 하늘과 사람이 하나 되다

질박하고 화려하지 않으며, 자연을 숭상하여, 천연적인 질박한 아름다움을 추숭하는 것이 한대의 또 하나의 심미적 경향이다. 현대미학(現代美學) 속의 형식과 내용, 외미(外美)와 내미(內美)는 실제로는 바로

08　기린과 닮았으나 뿔이 없다는 동물 - 역자주.

이미지로 읽는 고대문명

그림 6 백희도(百戏图), 기남북새한묘(沂南北寨汉墓)

중국 고대미학사상 속의 '문(文)'과 '질(質)'의 관계이다. 선진(先秦)시기
에 "문" 의미는 색채, 물질적 외표의 장식이었다. '문'은 '질'과 상대가 되
는 것으로서, 질은 사물의 본질·바탕·본성을 가리킨다. 중국고대미학
사에서 '질'은 인공적으로 꾸미지 않은 천연의 미를 가리킨다.

　문과 질의 통일은 질을 우선으로 여겨서, 자연을 숭상하고 질박을
아름답다고 여긴다. 한대인은 최종적으로 선진(先秦) 유가와 도가의 문
질관(文質觀)을 뒤섞어서 심미적 표준을 형성했다. 하늘과 땅 사이 일
체 사물의 천연의 미는 곧 사물 자체가 갖추고 있는, 문식이 필요없는
미이다. 예를 들면 "백옥(白玉)은 쪼지 않고, 아름다운 구슬은 문식(文
飾)하지 않는다"같은 것이 지고(至高)의 미이다. 이런 문질사상은 상당
히 정확하게 한대 이미지예술의 일반적 특징을 개괄한다. 한대 이미지
예술은 인공적으로 조탁(彫琢)할 틈이 없는 천연의 질박한 미를 고도로
중시하여, 후세가 넘어설 수 없는 높이에 도달했다.

질박함을 아름답게 여김은 한대의 조각예술 속에 더 많이 체현되어 있다. 한대인은 재질(材質) 자체의 미를 충분히 중시했고, 재질 자체도 특정한 의의를 전달하는데, 이것이 곧 중국 고대의 '덕을 사물에 비유하는(比德于物)' 사상으로서, '옥(玉)과 석(石)의 미에는 오덕(五德)이 있다'. 옥기(玉器)의 온유(溫柔)하고 전아(典雅)한 물리적 속성에 깊은 종교 문화적 내함이 부여되었을 때, 옥기에는 기호적 의의가 생겼다. 예를 들어, 한옥(漢玉) 중의 옥매미(玉蟬)는 극히 간단하고 세련된 "한팔도(漢八刀)' 각법(刻法)을 채용하여 겨우 몇 번의 칼질을 할 뿐인데, 거칠면서 힘이 있어 옥질(玉質)의 천연의 미를 전부 펼쳐 보였고, 동시에 매미가 바람을 먹고 이슬을 마시며 죽었다가 되살아날 수 있는 상징적 의의를 표현했다. 또 예를 들면, 곽거병(霍去病) 묘 앞에 있는 석조(石彫)는 산석(山石)의 자연적 형태를 충분히 이용하여, 돌에 따라 형태를 만들었는데, 조금 새기고 파면서 신사(神思)를 추구했다. 수법이 간단하고 세련되면서 웅혼(雄渾)하고 넓고 크며, 형상(刑象)이 고졸(古拙)하고 풍격이 혼후(渾厚)한 이미지 예술풍격을 형성했다.

그 어떤 시대의 시각적 이미지 형태도 그 시대 집단적 심리상태의 반영이다. 한대 사상은 "무위로써 다스리고(無爲而治)', "하늘과 사람이 하나가 되는(天人合一)' 황로사상(黃老思想)으로부터 "백가를 쫓아내고 유술만을 존숭함(罷黜百家, 獨尊儒術)'까지, 다시 참위신학(讖緯神學)·유가사상·도가사상에 이르기까지 줄곧 논쟁하는 가운데 서로 스며들고 서로 본받았다. 이들 사상관념은 한대사회의 제도문화와 물질문화에 직접적 영향을 주었다. 한대 이미지는 바로 한조(漢朝)의 시대정신을 실은 것이다. 구도는 간단하고 질박하며, 조형(造型)은 거칠면서 생동감 있으며, 선조(線條)는 소탈하고 분명하며, 색채는 단순하고 강렬하다.

이미지로 읽는 고대문명

한대 이미지의 형식구성이 갖추고 있는 독특성은 기타 조대는 가지고 있지 않거나 대체할 수가 없다. 한대 이미지는 또 화상전·백화·벽화·칠서(漆書) 등 여러 가지 전파매질(傳播媒質)과 시각적 표현형식을 포함하고 있는데, 어떤 종류의 이미지예술형식이든 모두 "하늘과 사람이 하나가 되는' 사상의 감화(感化) 아래에서 당시 사람들의 정신세계를 표현한다. 이른바 "말은 마음의 소리이다(言, 心聲也)", "문은 마음의 학이다(文, 心學也)", "서는 마음의 그림이다(書, 心畵者)". [09] 커다란 천지는 껴안지 않는 것이 없는데, "하늘과 사람이 하나가 되는' 관념에서 볼 때 생명은 광대한 우주에 차고 넘치며, 천지자연 전체를 관류한다. 천지만물은 씩씩하게 떨쳐나아가는 생명으로 가득 차 있지 않음이 없고, 한대의 모든 이미지는 이런 공동의 문화심리적 특징을 표현한다.

이미지 예술은 일종의 창조적 시각예술로서, 그 창작은 미의 시각적 법칙에 대한 그들의 이해에 따라 진행된다. 서한인(西漢人) 회남왕(淮南王) 유안(劉安)은 『회남자(淮南子)·설림훈(說林訓)』에서 "가까운 거리의 바깥에서, 화가가 머리털 하나하나에 세심하게 신경쓰면 전체모습을 그리지 못한다(尋常之外, 畵者謹毛而失貌)"라고 하였다. 작화(作畵)는 가는 털까지 세세하게 좇아가서는 안 되니, 그렇지 않으면 대모(大貌)(전체 모습)에 잘못이 생긴다는 뜻으로서, 시각조형예술에 대한 한대인의 심미적 추구를 반영했다. 동한인(東漢人) 반고(班固)는 『한서(漢書)·혹리열전(酷吏列傳)』에서 "한이 일어나자, 네모 술잔을 부숴 둥글게 하였고, 조각한 것을 찍어내어 질박하게 하였다(漢興, 破觚而爲圜, 斫雕而爲樸)"고 하였다. [10] 번거로움을 제거하고 간략함을 따르며, 부화함을 제거하고 질박

---

09   [汉]揚雄:『法言译注·问神』, 哈尔滨: 黑龙江人民出版社, 2003年, 67쪽.

10   [汉]班固:『汉书·卷九十·酷吏列传』, 北京: 中华书局, 1962年, 3646쪽.

함을 숭상한다는 것을 비
유한 것이다. 이것들은 모
두 당시 예술사상에 대한
고도의 개괄이다. 이들 심
미사상의 영향하에서, 한
대의 이미지 예술은 작고
세부적인 것에 구애받지
않고 큰 데에서부터 결정
하며, 외형적 닮음(形似)을
추구하지 않고 본질의 닮
음(神似)만을 추구했다. 처
리수법에서는 형체자태(形
體姿態)를 두드러지게 과
장하여, 형(形)으로써 신
(神)을 묘사하고, 형을 변
화시켜 신을 취하여, 기운
생동(氣韻生動)의 예술경계
를 추구했다.

'질박위미' 사조는 동
시에 기물장식(器物裝飾)에
대한 한대의 태도에도 체
현되었다. 왕부(王符) 『잠
부론(潛夫論)·무본(務本)』
에서 "백공(百工)은 쓰임을

그림 7 유금웅형청동진(鎏金熊形青銅镇) 안휘(安徽) 합비
(合肥) 출토

그림 8 독각수(独角兽) 한대(汉代) 목조(木雕)

그림 9 옥매미(玉蝉) 서주(徐州) 사자산(狮子山) 초왕릉(楚
王陵) 출토

이미지로 읽는 고대문명

근본으로 삼고, 교묘한 장식을 말단으로 삼는다(百工者, 以致用爲本, 以巧飾爲末)"고 하였다. 이렇게 실용적 기능을 중시하는 공예미술 장식사상은 한대의 기물장식에 매우 중요한 영향을 미쳤다. 예를 들면 한대 청동기에는 이미 상주(商周)시기 청동기의 번잡한 문식이 완전히 없어졌고, 도안이 간결하며, 또 많은 '소기(小器)'가 나타났다. 한대의 실용적 기능의 장식 사상은 후세에 매우 깊은 영향을 미쳤다. 구양수(歐陽修)는 "사물의 쓰임에는 마땅한 데가 있으니, 겉모습의 미추를 따지지 않는다(于物用有宜, 不計醜與娟)"고 하였다. 왕안석(王安石)은 "쓰임에 맞는다면 반드시 정교하고 화려하게 할 필요는 없다. 쓰임에 맞는 것을 근본으로 삼아야 한다. 새기고 그려 넣는 것은 그 외모일 뿐이다. 쓰임에 맞지 않으면 그릇일 수가 없다(誠使適用, 也不必巧且華, 要之以適用爲本, 以雕鏤繪畵爲之容而已. 不適用, 非所以爲器也.)"고 하였다. 모두 질박함을 아름답게 여기는 사상의 연속이자 발휘이다.

낭만적이고 진솔하며, 기운이 생동하다

한대는 창조로 가득한 시대이다. 이 특정한 역사시기에는 정권의 교체뿐 아니라 관념의 경신과 예술의 창신도 있었다. 관념의 변화·과학의 진보·기술의 제고로 인해, 이미지의 표현무대에는 다채로운 여러 모습이 나타났다. 각종 재질(材質)로 된 담지체가 이미지의 창작에서 운용되어, 화상석·화상전·벽화·백화·칠화(漆畫)·도용(陶俑)·석조(石彫) 등 각종 예술형식이 눈에 가득했으며, 이미지는 없는 곳이 없다.

한대 이미지는 현실주의와 낭만주의라는 두 종류의 풍격으로 표현되는데, 각기 중국 고대 화론의 '사형(寫形)'과 '사의(寫意)'라는 양대 표현

체계에 대응한다. 한대 이미지의 "선으로써 형을 만들고(以線造型)", "뜻을 전달하고 본질을 보존하는(達意存眞)" 사형취상(寫形取象)은 '의상(意象)'의 표현을 더 편하게 한다. 한대 이미지의 시각도식은 다종다양한데, 가장 성숙한 예술형식이자 후세에 대한 영향력으로서 주로 벽화와 화상석이라는 양대 이미지계통 속에 체현된다. 한대벽화와 화상석의 구성형태와 시각적 구법(句法)은 전형적인 시대적 특징과, 앞 세대를 계승하고 뒷 세대를 열어준다는 역사적 지위를 갖는다.

한대 이미지 속에는 많은 신비하고 추상적인 도형이 있는데, 이들 도형은 일종의 상징성 기호이다. 한대 이미지 속의 많은 시각적 원소(元素)는 중국 문화 속에 모두 원형적 의의를 가지고 있다. 적지 않은 이미지 혹은 추상적 기호가 원시 이미지예술 속에 이미 존재하며, 그 문화적 유전자는 원시 토템과 족휘(族徽) 속에서 찾을 수 있는데, 원시암각화, 채도(彩陶)장식문양, 청동기문식은 원시문화이미지의 유전자 창고이다. 예를 들면, 포수가 고리를 물고 있는 것(鋪首銜環)은 양저문화(良渚文化) 속의 수면문(獸面紋)에서 왔고, 새가 물고기를 물고 있는 것(鳥銜魚)는 앙소문화(仰韶文化) 속의 채도(彩陶)에서 왔으며, 용(龍)의 내원은 지금으로부터 7천 년 전 홍산문화(紅山文化)의 옥저룡(玉猪龍) 등에까지 거슬러 올라갈 수 있다. 한대의 일월천지(日月天地)와 동서남북은 모두 도형기호의 상징이 있다. 삼족오(三足烏)·옥토끼·두꺼비·청룡·백호·주작(朱雀)·현무(玄武)는 모두 생명을 가진 상징기호이다. 한대 박국(博局)·박국경(博局鏡)·TLV 3종 기호는[11] 양극(兩極)·사방(四正)·팔방

---

11   한대 박국(博局), 규구동경(規矩銅鏡), 일구(日晷)의 기본 도형은 가운데 네모의 주위에 12개의 曲道가 있고, 12개의 곡도는 영어 알파벳 대문자 T, L, V를 달았다. 곡도들 중 네 모퉁이에서 입이 닫혀 있는 것이 V형이고, 경계선이 열려 있는

(八維) 등의 함의를 담고 있는데, 중국 고대 예제건축(禮制建築) 속에는
모두 이런 복잡한 우주 사상이 담겨 있다.

그림 10 TLV문으로 장식된 청동경(서기10년)

한대 이미지 속 신선 세계에도 많은 것들이 기호에 기대어 표현된
다. 예를 들면, 서왕모 머리의 '승(勝)' 장식은, 그것이 화면 속에 출현할
때 곧 일종의 표지, 일종의 상징, 하나의 기호가 된다. 곤륜신산(崑崙神
山)을 표시할 때, 삼산(三山)은 평상적인 산과 구별되는 표지이며, 이로
부터 동왕공(東王公) 머리 위의 '삼산관(三山冠)'으로 변한다. 선인(仙人)
을 표시할 때, 우모(羽毛)와 우인(羽人)은 하나의 상징기호이다. '천문(天
門)'은 사람들의 환상 속에 존재하는 일종의 물상(物像)이다. 선계(仙界)
로 올라가려면 반드시 천문을 지나가야 하는데, 한대 이미지 속에서 그

것이 L형이며, 중간의 곡도가 T형이다. 매 T, L, V 각 철자는 4번 나타나며, 12개
의 곡도를 이룬다. 그래서 그것을 T·L·V문이라고 부른다. 박국경은 과거에는
規矩鏡이라고 불렸는데, 서방 중국학자들은 통상 그것을 'TLV'鏡(The TLV mirror
혹은 The TLV pattern of the Han mirrors)이라고 부른다.

것은 구체적 형상인 '쌍궐(雙闕)'의 도형을 이용해 환상적이고 허황되고도 집요한 신화적 선경(仙境)을 표현하여 선경의 내함을 풍부히 했다.

'기운생동(氣韻生動)'은 한대 이미지 예술의 두드러진 특징이다. '기'는 중국 고대미학 사상에서 매우 중요하다. '형(形)·신(神)·기(氣)'는 중국 고대미학 중 가장 중요한 세 범주이다. '기'는 생명의 '형'과 '신' 양자의 결합이고, 형이상(形而上)과 형이하(形而下)의 교접점이다. 한대인은 '형'과 '신' 사이에서 또 '기'의 원소를 가지고 있다. 구체적으로 말하면, 이미지예술작품으로 하여금 자유분방하게 일기(一氣)로 관통되어, 기운생동(氣韻生動)의 예술적 효과에 도달하도록 요구한다. '기운생동'은 한 화상석(화상전) 속에서 특히 두드러지게 표현된다. 화상에서는 번쇄한 세부 장식을 추구하지 않고 큰 형체언어에 치우쳤다. 동작을 크게 과장하고, 표정과 기색이 가장 풍부한 부위를 묘사하며, 번잡한 디테일은 과감히 버림으로써 전신처(傳神處)가 가장 강렬하게 드러나도록 한다. 이형사신(以形寫神:형태로 정신을 나타냄)과 변형취신(變形取神:형태를 변화시켜 정신을 취함)의 이른바 그림에 마음을 담는 예술경계에 이르고, 중국 도화 이론의 하나인 '중신경형(重神輕形:형태보다는 정신을 중히 여김)'의 사상에 길을 열고 시초를 마련했다.

한대 시각 예술가들은 내재적인 신기(神氣)와 운미(韻味)를 추구했다. 예를 들면, 한대의 무도(舞蹈)인 장수무(長袖舞)는 긴 소매가 날 듯이 스치는 것에 기대어 풍부한 생각과 감정을 경주(傾注)하여, 천자백태(天姿百態)의 변화로써 춤추는 이의 운미와 미감(美感)을 표현했다. 한대의 화가는 장수무의 정채로운 순간적 표정을 이미지 속에 '그대로 옮겨 넣었는데(傳移摹寫)', 여기서 올려드는 긴 소매, 나부끼는 긴 소매, 곡선을 이루는 허리와 팔다리, 유연하고 아름다운 몸의 움직임, 손발의 움직임에는 시종 '기'로 관통하지 않는 것이 없다. 특히 춤추는 이의 눈빛은 한 번 고개 돌리는 사이에 흘러나와, '졸리는 눈으로 한번 쳐다보면 온 성이 기울어지는(眠貌流盼, 一顧傾城)' '형신겸비(形神兼備)' 외에 '기'의 관통도 빠뜨릴 수 없으니, 거침 없는 선조(線條)에 정확한 조형(造型)을 더하여, 춤추는 이가 신비로운 백가지 자태를 갖추어 불러내고 싶도록 만드니, '기운생동'의 예술적 매력을 얻었다.

그림 11 동한 월신(月神), 화상전, 사천성 출토

그림 12 도거도(导车图) 동한부조화상전(東漢浮雕画像砖) 사천(四川) 대읍(大邑) 안인향(安仁乡) 출토

그림 13 격고설창용(击鼓说唱俑) 사천 성도 천회산(天回山) 출토[12]

---

12 『中华文明』369쪽에서 인용.

한의 시각 도식

한대 사람들은 현세생활에 대한 미련과 미래세계에 대한 희망으로 충만하여, 진솔하고 낭만적인 정회(情懷)와 비할 데 없이 풍부한 상상력을 품고, 별처럼 찬란하고 풍부하며 다양한 이미지내용을 창조했다. 이런 진솔하고 낭만적인 정회가 이미지에서 반영된 것이 고풍스럽고 소박하면서도 웅혼한 운미(韻味)와 거리낌없이 활발한 형식이며, 이로써 진한 이미지예술의 독특한 격조와 기풍을 아낌없이 나타냈다.

만약 단 하나의 추상적이고 형상적인 숙어로써 한대의 전체적인 면모를 개괄한다면, 만약 하나의 낭만적이면서도 위풍당당한 장면으로써 나타낸다면, 숙어이자 장면인 '큰 바람이 일어난다'보다 더한 것이 없다. '큰 바람이 일어난다'는 특수한 시대적 기상(氣象)으로서, 한대생활의 각 방면을 체현하는데, 특히 서한시기에 그것은 왕성하게 넘쳐 흐르면서 인심을 격동시켰다. 이런 기상은 한부(漢賦), 화상석(畫像石), 벽화(壁畫), 백화(帛畵), 예서(隸書), 도용(陶俑) 속에 특히 현저하며, 동경(銅鏡), 칠기(漆器) 등 일용품의 생활에 쓰이는 작은 기술의 말단에까지 스며들어, 시대의 기상과 이미지적 특질이 그 사이를 관류한다.

만약 한부의 언어의 화려한 포장(鋪張)의 미, 죄었다 풀었다 변화무쌍한 리듬의 묘(妙)는 여러 세대의 중생(衆生)을 미혹시켜, 일찍이 한대의 첫손 곱는 문예적 대표이자 정신적 표지가 되었다고 한다면, 한화상석의 다채로우면서 기이하고 환상적인 제재, 질박하고 고졸하며 생생한 이미지는 후대인으로 하여금 꿈에도 그리고, 추모해 마지않는 한대 예술경전이 되었다. 이제 이 글에서는 이 두 가지 한대 고급 문예를 옆에 두고서, 단지 한대 백화, 벽화, 화상전, 병마용, 건축, 성상, 동경, 칠

이미지로 읽는 고대문명

기, 복식이라는, 이 몇 가지 이미지를 내용으로 하는 문예 담지체에 대해 간단히 품평하고 감상할 것인데, 그중 이미지 문양(紋樣), 형태 및 조형적(造型的) 특색에 대해 많이 유의하면서 그 묘(妙)를 대강 알아본다.

한대 백화

백화(帛畵)는 비단 위에 그려진 일종의 이미지형식으로서, 한대 이미지 중 중요한 종류의 하나이다. 백화예술은 대략 전국(戰國) 중기의 초(楚)나라에서 흥기하였고, 서한 때에 그 발전이 절정을 이루다가 동한 중기에 사라졌으니, 약 500년의 시간에 걸쳐 있다. 백화의 재질이 비단으로 되어 있어 보존이 매우 곤란하여, 현재 볼 수 있는 초한(楚漢) 백화(또는 백서,帛書)의 현재 총계는 겨우 36폭(한대 백화로서 현재 발견된 것의 총계는 25폭이다.[13])인데, 혼번(魂幡)·비의(非衣)·명정(銘旌) 류에 속하는 백화가 18폭이며, 온전히 보존된 한대 백화는 더욱 적다. 한대백화는 상례(喪禮)를 돕는 류와, 이미지나 정보를 기록한 류의 양대(兩大) 류 삼종(三種) 형식으로 나뉜다. 한 종류는 '비의'라고 불리는 명정(정번(旌幡))으로, 그 작용은 영당(靈堂) 위에 높이 걸어놓고 제사 지내며, 발인할 때 대열 속에서 높이 들어 올려 초혼(招魂)하고, 무덤에 묻힐 때 관뚜껑 위에 덮어 혼(魂)을 안정시키는 것이다. '비의' 외에 또 한 종류는 관의 벽에 걸어 두는 백화로서, 내용은 묘주인의 생전활동을 반영한다. 예를 들면, 거마의장도(車馬儀仗圖)·거마유락도(車馬遊樂圖)·획선초혼도(劃船招魂圖)같은 것들이다. 또 일종의 백화가 있는데, 윗부분에 약간의

---

13   陈鍠: 『古代帛画』, 北京: 文物出版社, 2005年.

문자정보가 있기에 사람들은 그것을 종종 '백서'로 분류하기도 한다. 도인도(導引圖)·천문기상잡점도(天文氣象雜占圖)·태일장행도(太一將行圖)·상복도(喪服圖)·성읍도(城邑圖)와 원침도(園寢圖)·괘상도(卦象圖) 같은 것들이 모두 백서백화(帛書帛畵)에 속한다.

　서한 초기는 백화의 전성기였고, 무제(武帝)시기는 백화의 확장기였으며, 서한말부터 동한사이에 백화는 점차 사라졌다. 백화는 장의(葬儀) 중에서 특수한 기능과 상징적 의의를 가지고 있으며, 당시 사람들의 영혼관과 상장(喪葬)관념을 반영했다. 1972년 호남(湖南) 장사(長沙) 마왕퇴(馬王堆) 1호묘(號墓)에서 출토된 백화는 장례와 상례에 대한 한대인의 생각을 반영하는 가장 중요한 이미지자료이다. 이 백화는 출토시에 화면이 아래쪽을 향하였고, 관뚜껑 위에 평평하게 펼쳐져 있었으며, 백화는 완전하게 보전되어 있었는데, 색채가 선명하고, 내용이 풍부하며, 형상이 생동감 있었다. 백화 이미지는 천상·인간·지하의 삼계(三界)로 나눠, 하나의 입체적인 우주세계를 그려내어, 한조인(漢朝人)의 낭만적 기상을 체현했는데, 한대사회 사람들의 영혼관의 진실한 재현이며, 사람들의 '혼을 이끌고 하늘로 올라가는(引魂昇天)' 아름다운 상상과 기원을 반영하고 상징한다.

그림 14 초백서(楚帛书)「십이월신도(十二月神图)」

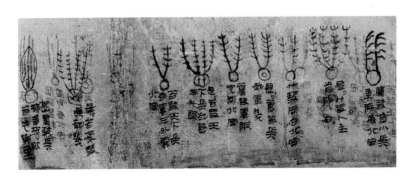

그림 15 마왕퇴백서(马王堆帛书) 『천문기상잡점(天文气象杂占)』에 나오는 혜성도(彗星图)

제2장 큰 바람 일어난다(大風起兮)

한대 벽화

벽화는 가장 전통적인 이미지 형식으로서, 여기서 말하는 벽화는
오로지 붓과 먹 및 각종 안료로써 건축물 벽면에 그리는 이미지를 가리
킨다. 한대벽화의 주요 표현형식은 묘실벽화(墓室壁畵)로서, 특히 붓과
먹 그리고 채색그림(彩繪)으로 장식된 묘실화를 가리킨다. 서한 초기부
터 이미 벽화묘가 출현해 동한 말기까지 줄곧 이어졌으며, 현재 발견된
한대 벽화묘는 모두 80여좌(座)이다. 이들 묘실벽화의 제작방법은 주
로 두 가지이다. 하나는 묘를 조성하기 전에 미리 묘전(墓磚)에 그림을
그리고, 묘전에 번호를 매긴 후에 다시 묘실 속에서 조립하는 것이다.
하나는 묘실을 다 쌓고 나서 묘실 벽에서 저층을 처리한 후, 묘벽에 그
림을 그리는 것이다.

이미지로 읽는 고대문명

벽화묘는 한대 도화 중 가장 중요한 시각적 담지체 중 하나로서, 예술적 성취가 높다. 한대 벽화 제재(題材)의 사상과 이미지의 의의는 매우 풍부하여, 천문도상(天文圖像)·묘주등선(墓主登仙)·신화전설·상서로운 도안·삿된 것과 병을 쫓아냄(驅邪逐疫), 경전과 역사서에 나오는 인물·역사고사(歷史故事)·묘주의 생애 그리고 현세생활 등 방면의 내용이 포함된다. 그중 천상도는 중요한 표현내용의 하나로서, 한대 오행사상(五行思想)이 가져온 '오행색채관(五行色彩觀)' 역시 벽화묘의 아름 다운 색채 속에서만 표현될 수 있다. 창작수법에서, 벽화는 여러 가지 전통 회화기법을 표현한다. 중국화의 종류로 말하자면 인물화·산수화·화조화(花鳥畵)는 모두 이 시기에 이미 탄생했다. 회화의 표현기법으로 말하자면 단선평도(單線平塗)·단선백묘(單線白描)·구륵선염(勾勒渲染)·몰골화법(沒骨畵法) 및 설색용필(設色用筆)이 모두 이미 이미지예술가의 표현수법이 되었다. 특히, 벽화를 단선평도의 수법으로 작화하였기에, 선조(線條)가 거침 없고, 물상의 외형윤곽선이 분명하며, 세부 묘사가 매우 치밀하고, 색채가 풍부하다. 이미지연구에서, 정확한 외형 외에 인물이 입은 복식의 색채도 볼 수 있다. 이들 아름다운 색채, 필묵의 표현방법 및 풍부한 표현내용은 후대 '중국화'에 직접적인 영향을 미쳤다.

묘실 천정부분은 벽화천상도(壁畵天象圖)의 가장 중요한 표현구역이다. 이 구역에서 한대인은 상상력을 치달려, 우주천체(宇宙天體)와 자연현상에 낭만적 신화색채와 생동하는 활력을 부여하는데, 해와 달과 별(日月星辰), 이십팔숙(二十八宿), 천문신화(天文神話), 하늘이 내리는 상서로운 일(天降祥瑞)이 모두 벽화의 내용이다. 한대 묘실 벽화 속의 성공도(星空圖)는 결코 그저 하나의 천체공간을 표시하기 위한 것만이 아니고, 별이 떠 있는 하늘(星空)에 관한 하나의 신화를 표현하기 위한 것만도 아니다. 그 심층적 함의는 별빛 찬란한 하늘을 배경으로 하여, 환상으로 가득한 예술형상으로써 환상 속 영원히 아름다운 영혼의 귀숙처(歸宿處)를 구성하는 것이다. 성공도의 아래쪽에는 종종 진기한 새와 짐승과 신선의 인도와 호송 하에 묘주인의 영혼이 곤륜산(崑崙山)의 선계(仙界)로 달려가, 우화승천(羽化昇天)하고 길상영생(吉祥永生)한다. 성공도는 또 다른 하나의 세계를 은유하는데, 생에 대한 한대인의 미련과 행복한 생활에 대한 한대인의 갈망을 기탁한 것이다.

동한이 되자 묘실벽화의 주제는 점차 세속적 내용이 증가했다. 생전에 공을 세우고 부귀를 누리는 것에 대한 갈망이 갈수록 강렬해져, 화상(畫像)의 제재는 인간생활부분의 묘사를 더욱 중시했다. 주요 내용은 거마출행(車馬出行)·연락회음(宴樂會飮)·생애의 경력·생산노동·경전과 역사서의 고사(故事) 등을 포괄한다. 동한 후기가 되면 이런 추세는 더욱 두드러지게 표현되었다. 전원농장(田園農場)과 생산노동이 모두 벽화이미지에 수용되었고, 산수·방목(放牧)·우경(牛耕)·수확 등 내용의 묘사가 나타났는데, 이는 후세 중국 산수화의 전원풍정(田園風情)의 제재를 직접 개창하였다.

한대 묘실벽화의 작자는 '화공(畫工)'이라고 불린 사람들인데, 그들은 이름을 남기지 않고 오히려 위대한 이미지 작품을 남겼다. 묘실벽화제작의 난도는 매우 커서, 그들은 오직 어두컴컴한 유등(油燈)에만 의지해서 묘실에서 작화하였다. 이들 작자들은 이미 구도 선조 및 색채의 운용에 매우 익숙하여, 색채상에서 오채(五彩)를 이용해 형용하였다. 회화기법상에서는 전통적인 단선평도 외에 직접 색채를 이용해 조형하는 것도 나타났는데, 이것이 곧 이른바 큰 붓으로 의도를 표현한다(大筆刷寫意)는 것이다. 물체의 질감을 표현하기 위해 '훈염법(暈染法)'도 사용

그림 17　동한 벽화 악무백희도(樂舞百戲圖) 내몽고 호화호특 신점자 출토

제2장 큰 바람 일어난다(大風起兮)

하여, 물상에 더욱 층차적 변화를 갖추어 주었다. 한대 벽화는 인물화·화조화·산수화의 중국화 삼대계열 속에서 모두 새로이 창조되고 발전되었다. 특히 인물과 말의 이미지조형은 특별한 창조능력을 표현하는데, 한묘 벽화의 작자는 중국전통의 '선으로써 만물을 전달하는(以線傳萬物)'의 회화기교를 계승하고 발양하여, 오르내리는 산들의 이어짐이건, 수레가 덜컹이고 말이 우는 출행(出行)이건, 제각각의 형태를 가진 인물과 구름에 올라 노래하고 춤추는 신수(神獸)까지, 모두 가늘고 굵고 길고 짧은 천 가지 만 가지 변화하는 선을 이용해 그 형상(刑象)과 신운(神韻)을 표현하였다. 붓놀림과 선긋기의 가벼움과 무거움을 통해, 빨랐다가 느렸다가, 비었다가 가득 찼다가 갑자기 바뀌면서, 수많은 물상을 생동감 있게 그리며, 질감이 풍부하다. 한대 묘실 이미지의 예술적 성취와 영향력은 남북조(南北朝) 이미지의 풍격 및 기법에 직접적 영향을 주었다.

한대 묘실 이미지는 중국 이미지 예술의 중요한 장(章)을 열었다. 이들 이미지 작품은 귀중한 예술적 유산일 뿐 아니라, 양한(兩漢) 사회역사를 연구하는 중요한 자료이기도 하여, 인류 예술의 영원한 재산이 되었다.

한대 화상전

화상전은 모인(模印), 채회(彩繪) 혹은 조각이미지가 있는 건축용 벽돌이다. 화상전은 형제(形制)가 다양하고, 도안이 정채롭고, 주제가 풍부하여, 중국 이미지발전사에서 독특한 예술형식이다. 고고학적으로 발견된 자료로 보건대, 화상전의 출현은 한 화상석보다 많이 빠르다.

이미지로 읽는 고대문명

그림 18 동한 벽화 악무백희도(부분)

그림 19 수렵도(「수렵도」 서안이공대학(西安理工大學) 벽화묘(壁畵墓) 동벽(東壁) 남부

제2장 큰 바람 일어난다(大風起兮)

전국묘(戰國墓)에서 이미 공심화상전(空心畫像磚)이 출토되었고, 진조(秦朝)의 궁전도 화상공심전을 사용했다. 한대의 화상전은 전국·진 화상전의 기초 위에서 진일보한 발전이며, 서한말기에 화상전예술은 전성기에 도달했다. 한대 화상전은 주로 전실묘(磚室墓) 속의 장식으로, 한대의 사회적 풍정(風情)과 심미적 풍격을 반영했다.

한대 화상전은 선명한 지역성과 시대성을 가지는데, 화상전은 주로 양대 분포지역이 있다. 즉 하남(河南)화상전과 사천(四川)화상전이다. 하남화상전은 공심전을 주로 하고, 유행시대는 서한시기이다. 사천화상전은 실심전(實心磚)이며, 유행시대는 동한시기이다. 화상전의 내용은 부단히 풍부해져서, 초기의 도안조합으로부터 궐루교량(闕樓橋梁), 거기의장(車騎儀仗), 무악백희(舞樂百戲), 포주연음(庖廚宴飮), 상서롭고 기이한 동물(祥瑞異獸), 신화전고(神話典故) 등 각 방면의 내용으로 발전했다.

화상전은 상품속성을 가진 건축자료로서, 생산량을 높이기 위해서 모두 틀로 찍어서 제조하였다. 이미지거푸집의 제작은 화상전 대량생산의 기술적 문제를 해결했다. 화상전의 거푸집은 나무틀을 주로 하는데, 정주(鄭州) 공심전은 작은 틀에서 두드려 찍는 방법을 사용한 것이 많다. 즉 아직 마르지 않은 벽돌 위에 많은 단원(單元)도안을 배열한 후에 가마에 들어가 굽는다. 낙양(洛陽)공심전은 다수가 양각(陽刻) 틀에 두드려 찍은 것으로서, 단원이미지를 임의로 조합해 다채로운 내용의 이미지를 구성했다. 남양(南陽)화상전에는 큰 장면의 이미지가 출현하기 시작했다. 이들 이미지는 하나의 틀로 하나를 찍으며, 이런 화상전의 제작공예는 직접 틀에 찍어 제작하였다. 공심전을 구워 만드는 일은 비교적 강한 공예성을 가지고 있는데, 동한시기에는 이미 기본적으로

이미지로 읽는 고대문명

공심전이 자취를 감추었다. 사천 화상전은 모두 실심전으로서, 실심화상전은 모두 틀에 넣어 만드는 것인데, 한 번 본을 만든다. 화상전은 상품(商品)이기에, 내용이 같은 동모전(同模磚)이 출현했다.

한화상전 중에 서왕모를 표현한 이미지는 내용이 풍부하고 다채로운데, 한대 이미지 중 최초의 서왕모 형상이 화상전 속에 출현한 것이다. 서왕모 이미지의 전개는 신선에서부터 종교적 우상까지, 이야기형에서 우상형까지 두 개의 서로 다른 단계를 거쳤다. 서한 화상전의 서왕모 이미지는 모두 이야기형 구도이고, 동한 화상전의 서왕모 이미지는 기본적으로 모두 우상형(偶像型)구도이다. 한대 화상전의 서왕모 이미지는 서왕모 예술형상의 발생, 발전 및 그 변화의 역사적 궤적을 그려주는데,이는 한대 이미지문화사에서 의심의 여지 없이 매우 중요하다.

화상전은 단순한 조각예술품

그림 20 「악무잡기(樂舞雜技)」도(圖) 사천 성도 양자산(羊子山) 출토된 한대 화상전

그림 21 동한 복희·여와 화상전 사천성 출토

그림 22 한대 인물교담채회전(人物交談彩繪 磚) 미국 보스턴미술관 소장

이 아니고, 그것은 묘장(墓葬)의 장식수단이며, 묘실 건축이라는 대환경을 벗어날 수 없다. 특히 서한 말기에 이르면, 화상전의 장식내용은 묘실구조의 조성부분이 되어, 일정한 공간과 방위의 의의를 포함했다. 하남(河南) 신야(新野) 화상전묘(畫像磚墓)로부터 그것이 묘실 중에서 가지는 조합적(組合的) 의의를 볼 수 있고, 사천화상전은 매 화상전이 독립된 화면내용을 가진 것으로 보이지만, 그것은 화상전의 조합을 통해 서사성(敍事性) 고사를 형성했다.

그림 23 용미화상전(舂米畫像磚) 사천 팽산(彭山) 출토

한대 석상

서한 시기 능묘석조(陵墓石彫) 중 가장 중요한 유물은 서한 명장 곽거병(霍去病)묘의 석상이다. 석상은 돌을 기준으로 형태를 만든 다음 새

이미지로 읽는 고대문명

그림 24
곽거병묘 앞 석조 '석호(石虎)'

그림 25
곽거병 묘 앞 석조 '말이 흉노족을
밟음(馬踏匈奴)'

그림 26
석조 '선인이 양을 타다(仙人騎羊)'
서주(徐州) 출토

기고 쪼았는데, 수법이 간결하고 세련되고, 개성이 두드러지고, 풍격이 질박하고 중후한, 중국에서 현존하는 것들 중 시대가 가장 이르고 보존이 가장 완전한 대형 석조예술의 진품(珍品)이다. 서한 곽거병 묘와 묘 앞의 석조들 하나하나는 모두 상징적 의의가 있다. 곽거병의 묘가 '무덤 모양의 기련산(祁連山)'인 것은 봉토(封土)를 가리키는데, 각종 석각 맹수와 동물이 봉토 위에 두어져 있고, 또 150여 개 수석(竪石)과 함께 '기련산'의 형상을 조성한 것은 그가 군무(軍務)로 바삐 일하며 공을 세웠음을 상징하는 곳이다.

한대 석상의 최대 특징은 장면의 입체적 조화이지, 고립된 예술품

감상과 분석이 아니다. 예를 들어 매(每) 석상 혹은 병마용은 모두 전체 건축 혹은 제국모형(帝國模型) 중 부분적인 하나의 석상이고 하나의 병졸일 뿐으로서, 많은 석상 혹은 무수한 병마용이 있어야 비로소 전체가 호응하여 완전한 건축형태와 강대한 제국군대 모형을 구성한다. 진한 (秦漢) 이미지는 풍부한 상징적 의의가 있는데, 이런 상징적 의의는 '장면' 속으로 돌아와야만 비로소 발견될 수 있으니, 이 '장면'은 보는 이의 적극적 참여를 필요로 한다.

한대 병마용

서한 병마용은 진시황릉 병마용의 장제(葬制)를 답습했는데, 그중 한 (漢) 양릉(陽陵)은 한(漢) 경제(景帝)와 왕황후(王皇后)를 같은 무덤의 다른 구덩이에 합장한 능원(陵園)의 총칭이다. 양릉 남쪽 구역은 장갱(葬坑)에서 일만 개 이상의 무사용(武士俑)과 기마용(騎馬俑)이 출토되었다. 한대 군대의 갑옷으로 무장한 백만 명의 병사와 일만필의 기마병의 호탕한 군사적 위세를 생동감있게 구현하였다. 주목할 만한 것은 한 양릉 기병용군진(騎兵俑軍陣) 중에서 수많은 여자 기병을 발견했다는 것이다. 여자 기병은 중년·청년 여자의 형상이 많다. 그중 몇 명의 얼굴 부위는 조형(造型)이 매우 두드러지는데, 눈두덩이는 산과 같고, 눈은 가늘어서 선과 같다. 튀어 나온 광대뼈와 자연스럽게 파인 양볼, 가운데 가르마에 뒤로 빡빡 당겨 쪽을 한 모습은 늠름하고 씩씩하다. 전마(戰馬)는 높이가 70mm미터이며, 몸 둘레는 종홍색(棕紅色)으로 채색되었고, 목재에 조소(彫塑)하였다. 목마는 체격이 건장하고, 꼬리 부분을 치켜들었는데, 자못 역동적이다.

이미지로 읽는 고대문명

그림 27 서주 사자산(獅子山) 병마용

그림 28 서한 채회도병마용(彩繪陶兵馬俑), 섬서(陜西) 함양 (咸陽) 양가만(楊家灣) 병마용 구덩이 출토

그림 29 기병용(騎兵俑) 양릉(陽陵) 11호묘 장갱(葬坑)

그림 30 한 병마용 서안 함양(咸陽) 양가만(楊家灣) 주발(周勃)·주아부(周亞夫) 부자묘(父子墓)

그림 31 채회석기마인(彩繪石騎馬人) 하북 망도(望都) 출토

그림 32 채회석기마인(부분)

이미지로 읽는 고대문명

한대 건축

하늘로 날아오르는 선은 약동하는 음표나 감동적인 선율과 같고, 그 '아웅다웅하는 듯한(鉤心鬪角)' 교묘한 구조, '구름까지 높이 솟은(雲構厥高)' 처마, 중후한 형태의 가옥, 들쑥날쑥하면서도 운치 있는 누각, 거기다 아름답고 화려한 장식이 '높은 누각 날아가는 듯 보이고, 긴 복도가 오르고 내리는(高樓飛觀, 長途昇降)' 기세 높은 건축군을 조성하며, 강대한 시각적 충격력과 정교하고 아름답기 짝이 없는 심리적 향수(享受)를 준다.

한대 건축 특유의 장식기호는 시대의 정신적 기질을 표현하는데, 굵은 들보와 큰 기둥, 그리고 두껍고 무거운 두공(斗拱)의 형상은 한대 건축의 표지이다. 한대 건축 용마루 위의 척수(脊獸) 장식은 신기원을 연 것이며, 매꼬리(鴟尾)·봉조(鳳鳥)·삼각형 화염문(火焰紋)·외뿔짐승(獨角蹲獸)은 후에 중국 고대건축에서 불가결한 내용이 되었다. 장기간의 변화를 거쳐 매꼬리는 치문(鴟吻)·용문(龍吻)이 되었다. 봉조와 삼각형 화염문은 화주(火珠)와 불탑(佛塔) 위의 보정(寶頂)으로 변했다. 웅크린 짐승(蹲獸)은 명청시대에 이르러 건축 등급의 표지가 되었다. 이들 모두는 한대에 가장 먼저 나타난 중국의 독특한 장식으로서, 건축기술과 예술의 고도의 통일을 체현했다.

그림 33 서주 모촌(茅村) 화상석묘의 「누각즐비도(樓閣櫛比圖)」

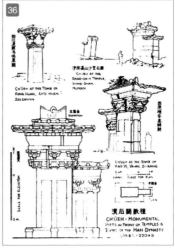

그림 34 서한 '선우천항(單于天降)' 와당(瓦當) 내몽고 포두소대(包頭召臺) 출토

그림 35 사천 면양(綿陽) 평양부군궐(平陽府君闕)

그림 36 양사성(梁思成)이 만든 고이궐(高頤闕)과 기타 몇 가지 한궐(漢闕)의 측량도

이미지로 읽는 고대문명

한대는 또 와당(瓦當) 이미지문화 발전의 가장 성숙한 전성기로서, 와당은 기타 예술과 마찬가지로 내용 및 풍격이 모두 일정 정도 한대의 정치·경제·문화적 번영을 반영했고, 일종의 건축기호로서 그 의의는 건축물부속품의 지위를 일찌감치 넘어섰으며, 독자적으로 일격(一格)을 갖춘 일류 이미지예술품이 되었다. 한대의 찬란한 건축형상의 객관적 존재는, 한대 회화와 부장품 건축 속 정교하고 아름다운 이미지의 직접적 모델이 되었다.

한대 동경

동경(銅鏡)은 가장 많이 출토된 한대 생활 실용 기물로서, 생활용품이면서 이미지예술작품이기도 하기에 그 시대 사람들의 심리적 요구를 반영한다. 한대에, 동경의 실용적 기능은 '용모를 살피고 의관을 바로 할' 뿐 아니라, 동경 자체와 그 문식 이미지가 일종의 문화적 상징의 담지체로서 사람들의 사회생활의 모든 방면에 스며들었다. 혼수품에서 사랑의 증표까지, 민간의 선물부터 국가의 예물까지, 수장품(隨葬品)에서부터 요마(妖魔)를 항복시키는 것까지, 모두 동경과 떨어질 수 없다.

작은 동경은 당시 사회의 정치경제·민속풍정·종교신앙·과학기술·문학예술·사회사조·가치관념 등 복잡하게 뒤얽힌 연계를 낳았고, 물질문화와 정신적 기상의 상호 영향을 형성하였으며, 한대 문화예술과 종교사상 등 풍부한 내함을 반영했다. 특히 동한시기의 화상경(畵像鏡)은 종교사상·역사고사(歷史故事)·신화전설을 동경 속에 끌어 들인다. 한대 동경은 참위사상·유가경전 그리고 도가의 장생불사와 우화등선의 내용으로 가득 찼다. 동경의 이미지는 '역사를 재구성하는' 중요한 시각적 자료이다. 동시에, 한대 동경의 제작은 종종 '하나의 기물에 백공(百工)을 모으기에', 전통적 기물 제작사상(思想)에 대한 연구에서 대표적인 물건이다.

한대 동경은 그 공예의 정교하고 심오함, 이미지의 번다함, 현존량의 많음으로 인해서 중국도상사(圖像史)에서 중요한 지위를 차지한다. 한대 동경의 장식 이미지는 풍부한 디자인 사상과 중화 문화 유전자를 실었고, 또 사회 사상 형태의 변화를 따라 뚜렷한 발전과 변화의 맥락을 가지고 있다. 관념형태로서의 예술작품은 모두 일정한 사회생활이 인류의 두뇌 속에 반영된 산물이며, 동경 역시 당시 정치·경제·사상문화 및 사회형태를 연구하는 중요한 이미지자료이다. 한 대 동경이 반영하는 내용은 장원생활(莊園生活)·전원수렵·연향회음(宴享會飮)·악무잡기(樂舞雜技)·충효사상·역사전설·신화고사(神話故事) 등으로 개괄된다. 유가의 충효절의(忠孝節義)·참위미신(讖緯迷信)·도가의 청정무위(淸淨無爲)·우화등선 및 음양오행·천인합일의 사상이 모두 동경의 명문(銘文) 및 이미지 속에서 구체적으로 표현되었다.

한대 동경의 이미지가 표현하는 관념문화는 특유의 장식언어를 통해 실현되었다. 동경의 장식언어는 추상적 문양과 구상적(具象的) 이미지 두 가지로 나뉘는데, 추상적 문양은 주로 동심원(同心圓)·유정문(乳釘紋)[14]·연호문(連弧紋)·삼각문(三角紋)·시체문(枾蒂紋)[15]·운기문(雲氣紋)·식물문(植物紋)·반리문(蟠螭紋)[16]·반훼문(蟠虺紋)[17] 및 우주모델을 상

---

14 유두가 솟아 있는 문양 - 역자주.

15 감꼭지 문양 - 역자주.

16 교룡이 서려 있는 문양 - 역자주.

17 살무사가 서려 있는 문양 - 역자주.

이미지로 읽는 고대문명

징하는 규구문(規矩紋, 博局紋) 등으로 조성되는데, 추상적 기호 속에 '천원지방(天圓地方)', '천인합일' 등의 철학사상을 담고 있다. 구상적 이미지는 예술수법의 처리를 통해 인물·거마(車馬)·동물·식물·산천 등과 같은 객관적 존재의 형상을 재현하는 것을 가리킨다. 이들 구상적 이미지는 당시 사회의 형태와 결합하여 추출해낸 중요한 시각적 형상이다. 그중 유가사상을 반영한 화상경(畵像鏡)으로는 「주공이 성왕을 보좌하다(周公輔成王)」, 「충신오자서(忠臣伍子胥)」, 「정부(貞夫)」 화상경 등이 있다. 도가사상을 반영한 것으로는 「동왕공서왕모(東王公西王母)」, 「도교군선도(道敎群仙圖)」 등이 있다. 중요한 역사적 사건을 반영한 것으로는 「호한전승도(胡漢戰勝圖)」 등이 있다. 이들 이미지는 모두 당시의 텍스트고사(故事)에 근거해 창작한 것이다.

그림 37
중렬식신수경(重列式神獸鏡), 지름 12.4mm

한대 동경의 명문(銘文)은 동경의 장식 전체의 일부로서, 시각형식도 있고 정보가 담긴 것도 있는데, 동경 명문은 이미지의 정확한 해독에 정확한 방향을 제공했다. 동경의 명문은 방대한 정보창고로서, 명문

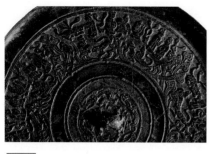

그림 38
서주시 서한완구후유예묘(西漢宛朐侯劉蓻墓) 인물화
상경(부분)

에 나타난 정확한 기년(紀年)
은 동경의 정확한 연대를 판
단하는 데에 가늠자를 제공
했다. 동경의 명문에 제조자
의 지명(地名)과 성명이 있어
서, 동경 생산의 장소와 작
업장을 판단하는 데에 근거
를 제공했다.

한대 동경의 외형은 기
본적으로 모두 원(圓)이며,
대칭식(對稱式)도 한경(漢鏡)
의 문식(文飾)에서 가장 상용
(常用)되는 조직형식의 하나
이다. 동경이미지 속의 대칭
미를 실현하기 위해, 동경의
도안구성은 '모듈화(moduel
化)'방식을 선택했다. 이런

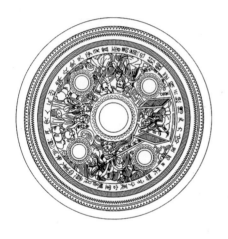

예술창작의 '모듈화'는 예술창조의 과정에서 단원도양을 창작한 후에
지그소퍼즐과 마찬가지로 대칭식 조합을 진행했다. 이런 모듈화의 정
식(程式)은 예술창조과정 속의 경험적 모델이다. 경험패러다임이 있었
기에, 창작자는 최초의 구상을 간략화하여, 상품화생산에 더욱 편하게
할 수 있었다. 한대 동경의 각종 단원문양은 모두 상징적 의의를 가지
고 있고, 게다가 사회적 약속이 되어 일종의 기호형식으로 발전하였으
며, 많은 도형과 이미지는 이미 일종의 표준 양식이 되었다. 청룡·백

이미지로 읽는 고대문명

호·주작(朱雀)·동왕공·서왕모와 같은 형상들은 사람들 마음속의 고정된 모델이 되었다.

1. 월왕(越王) 범려(范蠡)　　2. 왕녀 2인　　3. 오왕(吳王)　　4. 충신 오자서

그림 39 오자서화상경(伍子胥畵像鏡) 서사구조도

한대 칠기

칠기는 기물 표면에 도칠한 일상기구, 공예품, 미술품이다. 한대 칠기의 색채 언어와 색채 풍격은 매우 뚜렷하여, 한대 이미지의 중요 담지체가 된다. 홍(紅)과 흑(黑)이 한대 칠기의 기본 색채이지만, 칠화작품(漆畵作品) 중에서는 황(黃), 록(綠), 백(白), 람(藍), 회(灰), 흑(黑), 홍(紅), 갈(褐), 금(金), 은(銀) 여러 색을 사용한다. 한대 칠기 속의 이미지내용은 당시 풍부하고 다채로운 사회생활과 '천인합일', '천인감응'의 신인사상(神人思想)의 반영이고, 수렵·가무·연음(宴飮)·출행(出行) 등 현실생활도 있고, 인간과 신이 혼거하는, 과장되고 괴상한 신화세계와 추상적이고 상징적인 상서(祥瑞)로운 새와 구름 등의 도안도 있다.

한대 칠기의 제작은 일종의 상품화된 규모생산이며, 생산과정중에 명확한 분업이 있다. 한대 목관묘(木棺墓) 채회칠화(彩繪漆畵)는 한대의 중요한 이미지형식으로서, 내용은 성상도(星象圖)·사수취정도(泗水取鼎圖)·백희잡기도(百戲雜技圖)·건축도(建築圖) 등이 많다.

한대의 생활 실용기물에는 정교하고 아름다운 이미지가 흔히 있다. 하북(河北) 정현(定縣) 삼반산(三盤山) 한묘(漢墓)에서 출토된, 금은을 박은 수레장식은 이 시기 금은을 박아넣는 기술과 이미지예술이 결합한 모범적인 작품이다. 한대의 병풍화(屛風畵)는 "꽃무늬 비단으로 장식하고, 황갈색으로 바탕 삼았네. 그려 놓은 옛 열사들, 온화하고 고양된 모습(飾以文錦, 映以流黃. 畵以古烈, 顯顯昂昂)",[18] 사람들의 가정거주생활 속의 예술감상품이다.

그림 40 신선악무도 마왕퇴1호묘 흑지화관(黑地畵棺)

그림 41 동분칠화(銅盆漆畵) 광서(廣西) 귀현(貴縣) 나박만(羅泊灣) 1호묘

---

18   유흠 지음, 김장환 옮김, 『서경잡기(西京雜記)』, 예문서원, 1998, 230쪽 - 역자주.

이미지로 읽는 고대문명

그림 42 칠병무용도, 감숙(甘肅) 무위(武威) 마자취(磨子嘴) 한묘 출토

한대 복식

복식은 한대 이미지문화의 중요한 담지체이다. 한대 복식의 색채·
양식·장식도안은 한대 복식 배후에 간직되어 있는 깊은 정치적 함의를
반영한다. 한대는 중국복식제도가 모두 완전해지고 정식으로 확립되
어가는 중요한 시기이다. 복식제도는 사회등급 제도를 강화하고, 사회
등급지위를 명백히 구별하고, 사회질서를 유지하는 중요한 도구로서,
한대 예제문화의 외재적 표현이 되었다. 한대 복식 속의 색깔은 일종의
특수한 기호로서, 한대 복식 속에서 예의화(禮儀化)의 작용을 했다. 제
사대전(祭祀大典) 속의 '오행시색(五行時色)'은 음양오행·천인감응의 신
학사상으로서, 생활 속의 일상복은 '존귀와 비천을 구별하는' 기호가 되
었다. 한대 복식 중의 도안은 모두 확정된 상징적 의의가 있다. 복식
중의 도안은, 해와 달과 별(日月星辰), 용과 꿩(龍雉華蟲)[19], 술잔과 해초

---

19 華蟲은 바로 앞의 꿩과 동의어이다- 역자주.

그림 43
일상 한복(漢服)을 입은 채회도용(彩繪陶俑) 서주 북동산(北洞山) 서한(西漢) 초왕릉(楚王陵) 출토

그림 44
옷섶이 곧은 심의(深衣) 마왕퇴1호묘 출토

그림 45
한대 황제(皇帝) 제복(祭服) 십이장문(十二章紋)

이미지로 읽는 고대문명

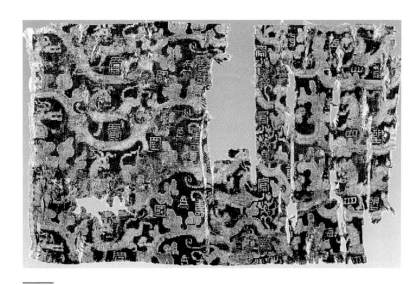

그림 46 '망사해부귀위국경(望四海富貴爲國慶)' 수(繡), 누란(樓蘭) 고성 고대(孤臺) 유적지 출토

와 불(宗彝藻火), 분미[20]와 보[21]와 불[22](粉米黼黻) 등과 같은 복식 속 도안
은 모두 '덕을 비유하고(比德)', '덕을 상징하는(象德)' 심층적 의의가 있
다. 한대 복식은 이미 단순한 심미적 의의를 넘어서, 이미지의 특수한
담지체로서, 시대의 관념과 문화의 반영이다.

---

20 흰 쌀알의 모양을 수놓은 것 - 역자주.

21 도끼모양을 수놓은 것 - 역자주.

22 두 개의 弓자가 서로 등을 맞대고 있는 모양을 수놓은 것 - 역자주.

길고 긴 한풍

한대 이미지를 살펴보면, 그 이미지조형은 웅혼하고 박졸하며, 날아오르면서 유동한다. 그 이미지 내용은 연극적 성격으로 긴장되어 있고, 생동감에 기울어 있다. 그 정신적 기상은 낙관적이고 명랑하다. 그 인생 태도는 적극적이고 긍정적이다. 그들은 천당을 상상하고, 세계를 관상(觀賞)하며, 만물을 음미한다. 천상에서 지하까지, 역사에서 현실까지, 인간과 신이 섞여 나오고, 말이 우주를 치달리며, 용이 날고 봉황이 춤추며, 만물이 뒤섞이니, 있어야 할 각종 대상과 사물과 장면이 다 있다. 한대 이미지 세계는 다채롭고 옹골지며 비범한 활력과 생명력이 넘쳐나 무척 시끌벅적한 세계이다.

한대의 신선세계는 후래의 불교 귀신세계와는 꽤 달라서, 은둔하여 욕망을 끊는 의기소침과 퇴폐가 없고, 활기가 넘쳐흐르고 생기발랄하다. 한대의 신선(神仙)·신수(神獸)·신물(神物)들은 각종 기괴한 '생김새'가 우리를 감탄케 하는 것 외에는, 모두 그저 단순 유쾌한 만족과 욕구를 가지고 있을 뿐이다. 한대에는 신선세계도 있고 지하세계도 있지만, 지옥이 없고, 고난에 대한 묘사도 없고, 고난을 이용해 위협하고 겁주는 이미지도 없다. 사람들은 적극적이고 낙관적이고 명랑하며, 자신이 처한 세간에 대해 충분히 인정하고 애착을 갖는다. 그들은 선산을 찾고, 영약(靈藥)을 찾으며, 인생이 영원히 연속될 수 있기를 희구한다. 그들은 천상에도 인간세상의 즐거움이 가득하다고 믿으며, 천상에 가서 신의 쾌락에 참여하고 함께 누리려는 요구를 이미지 속에 표현하였다.

그들은 한편으로는 신선세계에 대한 갈망과 환상으로 가득 찼고, 한편으로는 또 적극적으로 현실세계를 대하였으니, 흥이 넘치고 즐거

이미지로 읽는 고대문명

움이 그 속에 있다. 이런 입세(入世)의 적극적이고 낙관적인 정신적 기질은, 시간상에서는 회고적인 역사고사를 통해, 공간상에서는 전개하는 세속생활을 통해 나타난다. 이미지 속 성군현상(聖君賢相)·충신의사(忠臣義士)·효자열녀(孝子列女)의 고사를 표창함으로써, '개가 조순을 물다(狗咬趙盾)', '한 고조가 뱀을 베다(高祖斬蛇)', '홍문에서의 연회(鴻門宴)' 같은 유가 교의를 선양하고, 세속생활과 자연환경에 대한 여러 가지 묘사를 통해 드러내었다.

아득히 먼 신화환상, 유구한 역사전통, 광활한 현실도경(現實圖景)은 한대에 천가지 만가지 기상(氣象)을 지닌 이미지작품을 주조해내었다. 약간의 극히 보통의 일상적 물건과 그릇에 모두 풍부한 흥취로써 새기고 그려넣어 감상할 수 있다면, 그것은 어떤 기쁨과 즐거움일까? 이들 생활용품 속에 드러난 것은 물질세계와 세간생활(世間生活)에 대한 전면적 관심과 긍정이다.

…………

"대로(大路)들이 사방팔방으로 통하고 골목들은 근 천개에 이르렀으며, 아홉 개의 시장이 문을 열었는데 각종 물건이 다 있고 점포가 늘어서 있는 도로는 이리저리 나뉘어져 있다. 사람은 뒤를 돌아볼 수 없을 정도로 붐볐고 수레는 돌리지 못할 정도로 많았다……대완국에서 보내온 준마와 황지국에서 가져온 코뿔소와 조지국에서 진헌한 대조(大鳥) 등이 있다. 곤륜산을 넘고 큰 바다를 건너서 타지방의 기이한 금수들이 3만 리를 지나 이르렀다(街衢洞達, 閭閻且千, 九市開場, 貨別隧分. 人不得顧, 車不得旋……大宛之馬, 黃支之犀, 條支之鳥, 逾崑崙, 越巨海, 殊方異類, 至於三萬里)"(반고(班固) 「양도부(兩都賦)」) 한부(漢賦)에 기록된 것과 이미지에 기록된 것은 서로 좌증(佐證)이 되어, 큰 바람이 일어나는 이 활력 충만하고 호탕한 시대를 묘사하고 기록하였다.

한대 이미지는 하늘에 펼쳐지고 땅을 덮으면서 화폭을 가득 채우니, 화면은 가득 채워져 있고 공백을 거의 남기지 않는다. 그러나, 그 박졸함으로 인해 사람들은 포만(飽滿)과 실재(實在)를 느낀다. 이 시대의 사람들은 모든 것에 대해 거의 모두 짙은 흥미를 갖고 있었기에, 몽환(夢幻)이 닿는 것이건 생활에 관련된 것이건 간에, 그들은 호기심에 차서 관심을 가지고 찬미하였고, 긍정적 기대로 가득 차 있었다. 그들은 외재적으로 풍부하고 다채로운 생활과 왁자지껄한 환경세계 속에 완전히 녹아 있었다. 그들은 즐거움에 가득 차서는, 아름다운 것들이 눈에 가득한 이 대상화된 세계를 묘사했다. 감정이 넘쳐흘러 거칠고 세밀하지 못함(粗枝大葉)을 면하지는 못했으나, 이런 생명력 넘치는 '거칠음(粗)'과 '큼'이 보여주는 것은 '큰 바람이 일어나는' 거칠고 웅혼한 한대의 기백이다.

그림 47 거마도 한화상석

이 시대정신을 체현하고 시간의 연마를 넘어 보존된 것은, 화상석

이미지로 읽는 고대문명

과 벽화라는 비교적 크기가 커서 여러 사람의 협력이 필요한 작품 외에, 칠기·동경·직면(織綿)처럼 상대적으로 개인화된 제작도 있다. 그것들을 제작할 때 사람들은 극히 큰 열정과 창조의 격정을 기울였다. 시간과 인력을 따지지 않은 그들의 창작은 그것들을 공전절후의 명품 이미지가 되게 했다. 그들은 이미지의 조형·문양·기교에서 비할 바가 없으며, 많은 제작기예는 지금도 그 비밀을 풀거나 넘어설 수가 없다. 눈부시게 아름답고 매끄러운 면직, 한 량(量)의 무게도 나가지 않는 적삼, 조각을 꿰매어 만든 금루옥의(金縷玉依), 고졸하고 전아한 동경, 새것처럼 빛나는 칠기, 그 상상력과 창조력이 도달한 높이는 참으로 최고조에 달했다고 할 만하며, 후인으로 하여금 눈을 크게

그림 48 서한 쌍인무(雙人舞) 유금동 장신구, 운남 진녕(晉寧) 석채산(石寨山) 출토

그림 49 한대 동소(銅塑) 마답비연(馬踏飛燕) 감숙 무위(武威) 뇌대(雷臺) 한묘 출토

그림 50 건축인물 서주(徐州) 수녕묘산(睢寧墓山) 한묘 출토

뜬채 말을 잊고 그저 감탄만 하게 한다.

한대의 이미지작품은 기세가 있고, 힘이 있고, 운동과 생장(生長)의 미가 있다.

가무용(歌舞踊)의 긴 소매의 훌륭한 춤, 역사상(力士像)의 다부지고 용감함, 사수취정도(泗水取鼎圖)의 아슬아슬함, 형가자진왕(荊軻刺秦王)의 급박함, 수레와 말이 싸울 때의 격렬함, 용과 봉조의 날아오름, 포주연음(庖廚宴飮)의 포장(鋪張).

한대 이미지는 행동, 동작, 이야기에 기대고, 실루엣과 같은 윤곽이 우세한 사실에 기댄다. 인물의 얼굴 등의 세부 묘사가 없고, 주관적 서정(抒情)도 없으며, 부각된 것은 과장된 형체자태(形體姿態)이다. 그들은 아직 갈라진 가지 하나 잎 하나에 대한, 부분적으로 관찰하는 세밀한 생각과 고생 속에서 즐거움을 찾는, 후대 문인예술가의 깊은 퇴폐가 없다. 인물, 동물 식물은 모두 생기 넘치는 미를 가지고 있다. 강건한 우인(羽人), 내달리는 전마(戰馬), 활짝 펼쳐진 부상목(扶桑木), 회전하는 삽보초(萐莆草)[23]는 내면에서부터 용솟음치는 힘을 표현하지 않은 것이 없고, 꾸밈없는 광야의 성정을 드러낸다. 규모나 제재와 무관하게 한대 이미지 속에 맴도는 것은 막을 수 없도록 용맹하게 나아가는 기세이다. 큰 바람 일어난다! 기교가 아니라 생명감과 생명력이야말로 후대 이미지예술이 도달하기 어려운 바이다.

---

23   전설 속의 상서로운 풀- 역자주

이미지로 읽는 고대문명

제3장

돌에 새긴 서사시 (石銘史詩)

은하수가 무수히 많은 돛처럼 춤추는 한화상석

'한(漢)'은 중국 왕조의 명칭이고, 마멸될 수 없는 절대적 좌표를 지닌 시간대이며, 쉼 없이 이어온 민족 통합이자 가늠키 어려운 민족적 투지를 상징한다.

　한화상석(漢畫像石)은 견고하고 끄떡없이 대지에 딱 붙어 있거나 묻혀 있으면서도 화하(華夏)의 대지를 감싸며 솟아오르는 운기이기도 하다. 그것은 분명히 시간적 구역에 말뚝을 박았으나, 오히려 또 시공을 넘어서서 과거와 미래를 잇고, 삶과 죽음을 소통시킨다. 그것은 그 시대의 사회생활과 정치문화 속에서 태어나고 번창하고 시들었으며, 그 시대의 호흡이고 맥박이며 목소리였다

　한화상석은 한대 화상석각(漢代 畫像石刻)의 약칭이다. 한대는 하나의 시간 지시체로서, 기원전 206년부터 서기 220년까지의 시간대이다. 화상은 드러난 면모로서, 대상물에 대한 그림도형이다. 석각은 표현 수단으로서, 표현 대상물을 싣기도 하고 제약하기도 하는 기초이다. 한화상석은 한대인(漢代人)이 돌을 바탕으로 삼아 그들의 생각과 문화를 표현한 이미지산물이다. 한화상석은 한대 특유의 문화 현상으로서, 주로 사당(祠堂), 석궐(石闕), 묘실(墓室)에 나타나는 제사적 성격의 의례 예술인데, 비록 조각이라는 방법을 이용해 제작하지만 실은 돌을 바탕으로 삼고 칼로 붓을 대신한 회화(繪畵)이다. 한화상석의 탄생, 제작, 전시, 전파에서, 그 이미지 자체 및 그 배후에 감추어진 의미는 우리가 한대 역사와 문화 및 전체 중국문화의 계승과 전달을 돌아보는 데에 극히

중요한 의의를 가지고 있다.

한화상석 중에는 대량의 생산성 이미지가 있다. 예를 들어 우경(牛耕), 방직(紡織), 수레제작, 야철(冶鐵), 양조(釀造)등 농업적 수공업적 생산 장면이 한대 당시 세계 기타 문명을 선도하던 우수한 생산 기술 수준을 반영한다. 한대는 유가(儒家)를 존숭하고 예의 법도를 중시했으며, 일상생활에서 의식주행(衣食住行)을 막론하고 완전하게 갖추어진 예절의제(禮節儀制)가 있었다. 한화상석 중의 의관복식(衣冠服飾), 포주연음(庖廚宴飮), 거마출행(車馬出行) 등의 이미지는 모두 이들 의궤(儀軌)를 표현했다. 그리고 투계(鬪鷄), 축국(蹴鞠), 육박(六博), 투호(投壺), 유렵(遊獵), 빈장(殯葬), 조상 제사, 귀신 제사, 역병과 귀신을 몰아내기(逐疫驅鬼) 등 민속활동 역시 화상석 속에 많이 표현되어 있다. 특히 감탄을 자아내는 것은 악무(樂舞)이미지다. 한대 무용을 묘사하는 말에서 비롯되어 훗날 다소 시샘 섞인 칭찬의 표현으로 많이 알려진 '장수선무(長袖善舞)'만 봐도 당시 그 모습이 얼마나 우아했을지 짐작이 가지 않는가.

현실 속의 생산 활동 외에, 한화상석 속에는 경전적인 역사고사(歷史故事), 신비한 서응현상(瑞應現象), 아름다운 신화전설도 있다. 저 창세(創世)의 복희여와(伏羲女媧), 생김새가 특이한 상서로운 동물, 불사의 서왕모(西王母)와 곤륜산(昆侖山) 신선들……거침없이 하늘땅을 넘나드는 그들의 모습은 우리를 미혹에 빠뜨리면서도 호기심을 갖게 만들고 즐거움을 준다. 가만히 눈과 마음으로 저 말없이 침묵하는 석각 화상들을 쓰다듬어 보면, 비가청주파수(非可聽周波數)의 신비로운 방식으로 4백년이라는 길다면 길지만 짧다면 한 순간에 지나지 않는 세월의 이야기를 흥미진진하게 해 준다. 이야기는 이렇게 시작된다. 그것은 천변만화의 찰나다…

이미지로 읽는 고대문명

사문(斯文)은 바로 여기에

만물은 모두 과거, 현재, 미래가 있다. 무에서 유로, 유에서 무로. 모든 인간이 그러할 뿐만 아니라, 모든 조대(朝代)도 마찬가지다. 그러나, 아마도 망각의 샘물을 마신 까닭에, 우리는 결코 과거를 기억할 수 없다. 마치 미래에도 현재를 기억할 수 없듯이. 우리는 모든 것을 망각했으나, 화상석은 우리가 많은 것을 기억하도록 도와준다. 화상 속의 저들 제왕성현(帝王聖賢), 충신의사(忠臣義士), 효자열녀(孝子列女)의 고사(故事) 중 어떤 것은 천년 세월이 지난 후에도 여전히 우리로 하여금 고개를 끄덕이고 손바닥을 치면서 찬상(讚賞)하게 한다. 어떤 것은 우매하고 완고하고 절굿공이를 부러뜨려, 우리로 하여금 눈만 휘둥그레 뜬 채 말을 잇지 못하고, 등골이 서늘하고 이빨이 시리게 한다. 기록된 것은 역사가 되고, 역사는 종전의 추측을 최대한 복원한다. 비록 초심은 객관적이고 전면적이지만, 결국에는 모두 객관적이고 전면적일 수는 없었다. 모든 역추리는 인과관계에 의지하는데, 인과관계는 너무나 단순하고 취약하기 때문에 결코 복잡하고 이리저리 뒤엉킨 사건에는 적용되지 않는다. 특히 이해관계가 얽힌 사회와 애증(愛憎)이 교직(交織)하는 감정의 경우, 그것의 단순함은 일방적이게 되고, 취약함은 어떠한 타격도 감당할 수 없게 된다. 다행인 것은 이런 이치를 모두가 알고 있고, 게다가 모두가 기꺼이, 또 호기심에 가득 차서, 전해져온 이 역사적 버전을 수용하고 또 계속 파헤쳐 보고 싶어 한다는 점이다. 이제 우리는 사람들의 기꺼이 하고자 하는 마음과 호기심을 검증할 것인데, 이들 이미지의 안내에 따라, 과거의 인간 세상을 다시 한번 걸어 보자.

제왕 성현

2500여 년 전의 어느 날, 체격이 크고 정수리가 안으로 오목하게 들어간 한 젊은이가 노(魯)나라(기원전 535년)에서 선풍도골(仙風道骨)의 중년인에게 무언가 가르침을 청하고 있다. 10여년 후(기원전 518년), 같은 장면이 주(周)나라 도읍인 낙읍(洛邑)에서 발생했다. 다시 20년이 훌쩍 흘러(기원전 498년), 그때의 이 젊은이는 이미 지천명의 나이를 지났으니, 53세의 그는 패(沛)라고 하는 곳에서 다시 이 장자(長者)에게 가르침을 청한다. 후에 녹읍(鹿邑)에서 똑같은 질문 장면이 네번째로 상연된다.

물론, 이 두 사람의 만남은 절대 이 네 차례 그치지는 않을 것이다. 그러나 이 몇 번의 만남만으로도 이미 상당히 많은 것을 연상케 한다. 첫째로 물은 것은 '예(禮)'이고, 셋째로 물은 것은 '도(道)'이며, 기타 두 차례는 확실한 기록이 없지만, 아마도 역시 결국 '예'와 '도'에 상당하는 크고 격조 있는 문화 철학적 문제일 것이라고 짐작된다. 대화 속의 이 두 사람은 바로 중국 사상 문화 발전사에서의 대표성과 개창성(開創性)으로 명성이 자자한 위인 - 공자(孔子)와 노자(老子)이다. 그중 두 번째 만남은 대화에 특히 깊은 의미가 있어 후인들에 의해 거듭 인용되고 풀이되는데, 아래의 기록을 살펴보자.

> 공자가 주나라에 가서 노자에게 예를 물으려 하였다. 노자가 말하였다. "그대가 말하는 사람들은 뼈가 이미 썩어 없어지고 오직 그들의 말만이 남아 있을 뿐이오. 또 군자는 때를 만나면 달려가지만, 때를 만나지 못하면 쑥처럼 이리저리 떠도는 모습이 되오. 내가 듣건대 훌륭한 상인은 [물건을] 깊숙이 숨겨 두어 텅 빈 것처럼 보이게 하고, 군자는 아름다운

이미지로 읽는 고대문명

덕을 지니고 있지만 모양새는 어리석은 것처럼 보인다고 하였소. 그대의 교만과 지나친 욕망, 위선적인 모습과 지나친 야심을 버리시오. 이러한 것들은 그대 자신에게 아무런 도움도 되지 않소. 내가 그대에게 알려주는 까닭은 이와 같기 때문이오(孔子適周, 将问禮於老子. 老子曰: "子所言者, 其人與皆已朽矣, 独其言在耳. 且君子得其时则驾, 不得其时则蓬累而行. 吾闻之, 良贾深藏若虛, 君子盛德, 容貌若愚. 去子之骄气与多欲, 态色与淫志, 是皆無於子之身. 吾所以告子, 若是而已)."(『사기(史記)·노자한비열전(老子韓非列傳)』)

"그대가 말하는 사람들은 뼈가 이미 썩어 없어지고 오직 그들의 말만이 남아 있을 뿐이오." 이 말은 화상석의 의의와 유비된다. 즉, 그 사람과 뼈는 모두 이미 썩고, 그 그림만이 남아 있다는 뜻이다. 이것은 '공자가 노자를 만나다(孔子見老子)'[01]는 고사로서, 한화상석 중 가장 많이 보이는 내용이다. 그것은 겸허하고 배우기를 좋아하며, 노인과 현자를 존경하는 미덕의 대표적 사적으로 포양(襃揚)된다. 또한 실제로 유가문화와 도가문화가 근원을 같이하고 유파만 다른, 유가사상과 도가사상이 상호 교류하고 소통했다는 사료적 증거이기도 하다. 이야말로 오늘의 역사 문화 연구가 중시하는 바이다.

01　『예기(禮記)·증자문(曾子問)』의 기록에 의하면, 공자는 네 차례 노자에게 예를 물었다. 첫 번째는 노소공(魯昭公)7년(기원전535년) 공자17세 때 노자에게 예를 물은 것으로, 장소는 노나라의 향당이었다. 공자는 "옛날에 내가 노담을 따라 향당에서 장례지내는 것을 도왔다. 토항에 이르러, 날마다 식하였다. 두 번째는 소공 24년(기원전518년) 주도 낙읍(지금의 하남 낙양)에서 노자를 만났다. 세 번째는 공자 53세 때 즉 주경왕(周敬王) 22년(기원전498년) "남쪽의 패로 가서 노담을 만났다." 네 번째는 녹읍(祿邑)에서인데, 구체적인 시간은 미상이다.

그림 1 산동 기남 북채 한묘「공자견노자」

　화상석에서는 일반적으로 모두 공자가 오른쪽에 있고 노자는 왼쪽
에 있는데, 공자의 형상은 모두 체구가 크고 우람지다. 공자보다 연장
자인 노자는 손에 휘어진 지팡이(曲杖)를 쥐고 있는데, 이 지팡이는 '연
장(老)' 혹은 '스승(師)'의 표지이다. 한대에는 70세 이상의 노인에게 조
정에서 구장(鳩杖)을 내려 주었다. 공자가 노자를 만날 때 지례(贄禮)를
행하려 하였다. 대부(大夫)가 서로 만날 때의 지례는 '기러기를 가져가
는 것(執雁)'인데, 기러기는 대개 새를 가리키기에, 공자는 손에 새를 쥐
고 있다. 그래서, 공자가 노자를 만나는 이미지 속에서, '곡장', '새를 안
고 있음(抱禽)', '키다리(長人)'의 신분적 기호를 통해 그 속에 있는 이들
이 노자와 공자라는 것을 알아본다. 그림 1은 산동(山東) 기남(沂南) 북
채한묘(北寨漢墓)「공자견노자」도(圖)이다.

　각화가 가장 리얼한「공자견노자」초상화는 기남 북채 한묘 중실(中
室) 서벽남단(西壁南端)에 있는「공자견노자」화상이다. 이 화상에서 공
자는 머리에 현관(賢冠)을 쓰고 있다. 관 뒤에는 두 줄의 댕기가 있고,
소매가 넓은 심의(深衣)에 허리에는 환수도(環首圖)를 차고, 양손을 감싼

이미지로 읽는 고대문명

그림 2 산동 가상(嘉祥) 오노와(五老注) 화상석 '주공보성왕'

채 배알하는 모습을 하고 있다. 노자는 머리에 높은 관을 쓰고, 긴 털이 난 노인의 눈썹에, 허리에는 장검을 찼다. 왼손은 허리 사이의 옥패(玉佩)를 어루만지고, 오른손은 들고 있어서 마치 막 질문에 대답 중인 것처럼 보이며, 몸 위로는 장자를 상징하는 구장이 서 있다. 이 화상 속에서 공자의 큰 키, 노자의 노인 눈썹, 구장은 그들의 트레이드 마크다. '공자 나이 51세에 도를 듣지 못하자, 남쪽의 패(沛)로 가서 노담(老聃)을 만났다.'(『장자(莊子)·천운(天運)』)노자의 이미지 상징물은 구장인데, 이미지가 표현한 것은 공자가 50여 세쯤에 이미 70여 세의 노자를 만난 정경이다.

「공자견노자」 외에, 「공자가 항탁에게 묻다(孔子問項橐)」, 「공문제자(孔門弟子)」 등도 있다. 한화상석 중에 가장 많이 나타난 역사 고사는 바로 공자의 고사이고, 제왕 고사 중에 출연률이 가장 높은 것은 '주공이 성왕을 보좌하다(周公輔成王)'이다.

그림 2는 화상석 「주공보성왕」이다. 통상적으로 모두 소년 모양의 성왕이 가운데에 있고, 한 쪽에는 어떤 사람이 그를 위해 화개(華蓋)를 잡고 있으며, 성왕 좌우 각 한 사람이 각기 주공(周公)과 소공(召公)이다. '화개'는 하나의 특수한 기호로서, 화상석 중에서 '화개지존(華蓋至

尊)'을 누리는 이는 서왕모 외에는 성왕뿐이다. 성왕은 나이가 어리기에 머리에 면류관을 쓰지 않고 산자형(山字形) 왕관을 쓰는데, 이 왕관 역시 '성왕'의 특수한 신분을 나타낸다. '주공보성왕'은 서사성과 상징성을 함께 갖춘 이미지으로서, 그것이 표현하는 것은 성왕도 아니고 주공도 아니다. 이 장면은 정치와 인륜 질서를 체현함으로써 예법 질서와 윤리 도덕을 알리고자 하였다.

그림 3 대우치수도(서주 한화상석예술관 소장)

그림 3은 서주(徐州) 한화상석 예술관이 소장한 '대우치수도(大禹治水圖)'이다. 이 그림은 서사(敍事)의 방식으로 대우가 홍수를 다스리면서 '자기 집 문 앞을 세 번 지나치면서 들어가지 않은(三過家門而不入)' 감동적인 장면을 묘사했다. 화면은 심부조(深浮彫)이고 전체 길이는 3m이며, 역사 인물 열 명을 각화했다. 왼쪽에는 요순(堯舜)이 큰 나무 아래에 앉은 것을 각화했는데, 제순(帝舜)이 직접 제요(帝堯)를 배견(拜見)하는 모습이다. 이어서는 고사의 주인공인 '대우(大禹)'인데, 그는 머리에 두립(斗笠)을 쓰고, 소매를 말고 서서, 손으로 쟁기를 잡고 있다. 화면의 우측은 대우의 가족이 대우를 송별하는 장면이다. 한 부인이 손으로 포대기를 들고 얼굴을 가리고 우는데, 아마도 우(禹)의 모친일 것이며, 두 사람이 위로하고 있다. 화면의 우측은 아기를 품에 안고 차마 놓지 못하는 여자이데, 우의 처로서 도산씨(塗山氏)의 딸이다. 맨 뒤에 있는 한

이미지로 읽는 고대문명

그림 4 대우치수도(일부)

노인은 손에 쟁기를 잡고 있는데 대우의 부친일 것이니, 일찍이 치수에 참가했으나 성공하지 못한 곤(鯀)이다. 서주 한화상석예술관의 이 「대우치수도」는 대우가 호랑이코를 가진 특징을 부각시켰다. 대우의 두 눈은 생기있게 빛나고, 두 소매는 걷어 붙이고, 삽을 들고 서 있다. 하늘을 떠받치고 땅 위에 우뚝 선, 늠름한 영웅 형상이다. '소매를 걷어 올리고 힘내서 일하는(撸起袖子加油幹)', '대우가 홍수를 다스린(大禹治水)' 정신을 완벽하게 해석하였다.

「공자견노자」, 「주공보성왕」, 「대우치수」라는 이런 제왕성현 고사 외에, 충신의사, 협의열사, 효자열녀도 화상석의 주제가 되는 내용이다.

충신 의사

화상석 중 가장 대종(大宗)은 충신 의사의 고사이다. 예를 들어, 정영(程嬰)이 조씨고아(趙氏孤兒)를 살려 두려고 계획한 것, 관중(管仲), 범저수포(范雎受袍:범저가 두루마기를 받음), 홍문연(鴻門宴), 인상여완벽귀조(藺相如完璧歸趙:인상여가 화씨벽을 조나라에 돌려보냄)와 같은 역사 고사들 모두 심금을 울리며, 등장하는 인물 형상은 모두가 그 의지가 굳세기 짝이 없다. 그 중 '인상여완벽귀조'[02] 고사는 특별히 전기성(傳奇性)과

---

02   고사는 司马迁『史记·廉颇蔺相如列传』에 나온다.

대표성을 가진 것이다. 그것은 초(楚)나라 사람 변화(卞和)가 피눈물로써 진상(眞相)을 구하는 화씨벽(和氏璧) 전기(傳奇)의 속편이고, 또 인상여와 마찬가지로 전국시대 지혜와 용맹을 겸비한 충신양장(忠臣良將)의 전형이기도 하다.

완벽귀조 고사의 줄거리는 다음과 같다.

전국시대에, 조(趙)나라 혜문왕(惠文王)이 초나라의 국보 화씨벽을 얻었다는 것을 진(秦)나라 소양왕(昭襄王)이 듣고는 자기가 갖고 싶어서, 사람을 조나라에 보내 15개의 성을 조나라에 주고 이 옥과 바꾸고 싶다고 말했다. 조나라 왕은 이러지도 저러지도 못하는 처지에 놓였다. 화씨벽을 준다면 진나라가 식언하고서 성지(城池)를 주지 않을 것이 두렵고, 만약 화씨벽을 주지 않으면 또 진나라가 조나라를 공격할까 걱정되었다. 인상여는 이때 위기에 처하여 명을 받아서, 화씨벽을 지니고 진나라에 사신으로 갔다. 그는 자기의 기지와 담대함에 기대어, 마침내 사신의 임무를 욕되게 하지 않고, 화씨벽을 조나라로 가지고 돌아왔다. 사마천은 치하하기를 "죽음을 알면 반드시 용기가 생기게 된다. 죽는 것이 어려운 게 아니고 죽음에 대처하기가 어려운 것이다. 인상여가 화씨벽을 돌려받고 기둥을 노려볼 때라든지 진나라 왕 주위에 있던 신하들을 꾸짖을 때 그 형세는 기껏해야 죽음뿐이었다. 선비 중에 어떤 이는 겁을 집어먹고 감히 용기를 내지 못한다. 그러나 인상여가 한 번 용기를 내자 그 위세가 상대편 나라까지 떨쳤고, 물러나 돌아와서는 염파에게 겸손히 양보하니 이름은 태산처럼 무거워졌다. 인상여는 지혜와 용기 두 가지를 모두 갖춘 인물이라고 말할 수 있다."

이미지로 읽는 고대문명

인상여는 한대에 신하가 충성을 다한 본보기로 받들어지는데, 한화상석 속 '완벽귀조(完璧歸趙)' 화상은 그림 5, 그림 6, 그림 7이 보여주는 바와 같다. 이런 이미지는 대략 15폭(幅) 정도가 있는데, 이는 이미 발견된 한화상석 역사고사 중 수량이 가장 많다.

그림 5 산동 가상(嘉祥) 무량사(武梁祠) 후벽(後壁) 「완벽귀조도」

그림 6 산동 기남 북채 한묘 「영상여(令相如)」

그림 7 섬서(陝西) 수덕(綏德) 사십리포(四十里鋪) 「완벽귀조도」

화상석 속의 협객의사(俠客義士)고사는 '이도살삼사(二桃殺三士:복숭아 두 개로 세 용사를 죽이다)', '섭정자도(聶政自屠: 섭정이 자살하다)', '형가자진왕(荊軻刺秦王:형가가 진왕을 찌르다)', '전제자오왕(專諸刺吳王: 전제가 오나라 왕을 찌르다)', '조자겁환(曹子劫桓:조말이 제환공을 위협하다)', '요리자경기(要離刺慶忌:요리가 경기를 찌르다)', '예양살신보지기(豫讓殺身報知己:예양이 죽음으로써 지기에게 보답하다)', '계찰괘검(季札掛劍:계찰이 검을 걸어두다)', '위탕보부구(魏湯報父仇:위탕이 부모의 원수를 갚다)', '칠녀위부보구(七女爲父報仇:칠녀가 부모의 원수를 갚다)' 등이다. 그중 보는 사람으로 하여금 피가 끓고 감정을 폭발케 하는 것은 단연코 '형가자진왕'이다. 이것은 한화상석에서 가장 많이 나오는 자객 고사로서 총 18폭이 있다. 채널을 고정하시고, 이어서 우리는 먼저 긴장감과 스릴이 넘치는 무시무시한 액션 공포편 '형가자진왕', '조자겁환', '요리자경기'을 세 편을 보고, 그런 후에, 놀란 마음을 진정시키기 위해, 가장 따뜻한 윤리적 작품이자 신의고사(信義故事)인 '계찰괘검'을 보자. 마지막에, 기분을 다시 자유분방하게 하기 위해, 같은 신의 고사이지만 무엇보다 처참한, 복숭아 두 개로 생긴 유혈사건 '이도살삼사'를 함께 보자.

'형가자진왕'은 익히 알려진 고사다. 각 지역 화상석 이미지의 풍격이 서로 다르기 때문에, '형가자진왕' 고사의 구도(構圖) 모델도 제각기 특징이 있다. 그러나 어떤 종류의 풍격이건 간에 모두 '비수를 던진(擲匕)' 이야기가 표현의 주제이다. 비수와 구리 기둥은 선명한 이미지 기호인데, 기호의 상징성은 텍스트 '비수를 던지다' 속에서 발생한 것이다. 섬서 유림(楡林) 신목대보당(神木大保當) 16호 화상석묘 중의 「형가자진왕」도(圖)는 화면 속에 형가, 진왕(秦王), 역사(力士), 진무양(秦舞陽), 두 시종(侍從), 그리고 번어기(樊於期)의 머리를 새겼고, 비수가 기둥 위

이미지로 읽는 고대문명

로 뚫고 들어가 있는데, 당시의 긴장된 상황을 표현하기 위해, 형가는 진왕의 한 시위(侍衛)에게 꽉 끌어 안겨 있고, 또 다른 시위가 땅에 엎드리게 하면서 죽을 힘을 다해 형가의 한쪽 다리를 끌고 있다. 그림 속에 기둥이 세워져 있는데, 기둥의 형태를 나무줄기 모양으로 그렸고, 구불구불하며 가지와 잎이 없으며, 지붕 받침이 이중으로 되어 있다. 그 화상석은 조각 후에 색을 입혔는데, 출토 시에 색채가 선명했다. 현재 발견된 「형가자진왕」도 가운데 가장 뛰어난 한 예로서, 그림 8과 같다. 그림 9는 섬서 유림 신목대보당 16호 화상석묘 '형가자진왕'의 모본이다.

그림 8 산동 가상 무씨사(武氏祠) 전석실(前石室) 「형가자진왕」
(위 그림은 건륭(乾隆) 탁본(拓本)이고, 아래 그림은 정지농(程志農) 영인본이다)

그림 9 섬서 유림 신목대보당 16호 화상석묘 「형가자진왕」(영인본)

제3장 돌에 새긴 서사시(石銘史詩)

「조자겁환(趙子劫桓)」으로 말하자면, 그림 10에서 보여지는 바, 춘추오패(春秋五霸) 중 가장 강한 제환공(齊桓公)이 겪은 가장 망신스러운 일이다. '조자겁환'은 무량사 화상 속의 방제(榜題)인데, 완전한 고사 제명(題名)은 '조말겁지제환공(曹沫劫持齊桓公: 조말이 제환공을 위협하다)"이다. 이 고사의 내용은 이러하다. 제환공 5년(기원전 681년)에 제나라가 노나라를 공격하자 노나라가 전쟁에서 패해 제나라에게 화의를 구한다. 노나라 장공(莊公)이 와서 제환공과 영토분할의 화약을 정립하는데, 이때 조말이 비수로 제환공을 위협하면서 제나라가 침략하여 차지한 노나라의 토지를 요구하였고, 그렇게 하겠다고 맹세한 후에야 조말은 환공을 놓아주었다. 수모를 당했다고 여긴 환공은 약속을 깨트리려 하였으나 관중(管仲)에 의해 제지를 당하고, 결국 제나라는 노나라에게 땅을 돌려주었다. 조말은 국가의 이익을 위해 개인의 안위를 돌보지 않은 충신으로, 사지에 처했다가 살아난 협간의담(俠肝義膽)은 사람들이 우러르는 본보기가 되었다. 역사를 돌이켜보면 약속대로 하도록 맹세를 촉구한 결정적 인물은 분명 제나라 재상 관중이지만, 생사를 돌보지 않고 거친 말을 내뱉으며 카리스마를 보인 조말의 용기와 협기는, 천년 세월이 지나 회상해도 여전히 씩씩한 기운이 느껴진다.

'요리자경기(要離刺慶忌)'는 춘추시대의 유명한 역사적 사건이다. 경기(慶忌)는 오왕(吳王) 요(僚)의 아들로서, 용사의 이름으로 제후들에게 알려졌다. 오왕 합려(闔廬)는 경기를 죽이고자 하였으나, 누구도 그를 죽일 수가 없었다. 요리는 경기를 암살하겠다고 자천(自薦)하였는데, 그는 고육지계로써 경기의 신임을 얻었다. 경기를 수행해 강을 건너 오나라를 공격하던 배 위에서 요리는 암살을 실행했다. 중상을 입은 경기는 오히려 요리를 진정한 용사라고 생각하고 놓아 주었다. 이 고사

이미지로 읽는 고대문명

그림 10 홍적(洪適)『예속(隷續)』목판모각본「조자겁환」(상격)

는『여씨춘추(呂氏春秋)』에 기록되어 있다. 왕자(王者) 경기와 요리는 "함께 강을 건넜는데, 강 중간에서 검을 뽑아 왕자 경기를 찔렀다. 왕자 경기가 그를 붙잡아 강에 던지고, 떠오르면 다시 잡아서 던졌다. 이렇게 하기를 세 번, 마침내 무릎에 올려 두었다. "아! 천하의 용사로다! 마침내 감히 나에게 칼날을 가하다니." 좌우에서 그를 죽이고자 하였으나, 경기는 말리면서 말하기를 '이 사람은 천하의 용사이다. 어찌 하루에 천하의 용사 두 사람을 죽인단 말인가.' 이윽고 좌우에게 경계하여 말하였다. '오나라로 돌려보내, 그 충심을 표창하라.' 그리고 경기는 죽었다"(俱涉于江, 中江, 拔劍以刺王子庆忌. 王子庆忌捽之, 投之于江, 浮则又取而投之, 如此者三, 乃加于膝上.' 嘻嘻哉！天下之勇士也！乃敢加兵刃于我.' 左右欲杀之, 庆忌止之, 曰:' 此是天下勇士. 岂可一日而杀天下勇士二人哉?' 乃诫左右曰:' 可令还吴, 以旌其忠.'" 于是庆忌死.).

그림 11 요리자경기(『금석색(金石索)』목각본)

무량사(武梁祠) 화상석 중 '요리자경기' 고사 속에는 네 명을 새겼는데, 세 명이 배 위에 앉아 있다. 배 중간에 있는 한 사람이 경기인데, 체구가 장대하고, 그 위의 방제는 '왕경기(王慶忌)'라 하였다. 경기의 좌우에는 극을 든 호위무사(持戟衛士) 두 명을 새겼다. 배 아래에 한 사람이 물속에 떠 있다. 오른 쪽 위의 방제는 '요리(要離)'이다. 경기가 요리의 머리털을 잡고 물 속으로 누르는데, 이것이 표현하는 것은 '왕자 경기가 그를 붙잡아 강에 던지고, 떠오르니 다시 잡고 던져, 이렇게 하기를 세 번이다'는 고사의 줄거리며, 이것을 그림 11이 보여준다. 그러나, 오늘날 우리가 이 고사를 읽으면 오히려 경기에 대해 존경심이 생겨난다. 패왕(霸王) 항우(項羽)에 대한 아쉬움에 찬 탄식이나, 남아프리카공화국 대통령 만델라에 대한 무한한 감복과 비슷한 감정이 뒤섞이면서 말이다. 한인(漢人)들은 이렇게 되뇌인다. '용감하도다 충성스럽도다 요리여!'라고. 그러나 우리는 이렇게 읊조린다. '안타깝도다 의롭도다 경기여!'라고. 이미지는 본연적으로 여러 가지 의의 지시체를 지니고, 그때그때 구체적 의미는 그것이 "어디에 놓여져 있는가"라는 컨텍스트적 위치에 의해 결정된다. 무량사 화상석 중 '요리자경기'는 자객 부분에 각화되고, 사당 동벽(東壁)의 첫 번째 화폭에 배치되었으니, 분명히 요리의 용감함과 충성스러움을 기리기 위한 것이 아니겠는가.

이미지로 읽는 고대문명

그림 12는 윤리에 관한 대작 '계찰괘검'[03]인데, 그것이 말해주는 것은 중국 역사상 유명한 '언이유언(言而有信:말에 믿음이 있다)' 고사이다. 춘추 시기에 오나라 왕자 계찰(季札)이 진(晉)나라에 사신으로 갔을 때 서(徐)나라를 지나게 되는데, 서나라 임금이 계찰이 차고 있던 보검을 탐냈다. 계찰은 서나라 임금의 마음을 간파하고 진나라에 사신으로 갔다가 돌아올 때 서나라 임금에게 줘야겠다고 생각했으나, 서나라로 돌아왔을 때 서나라 임금은 이미 죽었다."비록 그러나, 내 마음이 허락했기에, 지금 죽었다고 해서 주지 않는 것은 마음을 속이는 것이다(雖然, 吾心許之矣, 今死而不進, 是欺心也.)" 계찰은 마음속으로 한 승낙을 실

---

03 劉向의 『新序·節士』는 『史記』의 기초 위에서 '季札挂劍' 고사의 내용을 풍부히 하였다. 즉, 연릉계자가 서쪽 진(晉)나라에 초빙을 받아가면서 보검을 찬 채 서(徐)나라를 지나게 되었다. 그때 서나라 임금이 그 칼을 보고 말은 하지 않았지만 갖고 싶어 하는 눈치를 보였다. 연릉계자는 상국(上國)에 사신으로 가는 터라 주지는 낳았지만 마음속으로는 줄 것을 허락하고 있었다. 그런데 진나라에서 사신 임무를 마치고 돌아오는 길에 칼을 주려고 서나라에 다시 들렀을 때 그 임금은 이미 초나라에서 죽고 없었다. 이에 그는 칼을 벗어 뒤를 이은 그 아들에게 주었다. 그러자 시종이 이를 만류하였다. "이 칼은 오나라의 보물이므로 다른 사람에게 줄 수 없습니다." 하지만 연릉계자는 이렇게 말했다. "주는 것이 아니다. 지난날 내가 여기 왔을 때 서나라 임금이이 내 칼을 보고 말은 하지 않았지만 갖고 싶어 하는 눈치였다. 내가 마침 상국의 사신으로 가는 터라 미처 주지는 못했지만 마음속으로는 이미 줄 것을 허락했었다. 지금 그가 죽고 없다고 해서 주지 않는 것은 마음을 속이는 것이다. 칼이 아깝다고 마음을 속이는 것은 청렴한 사람이 할 짓이 못 된다." 그러고는 마침내 칼을 벗어 그 아들에게 주었다. 그런데 그 아들은 "저의 선군께서는 아무 말씀이 없으셨습니다. 저는 감히 이 칼을 받을 수가 없습니다"라고 거절하였다. 계찰은 칼을 풀어서 서나라 임금의 묘 옆 나뭇가지에 걸어 놓고 떠나 버렸다. 서나라 사람들이 이를 가상히 여겨 이렇게 노래했다. "연릉계자여! 엣 마음을 잊지 않고, 천금의 칼을 풀어 무덤 옆에 걸었네."("公孫接·田開疆·古治子事景公, 以勇力博虎聞. 晏子进而趨, 三子者不起. 晏子入见公曰: ……此(指三士)危国之器也, 不若去之, '公曰: '三子者, 搏之恐不得, 剌之恐不中也.' 晏子曰: '此皆力攻勍敌之人也, 无长幼之禮.' 因请公使人少馈之二桃:' 三子何不畺功而食桃?'" 于是三士皆论功争桃, 最後皆反(返)其桃, 挈领而死.")

행하기 위해 보검을 서나라 임금의 묘 앞에 걸어두었다. "군자의 수신은 약속을 지키는 것에서 비롯된다.(君子修身, 莫善於誠信)", 계찰은 비록 '마음속으로 한 약속'이지만 어기려 하지 않았다. '계찰괘검' 고사는 신의성실을 새로운 경지에로 끌어 올려, 중국인의 신의를 중요시하는 전범이 되었다.

그림 12 산동 가상 송산사당「계찰괘검」

'이도살삼사'[04], 이 고사도 춘추 시기에 있은 일이다. 당시 제(齊)나라

---

04 『晏子春秋·內篇諫下二』: "공손접, 전개강, 고야자가 경공을 섬겼는데, 용기와 힘으로 호랑이를 잡았다고 한다. 안자가 나아가도 세 사람은 일어나지 않았다. 안자가 경공을 만나 말하였다. '……이들(세 용사를 가리키며)은 나라를 위태롭게 할 그릇들이니, 내보내십시오.' 공이 말하였다. '세 사람은 때려도 안 될 것이고 찔러도 안 될 것이다.' 안자가 말하였다. '이들 모두 힘으로 공격하여 적을 이기는 이들입니다. 장유유서의 예가 없습니다. 그러니 공께서는 사람을 시켜 그들에게

이미지로 읽는 고대문명

에는 저명한 세 용사 공손접(公孫接), 전개강(田開疆), 고야자(古治子)가 있었다. 그들은 무예가 높고 공로가 크다고 자부하였기에 매우 교만하고 제멋대로 행동하였다. 그들에게 다른 관원들은 안중에도 없었으며, 나라의 재상인 안자(晏子)에게도 그다지 존경을 표하지 않았다. 안자는 세 용사가 오만방자하고 무례하여 '나라를 위태롭게 할 그릇들이니, 제거하는 것이 낫다'고 여겼다. 그는 제경공(齊景公)의 묵시적 허락하에 '복숭아 두 개로 세 용사에게 상을 주는(二桃賞三士)' 계책을 꾸몄다. 결과 '세 용사는 모두 공을 따지며 복숭아를 다투었다(三士皆論功爭桃)' 그들은 제 분을 못 이겨 잇달아 검으로 자살하였다.

「이도살삼사」는 널리 알려진 역사 고사지만, 결국 그것이 도대체 제나라의 재상인 안영(晏嬰)이 계책을 써서 오만불손한 세 용사를 제거한 것에 찬동한 것인지, 아니면 세 용사의 죽음을 두려워하지 않는 강하고 용감함을 송양(頌揚)한 것인지 분명히 말하기가 어렵다. 이 역시 이미지의 다의적 특징을 체현한 것이다. 이 고사를 현대인이 읽으면 작은 키의 제나라 재상 안영의 교묘한 차도살인(借刀殺人)의 지모(智謀)에 감탄하고, 덩치 크고 용맹한 세 용사의 우악스럽고 멍청함을 안타까워한다. 화상석에서, 이 고사는 충신의사(忠臣義士) 고사의 서열에 각화되는데, 분명히 세 용사는 충의의 전형으로 간주되어 찬양되고 칭송된 것이

복숭아 둘을 선물하십시오. '세 사람은 어찌 공을 헤아리지 않고 복숭아를 먹는가?' 이에 세 용사가 모두 공을 논하며 복숭아를 다투었다. 최후에 모두 그 복숭아를 돌려주고, 목을 찔러 죽었다(公孫接, 田開疆, 古治子事景公, 以勇力博虎聞. 晏子进而趋, 三子者不起. 晏子入见公曰: '……此(指三士) 危国之器也, 不若去之'. '公曰: '三子者, 搏之恐不得, 刺之恐不中也. '晏子曰: '此皆力攻勃敌之人也, 无长幼之礼. '因请公使人少馈之二桃: '三子何不置功而食桃?' "于是三士皆论功争桃, 最后" 皆反(返)其桃, 挈领而死.)"

다. 고사 해독에서 보여지는 옛 사람들의 '의(義)', '절개'에 대한 극단적인 추숭(追崇)은 모든 것은 이해 관계를 따져 택하는 현대인들과는 인생 경계 자체가 사뭇 다르다.

가상 무씨사 화상 속에서, 화면의 왼쪽은 먼저 공을 다투는 공손접과 전개강 두 사람이고, 그 뒤는 복숭아를 다투지 않은 고야자이다. 고야자 뒤는 체격이 왜소한 제나라 재상 안영이고, 안영의 뒤는 제경공일 것이며, 가장 우측의 한 사람은 제경공의 시자이다. 그림 13이 보여주는 바와 같다. 그림 14는 남양(南陽) 영장(英莊) 한화상석묘 내 서문미(西門楣)에 그려진 「이도살삼사」로서, 화면의 구도가 간결하고 명쾌하며, 인물의 조형이 강건하고 거침없다. 그림에는 검을 지닌 세 무사와 복숭아를 담은 다리가 긴 그릇, 이 몇 개의 기본 요소만 있는데, 세 무사의 떠벌이는 동작, 휘날리는 의복은 검을 뽑고 쇠뇌를 당기는 긴장된 분위기를 남김없이 보여준다. 특히 복숭아를 다투지 않은 고야자의 형상이 가장 두드러진다. 「이도살삼사」 서사 속의 이미지 기호는 '다리 높은 그릇(高脚豆)'인데, 이것은 전국 시대부터 한대까지 유행한 그릇 형태로서, 주로 과일을 담는 데에 사용되며, 모든 「이도살삼사」 화상 중에, 낙양 소구(燒溝)61호 벽화묘 화상에서 복숭아가 상(案) 위에 두어지고, 서주(徐州) 석곽묘 화상에서 복숭아가 쟁반 위에 두어진 것을 제외하면, 화상석 속의 이런 제재 '복숭아'는 모두 '고각두'에 놓여있다. 화면 속 인물은 많은 것도 있고 적은 것도 있지만 핵심은 '고각두'에 놓인 복숭아와 손을 뻗어 복숭아를 잡는 용사이며, 이 이미지 구도 방식은 이미 정해진 패턴이 되었고, 당시 이미지 전파에 비교적 일관된 밑그림이 널리 퍼졌음을 말해준다.

이미지로 읽는 고대문명

그림 13 산동 가상 무씨사 좌우실 제칠석 「이도살삼사」

그림 14 하남 남양 영장한화상석 「이도살삼사」

효자 열녀

효자 열녀(孝子列女) 고사는 한화상석의 주요 내용 중 하나이다. 그중 가상(嘉祥) 무량사(武梁祠) 속의 효자도(孝子圖)는 화상석 중 효자 계열 이미지가 가장 많은데, 17명 효자의 고사를 각화하였다. 이미지 속에는 방제가 있어서 제찬(題贊)하며, 도와 문이 서로 화상의 의의를 보다 명료하게 이해시켜 주기 때문에 이미지와 본문의 관계를 연구하는 중요한 실물로 간주된다. 기타 지역의 효자 열녀 역시 유사한 내용이 많은데, 화상 표현이 대체로 비슷하고, 디테일면에서만 각기 특색이 있다. 대체, 그들은 어떤 천지를 감동시키는 행동을 하였기에 효자 열녀로서 명예의 전당에 이름을 올렸고, 세세대대로 행위의 귀감으로 존경받게 되었는가? 그중에서 재미난 고사 몇 개를 골라보자.

가장 이른 것은 계모 고사인 '민자건실추(閔子騫失箠:민자건이 말채찍을 놓다)'이다. 민자(閔子)는 이름이 손(損)이고, 자가 자건(子騫)이며, 공자의 제자이다. 민자는 효로써 천하에 이름났기에, 공자는 이렇게 칭찬했다. '효자로다! 민자건은 남들이 그 부모 형제 사이를 이간질하지 못한다.'라고 하였다. 민자건은 어머니가 죽자 아버지가 새장가를 가서 계모가 두 아들을 낳았다. 계모는 자기 아들을 편애하여 자건을 학대하였다. 자건은 옷도 없고 밥도 못 먹었으나, 결코 아버지에게 이르지 않았다. 하루는 온 가족이 외출하면서 부친이 자건에게 수레를 몰도록 하였는데, 길을 가던 도중에 자건은 춥고 배가 고파 수레를 몰 힘이 없어서 그만 수레바퀴가 길가 도랑으로 빠지게 되었다. 부친은 마침내 자건이 계모의 학대를 받는 상황을 발견하고, 곧 후처를 내쫓으려 하였다. 자건은 오히려 계모를 위해 사정하며 말했다. '어머님이 계시면 아들 하나가 춥지만, 어머님이 떠나시면 아들 셋이 홀로 됩니다.' 이에 그 아버지는 후처를 용서했다. 그후부터 계모는 자건을 자기 아들과 똑같이 대하여 온 가족이 화목했다.

그림 15는 언사(偃師) 화상석 '민자건실추' 고사인데, 그것은 화상석 중 민자건 고사의 묘사가 가장 완전하고 생동감 있는 것이다. 화면 속에서 민자건의 이복동생은 마차 위에 앉아 있고, 마차 뒤에서 한 청년이 땅에 무릎 꿇고 연장자에게 간구하는데, 바로 민자건이 땅에 꿇어앉아 부친에게 자기 때문에 새어머니를 내쫓지 말라고 간구하는 장면을 각화하였다. 부친은 자건을 껴안고 왼손으로 자건의 목을 쓰다듬는다. 이미지는 아버지가 깨달은 후에 부끄러움과 사랑의 마음이 교차하

며 아들을 불쌍히 여기는 감정을 표현했다.

가장 완곡적인 효자 고사는 백유(伯瑜)가 부모님 때문에 마음 아파한 고사이다. 백유는 서한 양현(梁縣) 사람으로, 효심이 지극한 효자였다. '백유가 잘못을 저지르자 그 어미가 매질하였는데, 울자, 그 어머니가 말하였다. '다른 날 매질할 때는 우는 적이 없었는데, 오늘 우는 것은 어째서이냐?' 대답하기를 '다른 날 제가 죄를 지어 매를 맞으면 아팠는데, 오늘 어머님의 힘이 아프게 하질 못하기에 울었습니다.'라고 하였다.' 화면 속에서 백유가 두 소매로 얼굴을 가리고, 지팡이를 짚은 어머니 면전에 꿇어앉아 있는데, 백유 모친의 왼쪽 위에는 방제 '유모(瑜母)'가 있고, 백유의 오른쪽 위쪽은 다음과 같은 제찬(題贊)이다. '백유는 모친이 연로하여 기력이 많이 쇠하여 매질을 해도 아프지 않자 마음이 슬펐다(伯瑜, 傷親年老, 氣力稍衰, 笞之不痛, 心懷楚悲)' '백유상친(伯瑜傷親:백유가 모친 때문에 상심함)'의 이미지 서사 과정에서, 백유의 어머니가 아들을 매질하는 정경은 나타나지 않는다. 이미지에 표현된 것은 백유가 모친의 면전에 꿇어앉아 있는 모습이다. 백유 모친의 손에 있는 꼬부랑 지팡이는 주요한 이미지 기호이며, 백유의 상심하는 태도는 '얼굴을 가린' 동작 특징을 통해 표현되었다. 그림 16과 그림 17이 보여준다.

그림 16 산동 가상 무량사 「백유비친」도   그림 17 하남 언사 화상석 「백유비친」도

효자 고사에 따뜻한 정이 넘쳐 흐르는 것에 비해, 열녀고사는 너무나 가슴을 후빈다. 「열녀도(列女圖)」는 유향(劉向) 「열녀전(列女傳)」 인물고사가 만든 도화이다. 한화상 속의 「열녀도」는 「열녀전」에서 직접 소재를 취하거나 한대 「열녀전송도(列女傳頌圖)」의 모본(摹本)이며, 동한이후 「열녀도」는 없어졌기에 화상석이 중요한 이미지 사료가 되었다. 「열녀전」에는 일곱 권에 105개의 고사가 있는데, 현재 화상석 속에 명확한 방제가 보이는 열녀도는 우처(禹妻), 탕비(湯妃), 양과고행(梁寡高行), 노추절부(魯秋節婦), 노의고자(魯義姑姊), 초소정강(楚昭貞姜), 양절고자(梁節姑姊), 제의계모(齊義繼母), 경사절녀(京師節女), 제종이춘(齊鐘離春), 제환형희(齊桓衡姬), 초장번희(楚莊樊姬), 답자처(荅子妻), 관중처(管仲妻), 왕릉모(王陵母) 등 18개 고사이다.

먼저 자살고사(自殺故事)한편을 보자. 즉 양나라 과부 고행이 코를 베어 혼인요청을 거절한 고사다. "양나라 과부 고행: 고행은 양나라의

이미지로 읽는 고대문명

과부이다. 그녀는 미모가 뛰어난 데다 행동거지도 훌륭하였다. 남편이 일찍 죽고 과부가 되었지만 개가하지 않았다. 양나라의 많은 귀인들이 다투어 그녀에게 청혼하였지만 뜻을 이루지 못하였다. 양왕이 이 소문을 듣고 재상을 시켜 그녀를 청해 오도록 하였다.(梁寡高行: 高行者, 梁之寡婦也. 其爲人榮于色, 而美于行. 夫死早寡, 不嫁. 梁貴人, 多爭欲取之者, 不能得. 梁王聞之, 使相聘焉.)" 양왕의 치근덕거림을 벗어나기 위해서 "단도를 쥐고서 거울 앞에 서서 자신의 코를 도려 내었다(乃援鏡持刀以割其鼻)" 송(頌)에 말하였다. "양나라 과부 고행은 오로지 정절을 지키는 순수한 사람이었네. 귀함을 탐하지 않았으며 오로지 신의에 힘썼다네. 양왕이 불렀으나 응하기는커녕 코를 베어 스스로 형벌을 받았네. 군자가 그녀를 높이 여겨 후세 사람들에게 알렸도다(高行處梁, 貞專精純, 不貪行貴, 務在一信, 不受梁聘, 劓鼻刑身, 君子高之, 顯示後人.)[05] 화상 속에서는 커튼을 아래로 내렸는데, 한 여자가 왼쪽을 향해 앉아 있다. 머리는 쪽진 머리 셋을 하였고, 오른 손에 거울을 쥐고, 왼손에는 칼을 쥐었으며, 방제는 '양고행(梁高行)' 세 글자를 취했다. 그 뒤에 한 여자가 얼굴 가리개를 시립(侍立)해 있다. '양고행' 앞에, 한 사람이 물건을 받쳐 들고 오른쪽을 향해 무릎을 꿇었는데, 방제는 '봉금자(奉金者)'이다. 왼쪽에 한 관리(官吏)가 절(節)을 들고 서 있는데, 방제는 '사자(使者)'이다. 다시 왼쪽에, 두 마리 말이 끄는 치병거(輜輧車)가 멈춰 있는데, 수레 왼쪽 앞에는 방(榜)은 있어도 제(題)가 없다. 화상 속은 당연히 '양나라 고행'이 코를 베어 청을 거절하는 모습이어야 할 것이며, 그림 18이 보여주는 바와 같다. 개가하지 않기 위해서 제 손으로 코를 베어 뜻을 밝혔으니, 참으로 독하기는 독하다.

---

05   [汉] 刘向: 『列女传』 『四部丛刊』(六十), 上海: 商务印书馆缩印本, 1937年, 58쪽.

그림 18 산동 가상 무량사 「양고행」

만약 양나라 고행의 고사가 가슴을 후볐다면, 이번에는 가슴을 에이는 고사가 있다. 「초소정강(楚昭貞姜)」[06]이 바로 이런 고사이다.

초나라 소왕은 홍수가 올 것이라는 것을 듣고서는 부인 강씨를 맞

---

06   [汉] 刘向: 『列女传』, 『四部丛刊』(六十), 上海: 商务印书馆缩印本, 1937年, 55쪽.
정강은 제후의 딸이자 초나라 소왕의 부인이다. 왕이 지방을 순시하던 중 동행한 부인을 물 위 누대에 머무르게 하고 떠난 일이 있었다. 왕은 강물이 크게 불어났다는 소식을 듣고 사람을 보내 부인을 데려오도록 하였다. 그런데 깜빡 잊고 사자에게 부신을 지참시키지 않았다. 사자가 부인에게 다가가 누대에서 나올 것을 청하였다. 그러자 부인이 말했다. "왕께서는 나와 약속하기를 나를 오도록 부르실 때는 반드시 왕의 부신으로 하겠다고 하셨습니다. 지금 그대는 부신을 가지고 오지 않았으니, 나는 그대를 따라갈 수 없습니다." 사자는 "지금 물이 크게 불어나고 있습니다. 다시 돌아가 부신을 가지고 온다면 이미 때가 늦을 것입니다"라고 간청하였다. 그러자 부인이 다시 말하였다. "나는 '정녀의 법도에는 약속을 어기지 않는다. 용기 있는 자는 죽음을 두려워하지 않으며 오로지 절개를 지킬 뿐이다'라고 들었습니다. 내가 그대를 따라 나서면 살고, 이대로 머물면 죽는다는 것을 압니다. 그러나 약속과 도리를 저버리고 구차히 삶을 얻는 것은 여기 그대로 머물러 죽는 것만 못합니다." 사자가 하는 수 없이 다시 가서 부신을 가지고 돌아왔으나, 물은 이미 크게 불어 대가 무너지고 부인은 떠내려가서 죽은 뒤였다. 왕은 슬퍼하며 "아아! 의리와 절개를 죽음으로 지키며 구차하게 살지 않으려 했군요. 막다른 처지에서도 신의를 지키며 그 정절을 이루었구료."라 하고,

으러 사람을 보냈는데, 사자는 급히 가느라 소왕의 신물(信物)을 지참하지 않았다. 부인은 부군과의 약속을 지켜, 신물을 보지 않으면 결코 떠나려 하지 않았고, 사자가 신물을 가지고 다시 왔을 때는 홍수가 이미 닥쳐서 부인은 이미 물에 빠져 죽었다. 이 강씨부인은 『시경』 속에서 여자와 만나기로 약속해서 물이 불어나도 떠나지 않고 있다가 마침내 빠져 죽은 미생(尾生)과도 너무 닮았다! 미생과 강씨는 아마도 남녀가 약속을 지키기 위해서라면 죽음 앞에서도 의지를 굽히지 않는 천고의 전범일 것이다.

그림 19 화상에서, '강물이 크게 닥친' 상황을 표현하기 위해, 정강의 치마 아래에 호선(弧線)의 파동(波動)을 벌여 놓아, 물이 세차게 흐름을 표시하였다. 화면의 오른 쪽에 표현한 것은 사자가 절(節)을 지니고 재빨리 달리는 것이다. 사자가 손에 쥔 모절(旄節)은 하나의 상징 기호이다. 모절은 사자 신분의 상징물이고, 무량사 '초소정결' 화상 속의 사자도 손에 모절을 지니고 있다. '부(符)'는 고대 조정에서 명령을 전달할 때 쓰는 빙증(憑證)이다. 신진(新津) 한화상석 「초소정강」 그림 속의 사자는 한 손에 모절을 들고 한 손에 부신(符信)을 쥐고 있는데, 빠른 걸음으로 질주하는 모습을 그려냈다. 이는 텍스트 고사 속 "사자가 다시 가서 부신을 가지고 돌아왔으나 물은 이미 크게 불었다"는 묘사와 일치한다.

앞의 두 열녀고사와 비하면, '양절고자(梁節姑姊: 양나라의 절개 있는 고

그녀의 이름을 정강이라 하였다. (貞姜者, 齊侯之女, 楚昭王之夫人也. 王出游, 留夫人漸台之上而去. 王聞江水大至, 使使者迎夫人, 忘持符, 使者至, 请夫人出, 夫人曰: "王与宫人约令, 召宫人必以符. 今使者不持符, 妾不敢从使者行." 使者曰: "今水方大至, 还而取符, 则恐后矣."夫人曰: "妾闻之: 貞女之义不犯约, 勇者不畏死, 守一节而已. 妾知从使者必生, 留必死. 然弃约越义而求生, 不若留而死耳."于是使者反取符, 还则水大至, 台崩, 夫人流而死. 王曰: "嗟夫! 守义死节, 不为苟生, 处约持信, 以成其贞." 乃号之曰貞姜.)

그림 19 산동 가상 무량사 「초소정강」 탁본(무량사1과 무량사2의 합도(合圖))

모)'고사에서는 자기를 버리고 남을 위한 애심(愛心)을 표현하였다. 이 점은 고대에서건 현대에서건 존경받을 만한 것으로서, 한조인(漢朝人)이 숭상한 가치관을 나타냈다.

고사의 주인공은 '양나라의 한 부인'으로서, 언니의 아들과 자기의 아들이 집에 함께 있는데 갑자기 큰 불이 났다. 이 때 양나라의 부인은 먼저 언니의 아들을 구해야 했는데, 무의식중에 자기의 아들을 먼저 구했다. 의롭지 못하다는 불명예스러움을 면하기 위해 그녀는 불에 뛰어 들어가 죽음으로서 세상에 알렸다. 이 화상은 무량사 사당 동벽 석상에 새겨졌는데, 화면 속에는 방에 기둥이 있고, 기둥 처마 아래에 화염이 솟아 오르는데, 방 안에는 어린 아이 하나가 바닥에 누워 있는데 방제는 '언니의 아이(長婦兒)'이다. 그 앞에 한 부인이 머리를 풀어헤치고 몸을 굽혀 방에 들어가 손을 뻗어 아이를 잡아 끈다. 기둥 위 방제는 '양절고자'이다. 왼쪽의 한 부인이 오른 쪽으로 향하여 두 손으로 언

이미지로 읽는 고대문명

그림 20 산동 가상무량사 사당 동벽석 "양절고누님"

니의 손을 바짝 당기는데, 방제는 '구하는 사람(拯(救)者)'이다. 왼쪽 윗면의 두 어린 아이는 손을 잡고 도망가는데, 그 위의 방제는 '고모의 아이(姑姊兒)'이다. 구하는 자 뒷면의 방제는 2행 21자로 찬문(贊文)이 적혀있다. "고모는 그 방에서 불이 나자 언니의 아들을 구하러 갔다가, 문득 자기 아들을 구했으니, 불에 뛰어들어 죽어 그 진심을 보였다(姑姊其室失火, 取兄子往, 輒得其子, 赴火如亡, 示其誠也.)" 그림 20의 화상이 표현한 것은 양나라의 절개 있는 고모가 재차 집안으로 들어가 고모의 아들을 구하는 순간이다.

지금을 즐기자

세상에 태어나, 한 생을 굽어보면, 의식주행(衣食住行)은 그 중의 굵직한 생활 주선이면서 또한 끊임없이 비교하고, 늘이고 제고하는 과정을 거친 후 인간 간의 감정과 삶의 재미가 깃든 곳이기도 하다. 의식주행을 위한 노동, 노동 끝의 오락, 더 나은 의식주행을 위한 노동과 오락, 그러다 결국 또 노동과 오락의 형식으로 체현된다. 이것이 바로 즐겁게 산다는 것이고, 인간 세상 속에서 피동 또는 주동적으로 함께 추구해 온 목표와 의의이다. 그 시기 춤추고 노래하며, 맛있는 음식과 좋은 술을 따져 마시며, 열광적으로 축국(蹴鞠)을 하고, 위풍당당하게 거마출행하던 생활, 경작하고 길쌈하는 지혜, 형식과 외관은 오늘날과는 매우 다르지만, 그 형형색색하고 시끌벅적 번화한 성색(聲色)과 정취는 오늘날의 그것과는 다를 바가 없다. '한결같다(一如)'는 말은 '전에도 그랬다(曾經)'는 것을 의미한다. 지금을 즐기자, 현재도 그렇고, 과거에도 그랬다.

악무백희

한화상석은 사회생활을 배경으로 한 예술창작으로서, 생활백태는 화상석 이미지의 주요 내용을 이룬다. 한대는 또 예의를 중시한 조대(朝代)로서, 예의는 제도의 일부분이고, 시대의 정신생활의 물질적 체현이기도 했다. 이들 예의와 제도를 표현할 때, 우리는 상층 귀족의 사치도 보았고, 당시 사회의 생활백태도 보았다. 화상 속의 악무백희, 연락회음, 육박축국, 거마출행 등등은 모두 예의를 쫓는다.

이미지로 읽는 고대문명

한화상석에서는 한대의 악대(樂隊)를 자주 볼 수 있다. 한대 음악은 선진 시기의 '금석지성(金石之聲)'과 달리 타악기가 이미 주요 지위에 있지 않았고, 서로 다른 형체와 규격의 종고(鐘鼓)와 관현(管弦)이 함께 연주되는 악대 주악 장면이 나타났다. 한대에 자주 보이는 취주 악기는 우(竽), 생(笙), 적(笛), 소(蕭) 등이다. 우는 독주도 가능하고 합주도 가능하여 '오성(五聲)의 장(長)'이고, 악대의 조합 속에서 연주를 이끄는 악기이다. 또 저 '가짜로 우를 불면서 수만 채운(濫竽充數)' 남곽선생(南郭先生)을 기억하는가? 바로 제선왕(齊宣王)의 "사람을 시켜 우를 불게 할 때는 반드시 삼백 명으로 하는(使人吹竽, 必三百人)" 경우라야 그의 '가짜 우'의 '수를 채울' 수 있기 때문이다. 화상석 속에서 우를 부는 이는 매우 많은데, 당시 우가 음악 속에서 차지하던 중요한 지위를 설명하는 것이기도 하다. 그림 21 서주 동산묘산 한화상석묘 속의 악무단에서, 화상 속에는 우를 부는 이가 한 사람 있다. 그는 전 악대 속에서 두드러진 위치를 가지고 있다. 두 손으로 우두(竽斗)를 받쳐들고 정신을 집중하여 악곡을 취주하고 있는데, 화면 속에서 그가 전 악대의 지휘자임을 알 수 있다. 한대의 탄주악기(彈奏樂器)로는 금(琴), 슬(瑟), 쟁(箏), 축(筑) 등이 있고, 동시에 서역에서 전래된 공후(箜篌), 비파(琵琶), 필률(觱篥), 가(笳), 각(角), 찰(鑔) 등도 있다. 금, 슬, 쟁의 외형은 서로 비슷하며 화상석의 이미지 속에서 구분하기가 어렵다. 금, 슬, 쟁의 주요 차이는 현의 수가 다르고 칫수가 같지 않다는 것이다. 금, 슬, 쟁의 연주방식은 다른데, 옛 사람들은 금을 무(撫)하고, 슬을 고(鼓)하며, 쟁을 탄(彈)하여 그것들의 연주의 다름을 형용했는데, 그림 22에서 보여준다.

그림 21 강소 강산 묘산한묘 「악무도」

그림 22 강소 서주 한 화상석 속의 「고슬, 탄쟁, 무금도」

　한대는 중국 고대 무도의 번영시기로서, 교묘(郊廟), 조향(朝饗), 연회(宴會)에 무도가 돕지 않은 것이 없다. 한대 음악가 이연년(李延年)의 『북방유가인(北坊有佳人)』에 "북방에 아름다운 사람이 있으니 절세미인으로 우뚝 섰도. 한 번 돌아보면 성을 기울게 할 만하고 다시 돌아보면 나라를 기울어지게 할 만하도다. 성을 기울게 하고 나라를 기울게 한다는 것을 어찌 모를까만은 미인은 다시 얻기가 어려워서인 것이로다!(北方有佳人, 絶世而獨立, 一顧傾人城, 再顧傾人國, 寧不知傾城與傾國, 佳人難再得!)" 이는 곧 당시 악무에서 함께 부르던 시가이다. 한대 무도는 크게 아무(雅舞)와 잡무(雜舞) 두 가지로 나뉜다. 아무는 궁정무도(宮廷舞蹈)

이미지로 읽는 고대문명

로서 조회(朝會)와 제사대전(祭祀大典) 등에 사용된다. 잡무는 민간에 유행하여, 연회에 쓰던 음악의 주요형식이다. 한화상석 속에는 한 무도의 아름다운 화면이 없지 않은데, 주로 장수무(長袖舞), 건고무(建鼓舞), 나무(儺舞), 비무(鞞舞), 탁무(鐸舞), 무무(武舞) 등을 새겼다.

장수무는 한대에 가장 자주 보이는 무도로서, 한화상석에서 악무가 가장 많이 표현된 제재이다. 이는 초나라에서 기원한 무도인데, 만년의 유방(劉邦)이 태자를 폐하고 척부인(戚夫人)의 아들을 세우려고 획책하였으나, 일이 성공하지 못하자 부인에게 초무(楚舞)를 추게 하고 스스로 『홍곡가(鴻鵠歌)』를 불러 심사를 풀어냈다고 하는데, 척부인이 춘 것이 바로 장수무이다. "비단옷 바람에 날리며 긴 소매 교차한다. 맵시 있고 화려한데, 동작은 재빠르고 몸은 가볍다."[07] "연회자리에서 붉은 무용신발을 발돋움하여 춤추며 펄럭이는 긴소매를 휘날립니다. 교태가 있는 데다가 아름다운 자태를 잘 지으며 고운 옷은 화려한 꽃무늬를 드날립니다. 아름다운 눈으로 곁눈질해 사람을 호리니 한 번 돌아보면 나라를 기울어지게 할 만합니다(振朱屣於盤樽, 奮長袖之颯纚, 要紹修態, 麗服颺菁, 眅藐流眄, 一顧傾城)"[08] 이들은 모두 한대 시부(詩賦)에서 장수무를 묘사한 것으로서, 장수무를 추는 이가 가는 허리로 긴 소매를 교차하며 날렵하게 몸을 흔들고 끌며 춤추는 모습, 가볍고 부드러운 표정과 태도는 온갖 상념에 빠져들게 만든다. 장수무는 동태적 공연이고, 화상은 그저 일련의 춤추는 모습의 순간적 정격(定格)이기에, 한대 장수무의 복원은 반드

---

07 [汉]傅毅:『舞賦』,『昭明文選譯注』(第二券), 陳天宏等主編, 長春:吉林文史出版社, 1988年, 第161頁.

08 [汉]张衡:『西京賦』,『昭明文選譯注』(第一券), 陳天宏等主編, 長春:吉林文史出版社, 1988年, 第106頁.

시 백 폭이 넘는 장수무의 화면을 연결하여야만 무도의 서로 다른 동작과 그 아름다운 춤추는 모습을 드러낼 수 있는데, 그림 23에 보인다.

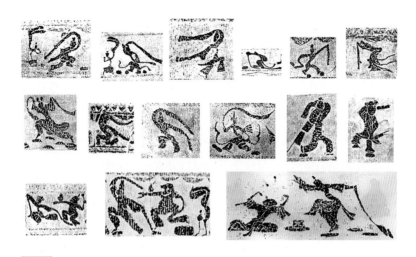

그림 23 하남 남양 화상석 속의 「장수무」

'총회선창(總會仙倡)'은 사실 한대 백희(百戱)로서, 이름을 각저희(角抵戱)라고도 하며, 거꾸로 서기(倒立), 솥을 어깨에 메기(扛鼎), 굴렁쇠 사이로 빠져나가기(鑽圈), 도환검(跳丸劍), 연우(緣竿), 외줄타기(走索), 희거(戱車), 칼을 삼키고 불을 뿜기는(呑刀吐火) 등 많은 공연프로그램을 포함하며, 한대 궁정의 가장 장관을 이룬 대형 종합성 가무백희(歌舞百戱) 공연이다. 무제(武帝)시기의 각저희는 『한무고사(漢武故事)』에 생동감있게 묘사되었다. "미앙궁에 각저희를 열고 외국에서 온 이들을 대접했는데, 삼백리 안에서 모두 보았다. 각저는 전국시대 육국에서 만든 것이다. 진이 천하를 통일하자 그것을 더욱 늘렸고, 한나라가 일어나자 비록 그만 두긴 했으나 여전히 완전히 단절할 수는 없었다. 현재의 황제

이미지로 읽는 고대문명

께서 다시 채용하여, 사이(四夷)의 악(樂)을 합하고, 기환(奇幻)을 섞었는
데, 마치 귀신과 같다. 힘을 겨루며 서로 부딪치는 것이다. 구름과 비와
번개가 마치 진짜 같고, 맨땅에 그림을 그려 강을 만들고, 돌을 모아 산
을 이루며, 갑자기 변화하기도 하는 등, 하지 못하는 것이 없다.(未央庭
中設角抵戲, 享外國, 三百里內皆觀. 角觝者, 六國所造也. 秦幷天下, 兼而增廣之,
漢興雖罷, 然猶不都絶. 至上復采用之, 幷四夷之樂, 雜以奇幻, 有若鬼神. 角觝者,
使角力相抵觸也. 其雲雨雷電, 無異於眞, 畵地爲川, 聚石成山, 倏忽變化, 無所不
爲.)"[09] 그림 24는 총회선창 속의 "어룡이 가득함(魚龍蔓延)"으로서, 사람
이 거어(巨魚)와 거룡(巨龍)으로 분장하고 공연하는데, 우리가 살고 있
는 오늘날의 용춤(舞龍)과 사자춤(舞獅子)의 전신이다. 공연자가 동물의
형태나 신선으로 함께 나오는 이런 동물희(動物戲)와 인물희(人物戲)는
당시에 '상희(象戲)'라고도 불렸다. 한인에게 악무백희는 민속이자 오락
이었을 뿐 아니라, 조상제사, 신을 즐겁게 하기, 신선이 되고자 하는 활
동 속에서 필요한 의례였다.

그림 24 산동 기남 북새 한묘 "어룡만연"

09   『汉魏六朝笔记小说大观』, 上海: 上海古籍出版社, 1999 年版, 175쪽.

포주와 연회

　백성은 먹는 것을 하늘로 여기니, 음식과 포주 장면은 자연히 화상석에서 없어서는 안되는 것이다. 포주 이미지에는 두 가지 유형이 있다. 하나는 상징적인 성격의 것으로서, 구도가 비교적 간단하고, 포주의 개념을 표시한다. 또 하나는 사실적인 성격의 것으로서, 구도가 복잡하고, 장면이 거대하며, 포주의 완전한 과정을 표현한다. 상징적 성격의 포주도에서, 포주의 내용은 그저 전 화면 속의 일부이며, 사실적 성격의 포주도에서 전 화면은 모두 포주의 장면이다. 한화상석 속 사실적 성격의 포주도는 당시의 음식가공 및 요리공예의 구체적 과정을 표현한다. 그중 주조(酒造), 두부가공, 만두제작, 고기꼬치굽기 등의 이미지는 오늘날 한대 음식제작공예 연구의 진귀한 도보(圖譜)이다.

　만두는 중국의 가장 대표적인 밀가루 음식으로서, 한대에 만두가 있었는지는 음식 문화사에서 줄곧 논쟁거리였으나, 한화상석 이미지는 한대에 이미 만두를 발명했음을 증명해준다. 만두 제작은 우선 '밀가루반죽(和麵)'을 필요로 하는데, 한화상석 포주도에는 '밀가루를 반죽하는' 모습이 자주 보인다. 산동 임기(臨沂) 오장(吳莊) 화상석묘 속에는 한 폭의 포주도가 있다. 그림 오른쪽에서는 견우가 돼지를 들고 희생물을 바치고 있고, 화면 중간에서는 두 사람이 한 그릇의 만두를 들고 있는데, 만두의 형상은 오늘날 만두의 형상과 다르지 않다. 그림 25가 보여준다.[10]

10　临沂市博物馆编: 『临沂汉画像石』图11, 济南: 山东美术出版社, 2002年.

이미지로 읽는 고대문명

그림 25 산동 임기 오장 화상석묘 「포주도」(부분)

　현재 많은 사람들이 불고기를 즐겨 먹지만, 아마 이 불고기가 '한민족(漢民族) 전통의 요리 방식'이라는 생각은 하지 않을 것이다. 회자(膾炙) 즉 고기 굽기는 옛 사람들이 가장 좋아하던 요리 방식이다. 양한 시기에 구운 고기는 줄곧 귀족들이 먹기 좋아하던 요리였다.적쇠 화로와 고기 산적을 보여주는 화면은 늘 현재 화상석 중에 자주 보이는 포주 장면 중에 있다. 그중, 고기 산적은 일반적으로 한인의 요리법으로 여겨지며, '자육(炙肉)'이라고 불리고, 호인(胡人)은 가축을 통째로 구우며, '맥자(貊炙)'라 불린다.

　화상석 중 포주도의 소, 양, 돼지, 토끼, 닭, 물고기, 개 등 동물은 모두 자주 보이는 희생물이다. 제사시에 등급의 차이에 따라 서로 다른 동물을 사용한다. 소의 등급이 가장 높고, 양이 그다음이고, 돼지가 가장 낮다. 소, 양, 돼지 세 희생물을 다 갖추면 '태뢰(太牢)'이고, '소뢰(小牢)'는 양과 돼지만 있고 소는 없다. 천자가 사직에 제사지낼 때 태뢰를 사용하고, 제후가 제사할 때는 소뢰를 사용한다. "군(君)은 까닭없이 소를 잡지 않고 사(士)는 까닭없이 개와 돼지를 잡지 않는다(君無故不殺牛, 士無故不殺犬豕)." 일상생활과 보통 연회에는 세 희생물(三牲)이 있을 수 없고, 닭, 물고기, 기장으로 손님을 대접한다. 그림 26은 산동 제성 전량대 포주도로서, 화면 속에서 요리사(宰)가 소, 양, 돼지 세 희생물을 잡는데, 거기서 표현한 것은 간단한 연음준비가 아니라, 제사를 위한 준비임을 알 수 있다.

포주는 연음의 준비로서, 연음은 의례활동이며, 옛사람이 연음하던 순서와 규범은, 손님을 보내기와 맞이하기, 자리에 앉는 몸가짐, 찬구(饌具)의 진설(陳設)에서부터 고기를 먹고 국을 마시는 데에까지 모두 극히 상세한 규정이 있다. 음식물을 놓는 방식도 일정한 규칙을 따른다. "음식을 들여가는 예는 왼쪽이 뼈를 바르지 않은 고기(殽)이고 오른쪽이 큰 고깃점(胾)이다. 밥은 사람의 왼쪽에 두고, 국은 사람의 오른쪽에 둔다. 생선과 구운 고기는 바깥에 두고, 식초와 장은 안쪽에 두고, 마늘은 끝에 두고, 술은 오른쪽에 둔다. 말린 고기를 두는 경우에는 왼쪽에 굽은 것을 두고 오른쪽에 반듯한 것을 둔다. 손님이 주인보다 등급이 낮을 때는 손으로 음식을 들고 감사의 말을 한다. 주인이 일어나 손님에게 감사의 말을 한 후에 손님이 앉는다. 주인은 손님이 제사지내도록 인도하는데, 음식을 조금 뜯어 그릇들 사이에 두어 귀신께 바친다.(凡進食之禮, 左殽右胾. 食居人之左, 羹居人之右. 膾炙處外, 醯醬處內. 葱渫處末, 酒漿處右. 以脯修置者, 左朐右末. 客若降等, 執食興辭. 主人興, 辭於客, 然後客坐. 主人延客祭, 祭食, 祭所先進)"[11] 술병을 둘 때에는 병의 주둥이가 사람의 바깥쪽을 향하게 한다. 생선을 놓는 방법은 이렇다. "달인 생선은

11   [清]孫希旦著: 『礼記集解』(上), 北京:中华书局, 1989年, 51쪽.

그림 26 산동 제성 전량대 한묘 「포주도」

제3장 돌에 새긴 서사시(石銘史詩)

그림 27 강소 동산 홍루사당 「영빈연음도」

꼬리를 앞쪽으로 하고, 겨울에는 생선의 배를 오른쪽에 두며, 여름에는
생선의 등을 오른쪽에 둔다.(羞濡魚者進尾, 冬右腹, 夏右鰭.)"[12] 만약 음식
중에 마늘이나 부추가 있을 때에는, 주빈을 도와 먹을 수 없는 수염뿌
리와 마른 잎을 뜯어내야 한다. 한대 연석에는 서주시기와 같은 번쇄함
이 없지만, 규범적 예절은 있었다. 그림 27은 동산(銅山) 홍루사당(洪樓
祠堂) 영빈연음도(迎賓宴飮圖)인데, 그 그림 속에서 1층은 손님맞이이다.
손님이 막 마차에서 내리자 시자가 맞이하며, 주인과 손님이 인사말을
한다. 2층은 연음의 시작이다. 서쪽 방은 남자의 자리로서, 주인이 궤
(几)에 기대어 앉아 있고, 나머지는 땅에 앉아서 있으며, 가운데에 상이
있고, 상 위에 국자 등의 식기가 있으며, 방 바깥에도 시자가 있다. 동
쪽 방은 여자 자리로서, 손님과 주인이 마주 앉고, 중간에 상이 있으며,
상 위에 국자 등 식기가 있다. 연음하는 중에 노래로써 정을 전하고, 춤
으로 서로 즐기니, 손님과 주인이 미식으로 미각과 후각을 가득 채우

12　[清]孫希旦著:『礼记集解』(中), 北京: 中华书局, 1989년, 944쪽.

는 것과 동시에, 시각과 청각을 즐기는 성연(盛宴)을 즐기고, 다섯 감각기관이 모두 즐거움에 빠져드는 사이에, 몸과 마음의 기쁨에 도달한다. 포주연음도는 묘주인의 생전 일상생활의 반영 혹은 현실생활 속 상층인물의 호화로운 연향(宴饗)의 진실한 재현이고, 죽은 자의 명계(冥界)에서의 안락한 생활에 대한 축원일 가능성도 있다. 옛 사람들의 마음속에서, 연음의 의의는 먹고 마시는 것보다 훨씬 더 먼 곳에 있다.

육박과 축국

화상석 중의 민속놀이항목에는 육박(六博), 투호(投壺), 투계(鬪鷄), 축국(蹴踘) 등이 있다. 육박의 역사는 구원(久遠)하여, 춘추전국시대에 이미 매우 유행하였으며, 한대에 이르러 육박놀이는 가장 환영받는 레저오락이 되었다. 사천(四川), 섬북(陝北) 화상 속의 육박도는 대다수가 신선의 경계(境界)를 표현하는데, 방제(榜題)는 '선인박(仙人博)' 세 글자이고, 선인조차도 육박놀이를 즐기고 있다. 신진현(新津縣) 보자산애묘(寶子山崖墓)의 선인육박도(仙人六博圖)는 가장 생동감 있는데, 화면 속에서 남선(男仙)과 여선(女仙)이 육박을 두고 있다. 여선은 나체이고, 두 젖은 노출되어 있으며, 젓가락을 던진 후에 흥분하여 거의 뛰어오른다. 몸 뒤에는 영지선초(靈芝仙草)가 있고, 박국 위에는 술동이가 있으며, 박국 아래에는 두 개의 주발이 있다. 그림 28이 보여준다.

박희의 성행은 한대 음주풍조의 창열과 밀접한 관련이 있는데, 육박은 당시 연석 상에 자주 보이던 주령(酒令)놀이였고, 게다가 육박은 또 점복(占卜)과 결합하여, 점복의 도구이기도 했다. 서한 중기의 초엽문(草葉紋) 동경 속에는 "고당에 술을 두고, 날이 밝을 때까지 육박을 했

그림 28 사천 신진 보자산 애묘 「선인육박」

다.(置酒古堂, 投博至明)"라는 명문(銘文)[13]이 있다. 위요(韋曜)의 『박혁론(博奕論)』은 당시의 폐단을 비판하였다. "요즘 사람들은 경술에 힘쓰지 않고 박혁 놀이를 좋아하고, 사업을 폐하고 침식을 잊으며 낮에도 그것만 하다가 밤에도 초를 켜고 계속한다(今世之人多不務經術, 好玩博奕, 廢事棄業, 忘寢與食, 窮日盡明, 繼以脂燭)", 당시 육박 놀이를 할 때 날밤을 새우면서 등잔기름이 해시계로 이어지도록 사회 각 계층의 인사가 깊이 좋아했음을 알 수 있다.

육박과 마찬가지로, 투호도 한대에 꽤 유행하던, 연음에 흥을 돋구던 놀이 중 하나이다. 당시의 연락활동은 "술을 마주하고 음악을 들으면, 반드시 좋은 노래가 있고 투호를 하였다."[14] 규칙에 따라, 화살 한쪽 끝을 호(壺) 속에 던져 넣어야 들어간 것으로 치고, 한 바퀴 지난 후 승

---

13   王纲怀: 『止水集——王纲怀铜镜研究论集』 120쪽, 上海古籍出版社, 2010年.

14   [南朝宋]范晔撰, 『后汉书·铫期王霸祭遵列传』, 北京: 中华书局, 1965年, 742쪽.

이미지로 읽는 고대문명

자가 패자에게 벌주 한 잔을 따르고, 패자도 승자를 위해 승리의 산가지를 두었다. 이런 놀이는 서주시기의 '투호례(投壺禮)'에서 기원했다. 그림 29는 남양(南陽) 사강점(沙崗店)에서 출토된 '투호' 화상석인데, 화면 위에는 호가 하나 새겨져 있다. 호 옆에 술동이 하나를 두고, 술동이 위에 국자 하나를 두었다. 호의 좌우에 각각 한 사람이 품속에 세 개의 화살을 품고, 한 손으로 화살을 들어 막 온 신경을 집중하여 호 속에 던져 넣고 있는 참인데, 호 속에는 이미 화살 두 개가 들어 있다. 그 오른쪽에 한 사람이 보고 있는데, 사사(司射)일 것이다. 왼쪽에 부축받는 한 사람을 각화했다. 신체는 앞으로 기울어 있고, 머리는 아래로 내려가 있는데, 투호에 실패하여 벌주를 마시다 취했기 때문인 듯하다.[15]

그림 29 하남 남양현 사강점 「투호」 화상석

축국은 한대 민속 중의 일종의 오락경기활동이다. 한고조(漢高祖) 유방(劉邦)의 부친은 축국을 좋아하여, 유방의 궁원(宮苑) 내에 '국성(鞠城)'이 있었고, 한무제(漢武帝), 한성제(漢成帝)가 모두 축국을 좋아했다. 제왕이 좋아하니 왕공대신은 다투어 모방했고, 무제의 총신 동현(董賢)

---

15   王建中, 闪修山著: 『南阳两汉画像石』图版 34쪽, 北京: 文物出版社, 1990年.

그림 30 「계모궐축국도(啓母闕蹴鞠圖)」

의 집에는 또 전문적으로 축국을 할 줄 아는 '축객(蹴客)'을 길렀다. 축국은 민간에서도 보편적인 게임이었다. 흔히 마을이나 골목에서 벌여진 축국은 궁정에 전문적인 장소가 있는 것과는 달리, 변변치 못한 조건에서 이루어졌기에 대항적이라기보다 놀이의 특징을 띤다.

오락 공연으로서의 축국이 있는데, 화상석 중의 축국도는 대다수가 이런 종류이다. 시합적 성격의 축국은 여러 사람이 공 하나로 하는 놀이이고, 공연적 성격의 축국은 한 사람이 공 하나를 가지고 하는 놀이이다. 한화상석에서 가장 전형적인 축국도는 숭산삼궐(嵩山三闕) 속의 계모축국도(啓母蹴鞠圖)인데, 그림 30이 보여준다. 그림 속에 네 명을 새겼는데, 한 여자가 머리를 높이 쪽지고 긴 소매, 허리를 묶고, 두 팔은 앞뒤로 쭉 펴고, 몸통은 발을 올려 힘차게 차는데, 공은 이미 지면을 떠났고, 그 나머지 세 사람은 꿇어 앉아서 보고 있다.

거마출행

거마출행은 한화상석에서 자주 보이는 화상 제재로서, 각화가 생동

이미지로 읽는 고대문명

하고, 기백이 웅장한데, 한대화상 중 가장 전형적이고, 가장 뛰어난 부분이다. 화상은 거량양식(車輛樣式), 여복제도(輿服制度), 묘주인의 신분 등 중요한 정보를 포함하고 있고, 동시에 심층의 도상학적 의의도 포함하고 있다.

화상석 중의 거량양식은 주로 초거(軺車), 병거(軿車), 국거(輂車), 부거(斧車), 소거(轈车), 이거(輀车), 상거(象車) 등이 있다. 초거는 한화상석 속에 가장 자주 보이는 거량인데, 작고 가벼운 수레로서, 말 한 마리 혹은 두 마리를 부린다.

초거는 사면에 덮개가 없고, 수레 하나에 두 사람이 타며, 승객은 왼쪽에 앉고, 수레꾼은 오른쪽에 앉았는데, 그림 31이 보여준다. 만약 초거의 수레덮개부터 수레 몸통 사이에 네 개의 띠가 있으면 사유초거(四維軺車)라 부르는데, 2백석(石) 이상의 관리라야 탈 수 있다. 병거는 등급이 비교적 높은 수레로서, 휘장(帷幔)을 설치하고, 부녀만이 타도록 제공된다. 그림 32와 같다. 국거는 화물을 싣는 치중거(輜重車)이다. 부거는 생살여탈권을 상징하는데, 천석 이상의 관원이라야 "부거로써 안내할 수 있다". 그림 33과 같다. 소거는 '소거(巢車)', '누거(楼車)'라고도 하는데, 공성전(攻城戰)에 쓰는 수레이며, 수레 위에 녹로가 있어서 높은 곳에 올라가 성내의 적의 상황을 관찰할 수 있다. 이거는 관(棺)을 운반하는 수레로서, 형태가 자라의 등딱지와 닮았다. 상거는 코끼리가 끄는 수레로서, 천자가 출행할 때의 의장거(儀仗車)이다. 황제와 황후의 출행은 천승만기(楼车)이다. 그러나, 한화상석 속의 거마출행도는 묘주인 신분의 진실한 반영도 있고, 묘주인의 신분과 같지 않은 과장도 있다. 산동 효당산(孝堂山) 사당에는 두 폭의 독립적 의의를 가진 거마출행도가 있다. 한 폭은 「대왕출행도(大王出行圖)」로서, 출행대오(隊伍) 전체는 각종 서로 다른 신분의 인물 117명, 말 74필, 각 종 마차 8량, 낙타와 코끼리 각 1필이다. 이 거마출행도는 제후왕이 법으로 정한 거대 의장이며, 한화상석 중 가장 큰 출행장면이기도 하다.

거기예제(车骑禮制)에서 거마의 수량도 등급제도의 표지 가운데 하나이다. 『일례(逸禮)·왕도기(王度记)』에서는 "천자는 여섯 필, 제후는 다섯 필, 경은 네 필, 대부는 세 필, 사는 두 필, 서인은 한 필이다(天子駕六, 諸侯駕五, 卿駕四, 大夫三, 士二, 庶人一.)"[16]라고 했다. 한화상석에는 말 한 필이 끄는 수레부터 여섯 필이 끄는 수레까지 몇 가지 형제(形制)가 다 있다. 여섯 필이 끄는 수레는 가장 높은 등급으로서, 서주(徐州) 한화상석 속에 여섯 필 말이 끄는 수레의 이미지가 있는데, 화상은 묘실을 가로지르는 들보로서, 여섯 마리가 같은 고삐에 매여 나는 듯이 달려 다리를 건넌다. 형제(形制) 외에, 사람들은 화상석 속의 거마가 "어디서 와서 어디로 가는지"의 문제에도 관심을 가진다. 거마출행도는 통상 세 방면의 의의를 표현한다. 즉, 묘주인 신분의 등급을 나타내고, 송장(送葬)과 조상(弔喪)의 대열을 표현하고, 사후의 승선(昇仙)을 기구(祈求)한다.

가상 무씨사 전석실 거마출행도는 사(祠) 주인의 신분을 인증하는 데에 중요한 의의가 있다. 동벽의 출행도는 좌에서 우를 향해 전개되는데 좌단의 판(板)을 쥔 관리(官吏)는 몸을 굽혀 오른쪽에서 오는 거마행렬을 맞이하고 있다. 출행행렬은 오백(伍佰) 두명과, 기리(騎吏) 네명 및 3대의 초거로 조성되어 있다. 가장 전방에는 두 명의 도기(導騎)가, 이어서 '문하공조(门下功曹)'라는 제기(題記)를 새긴 초거, 그 뒤는 오백 두명에, 바로 뒤의 사유초거에는 '차승경거(此丞卿车)'라는 제기가 새겨져

---

16   『逸礼·王度记』. 转引自『事物纪原』卷二.

이미지로 읽는 고대문명

그림 31 산동 기남북채 화상석「초거」

그림 32 산동 기남북채 화상석「병거」

그림 33 산동 기남북채 화상석「부거」

제3장 돌에 새긴 서사시(石銘史詩)

있고, 다시 그 뒤는 2명의 기리와 초거 한 대, 맨 뒤는 1명의 판을 쥐고 몸을 굽혀 행렬을 송별하는 소리(小史)가 있다. 화면의 앞뒤 양단에 각기 마중 나온 이와 배웅하는 이가 있기 때문에, 이 출행도는 독립적이고 완정한 화상일 것이다.

후벽 2층의 거마출행도도 독립적이고 완정한 화상이다. 화면의 전후 양단은 각기 마중나온 이와 배웅하는 이이며, 출행행렬은 8명의 기리, 두 명의 오백 그리고 5대의 초거로 조성된다. 앞에서 뒤로 각 초거의 제기는 각기 '문하적조(门下贼曹)', '문하유격(门下游徼)', '문하공조(门下功曹)', '영거(令车)' 그리고 '주부거(主簿车)'인데, 그중 '영거'는 사유초거이다. 그림 34-1과 같다.

서벽 3층의 거마출행도도 마찬가지로 독립적인 이미지이다. 이미지 전체는 '조간이인(调间二人)'이라고 새긴 두 명의 오백, '차기리(此骑吏)'라는 제기가 있는 두 명의 기리, '차군거마(此君车马)'라는 제기가 있는 '사유초거', 기리 한 명, '주부거'와 '주기거(主记车)'라는 제기가 있는 두 양의 초거와 마지막의 '차정장(此亭長)'이라는 제기가 새겨진 배웅하는 소리로 조성된다.

삼각형 격량석(隔梁石) 동측 3층과 사당 서실(西室) 첨방(檐枋) 안쪽의 거마출행도 속에는 제기가 새겨져 있다. 그 중 주거(主车)의 제기는 각기 '군위시연시(君为市掾时)', '위독유시(为督邮时)', '군위낭중시(君为郎中时)'이며, 그 나머지 제기에는 '행정(行亭)', '이졸(二卒)', '오관연사(五官掾史)', '주부(主簿)' 등이 있다. 그림 34와 같다.

이미지로 읽는 고대문명

그림 34-1 전석실 후벽 횡액(橫額)

그림 34-2 전석실 전벽 승첨방(承檐枋)서단(西段)

그림 34-3 전석실 전벽 승첨방 동단

전석실(前石室)의 사당 후벽 서단에서 시작해, 감실(龕室)의 서측벽과 후벽을 거쳐, 완실(完室)의 동측벽까지 쭉 이어지면서 한 폭의 완정한 화면을 구성한다. 거마행렬의 전방에는, 방패를 들고 몸을 숙여 영접하는 정장(亭長)이 있다. 거마행렬은 두 명의 기리를 선도로, 그 뒤는 '적조거(賊曹車)', '문하유격'거, '문하공조'거, 두 명의 기리와 두 명의 편면(便面)을 든 오백, 다시 그 뒤는 '군거(君車)'라는 제기를 새긴 사유초거이고, 이어서 기리 세 명, '행정거(行亭車)' 한 대, 대거(大車) 그리고 '주부거' 각기 한 대이며, 맨 끝은 판을 쥐고 몸을 숙여 배웅하는 사람이다. 이 출행도의 위의 한 층에도 내용이 연관된 한 폭의 거마출행도가 배치되어 있다. 출행도는 완실 서측벽 아래 2층으로 세어지는 화면의 좌단에서 시작하여, 최전방은 도기 두 명, 그 뒤는 '도리거(導吏車)'이며, 다시 그 뒤는 부녀 전용의 병거이고, 가장 뒤는 기리 한 명과 대거 1대가 있다.

무씨사 전석실의 주인은 무영(武榮)이라고 고증되었는데, 무영비(武榮碑)의 기록에 의하면, 무영은 생전에 일찍이 잇달아 주서좌(州书佐), 군조사(郡曹史), 주부(主簿), 무관연(武官掾), 공조(功曹), 수종사(守从事), 독유(督邮), 낭중(郎中), 집금오승(执金吾承) 등의 관직을 맡았었고, 그중 주부, 독유, 무관연 그리고 낭중 등의 관직은 모두 상술한 거마출행도 중 주거의 제기에 보이며, 그래서 무씨사 전석실을 무영사당으로 정하는 것은 합당하다. 황역(黃易)은 『전석실석실발(前石室石室跋)』에서 이렇게 말했다. "방제군거, 차군거마, 위독유시, 군위도□시, 위시연시, 개지장자이언. 영승(令丞)·부(簿)·위(尉)·공조(工曹)·적조(贼曹)·주기(主記)·유격(遊擊)·정장(亭長)·연리(掾史)는 모두 묻힌 사람이 지낸 관직이다."

출행도 중 거마 옆에는 늘 묘주인이 승진한 경력을 새긴 제방(題榜)이 있다. 예를 들면 '낭중시거(郎中时车)', '공북릉령시거(供北陵令时车)', '장수교위시거(长水校尉时车)', '파군태수시거(巴郡太守时车)', '제음태수시거(济阴太守时车)', '제상시거(齐相时车)' 등이다. 그러나, 한화상석 중 거마출행도 속의 제도도 묘주의 신분과 같지 않은 것이 있으며, 결코 묘주의 신분지위의 진실한 반응이 아니다. 이런 참월한 행위는 아마도 죽은 이를 의식적으로 추어주는 존경 혹은 선계(仙界)에서의 영전(榮轉)에

이미지로 읽는 고대문명

대한 기원을 표현하였을 것이다. 그림 35는 사천 성도 양자산 1호묘 중
실에 있는 '거마출행도'이다.

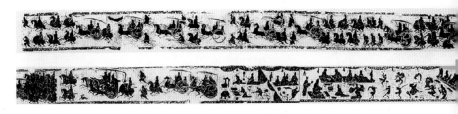

그림 35 사천 성도 양자산(揚子山) 1호묘 중실 거마출행도

어떤 거마출행도는 송장(送葬), 장례식 참가(會喪), 조상(弔喪) 등 묘
주인 장례의 장면을 새겼다. 한대 제후와 고급관리의 집에 상사(喪事)
가 있으면, 인근 주군(州郡)의 관원은 모두 와서 조문하고 상례에 참가
하였다. "거마를 타고 소복차림으로 와서, 멀리서부터 쳐다보고 울면서
슬퍼하며 통곡하였다(車馬素服臨之, 望哭哀慟)"[17] 한대 민간에도 조문하
는 습속이 있었는데, 일반백성과 종족(宗族)과 친구 등이 와서 조상했
다. 산동 기남 북채 한화상석묘 속에 각화한 조문도(弔問圖)에는 전실
남벽 횡액거마도 위에 초거와 공거 및 및 보내온 제사용 물건들이 새겨
져 있다. 동벽과 서벽의 횡액(橫額)에는 조문 때의 장면이 각화되어 있
는데, 전실 서벽 횡액 우측의 한 사의(司儀)는 손으로 죽간을 받쳐 들고
서 보내온 책서(冊書)를 낭독하고 있다. 중실(中實) 횡량(橫梁)의 삼벽(三
壁)에는 방대한 규모의 거마출행도가 새겨져 있다. 그림 36의 거마출
행은 두 대열로 나눌 수 있다. 북채 동단의 거기출행은 두 명의 전도보

---

17 『후한서(後漢書)·제준전(祭遵傳)』- 역자주.

졸(前驅步卒), 여섯 명의 기리에 초거 한 대, 병거 한 대 및 국거 한 대로 조성된다. 행렬이 한 쌍의 쌍궐(雙闕) 앞에서 정지하고, 궐 앞에서 두 명의 문리(門吏)가 영접한다. 제2조 거마는 북벽의 서반(西半) 부분에서 시작해서 서벽 횡량을 거치고 남벽 횡량 서단에 이르는데, 출행의 대열은 당(幢)을 들고 관악기를 부는 두 명의 선도(先導), 부거 한 대, 초거 9대, 기리 여섯 명과 오백 네명으로 조성된다. 거마출행의 목적지는 정원식 건축이다. 궐 앞에는 엎드려 머리를 조아리고 서서 머리를 조아리는 한 인물이 있다. 이 화상이 표현한 것은 조상제전(吊喪祭奠)의 장면이다.

그림 36-1 산동 기남 북채한묘 중실서벽 거마출행도

그림 36-2 기남북채 한묘 중실서벽 거마출행도

이미지로 읽는 고대문명

그림 37 강소 수녕현 박물관 소장 거마출행

　그림 37에서는 거마 전열(前列)의 한 사람이 몸을 굽혀 방패를 잡고 영접한다. 거마대오는 순서대로 기리, 무유초거(無帷軺车), 기리, 헌거(軒車), 기리, 마지막으로 또 말 한 필이 나타나는데, 그 대열이 화면이 보여주는 것에 그치지 않음을 의미한다. 거기대오 위쪽에 일곱 마리 기룡(夔龍)을 새겼고, 그 사이는 구름무늬이다. 기룡은 목을 교차하면서 장난치거나 기뻐하면서 도약하는데, 생동감이 넘친다.

　경작과 방직

　한화상석 중에 표현된 생산 노동 화면은 당시 사회의 생산력과 생산방식의 이해에 진실하고 믿을만한 이미지자료를 제공한다. 「우경도(牛耕圖)」와 「방직도(紡織圖)」는 꽤 대표성을 지닌다. 그림 38은 수녕(睢寧)쌍구(雙溝)의 「우경도」로서, 그 그림은 밭에서 노동하는 네 사람을 각화했다. 한 사람은 쟁기를 들고 밭을 갈고, 한 사람은 뒤에서 씨를 뿌리

제3장 돌에 새긴 서사시(石銘史詩)

고, 한 사람은 잡초를 제거하고, 한 사람은 밭으로 밥을 나른다. 화면 속에서 밭갈고 씨뿌리는 방법은 소 두 마리가 메는 방식의 '우리(耦犂)'로서, 동시에 이 「우경도」는 한대의 쟁기가 이원(犂轅), 이전(犂箭), 이상(犂床), 이소(犂梢), 이화(犂鏵)라는 다섯 부분으로 조성되어 있음도 분명히 보여준다.

그림 38 강소 수녕 쌍구진 출토 「우경도」

화상석의 「방직도」는 일반적으로 세 가지 주제를 표현한다. 하나는 현실생활 속의 방직 장면을 묘사하는데, 한대는 거의 집집마다 부녀가 모두 방직에 종사하여, 방직은 밭을 매고 씨를 뿌리는 것과 마찬가지로 주요 생산활동이었다. 둘은 역사 고사인데, 맹자(孟子)의 어머니가 북을 끊은 것과 증자의 어머니가 북을 던진 고사 같은 것으로서, 산동 무씨사의 「방직도」 아래 쪽에 이런 제기(題記)가 있다. "참소하는 말이 세 번

이미지로 읽는 고대문명

들리자 어진 어머니가 북을 던졌다(讒言三至, 慈母投杼)" 셋은 견우직녀의 신화고사로서, 산동 장청현(長淸県) 효당산(孝堂山) 사당의 방직화상은, 직녀가 직기에 앉아 있고, 위에는 별 셋이 이어져 있는데 직녀성좌(織女星座)이다. 「방직도」는 방직의 구체적 조작에 대한 역사서의 기록의 부족을 보충하여, 2천 년 전 세계에서 가장 선진적인 방직기 양식을 펼쳐보였다. 서주 홍루사당 화상석 방직도를 예로 삼아 한대 방직의 공정을 볼 수 있다. 그림 39가 보여준다.

그림 39 안휘 소현 민간 소장 「방직도」(부분)

동한 사상가 왕충(王充)은 "본 것이 없으면 형태로 나타낼 수 있는 것이 없다(如無所見, 則無所狀)"고 하였다. 화상석 중의 악무백희, 거마출행, 포주연음, 육박축국, 남경여직(南耕女織) 등등은 당시 생활모습을 진실하게 재현했다. 한화상석 중 생활장면에 대한 각화는, 역사서 속 기록의 주도면밀하지 못한 결함을 보충하여, 전적문헌(典籍文獻)의 중요한 보충이 되었다.

제3장 돌에 새긴 서사시(石銘史詩)

천상의 인간

한대의 이미지계통 중에는 곤륜의 신선들과 천제신(天帝神)들이 있는데, 복희·여화가 공동으로 하나의 이채(異彩)를 띠고, 온갖 기상(氣象)이 있으며, 헤아릴 수 없이 신비한 신화세계를 짜낸다. 선진 및 양한 시기의 신선관(神仙觀)에서, 엄격하게 말해 신과 선은 다른 것인데, 신은 상천(上天)이 부여한 신직(神職)이고, 선은 후천적 수련을 통해 이루어진 것이다. 그러나 일반생활 속에서, 사람들은 신과 선을 병칭하거나 범칭(泛稱)하는 일이 많고, 결코 특별히 구별하지 않는다. 최고의 신선으로서 곤륜에는 서왕모가 있고 천계에는 천제태일(天帝太一)이 있으며, 선조신으로는 여와와 복희가 있다.

곤륜산의 신선들

곤륜신화는 중국 고대의 가장 완전한 신화 체계이다.'상제의 지상(地上)의 수도(帝之下都)'인 곤륜산에는 구중(九重)의 천문(天門)이 있어서, 신선들이 모이는 산이다. 곤륜은 또 '천지의 배꼽으로서' 하늘과 땅을 이을 수 있으니 천상, 인간, 지하 세 세계는 이곳을 거쳐 서로 교통하고, 이곳에까지 오르거나 천문을 지나야만 비로소 불사(不死)와 불후(不朽)를 얻을 수 있다. 굴원(屈原)은 몽환 속에서 곤륜에 오르는 정경을 묘사했다. "청룡이 수레를 몰고 백룡이 곁말이 되어 나는 중화(重華)와 천제의 정원 요포(瑤圃)에서 놀리. 곤륜산에 올라 옥나무의 꽃을 맛보고, 천지와 함께 장수하며 일월과 빛나리." 곤륜은 신비한 산으로서, 사람들이 바라는 선계(仙界)이다.

이미지로 읽는 고대문명

그림 40 하남(河南) 정주(鄭州) 화상전 「곤륜과 서왕모」

　곤륜산에는 만물이 다 있고, 신기(神奇)로 충만하다. 그 속에는 불사수(不死樹), 불사약, 마셔도 죽지 않는 단수(丹水)가 있다. 산 속에는 하늘과 땅을 관통하는 세계수(世界樹)가 생장하고 있다. 예를 들어, 건목(建木), 부상(扶桑), 대목(大木), 심목(尋木), 주수(珠樹), 부목(扶木), 청목(靑木), 약목(若木) 등이다. "건목의 아래는 해가 일중하면 그림자가 없고 소리를 치면 메아리가 없는데 아마 천지의 중심이기 때문일 것이다.(建木之下, 日中無影, 呼而無響, 蓋天地之中也.)"[18] 신비한 서왕모는 산속에 거주하는데, 곤륜산의 주신이다. 그림 40속의 '곤륜과 서왕모'는 매우 대표성이 있다. 화면 속의 곤륜산은 첩첩이 겹쳐 있는데, 서왕모는 머리에 '승(勝)'을 쓰고서 산정(山頂)에 앉아 있고, 좌우에는 파랑새와 옥토끼가 약을 찧으며, 산하(山下)에는 구미호가 있다. 그림 40이 보여준다.

　'해내(海內)의 곤륜허(昆侖墟)가 서북쪽에 있는데,……아홉 개의 문이

18　『呂氏春秋·有始覽第一』- 역자주.

있고 문에는 개명수(開明獸)가 지키고 있다(海內昆侖之墟, 在西北……面有
九門, 門有開明獸守之)', 고서 속에 곤륜산의 모양이 엎어진 대야나 느타
리버섯과 같고, 천계(天界)와 접해 있으며, 구중천문이 있다고 기록되
어 있다. 『초사(楚辭)·이소(離騷)』에는 "내가 천문을 지키는 천제에게 문
을 열라고 명하니, 천문에 기댄 채로 바라 보기만 합니다(吾令帝閽開關
兮, 依閶闔而望予)"라고 하였다. 왕일(王逸)의 주에서는 "帝는 天帝를 말
한다. 閽은 문을 주관하는 자이다. 閶闔은 天門이다."라고하였다. 문이
있으니 문의 열림과 들어감이라는 상관된 의의가 있다. 화상석 속에는
많은 「계문도(啓門圖)」가 있는데, 이미지의 구성은 대부분 반쯤 닫힌 문
짝 속에서 시자(侍者)가 문을 열고 손님을 맞는 것이다. 그림 41이 보여
주는 바는, 문짝은 반쯤 닫혔고, 두 문 사이에 한 선녀가 기대어 서 있
는데, 선녀의 머리는 빗어 올려 쪽을 둘 지었고, 어깨에는 두 날개가 있
고, 정강이에는 갑옷(혹은 비늘조각)을 차고 있고, 마중 나가는 모습을 만
들었다. 일반적으로 계문(啓門) 화상 속에서 여는 것은 선계(仙界)로 통
하는 문짝인데, 문을 여는 자는 산자와 죽은 자 사이의 메신저이고, 또
묘주인이 선계로 걸어들어 가도록 길을 이끈다.

그림 41 사천 노산현(蘆山縣) 왕휘석관(王暉石棺) 「계문도」

이미지로 읽는 고대문명

그림 42 사천 형경현(滎經縣) 화상석관(畫像石棺) 「계문도」

그림 42 화면은 두공(斗拱)을 갖춘 한 세트의 건축으로서, 중앙의 한 사람은 막 반쯤 문을 열고 손님을 맞고 있다. 문의 좌우 양단에는 한 쌍의 주작(朱雀)을 새겨 수호(守護)로 삼고, 우측 실내에서는 '서왕모'가 승(勝)을 쓰고 궤(几)에 기대어 단정히 앉은 것을 새겼다. 좌측 실내에서는 남녀 두 사람이 막 이별의 말을 나누고 있다. 화면의 주제는 매우 명확하다. 즉 쌍궐(雙闕)을 거쳐 천국에 들어가고, '천문'에 들어가 하늘에 올라 신선이 되며, 천국 안은 '서왕모'의 신선세계가 된다.[19] 화면 좌단의 두 사람은 이별의 말을 나누고 있는데, 과거에는 모두 '접문도(接吻圖)'라고 해석했으나, 인물동작의 형태와 결합이미지의 의의로 보아, 부부 두 사람의 생이별 전의 고별로 해석하는 것이 더욱 타당하다.

'천문'은 사람들의 환상 속 존재로서, 한화상석은 구체적 형상을 가진 이미지를 이용해 허황된 것에 집착하는 신화신앙을 표현했다. 반쯤 열린 문짝은 하나의 기호로서, 생과 사라는 두 개의 서로 다른 시공을

---

19 中国画像石全集编辑委员会: 『中国画像石全集』(七), 河南, 山东美术出版社, 2000年, 图111-114.

상징하는데, 한대인은 바로 이런 시공 상상(想像)을 운용해 생명의 연속성을 해독(解讀)했다.

곤륜산 위의 신선들은 본래 구체적인 이름을 가지고 있는데, 『산해경도』가 사라져서 이들 신들의 신분은 천고의 미스터리가 되었다. 주신(主神)과 약간의 중요한 신들은 반복적으로 사람들에게 언급되고 또 오랫동안 숭배되었기 때문에 기억되고 각화되었다.

곤륜산의 문신(門神)—개명수(開明獸). 개명수는 몸은 호랑이를 닮았고, 머리는 아홉 개인데, 아홉 개 모두가 인면(人面)이며, 동쪽으로 곤륜산 위에 서서, 곤륜을 부릅뜨고 노려보며 백령(百靈)을 위협한다. 개명수가 머리 아홉을 가진 까닭은 곤륜에 총 아홉 개의 문이 있기 때문이다. 동시에 '아홉 개의 머리'는 장생불사의 우의(寓意)도 있다. 한대인은 머리가 생명을 상징하고, 머리의 수가 생명력의 왕성한 정도를 대표한다고 여겼다. 구두수(九頭獸)를 묘실(墓室), 사당(祠堂), 석궐(石闕)에 새긴 것은 묘주(墓主) 혹은 사주(祠主)가 곤륜산으로 신선이 되어 올라가기를 기원한다는 뜻이다.

곤륜의 주신은 서왕모이다. 서왕모의 고사는 부단히 변화발전하였다. 한대에 서왕모는 이미 생사를 관장하는 무소불능의 대신(大神)이 되었고, 또 불교 전입 이전 중국의 주신이기도 했다. 서왕모의 모습에 관해 『산해경(山海經)』에서는 '그 모습은 사람같고, 표범의 꼬리에 호랑이의 이빨을 하고 있고, 휘파람을 잘 분다(其狀如人, 豹尾虎齒, 而善嘯)'라고 하였다. 『사기(史記)』에서는 '머리카락이 하얗고(皓然白首)', '머리에 승을 쓰고 동굴에 산다(戴勝穴居)'라고 하였다. 전설에서 서왕모는 곤륜 정상에 있는 천국에 사는데, 머리에는 '승' 장식을 쓰고, 궤(几)에 기대어 앉아 있으며, 주위에는 늘 옥토끼와 구미호가 함께하고 있고, 파랑새 세 마리가 서왕모를 위해 먹을 것을 가져온다. 서왕모는 장수의 상징으로 간주되고, 또 장생불사약을 가졌다. '예(羿)가 서왕모에게 불사약을 청하자, 항아가 훔쳐서 달로 도망쳤다'. 항아가 달로 도망간 고사가 사람들의 마음에 깊이 들어가 서왕모의 불사약은 많은 사람들이 집착하는 생각이 되었다. 권세와 재력을 가진 약간의 사람들은 끊임없이 불사약을 찾아나섰는데, 진시황(秦始皇)과 한무제(漢武帝)가 그중 두 사람이다.

한화상석 속의 서왕모는 머리에 승 장식을 쓰고, 궤에 기대어 앉아 있으며, 화개(華蓋)를 가지고 있다. 화개는 왕자(王者)의 신분의 상징이고, 또 옛 사람들이 하늘에 오를 때 사용하던 선물(仙物)이다. 서왕모의 머리에 쓴 '승'은 특수한 왕관으로서, 한화상석 속에서는 서왕모만이 승을 쓰고 있다. 아마도 이미지 속에서 승을 쓴 사람은 틀림없이 서왕모라고 확정할 수 있을 것이다. 그림 43이 보여준다.

그렇다면 '승'은 무엇인가? 어떤 사람은 '승'이 방직기의 구성품인 '직잉(織勝)'이라고, 직기의 권경축(卷經軸)이라고 여긴다. 또 어떤 사람은 '베를 짜는 새(織袵之鳥)'가 승을 쓴 것에서 기원한다고 여기는데, 승을 쓴 새는 매년 천상에서 인간세계로 강림하여, 양잠의 계절이 도래했음을 선포한다. 그러나, '승'이 방직기에서 기원했건 아니면 승을 머리에 쓴 새에서 기원했건 간에, 같은 점은 모두가 방직과 관계 있다는 것이다. 방직은 여성과 유관한 노동이다. 이는 또 서왕모가 산해경 속 호랑이 이빨에 범꼬리를 가진 성별이 없는 신으로부터 점차 후래의 여성 신으로 변화해간 원류(源流) 혹은 복선(伏線)이다. 『한무내전(漢武內傳)』에서 서왕모의 형상은 "무늬가 선명하고, 빛나는 자태는 아름답고 위엄이 있으며,……머리에는 태화(太華)상투를 틀었고, 태진신영(太眞晨嬰)의 관을 썼으며,……나이는 30세쯤 되었고, 키는 적당하였으며, 타고난

자태가 온화하고 얼굴이 빼어나게 아름다웠다(文采鮮明, 光儀淑穆, ……頭上太華結, 戴太眞晨嬰之冠……視之可年三十許, 修短得中, 天姿掩藹, 容顔絶世)", 비록 『한무내전』은 반고(班固)의 이름에 의탁하여 지어졌지만, 묘사는 당연히 당시 사람들의 마음속 서왕모의 형상에 부합할 것이다. 동한시기에, 음양오행사상의 영향하에 사람들은 또 서왕모에게 '동왕공(東王公)'을 짝지어 주었다.

그림 43 산동 등주(藤州) 상촌진(桑村鎭) 대곽촌(大郭村) 일호사당(一號祠堂)「서왕모」

이미지로 읽는 고대문명

『사기』는 또 주목왕(周穆王)이 서왕모와 회견한 것을 기록했다. 화상석에서 주목왕이 서왕모를 만난 것은 그림 44가 보여준다. 이미지 속에서 서왕모는 화면의 좌측에 위치하고, 머리에 승 장식을 쓰고서 단정히 현포(懸圃) 위에 앉아 있으며, 피어오르는 상서로운 구름 속에서 옥토끼가 약을 찧고, 파랑새 등의 시자가 있다. 화면의 우측에는 초거(軺車)가 한 량(輛) 새겨져 있는데, 용 한 마리와 봉(鳳) 네 마리가 끌어, 서왕모를 향해 달려 간다. 수레 속의 남자는 몸에 홍의(紅衣)를 입고 있고, 머리에는 통천관(通天冠)을 쓰고 있으며, 수레꾼은 장관(長冠)을 쓰고, 두 손에 고삐를 잡고 수레를 몬다. 수레 뒤에는 또 한 사람의 우인(羽人)이 사슴을 타고 뒤따른다. 상란(上欄) 화면의 좌우 양단에, 대칭적으로 일륜(日輪)과 월륜(月輪)을 새겼는데, '일동월서(日東月西)'는 진행의 방향을 상징하며, 이 방향은 『목천자전(穆天子傳)』 속의 "서쪽으로 곤륜산으로 가서 서왕모를 만나다(西征昆侖丘, 見西王母)"와 일치한다. 주목왕이 서왕모를 만난 것은 허구의 전설일 뿐이지만, 화상석의 이미지세계에서, 이미지의 작자는 풍부한 상상력에 기대어, 이 아름다운 고사를 가시적인 화면 속에 구상했고, 이처럼 진지하고 디테일하게 마치 무에서 유를 만들 듯이 그럭저럭 감동적인 성의를 전달한다.

서왕모 주변의 근시(近侍)로는 옥토끼, 두꺼비, 파랑새, 구미호, 우인(羽人) 등이 있는데, 이들 신이(神異)한 동물은 모두 서왕모의 신성에 맞추기 위해 설치한 것으로서, 이미지 중 서왕모 세계의 필수 이미지이다. 약을 찧는 토끼는 서왕모 이미지의 중요 표지로서, 전설 속에서 서왕모는 불사약이 있고, 불사약은 옥토끼가 가공하여 완성한다. 두꺼비는 겨울이 오면 잠을 자고 봄이 오면 깨어나는데, 사람들에게 불사의 전범(典範)을 펼쳐보였다. 곤륜산은 세상과 단절되어 있어 파랑새만이 그 사이를 오가며 서왕모에게 먹을 것을 가져다 주는데, 이 때문에 파랑새는 근면의 상징이 되었다. 예를 들어, 이상은(李商隱)의 명구(名句) "봉래산 여기서 멀지 않으려니, 파랑새야 나를 위해 친절히 살펴다오(蓬山此去多無路, 靑鳥殷勤爲探看)"의 출전이 여기이다. 구미호는 '호사수구(狐死首丘)' 때문에 죽은 이가 그 근본을 잊지 않음, 또 구족(九族)을 보살핌과 후세 자손 창성의 바람을 표현했다고 여겨진다.

그림 44 섬서 유림(楡林) 신목대보당(神木大保當)M16 문미(門楣) 화상 「주목왕견서왕모」

곤륜산의 수호신은 용성(容成)이다 용성은 역법을 발명했고, 방중술에 뛰어나다고 전해지는데, 주목왕이 서정하여 서왕모를 배견(拜見)했을 때 이미 그를 본 적이 있다. 곤륜의 여러 신들 중 인수조신(人首鳥身),

이미지로 읽는 고대문명

인수사신(人首蛇身), 견수인신(犬首人身), 우수인신(牛首人身), 마수인신(馬手人身), 쌍두수신(雙頭獸身) 등의 모양이 있다. 여기서 간략하게 몇 개의 화상석 속에 나타난 상신(上神)을 소개한다.

화상석 속의 인수조신자는 '구망(勾芒)'인데, '왕자교(王子喬)', '천추조(千秋鳥)', '영창(靈鶬)' 등으로 부르는 여러 가지 견해가 있고, 늘 서왕모의 주변에 나타난다. 구망은 춘신(春神)으로서, 삶을 주관하고, 서왕모의 '불사(不死)'의 신성(神性)과 일치한다. 우수인신자는 나긍(羅緪)이라고 불리는데, 염제·신농 그리고 치우도 모두 우수인신이라고 하는 설이 있다. 인수사신자는 창세계신화 속의 복희 여와로서, 둘은 곤륜신화 속의 알유(窫窳), 연유(延維) 혹은 위사(委蛇)이다. 한화상석 속의 복희 여와는 일반적으로 모두 합체교미상을 하고 있고, 곤륜신화 속의 인수사신은 모두 독립적으로 출현한다. 알유는 일찍이 피살되었으나 불사약을 먹은후 부활했는데, 용수인신의 신인도 알유였다고 한다. 견수인신의 것은 견봉(犬封)이라고 불렀는데, 반고 역시 견두인신이었다고 한다. 서왕모 주위의 마수인신의 신인은 '잠마신(蠶馬神)'이라고 한다.

천제 뭇신

한화상석 속에 표현된 천의 위치에는 모두 천제태일(天帝太一), 뇌공(雷公), 우사(雨師), 풍백(風伯), 하백(河伯) 등 내용이 출현한다. 태일신은 동황태일(東皇太一)에서 기원하고, 춘추시대 초나라가 신봉하던 주신으로서, 한이 초풍(楚風)을 이어받아 태일을 받들었다. 무제시기에 천제태일은 당시의 최고 천신이 되어 성대한 제사를 받았다.

한대 시각 이미지에서 북두거(北斗車)는 천제태일의 신분을 식별하는 표시물이다. 그림45가 보여주는 '두위제거도(斗爲帝車圖)'가 각화한 것은 북두칠성이다. 앞의 네 별은 수레가 되고, 뒤의 세 별은 수레의 끌 채가 되며, 수레바퀴는 없다. 두거(斗車) 아래에는 용두상운(龍頭祥雲)이 있는데, 구름에 올라서 노래하고 춤추면서 가는 것을 의미하며, 천제태 일신이 두거 내에 앉아 고두(叩拜)를 받는다. 그림 46과 같다.

그림 45 산동 가상 무씨사 후석실 제4석 「두위제거도」

그림 46 산동 가상 무씨사 화상 「태일신」(진지농(陳志農) 묘사도)

한대 천신은 수가 많아서 천신태일 외에 16종이 또 있다. 뇌공, 우 사, 전모(電母), 풍백, 화신(火神), 수신(水神), 한신(旱神), 병신(兵神) 등을 포괄하며, 이들 천계의 신들은 한화상석 속에 늘 표현되는 제재내용이

이미지로 읽는 고대문명

그림 47 섬서 유림 화상석「천신출행도」

다. 한화상석 속에는「천신출행도(天神出行圖)」라는 긴 두루마리가 있는
데, 화면 속에는 학거(鶴車), 토거(兎車), 호거(虎車), 어거(魚車), 녹거(鹿
車), 용거(龍車), 마거(馬車) 등 아홉 량의 신선이 탄 수레가 있고, 또 학
을 몰고, 용을 타고, 호랑이를 탄 25명의 신선이 탄 호위수레(護車)가 있
어서 많은 천신이 출행할 때의 성대한 장면을 표현하는데, 그림 47이
보여준다.

　이어서 화상석 속의 여러 천신을 보도록 하자. 뇌공은 풍륭(豊隆)이
라고도 하는데, 형상은 인형(人形), 호면(虎面), 용수(龍首) 등 몇 가지가
있다. 일반적으로 뇌공의 출행에는 풍백, 우사가 수행하고, 또 용거의
형상이 많다. 옛사람들은 천둥을 하늘의 북(天鼓)이라고 여겼고, 뇌고
(雷鼓)는 뇌신(雷神)의 특정한 기호가 된다. 민간 전설 속에서 천고는 신
구(神龜)가 등에 지고, 오구(烏龜)도 뇌신의 수행원 중 하나이다. 중원(中
原)지역은 지금도 여전히 이런 민가(民歌)가 있다. '바람이 온다, 비가 온
다, 오구가 북을 지고 온다.'[20] 화상석 속 거북이가 북을 지고 있는 형상
과 민요는 완전히 일치한다. 남양(南陽) 한화관(漢畵館)에 진열된 한 폭
의 뇌공출행도(雷公出行圖)는 화면 속에 세 마리 익호(翼虎)가 끄는 뇌거

20　牛天伟, 金爱秀: 『汉画神灵图像考述』, 开封: 河南大学出版社, 2009年, 95쪽.

그림 48 하남 남양 한화관 소장 「뇌공출행도」

(雷車)가 새겨져 있고, 수레 위에는 건고(建鼓)를 세웠고, 우보(羽葆)[21]가 휘날리고, 수레 위에는 우인(羽人)이 두 명 있고, 수레바퀴는 구름무늬 (雲氣紋)로 로 표현되니, 뇌공이 구름 속에서 출유(出遊)하는 정경을 표현한다. 그림 48이 보여준다.

우사는 호칭이 많아서, 평(萍), 평예(萍翳), 병예(屛翳), 현명(玄冥), 적송자(赤松子), 상양(商羊), 필성(畢星) 등이 있다. 그중 신조(神鳥)인 상양이 우신(雨神)인 것에 관한 묘사가 더욱 흥취가 있다. "상양은 비를 아는 물건이다. 하늘에서 비가 오면 그 한쪽 발을 굽혀 춤을 춘다.", "우사는 상양이다. 상양은 신조이고, 발이 하나이며, 커질 수도 있고 작아질 수도 있으며, 빨아들이면 바다를 말릴 수 있으며, 우사의 신이다." 우사가 때로는 조형신(鳥形神)임을 알 수 있다.

풍신(風神)은 풍백(風伯), 비렴(飛廉)이라고도 하는데, 조형(鳥形)이라

---

21   새의 깃으로 장식한 의장용 수레의 華蓋- 역자주.

이미지로 읽는 고대문명

고도 하고, "사슴의 몸에, 머리는 참새와 같고, 뿔이 있으며, 뱀의 꼬리에 표범무늬가 있다."라고도 하며, "장모(長毛)에 날개가 있다."라고도 한다. 한화상석 속에서는 선진시기 풍신의 갖가지 특성을 융합해, '기성고설(箕星鼓舌)'과 '풍백발옥(風伯發玉)' 두 종류의 예술형상을 만들어 냈다. 그림 49는 뇌공이 수레를 타고 북을 두드리는데, 수레는 세 마리 날개 달린 호랑이가 끌고, 날개 달린 호랑이 앞에는 꿇어앉아 기(氣)를 불어내는 풍백이 있다.

그림 49
강소 동산홍루사당(銅山洪樓祠堂)「풍백개도도(風伯開道圖)」(부분)

하백은 수신(水神)으로서, 인면(人面) 혹은 인면어신(人面魚神)이다. 한대 하백도(河伯圖)는 모두 어거(魚車)를 이미지기호로 삼았다. 그림 50은 서주 한화상석예술관에 수장하고 있는 한폭의 「하백출행도(河伯出行圖)」이다. 대어(大魚) 세 마리가 수레 하나를 끄는데, 수레 위에 두 사람이 앉아 있다. 앞은 수레몰이꾼이고, 뒤는 하백이다. 수레 위의 화개는 두 마리 생선이 조성하며, 어거 아래 한 마리 거룡(巨龍)은 어거를 천공으로 끌고들어가 헤엄친다. 화상 속의 용과 물고기는 모두 상징성 기호이고, 하백이 '연잎 덮개를 한 수거를 타고 두 마리 용이 수레를 모는'하는 신성(神性)을 표시한다. 그림 51은 무씨사의 「하백출행도」 혹은

제3장 돌에 새긴 서사시(石銘史詩)

「해신출전도(海神出戰圖)」라고 하는데, 거기서 하백은 세 마리 어운거(魚雲車)를 탄다. 그 수종(隨從)에는 물고기를 탄 신인(神人), 두꺼비, 자라 등이 있고, 하백이 출행할 때 사자(使者)가 호위하는 장관을 반영했다. 한화상석 속에 뇌공, 우사, 하백의 이미지를 새긴 것은 제사(祭祀)로써 비를 구하기 위함이다.

그림 50
강소 소주 한화상석 예술관 소장 서곽
묘 화상 「하백출행도」(부분)

그림 51 산동 가상 무씨사 좌우실 옥정 후파 「하백출행도」

이미지로 읽는 고대문명

복희 여와

천계의 주신은 천제태일이고, 선계의 주신은 서왕모이며, 인계의 주신은 복희·여와이다. 복희·여와는 본래 원고시대의 제왕이다. "삼황(三皇)이란 무엇인가, 복희·여와·신농(神農)이다."[22] 복희의 출현은 여와보다 늦은데, 그들은 한쌍으로 맺어져 함께 중화민족의 시조·시조신이라고 존칭된다. 여와는 일찍이 흙을 빚어 사람을 만들었는데, 후래에 "사극(四極)이 무너지고, 구주(九州)가 찢어져, 다시는 하늘이 다 덮지 못하고 땅이 다 싣지 못하며, 불길이 꺼지지 않고 물은 범람하면서 멈추지 않았다. 맹수가 사람을 잡아먹고 맹금(猛禽)이 노인과 어린이를 잡아간" 원고시대에 "오색돌을 데워 하늘을 막았다." 한대인은 복희·여와에 제사 지내고, 그들이 초능력을 가진, 인류의 시조라고 여겼다. 여와는 일찍이 흙을 구워 사람을 만들었고, 한대인은 여와를 후대를 번성케 한 생육의 신이라고 간주했다.

한화상석 속 복희·여와의 이미지 특징은 인수사신(人首蛇身)인데, 손에 해와 달을 받치고 있거나 손으로 규구(規矩)를 들고 있다. 이미지의 전파 속에서, 인수사신은 복희·여와의 상징기호이다. 화상 속의 복희·여와의 조형변화는 다단하여, 그들 신성의 여러 방면을 부각시킨다. 예를 들면, 복희·여와가 손에 규구를 들고 나타나는데, 규와 구는 창조성을 나타내는 두 공구로서, '천지를 본받아(象天法地)', 만물을 만들어내는 개창성 신직(神職)을 상징하고 있다. 예를 들면 복희·여와에는 각기 해와 달이 나타나는데, 그들이 일신과 월신임을 표시하며, 그들이 '음양을 함께 다스리는(陰陽共理)'의 신직임을 상징하고 부각시킨다. 예

---

22 陈立：『白虎通疏证』, 北京: 中华书局, 2007年, 49쪽.

를 들어 이미지가 복희·여와가 교미하고 키스하는 동작을 부각시키는 것은, 그 생식과 번식의 지향을 표시하고, 그 '조인(造人)'의 신직을 드러내 보여 준다. 복희·여와는 손에 도고(鼗鼓)와 배소(排簫)를 쥔 것은 그 '악신(樂神)'의 직능을 드러내 보여 주는데, 여와는 소(簫)와 생황(笙簧)을 발명했고, 복희는 고(鼓)와 금슬(琴瑟)을 발명했다고 한다. 그림 52, 그림 53, 그림 54와 같다.

복희·여와의 각종 화상 속에는 인수사신이 교미(交尾)하거나, 손에 규구를 들거나 혹은 일월을 받들고 있는 형상이 가장 많이 보인다. 사신이 감싸고 있는 것은 두 방면의 상징적 의의가 있는데, 하나는 성의 숭배로서, 성적 격정과 번식의 상징으로서, 그 창시신으로서의 형상을 표명했고, '꼬리에 암수가 있어, 늘 헤어지지 않는다(尾有雌雄, 常不離散)'(『공양전(公羊傳)』), '자손이 불어나게 되는데, 꼬리는, 후손이 번창해야 한다는 것을 나타낸다(子孫繁衍, 于尾, 明當後盛也.'(『백호통의(白虎通義)』) 서주 한화상석 속 복희·여와 교미도는 뚜렷한 남성 생식기를 각화하였는데, 그림 52-2가 보여준다. 사천 단현(鄲縣) 석관의 복희여와는 위에서는 껴안고 키스하고 아래에서는 두 꼬리가 바짝 서로 휘감고 있는 것을 새겼는데, 그림 53-1이 보여준다. 사천벽산일호석관(四川璧山一號石棺) 위의 복희여와교미도가 표현한 것은 두 마리 뱀이 남녀의 생식기 속에 삽입된 것으로, 그림 53-2가 보여준다. 둘은 신성의 상징으로서, 원고시대 전설 속의 '신', '신인' 혹은 '영웅'은 대체로 '인면사신'이다. 예를 들면, 황제(黃帝), 촉룡(燭龍), 공공(共工) 등이다. 『산해경』 속 여러 곳에서는 뱀의 형상과 신인을 함께 연결하였다. 복희여와의 신성적 특징을 표현하기 위해, 그 신체는 모두 인수사신이다. 복희여와 교미의 화상은 짝을 이루는 신으로서의 양자의 관계를 표명할 뿐 아니라, 동시에 생식에

이미지로 읽는 고대문명

그림 53-1

그림 53-2

그림 52-1   그림 52-2

그림 52
강소 서주 한화상석 속의 사신교미의 복희·여와

그림 53
사천 비현석관, 벽산석관 해와 달을 쥐
고 있는 「복희여와」

그림 54   산동 가상 무량사 규구를 쥐고 있는 「복희·여와」

그림 55 고매도 강소 서수 한화상석

대한 사람들의 바람도 표현했다. 그림 52-1은 서주 수녕(睢寧) 쌍구진(雙溝鎭)에서 발견된 복희여와교미도로서, 두 사람의 몸 옆에 또 두 개의 인수사신의 소인(小人)을 새겨, 그것이 번식해낸 후대를 표시했다.

한화상석 속에는 거인이 복희여와를 안고 있는 기괴한 이미지도 있다. 때로는 화상 좌우의 위쪽에 또 한 마리 봉조를 각화하는데, 그림 55가 보여주는 바이다. 이 '거인'은 곧 '고매신'이라고 한다는데, '고매신'은 성년 여성으로서, 잉육의 모습을 가지고 있고, 혼인과 생육을 관리하는 신이다. 일찍이 선진시기에, 중원 각국에는 이미 고매신에 제사 지내는 습속이 있었다. 고대에 고매의 제사를 행한 시간은 '중춘지월(仲春之月)', 즉 현조(제비)가 도래하는 때였고, 그래서 '고매'이미지 위에는 자주 봉조가 새겨졌다. 한화상석 속 고매형상은 늘 복희여와와 삼위일체인 도식으로 출현했으며, 결코 다독으로 출현하지 않았다. 고매신 형상의 이와 같은 구조 및 출현도 당시 사람들의 우주관을 반영했다.

이미지로 읽는 고대문명

은하수에 천 개의 돛

세속의 온갖 모습을 한 인간세계와 기이하고 환상적이며 아름다운 신계(神界) 사이에 있는 것은 시간과 서응(瑞應) 뿐이다. 시간은 그것들을 꿰뚫어, 푸른 바다를 뽕밭으로 뒤집는다. 서응은 그것들과 이어져, 천상(天象)에 기대어 상서롭게 변환한다. 서응은 부서(符瑞), 상서(祥瑞)라고도 불린다. 중국에는 일찍부터 서응사상이 있어서, "하늘이 현조(玄鳥)에게 명하니, 내려와서 상(商)을 낳았다." 당시의 사람들은 하늘이 현조를 파견하여 상조(商朝)를 만들었다고 믿었는데, 현조는 바로 상천(上天)과 인간세계를 잇는 상서로운 매개이다. "하늘이 신물(神物)을 낳고 성인(聖人)이 그것을 본받는다. 천지가 변화하고, 성인이 그것을 본받는다. 하늘이 상(象)을 내리고, 길흉(吉凶)을 보이며, 성인이 그것을 본받는다. 하수(河水)에서 도(圖)가 나오고, 낙수(洛水)에서 서(書)가 나오니, 성인이 그것을 본받는다." 이것은 『역전(易傳)·계사상(繫辭上)』의 말이다. 한대에 이르러, 사람들은 '천인감응'을 독실히 믿었고, 한 후기에는 '참위학(讖緯學)', '오덕종시설(五德終始說)'이 유행하였으며, 나아가 서응을 황권(皇權) 교체, 국가흥망의 징조라고 보았다. 사람들은 신비한 자연만물을 숭배하고 경외하며, 숭경(崇敬)의 마음으로 신의 비호를 얻고자 했다. 사람들은 동시에 또 일체가 시간의 강물 속에 있고, 일체의 왕래교집(往來交集), 생사애한(生死愛恨)이 암암리에 일찌감치 정해져 있고, 천상(天象)과 신물(神物)은 그저 정해진 진행과정을 불확실성에서 꺼내 분명히 보여줄 뿐이라고 믿는다.

상서로운 동물과 풀

한대에는 관방(官方)에서 반포한 『상서도(祥瑞圖)』가 있었는데, 부서현상은 반드시 '도서(圖書)에 부합했다.' 후에 『상서도』의 내용은 남겨졌으나 이미지부분은 유실되었는데, 한화상석은 이 잃어버린 진귀한 이미지들을 부분적으로 보존했다. 예를 들면, 봉(鳳), 용, 현무(玄武), 백호(白虎), 연리목(連理木), 가화(嘉禾), 비견수(比肩獸), 비익조(比翼鳥) 등이다. 관방이 인가한 상서도 외에 민간에 전파된 해음상서도(諧音祥瑞圖)도 있었다. 예를 들면, 양(羊)을 상(祥)으로, 록(鹿)을 록(祿)으로, 작(雀)을 작(爵)으로, 후(猴)를 후(侯)로, 계(桂)를 귀(貴)로 하는 등, 길상(吉祥)·복록(福祿)·후작(侯爵) 등에 대한 바람이 모두 비슷한 음을 가진(諧音) 이미지로 표현되었다. 그림 56, 그림 57, 그림 58, 그림 59, 그림 60과 같다.

복원된 무씨사를 통해 볼 수 있는 서상(瑞祥)이미지는 23종이 있다. 각기 명협(蓂莢), 황룡(黃龍), 기린(麒麟), 신정(神鼎), 낭정(狼井), 옥영(玉英), 육족수(六足獸), 백호(白虎), 은옹(銀甕), 비목어(比目魚), 백어(白魚), 비견수(比肩獸), 비익조(比翼鳥), 현규(玄圭), 벽류리(璧琉璃), 목연리(木連理), 적웅(赤熊), 옥마(玉馬), 금승(金勝), 택마(澤馬), 백마(白馬), 거수(渠搜), 백록(白鹿) 등이다.[23] 무씨사 서상도(瑞祥圖)는 이미지와 방제(榜題)의 두 부분으로 조성되었으며, 방제는 이미지를 잃어버린 채 전해져 내려온 『송서(宋書)·부서지(符瑞志)』와 기본적으로 일치한다.

신정은 세 발(三足)이 솥의 귀를 꿰뚫고 있는데, "길흉을 알고, 무게를 잴 수 있다. 불때지 않아도 끓어오르고, 오미(五味)가 스스로 생겨난다. 왕자(王者)의 성덕(聖德)이 나온다."

---

23   蔣英炬, 吳文祺: 『武氏墓群石刻研究』, 济南: 山东美术出版社, 1995年.

이미지로 읽는 고대문명

그림 56 산동 가상 무량사 상서제일석 '신정', '기린', '황룡'(『금석록』목판보각)

그림 57 산동 가상 무량사 상서제이석 '비목어', '비견수', '비익조'

그림 58 절강 해녕 한화상석묘 '봉황', '첩포', '기린', '용'

그림 59 강소 수녕 구녀돈 화상석의 '기린', '영지', '우인', '구화등', '첩포'

기린은 "인(仁)한 짐승이다. 수컷을 기(麒)라고 하고, 암컷을 린(麟)이라고 한다. 태(胎)를 가르거나 알을 자르지 않아도 온다. 사슴의 몸에 소의 꼬리, 늑대의 정수리에 뿔이 하나인데, 황색이며 말의 발이 있다. 인(仁)을 품으면서 의(義)를 신고, 음(音)은 종려(鐘呂)에, 걸음은 규구(規矩)에 맞고, 살아 있는 벌레를 밟지 않고, 살아 있는 풀을 꺾지 않으며, 불의한 것은 먹지 않고, 구덩이에 고인 물을 마시지 않고, 함정에 들어가지 않고, 그물에 들어가지 않는다. 명왕(明王)의 동정(動靜)에 의(儀)가 있으면 나타난다."

명협은 "섬돌 사이에서 자라나는데, 하루에 잎 하나가 생기고, 초하루에 태어나 보름에 그치며, 16일이 되면 하루에 잎 하나가 떨어지는데, 만약 달이 작으면 잎 하나가 시들기만 하고 떨어지지 않으며, 요임금 때에 섬돌에서 태어났다."

비목어는 배가 넓고 머리가 둘인 괴상한 물고기로서, "왕자(王者)의 덕이, 감추어진 깊은 곳까지 미치면 나타난다." 즉 최고 통치자가 영명하고 예지가 있어 일체를 통찰하면 비목어가 나타날 것이다.

연리목은 윗부분이 하나로 묶인 수목이다. "왕자의 덕이 순정하여 화목하여 팔방이 일가가 되면 연리가 생겨난다." 즉 최고통치자의 도덕이 고상하고 순수하며, 천하가 한 집안처럼 화목해야 연리목이 나타날 수 있다.

삽포는 "의선(倚扇)이라고도 한다. 모습은 쑥같고, 가지는 크고 잎은 작고, 뿌리는 실과 같고, 바람으로 변하며, 파리를 죽인다." 길상을 상징하여 "효도가 지극하면 삽포가 포주(庖廚)를 낳는다"고도 한다.

해치(獬豸)는 신양(神羊)이다. 양은 역대로 길상(吉祥)의 상징으로서 삿된 것을 내쫓고 신선이 되는 작용을 가지고 있다고 여겨져 왔다. 또

이미지로 읽는 고대문명

공평과 정의를 대표하고, 곡직(曲直)을 구별할 수 있다.

　도(圖)로써 물(物)을 모사하는 것을 상징으로 삼고 문(文)으로써 도를 해석하는 것을 의의로 삼는 것이 병행하여, 부서물사(符瑞物事)와 제왕의 덕행을 분명하게 대응시키는 무씨사의 이런 상서도 모델은 후세에 미친 영향이 매우 크다. 돈황(敦煌)「서응도」잔권(殘卷)도 이런 모델이다.

그림 60 절강 해녕 한화상석묘 속의「서상도」

그림 61 감숙 성현의 「오서도」(『금석색(金石索)』 목판 모사인쇄)

감숙 성현(成縣)의 「오서도(五瑞圖)」는 마애석각(摩崖石刻) 『서협송(西狹頌)』의 이미지부분이다. 『서협송』 본문은 385자인데, 본문 속에서 무군태수(武郡太守) 이흡수(李翕修)가 서협각도(西峽閣道)를 만들어 개통시킨 사적(事迹)을 찬송하니, 오서도와 서협송에는 상호텍스트적 관계가 있다. 송문(頌文) 앞의 배치도에는 감로(甘露), 가화(加禾), 목연리(木連理), 백록(白鹿), 황룡(黃龍)의 다섯 가지 상서(祥瑞)가 있기에, 이 마애화상은 「오서도」라고 불리며, 그림 61에서 보여준다.

난(鸞)과 봉(鳳)의 부리 교차, 봉조(鳳鳥)의 목 교차, 용과 봉이 상서로움을 드러냄, 비익조, 연리목 등 애정과 인연을 표현하는 상서이미지도 비교적 많이 보인다. 이런 이미지는 화상석묘의 침실 내에 많이 각화되어 있는데, 그 우의(寓意)는 "하늘에서는 비익조가 되기를 바라

고, 땅에서는 연리지가 되기를 바라는", 부부의 은애(恩愛)와 평생의 해
로(偕老)가 많다. 한화상석 속에서 우랑(牛郎)과 직녀(織女)는 이미 가시
적 예술형상을 빚어내었다. 그림 62는 하남 남양 한화상석 「우랑직녀
도(牛郎織女圖)」이다. 화상 오른쪽에는 목동이 고개를 돌려 채찍을 들고
소 한 마리를 끌고 가는데, 당연히 우랑일 것이고, 우랑 위쪽에는 별 셋
이 이어져 있는 '견우성좌(牽牛星座)'이다. 화상 왼쪽 아래 모퉁이에는
별 넷이 이어져 집 모양을 이루고, 안에는 여자가 꿇어앉아 있으니, 직
녀일 것이다. 그밖에, 화상 속에는 또 필숙(畢宿)과 백호성좌(白虎星座)
가 새겨져 있다. 그림은 성상(星象)이지만 오히려 사람을 닮아 정(情)이
그 속에 있고, 정(情)과 경(境)이 상생(相生)하여, 교묘하고 자연스럽다.

한대에는 오행학설이 성행하여, 사람들은 음양오행에 따라 동남서
북 속에 다섯 가지 색을 배치했는데, 매 색깔에는 다시 하나의 신수(神
獸)와 하나의 신령(神靈)이 배치되었다. 이것은 바로 동청룡(東靑龍), 서
백호(西白虎), 남주작(南朱雀), 북현무(北玄武)이고 중앙황색(中央黃色)에
는 기린이 배치된다. 청룡, 백호, 주작, 현무는 사신(四神)이라고 하고,
린(麟), 봉(鳳), 구(龜), 용(龍), 호(虎)는 오서(五瑞)라고 한다. 그 중 '현무'
는 거북과 뱀의 합체이거나 거북과 뱀이 교차하는 형상인데, 방위신을

표시할 때는 현무라고 하고, 서응을 표시할 때는 구(龜)라고 한다. 린, 봉, 귀, 용을 사령(四靈)이라고 병칭한다. 한화상석 속의 현무는 종종 거북과 뱀이 서로 감싸고 있는 모습으로 새겨지는데, 거북의 사지(四肢)를 과장하여, 신구(神龜)의 모습을 형성했다.

용과 봉이 상서로움을 나타내다

용과 봉은 중화민족과 중화문화의 상징으로서, 옛 사람들이 숭배한 신수(神獸)이고 서조(瑞鳥)이다. 용과 봉이 짝을 이루어 대응한 정형(情形)은 광범하게 민중 사이에 유행하였는데, 그 우의는 음양의 조화, 혼인과 연애의 아름답고 원만함, 길(吉)함을 추구하고 복을 비는 것이 많다. 한화상석 '용봉성상(龍鳳呈祥:용과 봉이 상서로움을 드러내다)'는 그림 63이 보여주는 바와 같다. 화면은 장중하고 대범하며, 거리낌 없이 호방하고, 자유롭고 유창하다. 중간에 하늘을 떠받치고 있는 석주(石柱)를 새겼고, 왼쪽에 한 쌍의 봉조가 목을 교차하고 있는 것을 새기고, 오른쪽에 한 쌍의 청룡이 놀고 있는 것을 새겼다. 용은 '비늘동물의 장(鱗族之長)', '뭇 동물들의 임금(衆獸之君)'으로 불리며, 봉은 '깃털동물의 장(羽族之長)'으로서 '온갖 새들의 왕(百鳥之王)'이라는 칭호가 있다. 용에는 물을 좋아하고(喜水), 날기를 좋아하고(好飛), 하늘과 통하며(通天), 잘 변하고(善變), 신령하고 기이하고(靈異), 상서로움의 징조가 되고(徵瑞), 재난의 조짐을 보여주고(兆禍), 위세를 보여주는(示威) 등의 신성(神性)이 있다. 봉에는 불을 좋아하고(喜火), 양을 향하며(向陽), 덕을 갖추고(秉德), 상서로움의 징조가 되고(徵瑞), 높은 것을 숭상하고(崇高), 깨끗한 것을 향하고(向潔), 아름다움을 보여주고(示美), 감정을 깃들이는(寓情) 등의

이미지로 읽는 고대문명

그림 63 용봉정상 (서주 한화상석관 소장)

신성이 있다. 용과 봉 양자의 상호보충과 대응관계가 결합하면 바로 '용과 봉이 상서로움을 드러낸다(龍鳳呈祥)'.

한대에 용은 상서로운 동물이기도 했고, 탈 수 있는 승선(昇仙)이기도 했다. 고대의 신인은 용을 타고 다니는 경우가 많았다. 예를 들면, 축융(祝融)은 두 용을 탔고, 전욱(顓頊)은 용을 타고 사해에 도달했으며, 황제(黃帝)는 용을 타고 하늘로 올라갔다. 용은 한대 오행관념 속에서 동방을 대표하는 신수로도 간주되었다. 한화상석 속의 용은 두 종류로 나뉠 수 있다. 한 종류는 진대(秦代)의 조형(造型)을 계승하여 몸이 큰 뱀을 닮았으며, 또 한 종류는 맹수를 닮았다. 서한의 사체용(蛇體龍)은 머리부분을 특별히 신경써서 각화하였다. 용의 머리부분의 조형은 서한대에 기본적으로 정형화되었고, 후세의 용머리는 더 이상 이런 격식을 벗어나지 않았다. 서한 말기에 맹수를 닮은 용이 나타났는데, 이 용들은 모두 몸에 날개가 있다. 비록 동한 이백년간 수체룡(獸體龍)은 성대하여 장관을 이루었으나, 교룡(蛟龍)이 둥근 옥을 꿰뚫는 류의 솟아올라 변화하는 제재 속에서는 모두 사체룡(蛇體龍)이다.

그림 64 용봉정상도는 얕은 부조로서, 상부에는 세 마리의 신체가

제3장 돌에 새긴 서사시(石銘史詩)

구불구불한 용을 새겼고, 중간부분에는 두 마리 봉조가 목을 빼 부리를
교차하는 것을 새겼으며, 하부는 꼬리가 길고 볏이 큰 봉조이다. 그림
65 용봉희희도(龍鳳嬉戲圖)는 호면(弧面)에 얕게 부조한 화상석이다. 화면
은 세 칸으로 나뉘는데, 윗칸에는 세 규룡(虯龍)이 솟아 올라 놀고 있다.
가운데 칸에는 두 봉조가 목을 교차하고 놀고 있으며, 양쪽 위에는 갓 깬
새끼새 한 마리가 있다. 아래칸에는 봉조 한 마리가 고개를 들고 날개를
펴서 날고자 한다. 그림 66 용봉도(龍鳳圖)는 반원형인데, 상하 두 칸으
로 나뉜다. 윗칸 중간에는 길고 파란 나무를 새겼고, 양 쪽에는 봉조와
비조를 새겼다. 아래칸에는 두 마리 용이 둥근 옥을 꿰뚫고 있다.

그림 64
강소 동산현(銅山縣) 이국한묘(利
國漢墓) 용봉정상도(龍鳳呈祥圖)

그림 65
과산석묘(鍋山石墓) 용봉희희도(龍鳳嬉戲圖)

이미지로 읽는 고대문명

그림 66 용봉도 (강소 서주 한화상석관 소장)

천상 현기

한화상석 속의 천상도(天象圖)는 결코 과학적 성상도(星象圖)가 아니라, 한대인들의 관념형태를 반영하며, 한대 정치의 '천인감응(天人感應)', '음양오행(陰陽五行)'과 직접적 관계가 있다. 천상도는 묘실 천정부에 각화한 것이 많은데, 태양·백호·무지개 등이 낮의 천상으로서 양(陽)을 표시하고, 일반적으로 남자주인의 장실(葬室)이다. 달과 성신(星辰)을 그렸으니 저녁의 천상(天象)이고, 음(陰)을 표시하며, 일반적으로 여주인의 장실(葬室)이다. 화상석 속의 천상도는 일종의 기호로서, 점성술에 근거하여 '길흉의 상(象)을 기록'하는 징조도(徵兆圖)이고, 선택한 것은 그중의 길상천상(吉祥天象)이다. 예를 들면, '해와 달이 함께 빛난다(日月

同輝)', '해와 달의 합벽(日月合璧)', '칠성이 빛나다(七星政明)' '창용이 달을
싣다(蒼龍戴月)', '옛 것을 없애고 새 것을 세운다(除穢布新)' 등이다.

일월동휘(日月同輝)는 일종의 상서로운 상징으로서, 한화상석 속에
이 천상을 표현한 것이 가장 많다. 이미지는 대체로 같은데, 해가 동쪽
에 있고, 달이 서쪽에 있다. 해의 표현은 금오(金烏)가 태양에 있거나 혹
은 태양 속에 있는 금오이고, 달의 표현은 달 속에 옥토끼 혹은 두꺼비
가 있는 것이다. 산동 등주(藤州)에서 출토된 「일월동휘」 화상석에는,
화면 왼쪽에 청룡이 달을 감싸고, 달 속에 옥토끼와 두꺼비가 있다. 오
른쪽에는 금오가 태양에 있는 것을 새겼는데, 태양 속에 천구(天狗)와
삼족오(三足烏)가 있다. 해와 달의 양쪽 옆에는 인수사신(人首蛇身)의 상
희(常義)와 희화(羲和)가 있다. 이 천상(天象)이 출현한 시간적 조건은 다
음과 같다. "천자는 천지와 나란히 셋이 된다. 그러므로 천자의 공덕으
로서 천지에 짝짓고 만물을 이롭게 한다. 일월과 함께 빛나서, 사해를
밝게 비추고 조금도 남겨두지 않는다(天子者, 與天地參, 故德配天地, 兼利
万物, 與日月并明, 明照四海而不遺微小.)" 중국의 유일한 여황(女皇)인 무측
천(武則天)이 日자와 月자가 空자 위에 있는 '曌'자를 제멋대로 만들었는
데, 그 속에는 자기가 "만물을 이롭게 하고, 사해를 밝게 비추어 조금도
남겨두지 않을" 수 있을 것이라는 기대도 얼마간 포함되었을 것이다.
물론, 사람들은 더 보편적으로도 또 더 직접적으로 이 천상을 길상으로
여기고, 천지간에서 가장 중요한 '음양조화(陰陽調和)'라고 여긴다.

그림 67은 「일월합벽도」이다. 이런 이미지는 금오가 일륜을 등에 지
고 있는 것이 많다. 일륜 속에 두꺼비가 새겨져 있거나, 이미지 속에서
두 원이 마치 둥근 옥처럼 겹쳐져 있으며, 태양을 상징하는 '삼족오'와
달을 상징하는 '옥토끼'가 모두 원 속에 새겨져 있다. 이 두 음양기호는

이미지로 읽는 고대문명

동시에 나타나고 겹쳐지는 것은 해와 달이라는 두 천체의 겹침을 나타낸다. 또 어떤 화상 속에는 한 몸을 가진 새 두 마리를 그렸는데, 새의 몸은 옥벽형(玉璧形)의 둥근 해이고, 해 속에는 원이 있고, 원 속에는 옥토끼가 있다. 또 화면 중간에 이중 원(圓)이 있는데, 내원(內圓)에는 두

그림 67 산동 태안현 대문구 화상석 「일월합벽도」

꺼비를 새겼고, 외원(外圓)에는 방사선조(放射線條)가 있어서 햇무리를 표시하고, 화면의 사방에는 청룡·백호·주작·선인(仙人)·상운(祥雲) 등의 내용이 있다.[24] 소위 '일월합벽'은 옛사람들이 관측한 일월교식(日月交食)의 현상으로서, 달이 황도까지 운행하고, 적도교차점 부근에서 해와 겹쳐서 만들어낸 금환일식(金環日蝕)이다. 한대에 일월교식은 상서로운 징조로 간주되었다. 『후한서·천문지』에서는 "삼황은 교화에 힘써, 마음을 하나로 하여 순박하였고, 오성이 구슬처럼 이어진 것 같고 해와 달이 합쳐진 것 같다고 한다(三皇邁化 協神醇朴, 謂五星連珠, 日月若合璧)"라고 하였다. 『회남자(淮南子)·천문훈(天文訓)』에서도 "해는 양의 주(主)이고, 달은 음의 종(宗)이니, 음양이 화합하여 만물이 태어난다(日者陽之

---

24 中国画像石全集编辑委员会:『中国画像石全集』(2), 山东, 河南美术出版社, 2000年, 图80.

主也, 月者陰之宗也, 陰陽合和而萬物生)"라고 하였다. 이 두 책은 모두 한대인의 사상관념을 반영하는 중요한 고적(古籍)이다.

'칠성정명(七星政明)' 속의 '칠성'은 북두성 속의 천추(天樞), 천선(天璇), 천기(天璣), 천권(天權), 옥형(玉衡), 개양(開陽), 요광(搖光)의 일곱 별을 가리킨다. '천인감응'설에 의하면, 천상의 칠성은 곧 인간세계의 칠정(七政)으로서 칠성의 밝게 빛남은 '칠성정명'으로 칭해진다. 민간의 전설에는 또 '칠성고조(七星高照)'의 견해가 있다. 북두는 성점(星占)에서 가장 중요한 천상으로서, 실용천상에서 그것은 방향을 구별하고 계절을 알 수 있다. 인문천상(人文天象)에서, 북두성은 또 수명을 주관하고, 죽음을 담당하며, 질병을 물리치고, 범위를 나누는 등 많은 상징적 의의를 가지고 있다. 잡다한 신성을 가진 만능신으로서, 사람들은 북두성에 많은 철학적 의의와 종교적 내용을 부여했다. 동한때 사람들은 북신(北辰)이 세인들의 복록(福祿)과 수명을 관장한다고 여겼기에, 북신에게 질병을 면하고 수명을 늘려달라고 기구했다.

그림 68은 남양 기린강(麒麟崗) 화상석묘 「천상도(天象圖)」로서, 화면은 머리에 '산형관(山形冠)'을 쓴 '천제태일(天帝太一)'을 중심으로 오른쪽에 청룡을 새기고 왼쪽에 백호를 새기고 위에 주작을 새기고 아래에 현무를 새겼다. 오른쪽은 동쪽으로서, 인수사신의 일신(日神)인 '희화(羲和)'와 북두칠성을 새겼다. 왼쪽은 서쪽으로서, 인수사신의 월신(月神) '상희(常義)'와 남두육성(南斗六星)을 새기고, 그림 사이는 밀집한 운기문(雲氣紋)을 그렸다. 청룡, 백호, 주작, 현무 사상(四象)은 이십팔숙의 상징이다.

이 이미지는 실제로 '이십팔숙이 북신을 둘러싸고 있다(二十八宿環北辰)'의 예술적 표현이다. 천상도의 좌우 양 끝에 각화한 것은 북두칠

이미지로 읽는 고대문명

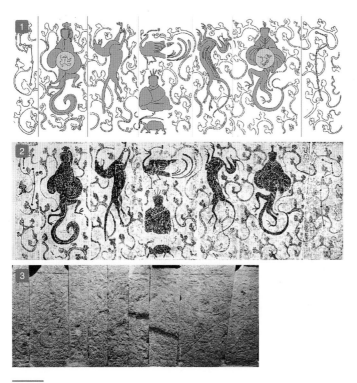

그림 68 하남 남양 기린강 화상석묘 「천상도」(1.묘사도 2.탁본 3.사진)

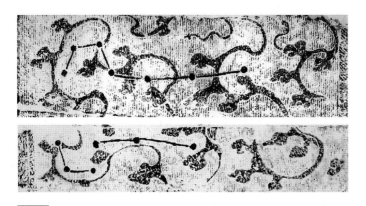

그림 69 하남 남양 기린강 화상석묘 「북두칠성」과 「남두육성」

제3장 돌에 새긴 서사시(石銘史詩)

성과 남두육성이다. 그림 69가 보여준다. 남두와 북두는 민간신앙에서
중요한 지위를 차지하는데, 북두는 죽음을 주관하고 남두는 삶을 주관
한다. 이 이미지 속에서 동시에 남두와 북두를 각화했는데 이는 실제의
천상과 부합하지 않으며, 그저 뭇 별들이 둘러싸고 있다는 상징적 의의
를 나타낸다.

　「창룡대월도」가 표현한 것은 매단(昧旦) 때의 동쪽 하늘의 성상(星
象)이다. 매단은 닭이 운 후 하늘이 밝아오려 하는 시간대로서, 이때 달
이 동방 창룡칠숙(蒼龍七宿)까지 운행하니, '창룡대월(蒼龍戴月)'의 길상
천상이 나타날 것인데, 혹 '창룡행월(蒼龍行月)'이라고도 하며, 그림 70
이 보여주는 바와 같다. 창룡도의 꼬리부분 위쪽에는 여섯 개의 별이
있는데, 창룡칠숙 가운데 미숙(尾宿)이다. 미숙은 자손번성을 상징하며,
한대 부녀는 미숙에 제배(祭拜)하는 습속이 있었다.

그림 70
하남 남양 화상석 「창룡행월도」

이미지로 읽는 고대문명

'낡은 것을 제거하고 새것을 세운다(除穢布新)' 속의 주인공 '혜성'의 출현은 일종의 특수한 천상으로서, 지구상에서 그 출현을 관찰할 수 있는 것은 결코 많지 않다. 중국은 세계에서 혜성에 대한 관측기록이 가장 이르고, 가장 많으며, 가장 체계적인 국가로서, 『춘추(春秋)』는 기원전613년 "추칠월에 혜성이 북두에 들어갔다(秋七月, 有星孛入北斗)"라고 기록하였는데, '헬리혜성'에 대한 가장 이르고 확실한 기록으로 공인되었다. 『후한서(後漢書)』기록에 의하면, 기원전 6년부터 기원전 220년까지의 215년 사이에, 혜성(孛, 蚩尤旗)은 모두 23회 출현했다. 혜성은 패성(孛星)이라고도 한다. '패성은 악기가 낳는 것이다. 병란이 일어나는 것은 그것이 덕에 어긋나기 때문이다.(孛星者, 惡氣所生, 爲亂兵, 其所以孛德)", '치우기는 혜성과 비슷한데 굽어 있고, 깃발과 닮았다. 나타나면 왕자가 사방을 정벌한다(蚩尤之旗, 類慧而後曲, 像旗. 見則往者征四方)'(『후한서(後漢書)·천문지(天文志)』). 남양 왕채(王寨) 한묘의 「혜성도(彗星圖)」, 그림 71[25]이 보여주는 바와 같이 화상의 서쪽에 태양 속 금오(金烏)가 새겨져 있고, 동쪽면에는 달 속 두꺼비가 새겨져 있다. 해와 달 사이에 여섯 별이 이어져 있고, 달 오른쪽에 또 여섯 별이 이어져 있으며, 이 성숙(星宿) 옆에 두 개의 혜성꼬리가 특히 길고 굽어있는 것을 각화하였는데, 모습이 치우기의 혜성과 닮았다. 옛사람들은 혜성의 출현이 상서롭지 못한 징조라고 여겼다. 그러나 전쟁에 대한 해석 속에서, 전쟁에는 도(道)가 없고, 낡은 것을 없애고 혁신하니, 혜성의 출현은 상서로운 징조로 볼 수도 있다. 『회남자(淮南子)·병략훈(兵略訓)』에 "무왕(武王)이 주(紂)를 정벌할 때 동쪽을 향하자 태세(太歲)를 만났고, 범수(氾水)에 이르자 홍수가 났으며, 공두산(共頭山)에 이르자 산사태가 났고, 혜성이

---

25   『中国古代天文文物图集』, 北京: 文物出版社,1980年, 23쪽.

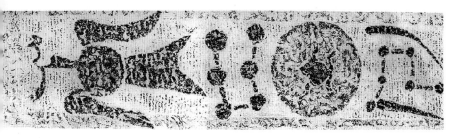

그림 71 하남성 남양 왕채한묘의「혜성도」

출현하여 은(殷)나라 사람에게 그 자루를 주었다(武王伐紂, 東面而迎歲, 至氾而水, 至共頭而墜, 彗星出, 而授殷人其柄)"고 기록했다. 『후한서·천문지』에 "그러므로『진사(秦史)』에서는 시황때의 혜패와 대각을 기록했다. 대각이 보이지 않자 대성과 소성이 궁중에서 싸웠는데, 이것은 진나라가 폐망할 징조였다(故『秦史』書始皇之時 慧孛大角, 大角以亡, 有大星與小星鬪於宮中,是其廢亡之徵』)"이라고 기록하였다. 그러므로, 한대 혜성의 출현은 '낡은 것을 제거하고 새 것을 세운다"는 뜻이고, 한화상석 천상도 속에 혜성천상(彗星天象)을 새긴 것도 지나간 것이 새로 태어나기를 기원한 것이다.

천상도 외에 중요한 서응이미지로는「사수취정」이 있다. 이는 다중적 의의가 있는 이미지로서, 하나의 현실고사를 묘사한 것처럼 보이지만 오히려 또 하나의 상징적 의의가 극히 농후한 서응이미지이다.

사수에서 솥을 건지다

'사수취정(泗水取鼎:사수에서 솥을 건지다)'은 한대에 널리 전파된 역사고사이다. 사마천의 『사기(史記)·봉선서(封禪書)』와『진시황본기(秦始皇本紀)』에 나오는 이 고사에 대한 기록 때문에 사람들은 고사 자체에 대

이미지로 읽는 고대문명

해서는 결코 의심을 품지 않았으나, 솥을 건지는 과정 중 생산된 기이한 현상이 후대에 억지로 덧붙여져, 황권정치와 관련된 이 신기한 고사를 시종 신비한 분위기로 뒤덮이게 하였다. 사람들이 전설 텍스트에 기대 창작한 「사수취정」도는 한대 이미지 가운데 가장 전형적 의의가 있는 상징적 화면이다.

대우는 치수에 성공한 후 '구주(九州)의 금속(九牧之金)'을 거두어 '아홉 개의 솥(九鼎)'을 만들었는데, 우(禹)의 본의는 '솥을 만들면서 온갖 사물의 모습을 새겨(鑄鼎象物)', 백성으로 하여금 이매망량(魑魅魍魎)을 알고 피하도록 하였다. 그러나 후에 '구정'은 온 천하가 인정하는 주군(天下共主)의 상징이 되고, 매 조대의 교체는 '구정'의 소유를 그 정권의 합법성의 증명으로 삼지 않음이 없었다. 하대(夏代)부터 시작해서, '구정'은 제왕에 의해 묘당(廟堂)에 보관되었고, 전국시대 중기가 되면 솥의 무게를 마음대로 물어 볼 수 없었다. 솥에 대해 물어보는 마음은 왕권을 엿보는 불공(不恭)한 행위로 간주되었다.

'초왕이 솥을 묻다(楚王問鼎)'의 고사 중 주조(周朝)의 사신(使臣) 왕손만(王孫滿)의 이야기는 '구정'의 신성함을 부각시켰다. '걸(桀)이 덕이 혼미해지자 솥은 상나라로 옮겨갔는데, 제사(祭祀)가 6백이었고, 상(商)나라의 주(紂)가 포학하자, 솥은 주(周)나라로 옮겨갔고.……"(『좌전(左傳)·선공(宣公)3년』), '구정'을 잃어버림에 따라 서주도 멸망을 고했다. 구정은 극히 신성을 가진 보물로서, 스스로 거취를 결정할 수 있음을 알 수 있다.

진소왕(秦昭王)은 주왕실(周王室)로부터 구정을 빼앗아 솥을 옮기는 도중에 '그중 하나를 사수(泗水)에 빠뜨렸고,' 진은 구정을 황하에서 건져 위수(渭水)에 떨어뜨렸는데, 애초에 사수를 지나갈 필요가 없었기에, 하나의 솥이 까닭없이 사수에 날아들어간 것은 어떻게 보든지 상서롭지 못한 조짐이다. 기원전 221년 진이 중국을 통일했으나 '구정'을 다 얻지 못한 것이 진시황 마음의 큰 병이 되었다. 진시황은 처음 순행에 나설 때, 태산(泰山)에서 제천대제(祭天大祭)를 완성한 후 일부러 팽성(彭城)의 사수 가에 와서, 인력을 조직해 주정(周鼎)을 건지려 하였지만 "천 명이나 되는 사람으로 하여금 물에 들어가 솥을 건지게 하였으나 건지지 못했다." 이 고사는 민간전설 중에서 더 신기해져서, 솥을 건져 수면에 올라왔을 때 솥 속에서 갑자기 하나의 용이 나타나 '그 줄을 물어서 끊었고', 솥은 물 속으로 떨어져 다시는 보이지 않았다. 솥이 떨어진 사수는 바로 후에 한고조(漢高祖) 유방(劉邦)의 출생지이다.

「사수취정」의 전설은 결코 일반적인 기이한 고사가 아니며, 깊은 층위의 정치적 의의를 포함하고 있다. 신권(神權)의 상징으로서의 구정은 '왕자(王者)가 흥하면 나오고 쇠하면 떠난다', 솥이 사수에서 나왔다가 다시 물에 떨어진 것은 일종의 징조로서, 사수취정고사 속에 '하늘이 신권을 주다(天授神權)', '오덕종시(五德終始)', '참위신학(讖緯神學)', '서응징조(瑞應徵兆)' 등의 다중적 의의를 포함하고 있다. 화상석에서 신정(神鼎)의 출현을 서응의 표현이라 본 것은 의심의 여지없이 저 '솥의 줄을 씹은' 용의 한쪽에 서 있다. 이 용은 취정 고사 속에서 가장 핵심적인 상징기호로서, 용은 천자(天子)의 함의가 있기에 「사수취정도」 속의 용이 한고조 유방을 가리킴은 의심의 여지가 없다. 이로써 보건대, 「취정도(取鼎圖)」를 혹 「승정도(昇鼎圖)」라고도 하는 것은 「현룡재전(見龍在田)」의 이익과 「비룡재천(飛龍在天)」의 지향을 함유하고 있는데, 신선이 될 희망에 대한 기구(祈求)를 의미한다.

그림 72는 산동 추성(鄒城) 와호산(臥虎山)에서 출토된 화상석 「사수

이미지로 읽는 고대문명

취정도」로서, 맨 윗층의 한 사람이 진시황이다. 둘째 층에 새긴 6명은 관원(官員)일 터인데, 모두 솥을 건지는 것을 보고 있다. 셋째 층은 솥을 건지는 현장인데, 강 위에 두 사람이 배를 타고 손으로 솥을 밀어올리고, 강가 양쪽에서 각기 두 사람이 줄로 솥을 당기는데, 솥 안에서 용머리 하나가 들이밀고 나온다. 이미지에 새긴 것은 바로 용이 머리를 내밀고 줄을 끊는 긴장된 장면인데, 왼쪽에서 솥을 당기는 자는 줄이 끊어져 무게를 잃고 뒤로 넘어진다. 그림 73은 서주 가왕(賈汪) 변당산(汴塘山)에서 출토된 「사수취정」 화상석으로서, 각화한 것은 역시 솥이 이미 수면에 올라온 후에 솥 안에서 갑자기 한 마리의 용이 나와 솥의 줄을 물어서 끊는 긴장된 순간이다.

그림 72 산동 추성 와호산 화상석곽(畵像石槨)
「사수취정도」

그림 73 강소서주자왕변당 「사수취정도」

시간 / 공간

한화상석 이미지는 내용 주제가 풍부하고 다채로와 찬탄을 자아낼 뿐만 아니라, 구성의 수법도 다채롭다. 꿰뚫는 시간, 관통하는 공간은 구도의 배치 속에서 피어나고, 선조(線條)의 조형(造型) 속에서 실현된다. 생사는 초월되고, 시간은 공간화하고, 공간은 구상화된다. 이들 구상의 도화는 2천년 전의 저 시대를 역력히 눈에 보여주고 생생하게 살아나게 할 뿐 아니라, 심지어 우리를 거침없는 시간과 장애 없는 공간으로 통하는 통로로 데리고 들어간다.

전체적인 인상에서, 한화상석 이미지의 빽빽히 가득참과 열렬히 분방함은 사람에게 깊은 인상을 남겼다. 이미지 속 대각(臺閣)과 거마(車馬)는 천지를 가득 채우고, 공백 바깥도 날짐승과 들짐승으로 채워진다. 그러나 또 주된 것과 부수적인 것이 분명하여, 많으면서도 어지럽지 않고, 빽빽하면서도 숨막히지 않는다. 구녀돈(九女墩) 화상석의 「교량도(橋梁圖)」는, 다리 위로 수레와 말이 분주하게 내달리고, 다리아래로는 고깃배가 오간다. 화면이 이미 빽빽하게 배치되고, 또 수레와 말위로는 구름과 새로써 빈 곳을 채운다. 참으로 구름과 새의 츤탁(襯托) 아래에서 다리의 진중함과 수레와 말의 급히 달림이 특별히 부각되어 보이는데, 그림74가 보여주는 바이다. 이런 공간처리상의 번밀(繁密)함은 한대인의 '큰 것을 아름답게 여기는(以大爲美)' 심미사상의 체현이다. '장려함이 아니면 위엄을 무겁게 할 수가 없고', '충실을 미라고 하니', 일종의 넓고 크며, 왕성하게 경쟁하는 시대적 기풍이 이 '가득 참(滿)' 속에 체현되었다.

이미지로 읽는 고대문명

그림 74 강소 수료 구녀돈 화상석「교량도」

　한화상석 속의 선조(線條) 운용도 이미 매우 높은 수준에 도달했다. 특히 인물화에서는 정확한 구조비율(構造比率)이 있어서, 화공(畵工)의 사실적(寫實的) 기초를 볼 수 있다. 예를 들어, 안휘(安徽) 호주(毫州) 동원촌(董園村) 조씨(曹氏) 가족묘 속의 정장(亭長)·무사상(武士像)은 화면이 세로로 175mm로서, 인상(人像)의 높이가 진짜 사람과 비슷하다. 화상 인물의 옷차림이 바람을 맞아 날아오르는 듯, 표일하고 소탈하다. 유창한 선조(線條)는 의복 주름의 나부낌을 표현하는데, 마치 춤추는 듯 날렵하니, 후대 위진(魏晉) 회화속의 '철선묘(鐵線描)'의 풍채를 볼 수 있다.

　한화상석 이미지 속에는 심지어 분명히 '현대파' 회화에 귀속시킬 수 있는 이미지도 있다. 예를 들어, 구녀돈 화상석「시자헌식도(侍者獻食圖)」는 시자(侍者)가 공경을 다하여 음식물을 바치는 얼굴표정을 표현할 때, 그 측면의 얼굴 부위에 한쌍의 정면 눈을 각화하였다. 어쩌면 정면의 얼굴 부위에 하나의 측면의 코를 그렸을 수도 있는데, 시자의 좌고우면하는 태도가 충분히 표현되었다. 「시자헌식도」는 인물에 대한 다각도의 서로 다른 영상을 하나의 형상 속에 그려 넣었고, 정면에서 볼 수 없는 측면을 중첩의 방식을 이용해 표현했는데, 바로 오늘날 회

제3장 돌에 새긴 서사시(石銘史詩)

그림 75-1 강소성 수녕 구녀돈 시자헌식도(부분)

그림 75-2 강소성 서주 한화상석관 소장 남녀접문도

화언어 속 입체주의 표현방식을 채용하였다. 한화상석의 이런 '입체주의' 표현은 결코 단 하나의 예가 아니어서, 인물의 동태를 표현할 때 종종 이런 표현수법을 채용한다. 예를 들어, 서주 한화상석 속의 「남녀접문도(男女接吻圖)」, 안휘 저란(褚蘭) 화상석 속의, 「직녀접문도(織女接吻圖)」는 인물의 키스를 표현할 때, 정면의 얼굴 부위와 측면의 입과 혀가 동시에 나타나는데, 화면이 표현한 것은 작자가 받아들인 의상(意像)이지, 객관적 사물의 진실한 재현이 아님을 그림 75가 보여준다.

이미지로 읽는 고대문명

한화상석은 일종의 정신적 기탁처로서, 일종의 예술표현형식이며, 시경(詩經)이래의 현실주의 전통을 체현하기도 했고, 나아가 한대 문화 상에서의 초제(楚制)를 다 계승한 풍성하고 준수한 모습도 체현했다. 높이 날아오르는 시대적 기상, 번잡하고 세밀하지만 질서가 있는 의례적 품격, 아름답고 기이하며 환상적인 신선전설(神仙傳說)이, 민첩하고도 구애됨이 없는 묘사수단으로 지금까지도 탄식을 금하지 못하게 한다. '그 생전의 모습을 가장 근사하게 본떠서 그 주검을 보내는 것(大象 其生, 以送其死)'이 한화상석 구성의 주지(主旨)이다. '살아서 어디로 가야 하고 죽어서 어디로 돌아가야 하나(生當何如, 死當何歸)'가 한화상석의 핵심내용이다. 성현, 의사, 효자, 열녀. 악무, 연음, 전쟁, 제사. 선산(仙山), 신인(神人), 서수(瑞獸), 불사약(不死藥). 사랑, 놀이, 서응(瑞應), 승선(昇仙)……한대인의 습속예의, 사회생활, 사상의식 등 각 방면이 모두 화상석 속에서 교직(交織)하여, 한대가 남긴 것과 한대에 관한 문자문헌을 비추어준다. 도(圖)와 문(文)이 상호 구성하고, 상호 소통하며, 상호

보충하고, 상호 해석해주는 관련이 열렸고, 더욱 화면감(畫面感), 구상성(具象性), 생동성(生動性)이 있는 한대가 우리 눈앞에 출현한다.

중국문화 속에서, 지나간 과거와 다가오는 현재(往古來今)를 '주(宙)'라고 하고, 사방상하(四方上下)를 '우(宇)'라고 한다. 원심(元心)은 있으나 제약은 없으며, 생각이 천년과 이어지며, 종횡으로 탁 트인 이런 정신적 기개는 한화상석의 예술표현 속에서 정화(精華)를 얻고, 초농축적으로 체현되었다. 여기서, 공간과 시간은 생과 사의 세계가 이어짐으로 인해 왕래하며 노닐 수 있는 일체(一體)가 되고, 시간은 공간화되었다.

사실상, 나고 죽는 모든 사물에 대해 말하자면, 시간은 늘 공간화되었고, 우리도 늘 공간을 통해서만 시간의 존재와 그 유동(流動)을 느낄 수 있다. 한화상석의 특별함은 그 공간 속 공기의 영양분이 이처럼 가득 차 있고, 시간의 밀도가 이처럼 정치(精緻)하고 조밀하다는 데에 있다. '하늘은 구름물결과 접하여 새벽안개와 이어지고, 은하수는 천개의 돛을 돌리며 춤추려 하네(天接雲濤連曉霧, 星河欲轉千帆舞)'[26], 한화상석은 바로 인생의 은하수 속 생과 사가 시간과 공간으로 전환하는 천범지무(千帆之舞)로서, 종횡으로 어지럽고, 기괴하면서 아름답다.

"보는 여러 사람들이 슬픔과 연민을 깊이 더하고, 목숨은 쇠와 돌같으며, 자손은 만년에 이어지고, 말과 소와 양을 치는 아이들은 모두 양가의 자식들이지만, 그저 보기만 할뿐 각화할 수 없으니, 사람을 장수하게 한다(唯諸觀者, 深加哀憐, 壽如金石, 子孫萬年, 牧馬牛羊諸僮, 皆良家子, 但觀耳, 無得刻畫, 令人壽)" 가상 허안국사당(許安國祠堂) 제기(題記) 속의 말은 한화상석의 관자(觀者)는 죽은 자 외에 많은 산 자도 있다는 것을

---

26   李清照,「漁家傲」- 역자주.

이미지로 읽는 고대문명

우리에게 분명히 알려준다. 한화상석 속에는 한대인이 구축(構築)한 또 하나의 세계가 남아 있고, 영원한 생명에 대한 한대인의 갈망이 남아 있다. 그들은 경건하고 정성스럽게 개체 생명에 대한 이해와 우주에 대한 사고를 하나로 융합하였으니, 현실의 이상화(理想化), 시간의 공간화는 하나의 엄숙한 낭만적 과정이다.

그림 76 돌에 새긴 서사시(石銘史詩)

청명상하 (清明上河)

예술과 과학의 절정의 찬란함

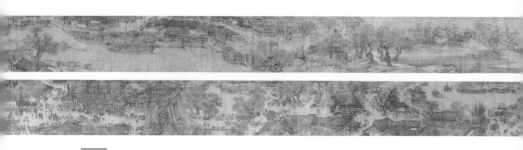

그림 1 장택단 「청명상하도」01 고궁박물관 소장

　　현재를 이해하려면 과거를 알아야 하고, 가야 할 길을 찾으려면 걸
어온 길을 알아야 한다. 과거와 걸어온 길은 탐구를 가능하게 하는 근
거이며, 옛것(故物)은 바로 이런 거점이다. 이 거점을 빌려 구멍을 뚫고
창을 연다. 가장 훌륭한 옛것은 이와 같을 뿐 아니라, 직접 거점을 웜홀
(wormhole)까지 확장하여 당신으로 하여금 갑자기 천 년 전 북송(北宋)
의 번화한 시정(市井)으로 데려다 놓는다. 때는 바로 청명 절기, 풀이 돋
아나고 꾀꼬리 우는데, 이 신기할 만큼 뛰어난 옛것이 바로 「청명상하
도(淸明上河圖)」이다.

01　[北宋]張擇端 作, 絹本, 옅은 채색, 세로24.8cm, 가로528cm. 두루마리 전체 화
　　면의 내용이 풍부하고 생동하며, 12세기 북송 전성시기 도성인 汴梁의 생활면모
　　를 집중적으로 개괄하여 재현했다.

변경(汴京)은 번화하고,
그때의 봄바람 지금도 푸르다

시냇물을 따라서 온 일행의 대오는 우리를 변경 교외의 봄 풍경으로 끌어들인다. 두 짐꾼이 화물을 짊어진 당나귀 다섯 마리를 몰고 꺾어지는 곳에서 막 다리를 건너 성으로 향해 가려 한다. 나무가 듬성듬성한 숲 아래로는, 띠풀로 된 처마가 아래로 엎드려 있고, 밭둑길이 종횡으로 나 있으며, 밭에서 경작하는 사람도 보인다. 작은 다리, 흐르는 물, 고목, 나룻배. 단순하고 유유한 풍경이다.

성으로 가는 길가에는 여러 곳에 버드나무숲이 있고, 굵고 크고 굳센 나무줄기 위로는 새로 난 가지가 빽빽하며, 가지에는 봄기운이 자욱하다. 가마꾼 두 사람이 가마를 매고 당나귀를 몰고 있고, 가마 꼭대기에는 버드나무 가지와 이런저런 꽃이 가득 꽂혀 있다. 한 여자가 가마 안에서 바깥을 엿보고, 가마 뒤에는 물건을 짊어지거나 말을 탄 대오 하나가 뒤따르는데, 아마도 막 답청을 갔다가 성묘하고 돌아오는 길로 보인다.

이 인마대열 앞에서 마부 세 사람이 놀란 백마 한 마리를 쫓고 있는데, 백마 앞에는 놀란 흑나귀가 있다. 짐승이 놀라서 도망치자, 주위 사람들은 놀라 당황하였다. 한 노인이 길가에서 놀고 있는 아이를 불러 바삐 집으로 돌아가고, 지팡이를 짚은 또 다른 노인은 몸을 돌려 피하며, 점포 안에 앉아 있던 다객(茶客)은 소리를 듣고 쳐다본다. 이 돌발적인 작은 상황은 느슨하고 유유한 풍경에 긴장된 분위기를 더하는데, 화면은 상념에 잠기게 하는 극적(劇的) 성격으로 가득하다. 이는 의심의 여지 없이 사람의 마음을 사로잡는 그림 서막으로서, 이를 뒤쫓는 우리

이미지로 읽는 고대문명

의 눈은 다리의 저 위험한 상황을 조성한, 놀라서 이리저리 도망치는 말을 따라, 이렇게 변경성(汴京城)으로 날 듯이 달려 들어간다.

변하(汴河)를 따라 성으로 들어가면, 양안(兩岸)의 인가(人家)가 점차로 조밀해진다. 변하의 부두에 있는 사람들 중 어떤 이는 찻집에서 쉬고, 어떤 이는 관상을 보며 점을 치고, 어떤 이는 술집에서 먹고 마신다. '왕가지마(王家紙馬)'와 같은 특징적인있는 가게들은 이때의 풍속 절기를 암시하고 있다.[02] 변하에서는 배들이 꼬리에 꼬리를 물고 오간다. 어떤 배는 화물을 가득 싣고 상류로 거슬러 올라간다. 어떤 배는 강안(江岸)에 정박하여, 바쁘게 화물을 내리고 있다. 밧줄로 배를 끄는 인부는 배를 끌어당기고, 사공은 노를 젓는 바쁜 광경이다. 『송사(宋史)』에서 "강과 호수를 통해 배로 싣고 오니, 이익이 남해에서 다하는데, 천하의 절반의 재부와 산택(山澤)의 온갖 화물이 모두 이 길을 따라 들어온다."[03]라고 서술하는 바와 같다. 그때의 변하(汴河)는 변경(汴京)일뿐 아니라, 북송이라는 국가 전체 조운(漕運)의 중추이자 상업교통의 중요한 길목이었다.

구조가 정교하고 규모가 웅장한 큰 목재 아치형 다리(木控橋)가 변하를 가로 지르는데,형태가 아름다워 무지개가 걸려 있는 듯하다. 『중국과학사(中國科學史)·교량권(橋梁券)』에서는 이 다리를 관목공교(貫木拱橋)라고 부른다. 다리 전체가 못이나 쇠를 전혀 사용하지 않고, 오로지 서까래에만 기대었는데, 빈틈없이 맞물려 있고, 구조가 튼튼하다. 다리

---

02 지마(紙馬)는 갑마(甲馬)로도 불렸는데 신상(神像)이 그려져 있는 종이 또는 제사 때 태우는 종이로 만든 말, 차, 인형을 가리킨다. 따라서 '왕가지마'는 민강 신앙에서 사용되는 각종 법기들을 파는 점포였던 셈이다. - 역자주

03 [元]脫脫: 『宋史·河渠志』, 北京: 中華書局, 1977년, 2321쪽.

아래는 굽었으나 다리 면(面)은 평평하니, 중국 고대 목교(木橋)구조의 최고 수준을 나타낸다. 장택단은 조금도 소홀함이 없이 그 전체적 조형과 세부 구조를 묘사했는데, 흡사 엄밀한 고대 교량시공도(橋梁施工圖)로서, 송나라 사람 맹원로(孟元老)의 『동경몽화록(東京夢華錄)』속의 기록과 서로 인증한다. 이 교량건축의 이미지는 정확하고 아름다운 결합을 체현했고, 그 작화기술과 예술의 통일은 찬탄을 자아낸다.

　다리 위에서는 수레를 미는 행인, 난전을 벌여놓은 상인, 가마를 탄 문관(文官), 말을 탄 무관(武官) 등 갖가지 인물이 어깨를 부딪치며 줄지어 있다. 다리 아래에서는 조운선(漕運船), 여객선, 화물선, 어선 등 크고 작은 배가 왕래하여, 도성의 번화와 발달의 한 부분을 보여주는 듯하다. 이 번화와 분주함 속에서, 다리를 지나가려고 기다리는 큰 배 한 척이 위험한 모습을 드러냈다. 다급한 뱃사람 중 어떤 이는 대나무 장대로 홍교(虹橋) 바깥쪽을 떠밀면서 거리를 유지하여 선교(船橋)가 부딪히는 것을 피하려 한다. 어떤 이는 바쁘게 돛대를 내려 배를 통과하기 편하게 한다. 어떤 이는 큰 소리로 도와달라고 외친다. 옆 배의 사람들도 이것저것 가리키면서 뭐라고 고함치는데, 어떻게 다리를 지나야 하는지 주의를 주고 있는 듯하며, 어떤 이는 심지어 선창(船艙) 꼭대기에 서서 손짓을 하고 있다. 다리 위에도 많은 사람이 모여들어 자진해서 머리를 짜낸다. 이 위험한 상황에 손에 땀을 쥐고서는 줄지어 서서 다리 위에서부터 줄을 내려 선원을 구할 준비를 한다.……배 안과 배 밖, 다리 위 다리 아래가 모두 이 큰 배가 다리를 지나가도록 하기 위해 바삐 움직이고 있다.

이미지로 읽는 고대문명

그림 2 「청명상하도」 속의 홍교

홍교(虹橋)를 지나가면 그 다음은 시끌벅적한 성내의 시가지가 나온다. 당시 중국의 정치, 경제, 문화의 중심인 변경 시가의 번화함은 당시 세계적으로도 손꼽을 정도였다. 성루를 중심으로 양쪽의 찻집, 술집, 본점, 지점, 정육점, 묘우(廟宇), 관공서 등이 바짝 붙어 물고기 비늘처럼 즐비하다. 상점 안에서는 주단, 향료, 간식, 참깨, 의약을 취급하는데, 어떤 이는 수레를 고치고, 관상을 보고, 점을 치고, 면도를 하고, 이발을 하는 등 천태만상이다. 저 기번(旗幡)과 조명광고가 보이는가? 능력이 풍부한 상점에서는 '오색 비단으로 장식한 문(彩樓歡門)"을 두고 손님을 끈다.

거리에는 수레와 말이 꼬리를 물고 다니고, 행인들은 왕래가 흥성하여 끊임없이 유동한다. 장사하는 상인, 거리를 구경하는 사신(使臣), 말을 탄 관리, 물건을 사라고 외치는 행상인, 가마를 탄 대가집 식구, 광주리를 짊어지고 가는 승려, 길을 묻는 외지손님, 주루(酒樓) 안에서 즐거워하는 부잣집 자식, 길가의 초라한 걸인……이들 형형색색의 인물들이 각종 활동에 종사한다. 역할에 따라 정신적 기질이 각기 다를 뿐 아니라 각종 사건도 끼워 넣었고, 심지어 의도적으로 약간의 '소소한 상황"도 배치하였다. 이들 그림은 정취가 극히 풍부하고 또 긴장과 이완이 적절히 섞여 있어, 가득한 화면의 리듬과 의미 있는 인물의 대비를 이루어, 이것을 볼 때는 흥미가 넘쳐흐르고, 보고 난 뒤에도 끝없이 그 느낌을 곱씹어보게 된다.

「청명상하도」 화권 전체는 변경 교외에서 변하의 경치로, 다시 성내의 시가로 세 단락이 맞물려 자연스럽게 이루어진다. 모두 550여개의 각색의 인물, 소, 말, 노새, 나귀 가축 5,60필, 수레, 가마 20여량, 크고 작은 배 20여척을 그렸다. 육상교통수단만 해도 가마, 낙타, 소수레, 말수레, 나귀수레 등 가가지가 있다. 그려진 거마(車馬), 가옥, 교량, 성루 등은 모두 세치(細緻)하고 빈틈없어, 송대 건축의 특징을 체현하지 않는 것이 없다. 계화(界畫)[04]의 고수(高手)의 정세(精細)한 기초, 문인의 교묘한 취사선택의 구상(構想), 유자(儒者)의 자각적 책임감과 우환의식(憂患意識)이 있는 장택단의 「청명상하도」는 생생한 북송 풍속화일뿐 아니라, 비할 바 없는 역사적 가치와 과학적 가치 그리고 예술적 수준을 가진 현실주의 역작이다.

---

04   중국 회화의 화법으로서, 궁실, 누대, 배, 수레 등을 그릴 때 계척(界尺)을 사용하여 직선을 만드는 섬세한 필법이다. - 역자주.

이미지로 읽는 고대문명

온 세상에 겨룰 이 없고,
산 정상에 오르니 내가 봉우리가 되었네

발명의 나라

송대를 거론하자면, 남송 말년 지나치게 연약한 정치로 한 구석에 안주한 것과 불가사의한 군사적 패배 때문에 종종 '약(弱)'자(字)로 개괄되고, 심지어 '나약하다'고 정의된다. 그러나, 역사의 긴 강에서 보자면, 조대(朝代)의 교체에서 먼저 있던 구(舊) 조대 중 어느 조대가 후에 오는 신(新) 조대와 비교할 때 약하지 않고, 위축되어 패전하지 않았던가? 묵은 것을 버리고 새것을 취하며, 낡은 것을 밀어내고 새 것이 나오는 것은 태어나고 죽고 오고 가는 모든 것의 전반적인 추세이다. 충분히 먼 시간적 거리를 두고 저 역사를 돌아보면, 송대는 한당(漢唐)과 마찬가지로 당시 세계적으로 손꼽는 아름답고 번화한 당당한 대국이었다.

송대의 상업과 수공업의 창성, 경제의 고도 발달, 국가정치의 개명(開明)으로 양송(兩宋)은 320년 간 지속되어서, 중국 역사상 300년 넘게 통치한, 손꼽을 수 있는 왕조의 하나이다. 송의 강역은 비록 한당에 미치지 못했지만 인구 증가는 오히려 놀라운데, 그중 변경(汴京) 한 성의 인구만도 137만에 달하는 12세기 세계최대의 도시였다. 송의 찬란함은 유일무이하며, 만약 정치의 개명과 인성의 각성이 없었다면 그렇게 오래 이어진 신구(新舊) 당인(黨人)의 반복적 교체가 나타나지 않았을 것이다. 송대는 세계를 뒤흔드는 과학적 성취를 이룩했고, 과학기술 수준은 당시 세계의 기타 국가를 크게 초월했으며, 사대발명 가운데 세 가지인 활자인쇄술, 지남침, 화약은 모두 송대에 출현했다. 그것들은 고대 중국의 정치, 경제, 문화 발전에 거대한 추진 작용을 했을 뿐 아니라 세계 각지로도 전파되어, 세계문명의 발전에도 중대한 영향을 미쳤다.

11세기 초에 북송의 평민 필승(畢昇)은 활자인쇄술[05]을 발명했는데, 유럽보다 4세기여 더 빨랐다. 중국인쇄술은 페르시아를 거쳐 서방에 전해졌고, 14세기 말이 되어서야 유럽에는 목판에 새긴 인쇄품이 나타났으며, 1450년 전후에야 독일에서 중국 활자인쇄술의 영향을 받아 만들어진 금속활자가 나타났다. 인쇄술은 인류문화의 전파와 보존에 대한 중대한 공헌인데, 인쇄술이 유럽에 전해진 후, 유럽이 암흑의 중세기를 벗어나고 르네상스운동이 출현하는 데에 조건을 마련해 주었다.

그림 3 활자 인쇄술

---

05   [宋]沈括, 『梦溪笔谈』卷十八 技艺, 毕昇活版, 上海古籍出版社, 2013年 6月, 171쪽.

이미지로 읽는 고대문명

남송 때에, 사람들은 당대(唐代) 서적 속에 기록된 방법에 근거하여 화약을 제조하고 화약을 운용한 '돌화창(突火槍)'을 발명했다. 화약의 발명은 그 근원을 거슬러가자면 중국 고대의 연단가(鍊丹家)에게 그 공을 돌리게 되는데, 객관적으로 그들은 중국 초기의 화학가가 되었다. 화약의 발명과 전파는 전쟁모델을 바꾸었고, 군사사상(軍事史上) 획기적인 대사건이었다. 화약은 13세기에 아라비아와 유럽에 전해졌

그림 4 연단술에서 화약으로

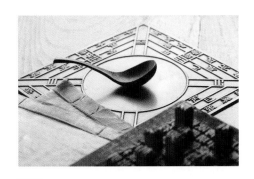

그림 5 사남에서 나침반까지

고, 화약과 화기의 사용은 유럽자산계급이 봉건귀족과 싸워 이기는 과정을 가속화했으며, 유럽 채광업과 금속제조업의 발전을 촉진했다.

북송 때에, 사람들은 창조적으로 지남침을 항해에 운용했다. "해군이 지리를 알아, 밤에는 별을 보고 낮에는 해를 보며, 날씨가 흐릴 때에는 지남침을 보았다."[06] 지남침은 전국시대에 방향을 지시하던 의기(儀

---

06   [宋]朱彧, 『萍洲可談』卷二, 中华书局, 2007年, 133쪽.

器)인 '사남(司南)'에서 배태되었고, 자석이 남쪽을 가리키는 원리를 운용하여 제작되었는데, 군사와 경제생활에서 중요한 작용을 했고, 명대 항해가 정화(鄭和)가 동아프리카 등지로의 먼 항해를 보장해주던 중요한 조건이었다. 송원시대에, 지남침은 아라비아를 거쳐 유럽에 전해졌고, 콜럼버스가 아메리카주 항로를 발견하고 마젤란이 지구일주 항해를 하는 것을 기술적으로 보증해주었다.

미국 학자 로버트 템플(Robert Temple)의 『중국: 발견과 발명의 나라(China: Land of Discovery and Invention)』에 나오는 통계에 의하면, 현대 세계 문명의 수립이 기댄 기본적 발명과 창조는 그 절반 이상이 중국에서 내원했으며, 특히 제조술, 화약, 인쇄술, 지남침의 발명은 일찍이 세계를 바꾸어 놓았다. 중국인은 "3세기에서 13세기까지의 사이에, 서방에서는 바라볼 뿐 따라가지 못하는(望塵莫及) 발전 수준을 유지했다… 중국의 이들 발명과 발견은 동시대의 유럽을 훨씬 초과했고, 특히 15세기 이전에는 더욱 그러했다."[07] 중국의 과학기술은 세계에서 천년간 선도적 지위를 유지했으며, 이 중국과학기술이 세계를 선도하던 물결의 정점에 도도하게 서 있던 것은 바로 송대이다.

성세(盛世)의 노래

봄바람이 밤에 수많은 나무에 꽃을 피워놓고는
또 불어 떨어뜨리니 불꽃이 비 오듯 쏟아지누나
화려한 거마가 왕래하는 길에는 향기가 가득하고

---

07 (英) 李约瑟, 『中国科学技术史』 第一卷 『导论』, 科学出版社, 上海古籍出版社, 1990年, 2쪽.

이미지로 읽는 고대문명

퉁소 소리 울려 퍼지고
백옥같은 달은 밝게 빛나고
밤새도록 어룡 꽃등은 춤을 추는구나

화려하고 아름답게 치장한 여인들
웃고 떠들면서 그윽한 향기를 풍기며 지나가네
인파 속에서 천백 번 그녀를 찾다가
문득 머리를 돌려보니
그녀는 뜻밖에도
등불이 드문 곳에 쓸쓸히 서 있구나

東風夜放花千樹
更吹落
星如雨
寶馬雕車香滿路
鳳簫聲動
玉壺光轉
一夜魚龍舞

蛾兒雪柳黃金縷
笑語盈盈暗香去
衆里尋他千百度
驀然回首
那人卻在
燈火闌珊處

「청옥안(靑玉案)」은 송나라 수도 변경(汴京)의 원소절의(元宵節) 밤에 등(燈)과 달이 함께 빛나는 성세번화를 펼쳐 보인다. 밝게 빛나는 등불과 봄날의 갖가지 아름다운 경치, 화려하게 장식한 거마(車馬)와 악기 연주, 등불을 감상하는 여자의 웃음소리와 향기, 그리고 민간 예인(藝人)이 노래하고 춤추며 물고기와 용이 가득한 백희(百戲)공연… "백옥같은 달은 밝게 빛나고, 밤새도록 어룡(魚龍) 꽃등은 춤을 추는구나." 날 새는 줄 모르는 파티 광경, 즐겁고 신나는 불야성이 눈앞에 있는 듯하다.

송사(宋詞)뿐만 아니라 송대의 사료와 기타 문예작품 속에도 변경의 불야성에 대한 묘사와 기록이 있다. 송나라 이전에 도시에는 야간 통행 금지 제도가 있어서 밤에는 마음대로 활동하지 못하게 되어 있었기에, 밤이 된 후에는 긴급한 이유가 없으면 거리에서 한가로이 돌아다닐 수가 없었고, 등을 켜는 데에 불을 이용하는 것도 엄격히 통제되었다. 비할 바 없이 화려했다고 생각되는 당대(唐代)에도 원소절에만 사흘간 금지를 완화했을 뿐인데 그것을 '방야(放夜)'라고 했다. 송대의 불야(不夜)는 원소절에만 있었던 것이 아니고 밤마다 등불을 켰으며, 반주에 맞춘 노래가 그치지 않았다. 송대는 중국 역사상 최초로 '불야'를 사용해 자기의 왕성한 개창력과 성세번화를 표현한 조대이고, 변경은 불야성의 수석 대표이다.

불야성 출현의 선결 조건은 도시 거주민의 존재인데, 송대에는 더 정확한 의미에서의 '시민'이 나타나기 시작했다. 중국 역사상 최초로 도시 거주민과 향촌 거주민이 구별된 것은 송 진종(眞宗) 천희(天禧)3년(서기1019년)으로, 이 해에 송은 새로운 호적제도를 확립하여, 도시거주민을 방곽호(坊郭戶)로 분류했다. 방(坊)은 거주민지역이고, 시(市)는 상품 교역지역이다. 송 이전의 수(隋)와 당은 방과 시가 나뉘어 설치되었고, 양자는 섞일 수 없었는데, 이런 도시 거주관리를 준수하지 않으면 처벌

이미지로 읽는 고대문명

을 받았다. 송대에는 도시 속의 시와 방의 경계가 타파되어, 효시(曉市)와 야시(夜市)가 출현했다. 각종 시장(市場) 특히 야시가 도시 내에 대량으로 출현함에 따라, 점차로 유행에 따르는 도시의 생활방식과 시민의 소비관념이 형성되었다. 동시에, 시장에서의 상업교역의 번영과 대외무역의 발달도 더욱 선진적인 교환방식의 탄생을 촉진하여 세계최초의 지폐인 '교자(交子)'가 송대에 출현했다.

와시(瓦市)는 와사(瓦肆), 와사(瓦舍)라고도 하는데, 송나라 사람들의 문화오락장소였다. 와시 속에는 먹을 것과 마실 것과 놀 것이 모두 다 갖춰져 있어, 시민들에게 엄청나게 강력한 흡인력이 있었다. 「청명상하도」는 성 바깥 교외의 고요함에서 성 안 와시의 연예장(句欄)의 번화까지 묘사했는데, 화권 중 '시교(市橋)'와 '시가(市街)'의 눈에 띄는 두 부분에서 당시 변경의 상업적 번화함을 두드러지게 표현했다.

야시의 번화 양상은 한 도시의 개성과 상태를 대표한다. 송대 민간 시정(市井)의 밤 모습은 풍부하고 떠들썩했다. 거리를 돌아다니고 물건을 사고 먹고 마실 뿐 아니라, 일종의 독특하고 생동감 있는 야시문화를 형성했다. 와사(瓦舍) 구란(句欄)에서는 밤낮이 따로 없는 문화 오락 공연, 길거리의 점집, 이런 것들로 인해 야시장은 늘 시끌벅적했다.

송대의 불야는 어느 정도까지 번화할 수 있었는가? 송나라 사람의 필기(筆記) 『철위산총담(鐵圍山叢談)』은 세부적인 일을 하나 기록했다. "온 세상이 모기로 고통 받지만, 도성의 말이 다니는 거리(馬行街)만은 모기가 없다. 말이 다니는 거리는 도성 야시의 주루가 극히 번성한 곳이다. 모기는 기름을 싫어하는데, 말이 다니고 사람이 떠들썩하고 등불이 하늘을 비추면서, 매번 북이 네 번 울려야 파하기에, 모기가 모일 새가 없다(天下苦蚊蚋, 都城獨馬行街無蚊蚋. 馬行街者, 都城之夜市酒樓極繁盛處也. 蚊蚋惡油, 而馬行人物嘈雜, 燈火照天, 每至四鼓罷, 故永絕蚊蚋."[08] 밤새 타는 촛불 기름은 모기 한 마리 보이지 않도록 연기를 뿜었다. 민간 야시의 환락은 황제의 부러움을 살 정도였다.

> 어느 날 심야에, 송 인종(仁宗)은 궁중에서 악기소리와 노래소리와 웃음소리를 듣고 궁인(宮人)에게 물었다. "이는 어디서 연주하는 음악인가?"
>
> 궁인이 답하였다. "이는 민간 주루에서 음악을 연주하는 곳입니다."
>
> 궁인은 또 말하였다. "황상께서 들으신 것처럼, 바깥세상은 이처럼 흥이 겨워, 쓸쓸한 우리 궁중과는 사뭇 다릅니다."
>
> 인종이 말했다. "너는 아느냐? 내가 이처럼 쓸쓸하기에 그들이 이처럼 쾌활할 수 있다. 내가 그들처럼 한다면 그들이 쓸쓸해질 것이다."

---

08   [宋]蔡絛, 『铁围山丛谈』 卷第四, 中华书局, 1983年, 70쪽.

이미지로 읽는 고대문명

시정의 시끌벅적함은 호화로운 황궁의 쓸쓸함을 대비하여 드러 내었고, 대화의 언사 중에도 자기의 쓸쓸함을 바라고 백성의 안락을 기뻐하는 송 인종의 넓고 두터운 애민의 정을 볼 수 있다.

송 이전 조대(朝代)의 '소금(宵禁)'이나 송 이후 조대의 '야금(夜禁)'과 대비해 송의 '불야(不夜)할 수 있음'은 국가 통치에서 가진 관용성, 창조성, 진보성을 볼 수 있다. 이들 풍부하고 다채로운 시정생활, 번화한 상업지역에서 아침이 올 때까지 밤을 새우는 경영은 모두 송대의 감탄해 마지 않을 수 없는 정치경제문화의 종합적 개창력의 체현이다. 중국 역대 문화생활 및 상업교역의 번영 정도의 파봉선(波峯線)[09]상에서, 송은 최초의 고봉(高峯)이자, 그 전 조대와 거대한 수직낙차를 형성한 최초의 고봉으로서, 「청명상하도」가 묘사한 변경의 번화함은 이 고봉 중에서도 가장 높은 지점이다.

참된 명사는 저절로 풍류가 생기니, 이 법도만이 진솔할 수 있네 (是眞名士自風流, 唯此法度能爛漫)

백성을 위해 명을 세우다

송대는 이렇게 과학기술에서 중국 사대 발명 중 세 가지 발명을 낳은 개창시대였다. 짙은 중농억상(重農抑商:농업을 중시하고 농업을 억제함)

---

09   crest line. 파도의 가장 높은 지점들로 이어지는 선 - 역자주.

의 전통을 가진 나라에서 대외무역을 창신적으로 발전시키고, 사영(私營)작업장의 수공업과 상업을 너그럽게 받아들여 발전시키며, 도시관리에서 과감하게 근 천년의 '소금(宵禁)' 질곡을 타파하고, 중국 역사상 최초로, 반주에 맞춰 부르는 노래소리가 끊이지 않는 불야성을 밝힌 이런 조대(朝代)는 문화와 사상에서도 과감히 생각하고 과감히 행동하여, 얽매이지 않고 분방한 낭만파 겸 호방파(豪放派)일 것이지만, 그러나— 그것은 오히려 가장 근엄하고 진지하고 실사구시적인 '유법파(唯法派)'였다. 법도를 중시하고 법도를 준수하는 이런 사상 자체가 문화와 사상에 있어서 송대의 개창이었으며, 이 점은 이학(理學)의 발단과 형성에서 특히 두드러지게 표현되었다.

이학(理學)은 유학(儒學)의 유파이데, 중국 고대의 가장 정치(精緻)하고 가장 완비된 이론체계로서, 영향이 심원하다. "천지를 위해 마음을 세우고, 백성을 위해 명을 세우며, 지나간 성인을 위해 끊어진 학문을 잇고, 만세를 위해 태평(太平)을 연다". 이는 '이정(二程)'[10]과 동시대의 이학 개창인인 북송 대유(大儒) 장재(張載)의 장엄한 선언이다. 비록 후래에 이학의 오로지 '내성(內聖)'의 경세(經世)노선과 "예(禮)를 숭상하고 권모(權謀)를 숭상하지 않는" 사상적 경향은 의(義)를 중시하고 이(利)를 경시하고, 자연적 인성(人性)과 어긋나는 편파적 이해(理解)와 극단적 사건이 나타났지만, 이학은 도덕적 자각을 통해 이상적 인격에 도달하는 공적(功績)을 강조하여, 기개와 덕성을 중시하고 사회적 책임과 역사적 사명을 중시하는 중화민족의 문화적 성격을 강화했다. 명조와

---

10 程顥와 程頤. 세상 사람들은 '二程'이라고 칭한다. 북송의 저명한 理學家이자 교육가이다. 程顥(서기1032년-1085년), 字는 伯淳, 또 '明道先生'이라고 칭한다. 程頤(서기1033년-1107년), 字는 正叔, 또 '伊川先生'이라고 칭한다.

그림 7 정문입설(程門立說)

청조가 교체될 때 "천하의 홍망은 필부에게도 책임이 있다"고 강개하여 호소한 고염무(顧炎武)와, 이민족(異民族)의 강권(强權) 혹은 부패한 정치세력의 면전에서 호연(浩然)한 정기(正氣)와 쟁쟁한 풍골(風骨)을 보여준 문천상(文天祥) 및 동림당(東林黨) 사람들은 이학의 정신적 가치와 도덕적 이상에 침윤되지 않음이 없었다.

장재(張載), 이정(二程)과 마찬가지로 북송에 살았으나 이 세 사람보다는 뒤인 장택단의 「청명상하도」속에서 사회와 민생에 대한 관심, 함축적 표현 방식, 깊은 우환 의식은 모두 유가의 '문이재도(文以載道)'[11], 이학의 '백성을 위해 명을 세움(爲生民立命)'의 사상이 그에게 미친 지극히 중요한 영향을 체현한다. 이런 사상은 내재적인 정신적 법도가 되어, 다음 세대의 문화 예술작품 속에서 밝게 빛난다.

사(詞)와 그림의 법도

송사(宋詞)이건 송화(宋畵)이건 아니면 송대의 기타 예술품이건간에,

---

11 文以載道: 문장을 통해 이치를 담는다는 뜻으로 문학은 도를 전달하는 그릇이 되어야 한다는 말임. - 역자주.

송대의 화려하고 웅장함과는 대조적으로 송대인은 간단하고 담백하고 고원함을(簡淡高遠) 훨씬 숭상했고, 작품 속에 '일(逸)' 기(氣)가 있는지 없는지로 우열을 논단했다. 일(逸)은 표일(飄逸)이기도 하고 도일(逃逸)이기도 한데, 실제로 일종의 법도이고, 일종의 절제 있는 타파이다. 어중간하면서 조금도 벗어나거나 돌파가 없다면, 매너리즘의 답답함을 주고, 너무 멀리 벗어나고 너무 많이 어기면 아마도 거칠고 경솔하여 아예 갈피를 잡지 못할 것이다. 딱 들어맞는 한 점획(點劃), 한 전념(轉念)에서, 그 어김이 자연스럽게 이루어지고, 생기 있고 자연스럽게 벗어나 법도를 완수해야 비로소 들어맞는다. 송의 과학기술 진보와 과학 발명은 그 진리 추구 및 법도 중시의 정신과 긴밀히 상관된다. 송대에 극히 세치(細緻)하고 엄밀하고 정확한 계화(界畫)가 유행한 것 등도 법도를 숭상하는 이런 미학 추구의 영향을 받았다. 송사도 생각과 감정을 표현하려 하는 동시에 엄격한 사패음운(詞牌音韻)에 부합하기 때문에 더욱 아름답다. 이중적 혹은 다중적 규칙에 대한 자각적 준수 및 '마음을 따라도 규범을 어기지 않음(從心而不逾矩)', 이것이 바로 송나라 사람들이 법도를 중시하는 최고 경지다.

버드나무 그늘은 곧고
안개 속 파릇파릇한 실가지는 하늘거리네
강둑 위에서
몇 번이나 보았던고
수면을 스치며 버들꽃 날리는 속에 길손을 보내는 광경을
높은 데 올라 고향을 바라보나
누가 알아주랴

이미지로 읽는 고대문명

번화한 서울의 지친 나그네를
장정 길에서 세월을 맞고 보내며
부드러운 가지를 꺾은 게 천 자는 넘으리라

한가로이 옛 자취를 더듬노니
구슬픈 거문고 가락에 술잔을 들고
등불은 이별의 자리를 비추는 가운데
배꽃과 느릅나무 불은 한식을 재촉했었더라
수심 속에 배는 순풍에 쏜살같이 떠나가고
상앗대 반쯤 잠긴 물결은 따뜻한데
머리를 돌리니 멀리 여러 역을 지나와
그 사람 있는 하늘 북쪽을 바라보노라

柳阴直
烟里丝丝弄碧
隋堤上
曾见几番
拂水飘绵送行色
登临望故国.
谁识京华倦客
长亭路
年去岁来
应折柔条过千尺
闲寻旧踪迹
又酒趁哀弦
灯照离席

梨花楡火催寒食

愁一箭风快

半篙波暖

回头迢递便数驿

望人在天北

북송 사인(詞人) 주방언(周邦彦)의 『난릉왕(蘭陵王)』은 가슴아픈 이별의 감정을 표현하는 데에 의도가 있으며, 그 속에서 청명 전후 송나라 도성 변경의 경치와 경관을 묘사한 장면은 장택단의 「청명상하도」속에 묘사된 것과 많은 공통점이 있다. 예를 들면, 안개같은 움버들, 북송때 경성을 내왕할 때 반드시 거쳐야 하는 길로서의 변하의 제방, 장정(長亭)[12] 혹은 역참(驛站), 현가(弦歌)와 술이 함께 취하는 와시(瓦市)의 주루(酒樓), 막힘없이 오가는 선박…

이 사는 대략 송대 '형태가 법도이고, 의도는 상을 초월함(形唯法度, 意超象外)'의 사상 및 미학 추구의 가장 아름다운 대표작이다. 겉모습은 평담하고 함축적이며, 소박하고 우아하지만, 따지고 보면 자구(字句)는 운미(韻尾)를 추구하고, 이면에서는 의미를 숭상하였다.(字句求韻尾, 紙背尙意味) 이것은 풍속화에 깊은 뜻을 담아 놓는 장택단의 표현 방식으로서, 사유, 심미(審美), 그리고 의취(意趣)상에서 이곡동공(異曲同工)의 효과를 냈다.

최고 통치자의 애호와 창도(倡導)는 종종 한 시대의 회화에 중요한 영향을 미친다. 황제이면서 뛰어난 화가이자 서예가인 송 휘종(徽宗)

---

12   여행자 휴게소 - 역자주.

이미지로 읽는 고대문명

그림 8 북송 조길 「서학도」

제4장 청명상하(淸明上河)

조길(趙佶)의 두 가지 작은 일사(逸事)로부터, 법도에 대한 송대의 중시와 송대의 화풍을 엿볼 수 있다. 한번은, 한 궁전 건물이 완공된 후 명수(名手)들이 그린 벽화는 전부 다 조길의 주목을 끌지 못했으나 전랑(前廊)의 공안(拱眼) 속에 한 젊은 화가가 그린 삐져나온 가지의 월계화(月桂花)가 그의 발길을 사로 잡았다. 조길은 가지가 삐져나온 월계화를 극찬하면서, 월계화는 사계절 아침저녁으로 꽃술과 꽃잎이 모두 다른데, 이 그림은 봄날 정오의 월계화의 자태를 잘 표현했다고 하였다. 또한 번은, 조길이 화가들에게 공작(孔雀)이 돈대(墩臺)에 오르는 모습의 병풍을 그리게 하였으나, 몇 번을 그려도 만족하지 못했다. 후에 "공작이 높은 곳에 오를 때면 반드시 먼저 왼쪽을 든다"는 점을 지적했다. 워낙 관찰이 세심한 조길은 공작이 높은 곳에 오를 때는 반드시 먼저 왼쪽 발을 든다는 것을 발견했으나, 화원(畫員)들이 그린 것은 모두 오른발을 들고 있었던 것이다. "화원들은 소스라치듯 탄복했다고 한다.(衆史駭服)"[13]

조길은 회화를 중시했고, 또 회화를 벼슬을 주는 경로로 삼았다. 한번은 그가 '심산장고사(深山藏古寺:깊은 산 속의 오래된 절)'라는 제목을 낸 적이 있다. 화원들은 산림 속에서 높이 올라간 처마 끝을 그려 표현하였는데 1등을 받은 사람은 절을 그리지 않고 한 승려가 산속 냇가에서

---

13 『畫繼』卷十: 宣和殿 앞에 荔枝를 심었는데, 열매를 맺자 황제의 얼굴이 좋아서 움직였다. 우연히 공작이 그 아래에 있자, 곧 畫院의 畫員들을 불러 그것을 그리게 하였다. 각자가 극진히 구상하여 華彩가 찬란했다. 그러나 공작이 墩臺에 오르려 할 때 반드시 먼저 오른쪽 다리를 들었다. 황제께서 말씀하셨다. '아니다.' 畫員들은 헤아릴 수 없을만큼 놀랐다. 며칠 후에 다시 불러 물었으나 대답할 바를 몰랐다. 그러자 황제가 教旨를 내려 말씀하셨다. "공작이 높이 오를 때는 반드시 먼저 왼쪽발을 든다." 畫員들이 탄복하였다. 『中國古代畫論發展史實』, 上海人民美術出版社, 1997년 출판, 144쪽.

이미지로 읽는 고대문명

물을 긷는 것을 그렸다. 또 '답화귀거마제향(踏花歸去馬蹄香:꽃을 밟고 돌아오니 말발굽에 향기난다)'라는 제목을 냈을 때에는 많은 화가들이 '향(香)'자를 어떻게 표현해야 할지 몰랐다. 그 중 조길의 찬상을 얻은 그림은 한 사람이 말을 타고 있고 말발굽 주변을 나비들이 춤을 추며 둘러싸고 있는 화면을 그렸다. 조길은 이 그림이 교묘하면서 완곡적으로 '말발굽 향기'의 의경(意境)을 표현했다고 여겼다.

황제 조길의 애호는 당시의 회화 풍격을 직접 선도하였는데, 그림을 그릴 때 정밀하고 세밀하게 관찰하여, 반드시 사물의 본래 모습에 부합하기를 요구했고, 자연스럽고 교묘하게 깊은 뜻을 표현할 수 있는 회화작품을 추숭했다. 「청명상하도」의 정밀하고 자세하며 정확한 필촉(筆觸), 교묘한 표현, 감추어진 깊은 뜻은 송대의 이런 시각서사풍격(視覺書寫風格)을 직접 체현했다.

뜬 구름에 가려지랴, 그 속에 깊은 뜻이 따로 있구나(不畏浮雲遮望眼, 別有深意在其中)

뜬 구름에 가려지랴.

송은 당시 세계에서 생산력이 가장 높고 과학기술이 가장 발달한 국가로서, 자부심과 창조력이 충만한 시대였는데, 정치경제개혁의 시도, 과학기술의 창시, 그리고 문화예술의 번영에 집중적으로 체현되었다. 문관정치였고, 사대부를 죽이지 않았고, 간언제도(諫言制度)가 있었으며, 한 무리의 걸출한 인물이 수시로 탄생했다. 예를 들면, 정치경제의 왕안석(王安石), 과학기술의 심괄(沈括), 문화예술의 구양수(歐陽修), 또 경계를 넘나드는 인물 소식(蘇軾), 신기질(辛棄疾), 육유(陸游) 등등 군성(群星)이 찬란하게 빛났다. 이들 전에 없던 좋은 정책과 뛰어난 인물의 쏟아져 나온 것은 적극 향상하는, 개방적이고 개명한 시대로서 송나라의 존재를 좌증했다. 이 앞의 조대(朝代)는 생산력과 조대의 번영에서 이런 높이에 도달한 적이 없고, 이 뒤의 봉건 조대도 정치의 개명과 정신의 자유에서 다시 그 고도에 미치지 못했다.

「청명상하도」의 작자 장택단은 이런 시대에 살았다. 장택단은 '경사(京師)에서 공부한 다음 그림을 배웠는데'[14], 유가지식인의 대표이고, 강렬한 우환의식을 가졌으며, 뜨거운 국가적 심경으로 충만했다. 한림도화원(翰林圖畫院)의 화가로서 장택단은 명을 받들어 「청명상하도」를 그렸다. 장택단의 작품으로 지금 볼 수 있는 것은 「청명상하도」뿐이다. 이 회화작품은 중국고대에 사회생활 표현이 가장 풍부하고 광활하며 담긴 의미가 가장 깊고 두터우며, 감화력이 가장 강한 풍속화 장권(長卷)이라고 감히 말할 수 있다.

현재 고궁박물관에 소장된 「청명상하도」는 견본(絹本)으로서 옅은 색채이고, 세로24.8cmm, 가로 528cm이다. 화권은 조감식(鳥瞰式) 전경법(全景法) 구도를 채용하고, '산점투시법(散點透視法)'으로 화면을 구성하여, 12세기 북송 전성시기의 도성인 변경의 생활면모를 생동감있게 재현했다. 화권은 전통적인 두루마리형식으로서, 용필(用筆)은 겸공대사법(兼工帶寫法)을 사용하였는데, 색채가 담백하고 우아하여, 일반

---

14   [金]張著, 『淸明上下圖』 발문임.

이미지로 읽는 고대문명

적인 계화(界畵)와는 다르니, 곧 이른바 '따로 일가를 이룬(別成家數)' 것
이다. 화면에서 묘사한 사물은 매우 풍부하여, 고요한 향촌부터 번화한
변경 시정(市井)으로까지 곧장 이어지는데, 화면은 길지만 군더더기가
없고, 번쇄하지만 어지럽지 않고, 치밀하고 빈틈없다. 장장 500여명에
달하는 인물의 화면에 각종 이야기가 끼워져 있는데, 어지럽지 않고 조
리가 있으며, 정취도 함께 갖추었다. 경물로 말하자면, 논밭, 논두렁밭
두렁, 농사, 시골길, 변하(汴河), 상선(商船), 점포, 교량, 성루, 성문, 가
옥, 도로 및 세 군데의 사거리 등이 모두 공들여 표현되었다. 인물로 말
하자면, 수레꾼, 가마꾼, 가축몰이꾼, 노점상, 행인, 뱃사람, 배를 끄는
인부, 여객, 심부름꾼, 길거리공연자, 연무자(鍊武者), 관원(官員), 의사,
도사, 행각승, 점장이, 구경꾼 등 "온갖 직업이 모두 이 그림 속에 있다
(三百六十行, 均在此畵中)"고 할 만하다. 그림 속에서 취한 경물(景物)은 크
게는 조용한 원야(原野), 드넓은 하류(河流), 높이 솟은 성곽이다. 작게는
배와 수레 속의 인물, 노점상에 진열된 물건들, 상점의 간판에 적힌 문
자가 조금도 틀림이 없다. 후폭(後幅)에는 금(金)나라 장저(張著), 명나라
오관(吳寬) 등 13명의 제기(題記)가 있고, 도장이 96개 찍혀 있다.

　이로써 변경의 시정생활에 대해 장택단은 세심한 관찰과 깊은 감회
를 바탕으로, 어지럽고 복잡한 대상을 구체적이면서도 자질구레하지
않게, 깊이 있으면서도 어수선하지 않게 표현했다는 것을 알 수 있다.
연대가 오래되었기 때문에, 「청명상하도」는 화폭 자체가 누렇게 변했
고, 색채도 많이 어두워졌지만, 버들가지는 연녹색으로 조염(罩染)했다
는 것, 몇몇 점포의 간판과 "오색비단으로 장식한 문(歡門)"에는 남동광
(藍銅鑛), 오커(ocher) 등 색채의 선염(渲染)했다는 것은 여전히 흔적으로
남아있다. 그러나 오늘날 뚜렷하게 보이는 것은 주로 수묵(水墨)의 시

그림 9 「청명상하도」속의 도시 근교

각효과이다.

　표현 수법에 있어, 이미지의 작자는 부단히 시점을 이동시키는 방법으로, 묘사되는 광경을 펼쳐보였다. 화면 전체의 규획은 어지럽지 않고 조리가 있으며, 기상이 장대하다. 디테일 면에서 정확하고 빈틈없는데, 심지어 기와와 선박덮개의 문양, 더 나아가서 선체의 못까지도 흠잡을 데 없이 펼쳐져 눈길을 사로잡는다. 홍교(虹橋), 성루, 그리고 주점의 장식의 배열 및 수레, 선박의 세부묘사는 매우 정확하여, 오늘날까지도 사람들이 그것들에 근거하여 실물모형을 만들 수 있을 정도이다.

　이 이미지의 탄생은 당시 사회배경과 긴밀히 연관된다. 북송 연간에 「청명상하도」보다 먼저 도시를 묘사대상으로 삼은 풍속화가 당시

이미지로 읽는 고대문명

화단에서 꽤 중시되었는데, 이때 변경성(汴京城)의 발전도 전성기에 달하였으며, 이는 「청명상하도」의 생산에 기초를 마련했다. 장택단은 진지한 관찰, 빈틈없는 태도, 뛰어난 장법(章法), 세치한 용필(用筆), 뛰어난 사물 묘사 기교로써 당시 시정 생활의 구석구석을 기록했다. 작품 전체의 구상이 정교하고, 복선과 기복, 클라이막스까지 갖추어, 이미지를 보면 마치 북송 말기 풍부하고 다채로운 생활을 직접 겪는 것처럼 생생하여, 중요한 역사적 가치와 예술적 가치를 가지고 있다. 이 작품은 풍속화를 시대의 정상(頂上)에까지 끌어 올렸고, 중국예술사상 숭고한 지위를 뽐낸다. 오늘날, 사람들이 송대생활을 다룬 예술작품을 창작할 때 이 그림을 참고하지 않는 경우는 거의 없다.

송대의 시대환경은 이 시기의 이미지문화에 양호한 발전 토대를 마련했고, 또 송대 각종 이미지가 기타 예술 종류로부터 영양을 섭취하여 자기의 심미적 특징을 창조하는 데에 여러 가지 가능성을 제공했다. 송대는 중국 역사에서 이미지가 집대성된 시대이며, 신형(新型) 이미지가 끊임없이 나타났을 뿐 아니라, 각종 이미지가 신기함과 아름다움을 다투었는데, 그것들은 후세 이미지의 여러 방면에서 기초를 마련했다. 특히 휘종이 통치하던 북송 말기에는 화원(畫院)이미지가 매우 번영했다. 화가의 지위와 대우가 우월하고, 황실의 이미지 생산 기구 시스템도 구전하였을 뿐만 아니라, 화학(畫學) 기능도 아주 발달하였기에 사회적으로 우수한 민간화가들이 대량 배출되었다. 이때의 황실 화원(畫院)에는 고수들이 구름처럼 모여들었다. 장택단 외에, 영희도(嬰戲圖)를 잘 그린 소한신(蘇漢臣)과 백안(百雁), 백원(百猿), 백마(百馬), 백우(百牛), 백양(百羊), 백록(百鹿)을 잘 그린 마분(馬賁), 재능이 극히 풍부했던 청록산수화가(靑綠山水畫家) 왕희맹(王希孟), 자주 조길을 위해 대필했던 유익(劉益),

부섭(富燮), 그리고 남송 일대(一代)의 화풍을 개창한 이당(李唐) 등.

장택단이「청명상하도」를 완성한 후, 일찍이 휘종 조길의 어제(御題)를 얻었고 후에 민간에 소장되었다가, 금나라가 북송을 멸망시킨 후 금나라 궁에 들어갔다. 원명청(元明淸) 시대에 그것은 여러번 황궁에 들어갔고, 또 수차례 궁에서 나와 민간에 전해졌으며, 신중국 성립 후에 북경고궁박물관에 소장되었다. 금대(金代) 장저(張著)가 가장 일찍「청명상하도」에 발문을 썼는데, 비록 그림 위에 낙관(落款)한 시간이 없긴 없지만, 그는 이것이 장택단의 작품이라고 여겼고, 또 그를 위해 약전(略傳)도 썼다.

> 한림(翰林) 장택단은 자(字)가 정도(正道)이고, 동무(東武) 사람이다. 어려서 독서하였고, 경사(京師)에서 유학하였으며, 후에 그림을 익혔다. 이 화공의 계화는 특히 배와 수레, 시장과 다리와 둘레길을 좋아하여, 따로이 일가를 이루었다.『향씨평론도화기(向氏評論圖畫記)』에 의하면 "『서호쟁표도(西湖爭標圖)』,「청명상하도」는 신품(神品)에 들어가니, 소장하는 이는 보물로 대하여야 한다."라고 하였다. 대정(大定) 병오년(丙午年)(1186) 청명 다음날, 연산(燕山) 장저(張著)가 발문(跋文)을 쓴다.

장택단에 관한 믿을만한 기록은 이것이 전부라고 할 만하다. 다름 아닌『향씨평론도화기』와 장저의 발문이 있은 덕에 장택단의 이름이 후세에 알려지고 이 걸작의 제목이 '청명상하도'라는 사실도 세상에 알려졌다.

이미지로 읽는 고대문명

그 속에 깊은 뜻이 따로 있구나

「청명상하도」는 세상에 나온 이래 줄곧 역대 황실, 고관 대작, 문인 묵객(文人墨客)과 수장가(收藏家)의 중시를 받았다. 오랫동안, 사람들은 그 그림이 북송 말년의 사회생활을 반영한 것이라고 입을 모았지만, 그림의 이름 가운데 '청명'의 함의가 도대체 '청명절 무렵'인지 아니면 '정치의 청명'인지에 대해 여전히 논쟁이 있다.

역사상 장택단의 「청명상하도」가 묘사한 것이 청명절 무렵이라는 점은 금대(金代)이래 결코 이의가 없었다. 그러나, 어떤 당대(當代) 학자는 화권 속에 새로 담근 술, 목탄(木炭), 돌로 된 롤러(roller), 부채, 수박 등 청명절 무렵에 어울리지 않는 물품들이 나타난 것을 지적하면서, 이는 가을의 정경을 그린 것이라는 의견을 제기하였다. 또 어떤 학자는 이 그림이 '청명'에 발생한 것이 아니고 늦가을에 발생한 것도 아니며, 이상(理想) 속의 일년 사계절이 회전하는 사회 정경으로서, 이 그림은 '추상적 풍속화'로 보는 것이 마땅하다는 주장을 낸다.

사실상, 「청명상하도」를 자세히 들여다보면 표면적인 번화와 시끌벅적함 속에 태평성세와는 결코 어울리지 않는 또 하나의 장면을 그려넣어 일련의 선명한 대조를 이루고 있음을 발견할 수 있다. 예를 들면, 교외에서 가마나 말을 탄 채 앞에서 소리 지르며 길을 열고 뒤에서 옹위(擁衛)하며 성으로 돌아가는 부자도 있고, 나귀를 몰고 걸어가는 가난한 사람도 있다. 주루에서 연회를 하는 호족(豪族)자제도 보이고, 힘겹게 일하는 운반부, 간신히 뱃줄 끄는 인부, 정신없이 오가는 수렛꾼이나 뱃사공도 보인다. 고기비늘처럼 즐비한 건축물, 넓은 길거리 풍경, 번망한 시정생활 및 웅대하고 화려한 성루와 단청을 한 누각이 있는가

하면, 황량한 교외의 초라한 농가도 그려져 있다. 번화하고 시끌벅적한 시정(市井)도 그렸지만, 길가에서 구걸하는 거지도 그렸다. 대비의 의도는 모순에 경고를 발하는 것인데, 모순은 내재된 깊은 뜻을 은연 중에 내포하고 있다.

송대에는 문인의 간언을 받아들이고 격려하는 정치적 조치로 인해, 사회 현실과 조정(朝廷) 정치가 송대 화가의 비교적 보편적인 창작 방향이 되었다. 북송의 관리(官吏)가 회화를 이용해 황제에게 백성의 상황을 표현한 그림이 부지기수이다. 예를 들면 희녕(熙寧)7년(서기 1074

그림 10 장택단은 그림 속에서 거지 네 사람을 집중적으로 그렸는데, 아래 쪽 세 폭은 부분확대도이다.

이미지로 읽는 고대문명

년)에 북송에 큰 재난이 일어나자, 광주사법참군(光州司法參軍) 정협(鄭俠)은 공장(工匠)의 손을 빌려 「유민도(流民圖)」를 그려서 간언하였다. 그러나 최고통치자에게 바쳐진 그림은 일반적으로 모두 부귀길상(富貴吉祥), 가무승평(歌舞昇平)의 뜻을 담았다. 풍부하고 복잡한 사회현상을 통해 사회문제를 반영하려 시도하고 그림 속에서 현실사회의 모순을 폭로하려 하는 데에는 커다란 용기가 필요했다. 「청명상하도」는 일반적 풍속화와의 차이를 드러내 보여주는데, 노동자와 소상인들이 생계를 위해 하는 고생스러운 노동을 중점적으로 표현한다. 그림 속에 충돌과 모순을 특별히 배치한 것은 그림 전체에 적절히 긴장과 이완을 주고, 사람을 황홀케 한다. 강직한 성품의 유자(儒者) 화가가 세속의 흐름에 구차하게 영합하지 않고, 그림을 매개로 하여 완곡하게 간언하는 강렬한 사회적 책임감을 체현하였다.

큰일은 작은 일에서 비롯된다. 편안한 것은 쉽게 잡을 수 있고, 조짐이 드러나지 않은 것은 꾀하기 쉽다(其安易持, 其未兆易謀.) 북송은 비록 정치, 경제, 과학기술, 문화면에서 전례없이 번성하였고, 세계 기타 국가들을 멀리 앞섰으나, 반드시 자기의 대사주기(代謝週期)를 거쳐야 했다. 특히 문관정치가 군사상에서 가진 단견(短見)과 연약함이 시나브로 폐단을 쌓아 송나라의 가장 치명적인 약점이 되었다. 휘종조(徽宗朝)에, 조길이 겉만 화려한 승평(昇平)의 생활에 도취되어, 백성들의 질고(疾苦)를 불쌍히 여기지 않고, 사회적 모순은 부단히 격화되어, 각지에서 기의가 끊이지 않았고, 역외(域外)에서는 잇달아 요(遼)나라와 금(金)나라가 생겨나 호시탐탐 노렸다. 그러므로, 「청명상하도」는 전체적으로는 기세가 넘치는 성세번화(盛世繁華)를 펼쳐보였으나, 약간의 세부적인 데에서는 오히려 진실한, 태평성세와는 결코 어울리지 않는 또 다른 경관을 드러내 보였다. 여기에 현실주의 화가 장택단의 간절한 마음이 담겨있는데, 이것을 가지고 황제 조길을 향해, 당면한 문제와 추세에 대해 경계하도록, 성색(聲色)에 빠지지 말고, 백성들의 질고에 관심을 가지고 "백성을 위해 명을 세우고", "만세를 위해 태평을 열도록" 경고하고 간언하고 싶어했다.

복숭아와 오얏은 말 없이 떨어져 길을 이룬다(桃李不言下自成蹊)

장택단의 「청명상하도」가 세상에 나온 후로 천 여 년 간, 특히 명청 이래, 미술계는 대대(代代)로 추종자들이 끊이지 않았다. 통계에 의하면, 현존 「청명상하도」는 30여본(本)이 있는데, 그중 세 본이 가장 정교하다. 가장 저명한 장택단의 현존 유일본인 「청명상하도」(북경고궁박물관 소장) 외에도, 구영(仇英)모방본(요녕성 박물관 소장본), 청원본(淸院本)(대북고궁박물관 소장본)이 있다.

'구영본(仇英本)'은 '명본(明本)'이라고도 하고, '청원본'은 '청본(淸本)'이라고도 하며, 모두 청나라 궁(淸宮)에서 옛날에 소장하고 있던 것이다. 구영은 명대 저명화가로서 '오문사가(吳門四家)' 중 한 명이다. 그는 '청명상하'라는 이 제재에 근거해서, '송본'의 구도구조(構圖構造)를 참조하여, 명대 소주성(蘇州城)을 배경으로, 청록(靑綠) 이중 채색 방식을 채용해 한 폭의 완전히 새로운 화권을 창작했는데, 풍격이 송본(宋本)과 많이 다르다. 이 판본은 명대 소주지역 회화예술의 비교적 높은 수준을 대표한다.

'청본'은 건륭제(乾隆帝)가 즉위 초에 궁정화가 진매(陳枚), 손호(孫祜), 김곤(金昆), 대홍(戴洪), 정지도(程志道) 다섯 사람이 협력한 작품이다. 이 다섯 명의 화가는 모두 소주에서 왔고, 그래서 또 소주생활을 남본(藍本)으로 삼았지만, 금군(禁軍)이 말타고 활쏘는 장면 등과 같은 북경의 내용을 약간 더하였다. "청본은 서양화풍의 영향을 받아 거리의 가옥을 모두 투시원리로 그렸고, 입체감이 강하며, 인물의 신체비율이 더욱 적절해져, '송본'과 '명본'보다 더 정제되고 치밀해보인다.

세 가지 「청명상하도」는 비록 제재는 같아서 모두가 개봉성(開封城) 내외 청명절 때의 인물활동이지만, 작품은 오히려 서로 다른 정신적 풍모와 관찰의 감수성을 드러내었다. 명청 두 본은 모두 개봉을 소주성의 면모로 그렸고, 작품도 큰 차이가 있다. '송본'은 현실주의의 각도에서 출발하여, 청명절이라는 이 날의 성묘(省墓), 모임, 상업교역 등 활동을 둘러싸고 전개되며, 기쁨의 색채가 선명하지 않고, 저잣거리의 각종 모순을 회피하지 않는다. '명본'은 향락주의 사상을 반영하여, 향락과 소일거리를 제공하는 각종 점포를 상세하게 묘사했다. '청원본'은 태평성세를 꾸미려는 필요에서 나와서, 관(官)과 민(民) 사이의 모순충돌을 회피하고, 겉치레로 꾸미는 수법과 짙은 색채로 번성한 상업교역과 강성한 군사력을 표현했다. '명본'과 '청원본'은 시간상 청명절이라는 이 감상적(感傷的)인 날짜를 희미하게 하였고, 성묘제사 등의 활동은 더 이상 출현하지 않고, 장면의 분위기가 상당히 유쾌하다. 심지어 화권 제일 앞에는 결혼이라는, 청명절에 출현할 수 없는 경사스러운 일이 나타났다. 화면상의 이런 차이들은 실제로 화가의 창작 관념, 회화 목적 및 그가 처한 시대 배경 등 여러 방면의 차이를 담고 있다. 물론, '송본', '명본', '청원본'의 많은 내용적 변화에는 그 사회역사적 원인이 있고, 그림 속 많은 세부사항은 결코 화가가 근거 없이 억지로 만들어낸 것이 아니며, 사회역사의 발전과 변천을 반영하였음을 보아야 한다.

그림 11 「청명상하도」 속의 시정(市井)

이미지로 읽는 고대문명

제4장 청명상하(清明上河)

중국 고대에 이와 유사한 사시성(史詩性) 풍속장권(風俗長卷)은 그 밖에도 많이 있다. 그러나 오직 장택단의 「청명상하도」만이 송, 원, 명, 청 네 왕조를 거치면서 보존되고, 민간에서도 대대로 전해져, 천년의 역사를 지니게 되었다. 「청명상하도」의 빈틈, 웜홀(wormhole)을 거쳐, 우리는 송나라 사람과 함께 그림 속을 한가롭게, 수레와 말이 줄을 지은 시가를 거닐어 본다. 장택단과 함께 장면을 지적하고 눈살을 찌푸리면서 말이다…우리는 시끌벅적한 길거리에서 가난과 병폐, 쓸쓸함을 목격한다. 우리는 밝혀진 결말을 가슴에 품은 채 최초의 근심에 사로잡혀 있다. ― 말하자면 북송의 한 가운데서, 또 북송 전체와 장권(長卷)를 사이에 둔 채, 묵묵히 마주보며, 깊은 탄식을 하며 서 있다.

그림 12 오늘의 「청명상하도」

이미지로 읽는 고대문명

제5장

원수(洹水)에서 하늘에 묻다(問天洹上)

이 안의 참뜻, 영원히 잊지 않으리

우리가 이고 있는 하늘은 언제 생겨났는가? 우리 발 아래의 땅은 언제 생겨났는가? 나는 언제 생겨났는가? 천지는 장차 어찌 될 것인가? 나는 장차 어디로 갈 것인가?……우리가 이고 있는 하늘은 언제 생겨난 것이고 우리가 딛고 있는 이 땅은 또 언제 있은 것인가? 나는 어디서 왔고 천지는 또 어떠한가? 나는 어디를 향해 가는가? 이런 의문은 누구나 한 번쯤 들었을 것이고 답을 알려고 누군가에게 계속 캐물었을 수도 있다. 다만 어린 시절에는 어른들을 찾아다니며 묻다가 나이가 들면서는 조용히 감상에 젖어 자신에게 되묻곤 했을 것이다.

"쾅, 와장창!" 5, 6천 년 전의 어느 이른 아침, 우렁찬 소리에 사람들은 소스라쳐 잠을 깬다. 질항아리 하나가 땅에 떨어지면서 산산조각 나고 사람들이 다급히 몰려와 구경한다. 그들의 표정은 한결같이 경건하면서도 수심이 서려있다. 어떤 자가 부서진 조각들을 조심히 주워 갈라진 무늬의 굵기와 길이와 방향을 자세히 살피더니 옆 사람을 향해 몸짓을 해 보인다. 아마 인사를 하는 듯하다. 그리고는 몇 마디 더 아뢰는가 싶더니 그 말을 들은 자는 이내 작게 고개를 끄덕이며 잔뜩 찌푸렸던 미간을 펴 보인다. 이때 파편을 맞추던 그 자는 가장 커 보이는 한 조각을 높이 쳐들고 단호하면서 힘 있는 말투로 그를 에워싼 사람들을 향해 뭐라고 한바탕 이야기를한다. 그러자 사람들 무리에서는 기쁨의 환호성이 터져 나온다.

그렇다. 이게 바로 뒤꽁무니를 쫓아다니며 온갖 질문을 해서 우리를 곤경에 빠뜨리는 개구쟁이 아이들한테 입버릇처럼 하는 "너 지금 질솥 깨고 캐물을 생각이야?(你這是要打破砂鍋問到底啊)"라는 말의 유래이다. 아주 머나먼 옛날, 선인들은 질솥(질그릇)을 깨뜨리면서 일의 자초지종을 물었다. 그들은 미리 질그릇에 궁금한 것들을 적었는데 크게는 방국(方國)과의 전쟁이나 조상들의 제사에서부터 작게는 그날의 사냥 동선, 비는 있는지 치통(齒痛)은 낮은지 등등 무척 다양했다. 하지만 신이 사용한 것은 또다른 표현체계였는데, 신은 질항아리 위의 갈라진 무늬의 방향을 이용해 사람들에게 자신의 의도를 알렸고, 인간과 신의 언어적 장벽은 질솥(질남비)를 깨는, 파괴를 조성하는 행위로 "경계선넘기"를 실현해야 했다. 모든 소통은 갑작스런 파괴를 은근히 내포하고 있는데, 모두 경계선 벗어나기와 경계선 넘기의 기초 위에 세워져 있고, 상대방이 갖고 있는 완전성의 일부 또는 한계를 일시적으로 파괴하는 방식을 통해 이루어진다. 신도 예외는 아니었던 것이다.

그림1
갑골문 '鼎'과 '貞'는
자형이 동일하다.

그림2 갑골문 '뉴'

그림3 갑골문 '占'

그림4 각사복갑(刻辭卜甲)　　　　　　그림5 복사탁편(卜辭拓片)

거북의 등딱지(귀갑: 龜甲)나 짐승의 뼈(수골:獸骨)를 점복에 사용하기 전, 사람들은 오랜 세월 동안 염원 또는 궁금한 것을 질항아리 따위의 와기에 새겼다. 갑골(甲骨)에 비해 와기는 각화 공구나 재료에 대한 요구가 높지 않아 쉽게 얻을 수 있을 뿐만 아니라 사용법 또한 간단하였기 때문이다. 그러나 수천 년이 지난 뒤 이렇게 흙으로 빚어 만든 와기들은 진작 먼지가 되어 사라지고 갑골문에 기록된 문자에만 그들의 생애에 관한 이야기가 어렴풋이 남게 된 것이다. 예를 들면 '鼎'과 '貞'이 같은 자형을 취한 것은 '민이식위천(民以食爲天)', 즉 백성들이 식량을 하늘같이 여겼던 당시 식기 또한 무엇보다 중요했기 때문이다. 그들은 자신이 가장 중요하게 여기는 식기를 깨면서 하늘의 뜻을 물었던 것이다. 갑골문 '缶'은 부족장이 이것으로 천하를 보았다는 의미이며 '占'은 마음속의 어떤 의혹이든 "이것 하나면 풀 수 있다(占一缶)"는 의미다. 우리 선인들의 마음속에는 항상 수많은 의문과 기대가 있었고 그것을 대하는 태도 역시 경건하고 절실했다. "쾅-와장창!" 하는 이 우렁찬 소리는 아주 오랜 세월 동안 그들이 매일 아침 일어나서 행하는 의식이었고 모든 일의 순서 또는 방식은 그렇게 정해졌을지도 모른다.

원수(洹水)[01]에서 옛것을 찾다: 옛날의 대읍(大邑), 오늘의 은허(殷墟)

안양 은허에 도착했을 때 내 마음을 숙연하게 한 것은 협도의 나무들이었다. 나무는 모두 크지 않아 대부분 2미터를 넘지 않았고 주간(主幹)은 곧게 위로 뻗고 옆으로 삐어나간 곁가지라곤 없었다. 그 위는 바로 주간을 원심으로 둥그렇게 수평으로 펼쳐진 무성한 수관(樹冠)이다. 직경은 얼핏봐도 1미터 이상이고 큰 것은 2미터도 돼 보이는데 화개(華蓋)마냥 꼿꼿하다. 나무마다 웅용하고 의젓하고 엄숙하게 서 있는 모습이 마치도 화상석에 그린 서수(瑞樹)[02]를 방불케 한다. 현지인들은 이 나무를 홰나무라 하였다. 길 양켠에서 겸허한 군자들이 공손하게 알현자를 맞이하는 듯하다. 어가(御駕)를 덮은 일산(日傘)으로 빽빽한 대국(大國)의 의장대가 얼굴을 덮쳐오듯이 다가와서, 나 같은 알현자들은 국사 대접이라도 받을 것 같은 느낌이 든다. 먼지를 뒤집어 쓴 우리는 이내 용모를 단정히 하고 마음을 바로잡은 후 그들의 주목과 안내를 받

---

01   오늘날 중국 하남성(河南省) 안양(安陽) 시 안양강 상류 - 역자주.

02   중국 고대에 서수는 상서로운 나무의 상징으로 '신수(神樹)'로도 불렸는데 사람들은 서수를 돌에 새겨 행운을 빌기도 했다. - 역자주.

으며 천미터나 되는 긴 길을 지나 3천 년 전의 그곳으로 타임머신을 타고 들어간다. 상나라 사람들의 조정(朝廷)이 있는 궁전, 옛길, 생지사혈(生地死穴)로, 선인들을 알현하러 들어간다. 우리의 선조들이 신을 부르고 하늘과 소통하던 위엄있고 신비로운 곳으로, 연기가 피어오르는 삶의 터전으로 어서 들어가 보자.

이 곳은 중국 상대(商代, B.C.1600~1046년) 도읍의 유적인데 3천여 년 전 태항산(太行山)에서 발원한 원수가 이곳을 굽이쳐 지나고 있다. 당시 상나라 사람들은 원수 양안에서 생활하였고 갑골문에 나오는 洹(원)자는 바로 당시 도읍과 원수가 서로 맞대고 있는 모양을 나타낸 것이다. 원수 강변은 갑골문이 최초로 발견된 곳이고 이런 고문자가 처음 발견된 것은 당시 사람들이 약재로 쓰이던 갑골을 찾아다니면서였고 이름 또한 그렇게 붙여진 것이다. 그러나 이런 문자는 갑골 뿐만 아니라 도관(陶罐)이나 청동(靑銅)에 새겨지기도 하고 주간이나 목간 등 간독(簡牘)에도 쓰였다는 사실이 최근 고고학적으로 입증되었다. 갑골문은 적어도 3천 년에서 6천 년의 역사를 지니지만 매우 성숙한 문자로 평가된다.

혹시 이런 의문이 들 수도 있다. 선인들은 도대체 어떻게 이런 글자를 만들었는지, 어떻게 적었으며 어떤 도구를 사용했는지, 재료는 어떤 것을 썼는지, 색은 있었는지… 당신이 만약 나에게 이런 질문을 꼬치꼬치 한다면 나는 아마 "너 지금 항아리 깨고 끝까지 캐물을 생각이야" 하며 호기심에 차 있는, 사랑스러운 당신에게 되물었을 것이다. 이 속담의 기원에 대해서는 이 글의 말미에 덤으로 시원히 밝혀 줄 것이니 기대해도 좋다. 그러나 그 기쁨을 누리기 전에 해야 할 것이 있다. 바로 그것의 방대하고도 흥미로운 '주변' 지식에 대해 피상적이나마 짚어 보자.

지금으로부터 25,000년~13,000년 전 쯤인 구석기 시대에 안양 일대에는 벌써 인류가 살았다. 전국 시대 역사서『죽서기년(竹書紀年)』에는 이런 기록이 있다. "하(夏) 나라 13대 왕 윤갑(胤甲)이 서하(西河, 지금의 하남성 안양시 탕음현)에 도읍을 정하였다." 하에 이어 상은 도읍을 여러 번 옮겼는데 역사서의 기록을 보면 상 나라는 선후로 13차례나 도읍을 옮겼다고 한다. 기원전 1300년 쯤 상 나라 20대 왕 반경(盤庚)은 신하들을 거느리고 엄(奄, 지금의 산동성 경내)에서 당시 북몽(北蒙)이라 불렸던 안양으로 옮겨와 '은(殷)'이라 명명했고 이를 중국 고대사에서는 '반경천은(盤庚遷殷)'이라 한다. 반경 천은 이후, 사회 질서는 점차 안정되어 사람들이 안거낙업(安居樂業)하고 나라가 번영 발전하였다고 한다. 은(殷)은 상 나라 도읍으로 가장 오래 유지된 곳이고 최후의 도읍지기도 하다. 은은 사람들 마음 속에 매우 숭고하게 기억되어 '대읍상(大邑商)'라고도 불린다. 상 왕조는 기원전 1600년에 세워지고 1064년 주에 의해 멸망하기까지 총 17대에 거쳐 35명의 왕에 의해 600년 간 존속했다.

상이 멸한 후 고을이었던 읍상은 점차 황폐해 갔다. 춘추전국(春秋戰國)에서 진한삼국(秦漢三國), 진남북조(晉南北朝)에서 수당(隨唐), 오대십국(五代十國)에서 송원명청(宋元明淸)까지 조대가 빈번히

경질되면서 역사적 흔적들은 잦은 전쟁에 밟혀 희미해지다가 아예 사라져 버렸다. 그 옛날 명성을 떨쳤던 고을은 쓸쓸하고 적막했다. 사람들은 전쟁으로 폐허와 잿더미가 된 이 땅 속에 선인들이 남긴 귀중한 문명이 파묻혀 있다는 사실을 수천 년이 지나도록 알지 못했다. 19세기 말에 이르러서야 이 곳에서 15만여 점의 갑골문과 수만 점의 청동기가 연이어 출토되고 궁궐, 왕릉, 서민 구역 외에도 청동 주조 유적, 수공방, 대형 제사 유적까지 50여 곳의 왕궁 유적지가 하나씩 모습을 드러내게 되었다. 선명한 좌표와 쏟아져 나오는 문물들, 그동안 전설로만 전해 내려오던 읍상의 신비로운 베일이 드디어 벗겨진 것이다. 사람들은 눈 앞에 펼쳐진 믿을 수 없는 광경에 환호했고 화하문명이 피어난 조상들의 삶의 터전의 모습을 하나씩 파헤쳤다.

세상을 놀라게 한 갑골 한 조각

1899년(광서 25년) 국자감제주(國子監祭酒, 국가 최고 학부 교장)였던 왕의영(王懿榮)이 염질(染疾)에 걸려 약을 복용하다가 우연히 한약 안의 용골에서 낯선 문자들을 발견한다. 당시 금석학(金石學)에 조예가 깊었던 그로서는 흥미로운 발견이 아닐 수 없었다. 그는 기쁨에 겨워 이것은 주문보다도 오래된 문자일 것이라고 단언하였다. 하지만 그가 이 문자에 대해 깊이 연구해 보기도 전에 1900년 8개국 연합군이 북경에 침략하였고 분노를 누를 길이 없었던 그는 스스로 목숨을 끊어 순국하였다.

1917년 학자 왕국유(王國維)는 깨진 갑골 두 조각을 접합하여 이것은 상나라 선군 선왕의 복사(卜辭)임을 발견한다. 그는 이것을 『사기(史記)』상왕세계(商王世系)와 대조하여 수천 년 동안 아무도 발견하지 못했던 『사기』의 오류를 바로잡았다. 이를 시작으로 왕국유는 '지하출토 자료로 종이에 씌어진 자료를 검증하는' 이른바 『이중증거법』을 제기했다. 그전까지 학자들은 서재에 박혀 돌에 새겨진 비문이나 동기에 새겨진 금문만 연구했지 현장(田野) 답사 및 발굴 연구는 시도한 적이 없었다. 이중증거법으로 인해 갑골문 연구는 엄밀한 학문으로 인정받았을 뿐만 아니라 당시 학계를 휩쓸었던 '의고(疑古)' 학풍에 큰 타격을 주면서 국내외에서 큰 파문을 일으켰다.

1973년, 중국 하남성 여주시 소둔진 남부에서 '둔남 2172호' 복골이 출토되었다. 이 복골에 쓰인 11구 복사에는 상나라 왕의 전렵사(田獵事)가 기록되어 있다. 당시 전렵은 군사적 의미가 있는 생산활동이었을 뿐만 아니라 제사와도 관련이 있었다. 은상 갑골문에는 전렵 기록이 대량 남아있다. '둔남 2172호'에 적힌 것은 대부분 정례점복으로서 전렵의 평안과 수확을 기원하는 내용이 주를 이룬다.

각화에 쓰인 칼은 때로는 둔하고 때로는 예리했으며 갑골 재질 또한 거친 것도 있고 반반한 것도 있어 갑골문에 새겨지는 필획은 굵기가 천차만별이다. 선이 머리카락처럼 가늘다가도 맞닿은 필획이 서로 빗나가 투박하고 거칠게 맺어지기도 했는데 하나의 복사에도 엉성함과 촘촘함이 같이 있어 그것만으로도 고풍스러운 분위기가 물씬 풍긴다. 갑골문은 그동안의 그림 기호에서는 볼 수 없었던 중국 서예의 붓, 결자, 장법 세 가지 기본 요소를 모두 갖추고 있다. 갑골 한 조각이 세상을 놀래운 셈이다. 바로 이 길이 22cm의 복골이 서법 예술의 발단, 갑골 서예의 시초가 되었고 무엇보다도 이로써 갑골문이 산발적이고 단순한 그림 기호에서 성숙한 문자 체계로 넘어가고 있다는 사실을 확인시켜 주었다.

그림 7
전렵 복사 1973년 소둔 남부 출토, 길이 22cm.
상나라왕의 전렵에 대한 일을 기록.

그림 8 복골 '둔남 2172호' 탁본

　　갑골문 연구에 탁월한 공헌을 한 나진옥(羅振玉), 동작빈(董作賓), 곽
말약(郭沫若)은 왕국유와 함께 '갑골사당(甲骨四堂)'으로 불린다. 바로 이
들과 그 후학들의 겹겹한 연구 성과를 통해 우리는 역사가 유구한 갑골
문, 갑골과 청동에 새겨진 복사나 금문, 나아가서 우리에게 혈통과 기
개를 물려준 조상을 배알하는 길을 찾게 된 것이다. 우리는 그들의 연
구를 통해 조상들이 수렵에서 거둔 수확으로 기쁨에 들떠하는 모습을
보았고 가뭄 해소를 위해 간절히 기우하는 목소리도 들었다. 누가 가히
미래를 점치고 과거를 맞출 수 있겠는가. 아무 것도 가늠키 어려운 이
세상, 우리는 과연 유한한 삶을 어떻게 살아가야 하는가. 숭배도 좋고
호기심도 좋다. 갑골에 각인된 복사나 청동기에 주조된 금문을 통해 그
안에 숨겨진 우리의 뿌리, 우리의 역사를 만나보는 건 어떤가.

제5장　원수(洹水)에서 하늘에 묻다(問天洹上)

천지신명과 소통하다

점복은 상나라 사람들이 천지신명과 소통하는 통로였고 갑골문의 출현은 점복과 관련이 깊다. 선인들은 각양각색의 자연현상과 산천하류는 모두 저만의 신령이 있다고 믿었다. 천둥에는 뇌신(雷神), 번개는 전모(電母), 하천은 하백(河伯)이라 불리는 신장(神將)이 있다고 여겼다. 그들에게 희생이나 무용은 모두 신령에 대한 경배를 나타내며 신을 기쁘게 함으로써 신의 가호를 받는다고 생각했다. 와기나 갑골, 시초(蓍草)03와 같은 점복물은 신명들과 소통하는 매개물이었던 셈이다.

상나라 사람들은 일상생활 속의 많은 일들을 점을 쳐서 신의에 따라 행동하고자 하였다. 점복의 내용에는 조상이나 천지신명을 향한 제사나 기원, 수렵과 전쟁, 생사와 질병, 혼인과 출생, 날씨와 수확, 천기와 해몽 등등 많은 것이 포함되었다. 점복 결과는 왕실의 의사결정에까지 영향을 미칠 만큼 중요했다. 거북점(卜龜)은 시초점(蓍草占)과 다른 점복방법으로서 갑골을 사용해 점을 치는 것은 신석기시대부터 있었다. 상나라 사람들이 점복에 이용한 주요 재료는 주로 거북의 배딱지나 소의 견갑골이었는데 잘 가공된 갑골은 역사관에 보관하여 사용되었다. 거북점은 귀갑이나 수골(獸骨)이 연소되는 과정에 균열이 생기는 모양에 근거했고 시초점은 시초(蓍草)의 배열에 따라 길흉을 판단했다.

상 왕조에서 점을 치는 일은 규범을 갖춘 성숙한 행위였고 상나라 사람들은 정해진 절차에 따라 신성하고 엄숙하게 점복 의식을 거행하

---

03 국화과(菊花科)의 여러해살이풀로서 톱풀, 뺑때쑥이라고도 했는데 점을 치는 데 썼으며 후에 대나무를 깎아 시초 대신 점을 쳤으므로 서죽(筮竹)이란 말이 생겼다. - 역자주.

이미지로 읽는 고대문명

였다. 점복 방식은 먼저 정인이 복문 내용을 설명한 후 붉게 달아오른 나뭇가지를 구멍이 뚫린 곳에 대고 지진다. 이때 갑골에서는 "퍽" 하는 소리와 함께 표면에 갑골문자 'ㅏ'과 비슷한 모양의 균열이 생겨난다. 이게 바로 'ㅏ'자의 유래다. 훗날 사람들은 점복에 관한 일은 이 글자로 나타냈다. 정인은 이렇게 생겨난 금으로 일의 길흉을 판단하였고 점을 친 결과를 갑골에 각인하였다.

그림 9 갑골문 'ㅏ'

갑골에 새겨진 복사는 일정한 격식을 갖추었는데 전형적인 복사는 점친 시간과 점친 사람의 이름이 적힌 '서사(序辭)'(전사(前辭)라고도 함), 점복 사연이 적힌 '명사(命辭)', 점을 쳐 주는 사람이 길흉에 관한 판단 적은 '복사(卜辭)' 및 점복을 실행한 뒤 상황을 적은 '험사(驗辭)' 네 부분으로 구성된다. 그러나 대부분의 복사는 간략한 형식을 취해 보통 앞의 두 가지 또는 세 가지만 제시하였다. 명사는 서로 상반되는 내용의 복문을 같이 적었는데 말하자면 좌측에 "내일 비가 내릴 것이다."를 적었으면 우측에는 "내일 비가 내리지 않을 것이다"로 적었다. 마지막에 갑골상의 연소 자국에 나타난 복조의 무늬에 의해 비가 내리는지 아닌지를 확인했다.

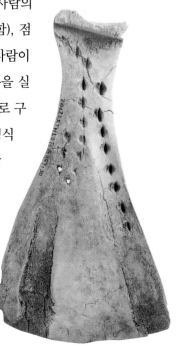

그림 10 각사 복골(소의 견갑골)

제5장 원수(洹水)에서 하늘에 묻다(問天洹上)

각사 골사(骨柶, 내부에 터키석이 박혀 있음)

서사와 명사는 보통 갑골의 정면에 새기고 복사와 험사는 뒷면에 새겼다. 가끔은 갑교(甲橋), 배갑(背甲), 갑미(甲尾), 우견갑골(牛肩胛骨)의 골백(骨白)과 골면(骨面) 하단에 갑골의 출처, 가공인 및 보관인의 정보가 매겨지기도 한다. 복사는 점복 사연의 중요성에 따라 다르게 각인되었는데 검은 칠을 하기도 하고 붉은 칠을 하기도 한다. 점복하는 과정은 번거로우나 자못 유질서하게 거행된다. 점복에 쓰이고 난 갑골은 용도를 상실하였으나 그렇다고 상나라 사람들은 이를 허투루 버리지 않았다. 그것들을 한 곳에 모아 오랫동안 보관하였다가 시간이 많이 지나서야 매장 처리하였다. 당시 이런 행위는 반드시 지켜져야 할 예절로『예기 곡례』편에도 나온다. "해진 제복은 불에 태우고 망가진 거북과 시초는 땅에 묻으라(祭服弊則焚之, 龜筮弊則埋之)"(禮記·曲禮上). 이는 상나라 사람들의 제사나 점복에 대한 태도가 얼마나 경건했는지 알게 해 준다.

이미지로 읽는 고대문명

지금까지 은허에서 출토된 15만 점의 갑골 중에서 복사가 10만 여 점에 달하고 문자로 보이는 5천여 개 자형 중에 고증을 거친 것은 1500자 쯤 된다. 갑골문은 자형이 다양하고 문장이 서식을 갖추었을 뿐만 아니라 허사 사용도 매우 적절하여 성숙된 문자체계라고 평가된다. 점복 과정이 기록된 갑골 복사는 당시 의례적인 기사(記事) 방식이었음이 틀림없다. 그러나 갑골에 새겨진 문자는 대부분 상나라 왕실이나 귀족들의 생활 기록인 것으로 보아 갑골 점복이 당시로서는 상왕이나 귀족들만이 누릴 수 있는 특권이지 아무나 갖다 쓸 수 있는 것은 아니었다. 서민들의 점복은 대체로 갑골에 비해서는 구하기 쉬운 도기나 와기 따위가 아니었을까 싶다. 점복 내용이 이처럼 다양하기에 우리는 이를 통해 상나라 사회상을 엿보고, 상나라 정인들의 태도가 그토록 신중하고 진실했기에 우리는 이로써 그들이 세상을 보는 방식을 가늠해 본다.

우리는 어디에서 왔는가?

"하늘이 현조에게 명하여, 내려와 상나라를 세우고 커다란 은나라 땅을 다스리게 하였다(天命玄鳥, 降而生商, 宅殷土茫茫)"[04] 이는 상나라 기원에 관한 최초이면서 가장 개괄적인 문자 기록이다. 그 밖에 『사기(史記)』, 『초사(楚辭)』, 『여씨춘추(呂氏春秋)』 등 상고시대 여러 서적에도 이 신비한 전설에 대한 기록이 나와 있다. 신화에 나오는 등장인물이나 장면, 여주인공의 사회적 관계는 조금씩 다르지만 주요 줄거리는 같다.

---

04   『시·상송·현조(诗·商颂·玄鸟)』.

그림 12 갑골문 '燕'

옛날 옛적에 유융씨(有娀氏)에게 간적(簡狄)이라는 예쁜 딸이 있었는데 하루는 제비 한 마리가 머리 위로 날아오더니 간적의 손에 알 하나 떨어뜨리고 간다. 간적은 알을 입에 물고 지켜주려 하였으나 그만 삼키고 말았다. 그러자 바로 임신이 되었고 얼마 지나 아이가 태어났다. 그가 바로 상왕조의 시조 설(契)이다.

이 신화는 상나라 갑골 복사에 나오는 시조 「왕해(王亥)」에 관한 묘사와도 잘 맞아 떨어진다. 복사에 자주 나오는 '亥'자는 '鳥'의 자형과도 매우 흡사한데 이는 '현조생상(玄鳥生商)'이 상나라 사람들의 종족 기원에 대한 신화라는 사실을 말해준다. 갑골문에서 '燕'은 꽁지가 짤막한 예쁜 제비처럼 보이는데 까만 제비는 아마도 상나라 사람들의 의념 속에 자리잡은 신비로운 새 '현조'일 가능성이 높다.

현조의 알을 삼킨 간적은 상의 시조모고 그녀의 아이인 설은 범상치 않은 기상을 타고 났다고 한다. 이 또한 인류 최초의 모계 씨족 시대의 어미만 알고 아비는 알지 못했던 사회 상황과 맞아 떨어진다. 시조 설에서 대읍상에 이르기까지 수많은 세월이 흐르면서 상왕조는 부계 씨족의 등급이 분명한 사회로 점차 전환되었다. 남존여비가 아니라 여성이 꽤 존경을 받는 시대였다. 여성 장군 부호가 바로 3천 년 전 만인의 추대를 받으면서 피어난 한 떨기의 장미다. 그녀는 생전에 수차례 병사들을 통솔하여 전쟁을 승리로 이끌었으며 왕조의 성스러운 제사를 주관 또는 관여하였다. 그녀가 아플 때 상왕은 여러 차례 그녀를 위해 점복을 올렸으며 그녀가 죽은 후에는 성대한 제례를 올리고 수많은 제물을 바쳤다고 한다.

상대의 번영과 발달은 이 건축부품을 통해 '관중규표(管中窺豹)'할 수 있다. 도기로 제작된 3통 수관인데 재질뿐만 아니라 모양이 반듯하고 조립이 정교하여 오늘날 현대 도시에서 사용하는 것과 별반 차이가 없어 보인다. 3천 년 전에 이런 관로를 사용하고 또한 이러한 공법의 관개나 배수 시설을 갖춘 도시가 있었다는 것은 실로 놀라운 사실이 아닐 수 없다. 게다가 외형도 거칠거나 원시적이지 않고 아주 발달되어 있다. 그 밖에도 종류가 다양하고 형식이 각양각색인 식기나 주구(酒具), 각종 일상 기구를 통해서도 상나라 사람들이 얼마나 풍족한 삶을 추구했고 영위했는지 알 수 있다.

그림 13
상대 '삼통(三通)' 수관,
두 토막 모두 길이 45cm, 직경 23cm

그림 14
1975년 위 도기 수관 출토 당시 현장 사진

여기까지 읽고 나면 상의 기원과 사회에 대해 어느 정도 느낌이 왔을 것이다. 하지만 이 신기하고 몽롱한 첫인상은 당신의 호기심을 더욱 자극하지 않는가. 상나라 사람 , 우리의 조상, 우리들의 옛적―우리는 과연 어떤 삶을 살았고 어떤 일상들을 보냈을까? 아니, 우리는 과연 잘 살았을까? 우리는 무엇에 열광했고 무엇을 추구했을까?

공자가 말하기를 "식색은 인간의 본능이다(食色, 性也)" 하였다. 이는 두말할 것도 없이 옳은 말이다. 개인적 측면에서 인간의 본능적 욕구를 가장 솔직하게 드러내는 말이기도 하다. 고서에도 나오기를 "나라의 큰 일은 제사와 전쟁에 있다.(國之大事, 在祀與戎)"라고 한다. 이 역시 뻔하면서 맞는 말이다. 국가적 차원에서 사람들의 사상과 행동에 대한 규제이며 한 나라의 문무(文武) 통치에 있어서도 가장 기본적이면서도 최고 수준의 요구를 개괄하였다. 개인적 욕구와 국가적 수요의 합에 의해 그 시기에 우리가 과연 잘 살았는지, 그들이 가장 자랑스럽게 여겼던 것은 무엇이었는지 알 수 있지 않겠는가.

정설이 없으니 3천 년 전으로 돌아가는 통로도 여러 갈래요, 혈맥이 계승되다 보니 선인들(우리들의 과거)의 환락과 공포를 끄집어 캐내고 싶은 마음 또한 수만 갈래다. 지금, 바로 식(食), 색(色), 사(祀), 전(戰)에 관한 그림을 통해 과거 선인들의 삶의 단편들을 샅샅이 파헤쳐 보자.

이미지로 읽는 고대문명

갑골문에 나타난 식(食)색(色)사(祀)융(戎)

식(食): 신이 음식을 즐기시어 그대를 장수하게 하도다
(神嗜飮食, 使君壽考)[05]

"옹달샘 물맛 좋아 굶주림을 면했구나(泌之洋洋, 可以樂飢)"[06], "황하의 잉어만 물고기더냐(豈其食魚, 必河之鯉)"[07] 이 시구에서 보여지듯이 그들은 허기나 채우던 데로부터 맛을 따지고 연명이나 하던 데로부터 놀이를 즐기게 된다. 우선 술도 밥도 푸짐해서 배불리 먹었다는 의미가 담긴 문자나 사냥이나 농사 풍년을 기원하는 복사를 통해 당시 활기로 차넘치고 안거낙업(安居樂業)했던 선민성세(先民盛世)에 대해 살펴보자.

누가 거칠(粗魯)고 무모(魯莽)한 뜻으로나 쓰였던 글자 '노(魯)'가 맛좋은 요리와 연관이 있을 거라고 생각했겠는가. 보라, 물에서 갓 건져낸 듯 물기를 가득 머금은 생선 한 마리가 그릇에 담겨 있다. 싱싱한 이 생선이 곧 맛깔난 요리로 만들어진다는 의미를 풍기고 있다. 맛도 좋고 풀이도 좋아 선인들은 '노(魯)'자에 '아름답다', '좋다'의 의미를 부여했다.

술은 곡식을 발효시켜 만든 입에 달고 사람을 취하게 하는 음료다. 갑골문에서 '酉'는 지사자(指事字)로서 '酉'는 '酒'의 본자로 그 형태를 보면 술이 담긴 커다란 항아리에 주기(酒器)가 들어있는 모양을 하고 있다. 항아리 안의 가로 획은 지사부호(指事符號)로 좋은 술이 들어있다는 뜻이다. 그 후 '유(酉)'는 본래 의미 '술 항아리(酒坛)'라는 의미는 약해지

---

05 『시 · 소아 · 초자(詩 · 小雅 · 楚茨)』
06 『시 · 진풍 · 형문(詩 · 陳風 · 衡門)』
07 『시 · 진풍 · 형문(詩 · 陳風 · 衡門)』

그림 15 갑골문 '魯'

그림 16
갑골문 '酉'는 '酒'의
본자(本字)임.

고 '수(水)'변을 두어 '酒'자가 되었다. 항아리에 담겨 있는 것이 액체 상태의 술 음료라는 것을 강조하면서 말이다. 상나라 사람들이 술을 좋아했다는 것은 널리 전해진 사실이다. 놀라울 만큼 다양한 형태의 술단지, 주전자, 술잔들을 보면 당시 그들이 모여서 흠뻑 마시고 취하는 모습이 얼마나 유쾌하고 호탕했을지 짐작이 간다.

상나라 사람은 술꾼이고 주나라 사람은 식객이라는 말이 있다. "먹는 것을 보면 마음이 보인다"고 애주가는 감성적이고 미식가는 이성적이다. 먹는 것에 대한 추구가 달랐듯이 상나라 사람과 주나라 사람들은 타고난 기질이 많이 달랐다. 자유분방한 상인(商人)과 극기복례(克己復禮)하는 주인(周人)은 그야말로 극과 극이다. 정반대로 이질적인 유전자—낭만과 이성이 뒤섞이면서 화하문명이 생겨났고 그것이 화하자손(華夏子孫)의 몸속에 고스란히 습배게 된 것이다.

갑골과 금문에서 '鼎'과 '貞'은 동형으로 나오는데[08] 복사에서는 모두 '貞'의 발음을 취하며 복문이라는 의미를 나타낸다. 이는 상나라 사람들이 정(鼎)을 취사 도구로 썼을 뿐만 아니라 점복 도구로도 사용했다는 것을 의미한다. '貞'은 '偵'의 본자이

---

08   현대 중국어에서 '鼎'과 '貞'은 발음이 서로 달라 'dǐng'과 'zhēn'으로 읽음. - 역자주.

그림 17
갑골문에서 '鼎'과 '貞'
은 자형이 동일하다

그림 18 갑골문 '卽'

그림 19 갑골문 '旣'

기도 하다. 갑골문 '貞'은 신성한 '鼎'에 점복을 올리며 신의 뜻을 살핀다는 의미를 담고 있다. 질동이나 솥, 쟁반, 사발과 같은 것들을 깨부수는 것은 모두 점을 치기 위한 것이다.

복서(筮)나 복괘(卦)는 수량으로 점을 치고 와복(瓦卜)이나 귀복(龜卜)은 균열 모양을 보고 점을 쳤다. 꼬치꼬치 캐묻기 좋아하는 사람을 보고 우리는 "打破沙鍋問到底.(항아리를 깨뜨려 캐묻는다)'라고 말한다. '문(問)'은 '문(紋)'의 해성자(諧聲字)로서 도기의 깨진 무늬를 가리킨 것이다. 『설문(說文)』에서 '鼎'은 "발 셋에 귀가 둘 달린 오미를 조화시키는 보배로운 그릇(三足兩耳和五味之寶器)"이라고 해석하고 있다. 옛날 우(禹) 임금이 구주(九州)로부터 청동을 모아 형산(荊山) 아래에서 9개의 정(鼎)을 주조하였다. 그는 산림과 하천 입구에 솥을 놓아 잡귀신을 몰아내고 천하가 태평하게 했다. 대우가 솥을 만든 전설로 인해 '鼎'은 거의 신격화되었지만 사실상 오래전부터 질로 만든 솥은 집집마다 있었고 백성들은 그것으로 음식을 익혀 먹기도 하고 점복에 사용하기도 하였다.

갑골문의 '卽'과 '旣'를 보자. 고증한 데 따르면 상대에 사람들은 하루에 두 끼를 먹었다고 한다. 말하자면 사람들은 '卽'과 '旣'를 매일 하루 두 번씩 하였다는 것이다. 두 글자의 차이는 꿇어앉아 있는 아이가 '두(豆)'라고 하는 식기를 마주 보고 앉았느냐 등지고 앉았느냐다. '卽'은 마주 앉은 모습을 하고 있는데 밥을 먹을 때가 되어 아이는 '두(豆)' 앞에 다가와 맛있는 냄새가 몰몰 나는 음식을 멍하니 바라보며 군침을 흘리고 있다. '旣'은 식사가 끝나고 아이가 머리를 돌리고 앉은 모습이다. '포난사음욕(溫飽思淫慾)'은 먹을 것이 채워지면 음탕한 욕구가 생각난다는 말이다. 어쨌든 '기(旣)'를 하고 난 뒤에야 비로소 광야를 달리든 강을 뛰어넘든 꿈을 이루는 힘을 얻는다는 것이다.

전렵에 관해서는 앞에서 언급했던 「둔남 2172호」에 나오는 복사를 통해 알아보자. 11구의 복사 내용을 현대어로 번역하면 대체로 아래와 같다.

…정인(貞人)…, 사냥을 나가다…

무자일(戊子日)에 정인(貞人)은 왕이 전렵을 나가면 재앙이 없는지 점복(占卜)한다.
신묘일(辛卯日)에 정인(貞人)은 왕이 전렵을 나가면 재앙이 없는지 점복(占卜)한다.
을미일(乙未日)에 정인(貞人)은 왕이 전렵을 나가면 재앙이 없는지 점복(占卜)한다.
무술일(戊戌日)에 정인(貞人)은 왕이 전렵을 나가면 재앙이 없는지 점복(占卜)한다.
신축일(辛丑日)에 정인(貞人)은 왕이 전렵을 나가면 재앙이 없는지 점복(占卜)한다.
임인일(壬寅日)에 정인(貞人)은 왕이 전렵을 나가면 재앙이 없는지 점복(占卜)한다.

이미지로 읽는 고대문명

무신일(戊申日)에 정인(貞人)은 왕이 전렵을 나가면 재앙
이 없는지 점복(占卜)한다.
　　기미일(己未日)에 정인(貞人)은 왕이 전렵을 나가면 재앙
이 없는지 점복(占卜)한다.
　　신유일(辛酉日)에 정인(貞人)은 왕이 전렵을 나가면 별일
이 없는지 점복(占卜)한다.
　　을축일(乙丑日)에 정인(貞人)은 왕이 전렵을 나가면 재앙
이 없는지 점복(占卜)한다.

　　점을 치는 시간만 다를 뿐 점복 내용은 모두 당일 사냥의 길흉을 묻
는 것이다. 이는 매우 일상적인 점복이다. 상고 시대, 집단 수렵 활동에
서 기원된 전렵은 초기에는 단지 먹이를 획득하여 배를 채우려는 것이
었으나 사회 생산력이 점차 제고함에 따라 같은 전렵 행위라고 해도 의
미가 크게 달라졌다. 갑골문에 나타난 대량의 전렵에 관한 기록을 보면
사냥감에는 고라니, 사슴, 토끼, 암외뿔소, 여우 등이 있다. 전렵의 의
미는 점차 확대되었다. 예를 들면 농작물이 짐승의 침해를 받지 않도록
보호하기 위해서라든지 수렵해 온 산진이나 산짐승을 연회나 손님을
대접하는 데 쓰기 위해서라든지 등등, 하지만 무엇보다 중요했던 것은
배를 불리려는 목적이 아니라 거마를 출동하여 군사 훈련을 하거나 제
사와도 관련이 있는 활동이 되었다는 것이다.
　　복사에서 우리는 상나라 사람들의 식단을 환원해 볼 수 있는데 가
끔 수렵으로 획득한 산진이나 산짐승 고기를 제외하고는, 특히 전렵을
통해 얻은 것들은 왕이나 귀족들만 누릴 수 있는 것이었다. 상나라 음
식 중에서 나라의 근본이면서 보다 대중적이며 일반적인 주식은 아무
래도 곡물이다. 따라서 상나라 사람들한테 농작물의 수확은 매우 중요

하였고 그들은 농작물이 잘 자라게 해 달라고 신명께 제사를 올리며 빌었던 것이다. 아래 복사를 한번 보자.

壬申貞: 禱禾於河, 燎三牛, 沉三牛
壬申貞: 禱禾於夒, 燎三牛, 卯三小羊

위 내용을 현대어로 번역하면 다음과 같다.

임신일(壬申日) 점복, 하신(河神)에게 제를 올려 벼가 잘 자리기를 빈다. 소 세 마리를 태우고 세 마리를 물에 빠뜨려 제물로 바친다.

임신일(壬申日) 점복, 기신(夒神)에게 제를 올려 벼가 잘 자리기를 빈다. 소 세 마리를 태우고 양 세마리를 죽여 제물로 바친다.

이는 같은 날 하신과 기신에게 제를 올리는 점복인데 복사로 보건대 상나라 사람 들은 농작물이 잘 자라게 해 달라고 신명께 아낌없이 제물을 바쳤다. 농업이 상나라 사람들한테 얼마나 중요하게 자리잡고 있었는지 알 수 있고 제물로 희생되는 소나 양의 수량으로 보아 당시 농목업도 상당히 발달하였음을 알 수 있다.

색: 동관이 빛나고 여색이 아름답구나 (彤管有煒, 說懌女美)[09]

갑골문에 나오는 많은 문자만 봐도 상나라 사람들이 외적인 아름다움을 추구하는 태도며 감수성, 미적 수준이 꽤 높았다는 것을 알 수 있다. 호(좋을 好)색과 호(즐길 好)색은 하나는 '미를 갖춘(美自在)' 것이요,

---

09   『시 · 패풍 · 정녀(詩 · 邶風 · 靜女)』

이미지로 읽는 고대문명

하나는 '미를 쫓는(愛美在)' 것일진대 이 모두 눈에 닿아 마음으로 향하는 것이 아니겠는가.

선인들의 시각적 응용이나 감각은 오늘날 우리보다도 섬세하고 진실했으며 그들은 우리보다 훨씬 명쾌한 관찰 철학을 갖고 있었다. 상나라 사람들이 '시(視)', '견(見)', '간(看)', '망(望)'을 어떻게 구별했는지 살펴봐도 당신은 자신이 갖고 있던 미적 감각이 얼마나 초라하고 보잘 것 없는지 알게 될 것이다.

갑골문에서 '看'과 '見'은 자형이 비슷한데 다른점은 커다란 눈 밑에 하나는 다리를 쭉 펴고 있고 하나는 구부리고 서 있다. 전자는 '看', 후자는 '見'이다.[10] 앉아서 유심히 들여다보는 것보다 서서 보는 것은 아무래도 건성스러운 감이 있지 않은가. 앉아서 보면 '소견(所見)'을 낼지는 몰라도 서서 보면 말 타고 꽃구경식으로 '보(看)'아도 보이지(見) 않는 결과가 나올 수 밖에 없다.

갑골문 '시(視)'와 '망(望)'을 보자. '시(視)'는 원래 회의자(會意字)였는데 후에 '시(示)'를 성부(聲符)로 삼았으니 형성자(形聲字)로도 볼 수 있겠다. '視'는 제수대와 '目'의 조합으로 신에게 제사를 올릴 때 나타나는 징조를 자세히 관찰한다는 뜻이다. 갑골문의 '望'은 상형자(象形字)로서 한 사람이 언덕에 올라 목을 빼고 쳐다보는 모양을 하고 있다. '시(視)'

---

10   이령(李零) 선생은 주석규(裘錫圭) 선생의 관점을 인용하면서 이 두 자형은 그동안 많은 역문에서 같은 글자로 번역되었는데 그대로 따르면 안 된다고 하였다. 근거 있는 관점이며 시사하는 바가 크다. 이령 선생은 이를 '視'와 '見'의 차이로 보았는데 이 점에서 필자는 조금 다른 생각을 갖고 있다. 갑골문에 자주 등장하는 '視'는 회의자(會意字)로서 본뜻은 점을 칠 때 징조를 살핀다는 것으로서 사용 범위가 '看'이나 '見'처럼 넓지 않고 명확하고 제한적이다. 따라서 본고는 이를 '看'과 '見'의 구별로 보기로 한다.

그림 20 갑골문 '看'

그림 21 갑골문 '見'

그림 22 갑골문 '視'

그림 23 갑골문 '望'

와 '망(望)'의 차이는 하나는 고개를 숙이고 자세히 보고 하나는 목을 빼고 올려 쳐다보는 동작이다. 보이는 범위로 보았을 때 '望'의 시야가 훨씬 넓고 '視'가 보는 안목은 보다 집중적이다. 거리로 보면 '視'는 가깝게, '望'은 멀리 본다. 어쨌든 갑골문에서 '시(視)'와 '망(望)'은 모두 뭔가 간절히 바라는 심정을 그려내고 있다.

가까이 본 건지 멀리 본 건지, 훑어본 건지 눈여겨 본 건지, 그냥 본 건지, 뭔가 알아 내려고 본 건지 이 모든 것을 갑골문은 얼렁뚱땅 넘어가지 않고 명명백백하게 표현하려고 했다. 선인들의 섬세한 관찰법은 참으로 대단하지 않은가? 아침 햇살과 저녁노을의 찬란함을 좋아하지 않는 사람은 없다. 그러나 만약 한 곳에 서서 본다면 단언컨대 조모(朝暮) 현상은 결국 착각에 불과하다. 태양은 하나이기 때문이다. 바뀐 적도 없다. 그러나 우리는 여전히 인간의 오만과 한계로 그것을 지속적으로 '호색(好色)'해 왔다. '旦'과 '暮', 갑골문에서 '旦'은 수면에 비친 그림자가 있는데 일출은 물가에서, 일몰은 물가가 아니라 초목에서 일어나는 현상임을 보여준다. 이런 조자법(造字法)으로 미루어 보건대 글자를 만든 사람들이 거주한 곳은 동쪽으로는 강을 면하고 서쪽으로는 무성한 초목을 향해 있는 곳이었을 것이다. 이렇게 '望'은 오히려 동해

이미지로 읽는 고대문명

변의 지리저 개황과 부합한다.

'旦'과 관련하여 오래 전부터 전해 내려오는 「경운가(卿雲歌)」라는 노래가 있다.

상서로운 구름 찬란함이여,
얽히어 서서히 맴도는구나.
해와 달의 빛남이여,
휘황하고 또 휘황하도다.
(卿雲爛兮, 糺縵縵兮.
日月光華, 旦復旦兮.)

이 노래는 우순(虞舜)이 만든 것으로 전해지는데 "일월광화, 단복단혜(日月光華, 旦復但兮)는 태어난 후 죽고, 아침 뒤에는 저녁이 오는 실존적 암담함을 뛰어넘어, 그저 '단(旦)'만 논하고 '모(暮)'를 언급하지 않으며, 그저 따뜻함에만 호소하고 요절(夭折)은 말하지 않으며, 오로지 생이복생(生而復生)하며 생생불식(生生不息)할 것을 바랐다. 선인들의 낙관적인 정신과 광명에서 광명으로만 이어지기를 원했던 생활 태도가 엿보

그림 24
日在林中初入暮, 風來水上自成文
(동작빈 친필)

제5장 원수(洹水)에서 하늘에 묻다(問天洹上)

인다.

이는 갑골학 학자 동작빈(董作賓) 선생이 쓴 빼어나게 아름다운 전원시(田園詩)이다. 그는 선인들이 문자를 만들 때의 심정을 살아 숨쉬듯 생동하게 글로 표현했다. 3천여 년 전의 태양은 오늘날 우리가 보는 태양과 별반 다를 바가 없다. 맑은 날, 이른 새벽 사람들은 아침해가 지평선에서 떠오르는 것을 보았고 저녁 무렵 그것이 무성한 초목 속에 숨어드는 것을 바라 봤다. 갑골문에서 '旦'과 '暮'는 바로 이러한 정경을 충실하게 그려낸 것이다. 갑골문에서 '莫'자는 '日'자 하나와 '木'자 (또는 '草') 네개로 태양이 초목 속으로 떨어져 들어가는 모양을 취하고 있다. 해질 무렵 바야흐로 낮이 끝나고 밤이 찾아 오는 시간, 본뜻은 저녁 무렵, 황혼 즉 해질녘을 가리켰던 것이다. '暮'는 '莫'의 후기자(後起字)고 '莫'은 '暮'의 본자(本字)다. 당시 조명이 비싸고 구하기도 어려웠기 때문에 선인들은 '해가 지면 쉬는 (日落而息)' 양생 방식을 취했다. 실제로 해가 지고 날이 어두우면 일을 할 수도 없었으니 '莫'이 '불가(不能)'의 의미와도 직결되고 결국 보이는 대로 생동하게 묘사되어 '暮'에는 '日'자가 추가되었을 것이다. 원래의 간결하면서도 의미 전달까지 완벽했던 상형자가 다소 군더더기가 붙은 상형자 '暮'로 되고 만 것이다.

그림 25 갑골문 '旦'

그림 26 갑골문 '莫'

그림 27 갑골문 '若'

그림 28 갑골문 '髮'

그림 29 갑골문 '德'

중국어에서 말하는 色(색)의 의미는 단순하지 않다. 색깔(顔色) 뿐만 아니라 자태(姿態)도 가리키면서 '고운 얼굴—姿色'의 의미를 나타낸다. 갑골문 '若'은 자색이 넘치는 글자다. 체구가 자그마한 사람이 쪼그리고 앉아 긴 머리를 다듬어 정리하고 있다. '理順(다듬어 정리하다)'는 바로 '若'자 최초의 의미다. 복사에도 보면 '有若', '無若'는 일이 순조로울지 아닐지를 묻는 점문(占問)이다. 갑골문에는 '若'보다도 예쁜 글자가 있는데 바로 '曼'자다. 두 손으로 얼굴을 가리고 반쯤 가려진 사랑스럽고 커다란 눈은 손가락 사이로 밖을 향해 보고 있다. 부끄럽고 호기심에 찬 듯한 모습은 어여쁘기 그지없다.

"오색은 사람을 눈이 멀게 한다(五色令人目盲)"는 말이 있다. 진짜 사람을 눈 멀게 하는 것은 오색이 아니라 오색에 헝클어진 마음이다. 갑골문에는 오색에 넘어가지 않고 당당하게 유혹을 떨쳐 버린다는 의미를 간결하게 표현한 글자가 있으니 바로 '德'자이다. 갑골문에서 '德'은 사통팔달하고 시끌벅적한 길 한 가운데 서 있으면서도 커다랗게 뜬 눈은 태연자약하게 앞만 바라보는 모습을 하고 있다. 자고로, 초심을 지키면 오색에 눈이 멀지 않고 마음이 곧으면 쉽게 현혹되지 않는다고 하지 않는가.

사(祀): 내 밤낮으로 하늘의 위엄을 경외하노라(我其夙夜, 畏天之威)[11]

경외는 사람들이 제사에 대해 보편적으로 갖는 태도다. 공포나 두려움 때문에 제사를 지내는 것이라면 스타니슬랍스키의 『배우 수

---

11 『시(詩), 주송(周頌), 아장(我將)』.

업」[12]을 한번 읽어 보라, '두려움을 쫓는' 것이 결코 제사의 초지는 아님을 알게 될 것이다. 제사에서 선인들이 갖는 경외지심은 공경, 숭배, 사랑의 감정이다. 한가닥의 두려움이 있다면 그것은 이 사랑이 너무 소중하여 '잃을까봐' 두려웠던 것이다. 왜냐면 그들은 조상과 천지신명은 모두 자신의 편에 서서 크나큰 신력으로 자신을 보호해 준다고 믿었기 때문이다.

그림 30 갑골문 '福'

갑골문의 '福'은 회의자(會意字)에 속한다. 왼쪽은 신위(神位)를 의미하는 '시(示)'를 표시하고 오른쪽은 주기(酒器)를 뜻하는 '유(酉)'자에서 왔다. 술은 풍요로운 삶을 상징하고 술로 조상 신령에게 제사를 올리는 것은 복을 기원하고 복을 준 신에게 보답한다는 의미를 포함한다. 갑골문에서 '祝'도 회의자로서 사람이 제사상 앞에 꿇어앉아 기도하는 모양을 취하고 있다. 신명께서 복을 내려 주기를 빈다는 뜻이다.

그림 31 갑골문 '祝'

상나라 사람들은 중요한 조상에게 제사를 지낼 때 소와 양을 많이 썼다. 당시 사육한 소와 양을 '뢰(牢)'라 일컬었다. 현재, '牢'는 갓머리 밑에 소 '牛'자를 쓰지만 갑골문 속 '牢'는 부수가 羊인 것과 牛인 것 두 가지가 있다. 제사에 쓰는 소와 양은

그림 32 갑골문 '牢'

---

12   Stanislavski, C. (1936). An Actor Prepares. 신겸수 옮김(2001). 『배우 수업』. 예니.

이미지로 읽는 고대문명

'태뢰(太牢)'라 칭했다. 소와 양은 제사를 지낼 때 불에 태우거나 침수 또는 매장하는 방식으로 조상과 신명에게 바쳐진다. 제사가 끝난 후에도 제삿상에 남아 술안주가 되는 요즘과는 다르다.

상나라 사람들은 일찍부터 기후가 생산 활동과 작물 생장에 중요한 영향을 미친다는 사실을 인식하였기에 날씨와 기후에 각별히 신경 썼다. 그들은 날씨와 기후의 변화는 모두 신의 희노애락에서 비롯된다고 여겼다. 갑골문에는 날씨와 관련하여 비가 있는지 없는지 점을 치는 것 외에도 바람, 비, 별, 달, 일식 등 각종 기후현상을 기록한 점복들이 나와 있다. 비를 점친 복사 하나를 같이 보자.

序辭: 癸巳卜, 爭貞.
서사: 점복은 계사일에 치러지고 쟁(爭)이 맡는다.

命辭: 今一月其雨/今一月不其雨.
명사: 이번 달 비가 오는가?/이번달 비가 오지 않는가?

占辭: 王占曰:丙雨. 旬,壬寅雨,甲辰亦雨.
점사: 상나라 왕은 조상(兆象)을 보고서 이렇게 말했다.: 병일(丙日)에 비가 올 것이다. 열흘 후 임인일에 비가 올 것이고, 갑신일에도 비가 올 것이다.

驗辭: 己酉雨, 辛亥亦雨.
험사: 기유일(己酉日)에 비가 왔고 신해일(辛亥日)에도 비가 왔다.

일반적인 점은 헌제(獻祭)를 하지 않았고 오랜 가뭄이나 홍수로 인해 재해를 입는 경우에는 제물을 바쳐가며 제사를 올림으로써 신에 바라는 바를 이르고 신에 대한 경건함과 공경을 표시하였다. 제사 장면은 어땠을까? 아래의 춤추는 듯한 문자를 통해 당시 장면을 떠올려 보자.

갑골문 '無'는 '舞'의 본자로 사람이 두 손으로 곱게 엮여진 꽃다발을 들고 있는 모양을 하고 있다. 이는 대개 제사나 굿을 할 때 무당이 신을 즐겁게 해주는 모양을 그린 것으로 보인다. 이 글자의 처지도 앞에서 말한 '暮'와 비슷한데 '없다'를 나타내는 '無'로 가차되는 바람에 본자에 의미부(意符)로서의 발자국을 덧붙여 춤을 추는 모양을 나타내게 되었다.

임신가능 여부는 인구의 번성에 관계되며, 특히 순산 여부는 임산부와 태아 두 생명과 관계되는데, 그만큼 상나라 사람들은 후대를 잇는 일인 자사(子嗣)를 매우 중히 여겼고 동시에 그것이 갖는 흉험도 매우 두려워하였다. 갑골 점복에는 사람들이 출산을 앞두고 신명에게 순산을 기원하는 흔적이 많이 남아있다.

생자(生子)에 관한 복사 1:

甲申蔔, 殼貞:婦好娩嘉?
王乩曰:其隹(惟)丁娩, 嘉; 其隹(惟)庚娩, 弘吉.

三旬又一日甲寅娩, 不嘉, 叀(惟)女.

생자(生子)에 관한 복사 2:

庚子蔔,故貞:婦好有子?二月.
辛醜蔔, 殳貞:婦好有子?三月.
辛醜蔔, 互貞:王固日:好其有子.

　　이 두 편은 무정(武丁)왕이 아내 부호(婦好)의 출산을 점치는 내용이다. 첫 번째 복사의 대강의 뜻은 다음과 같다.: 갑신일에, 각(殻)이 점치기를 책임졌다. 부호의 분만과정은 순조로울까? 왕은 복조(卜兆)를 본후에, 만약 정일(丁日)에 분만하면 순조로울 것이고, 만약 경일(庚日)에 분만한다면 매우 길할 것이라고 말했다. 결국 부호는 31일만인 갑인일(甲寅日)에 순탄치는 않았지만 딸을 낳았다. 두 번 째 복사를 보면 '경자(庚子)'와 '신축(辛丑)'은 2월 말일과 3월 첫일인데 월말 또는 월초에 부호의 출산이 임박하였고 무정은 연일 점을 치며 부호의 출산을 걱정하였던 것이다.

　　융(戎): 왕이 군사를 일으키시면 내 창을 갈아 수리하리다.
　　(王于興師, 修我戈矛)[13]

　　무력으로써 존귀해지다(武力爲尊): 왕(王)

　　갑골문의 '王'자는 상형자(象形字)이다. 그러나 여기서 본뜬 것은 사

13　『시, 진풍, 무의(诗·秦风·无衣)』

람이 아니라 병기다. 당시 '월(鉞)'이라고 불린 도끼 모양의 병기를 모방하였다. 고고학적으로 보면 왕실의 무덤에서는 항상 옥으로 만든 월(鉞)이 출토되었다. 옥은 고우나 쉽게 깨진다. 옥월은 결코 실제 무기로 사용된 것이 아니라 왕을 의미했던 것이다. 수사(修辭)의 수법으로 월은 고대에 왕권을 상징했다. '왕(王)'이 '월(鉞)'이요, '월(鉞)'이 '왕(王)'이라는 상징은 바로 '무력으로 왕이 됨(武力爲王)'이 당시 이데올로기적 국가 기구의 실질이라는 사실도 입증해준다.

지팡이를 잡은 손: 윤(尹)

갑골문 '尹'은 한 손에 지팡이를 잡은 모습이다. 지팡이는 유용한 공구였다가 유력한 병기로도 쓰였을 것이다. 도구면서 무기로 게다가 지팡이를 하고 다니는 사람은 견문이 넓고 만인의 존경을 받는 사람으로 추대되었다. 따라서 지팡이는 권력의 상징이요, 지팡이를 손에 잡는다는 것은 능력과 권력이 있어 어떤 일도 해결할 수 있음을 나타냈다. 이게 바로 지배, 통치, 통치자, 지도자를 뜻하는 글자 '尹'이다. 벼슬 이름에도 쓰였는데 '경조윤(京兆尹)'은 당시 경성을 지키고 다스리던 관직명이다.

무사의 모습: 무(武)

갑골문 '武'는 회의자(會意字)로서 윗변은 병기 '과(戈)'를 쓰고 아랫변은 발가락 '지(止)'를 쓴다. 전쟁을 반대하는 사람은 평화를 지향하고 전쟁을 증오한다. '武'자를 풀이할 때 우리는 자주 고사를 인용하면서 '지과위무(止戈爲武)'라는 말을 빌린다. 선조들은 글자를 만들 때 심혈을 기울여 글자에 참뜻을 새겨 넣으려 하였다. 사실상 '지과위무'는 『좌전, 선

이미지로 읽는 고대문명

그림 34 갑골문 '王'

그림 35 갑골문 '尹'

그림 36 갑골문 '武'

공 12년(左传, 宣公十二年)』에도 나오는 말이다. 초장왕(楚庄王)이 이르기를" 武는 전공(戰功)이 이루어지면 병기를 거두어 들이기에, 戈를 멈춤이 武이다" 하였다.(夫武定功戢兵. 故止戈爲武) '무(武)'는 바로 인의와 평화를 수호하는 능력이다. 이러한 해석은 초장왕이 의도적으로 곡해했거나 또는 회의자 '武'에서 깊은 뜻을 터득했기 때문이었을 것이다. 그러나 '武'는 분명 상형자고 자형을 보면 조심스럽게 무기를 잡고 행군하거나 순찰을 하고 있는 병사의 모습을 그리고 있다. 갑골에서 '止'는 발을 형상화했고 때로는 미묘한 서법 차이를 두면서 발이 향하는 방향을 나타내고자 하였다. 사실상 '止'는 움직이는 발자국을 나타내며 '전진'을 의미하였지 '멈춤'이라는 의미는 애초에 없었다.

매섭게 쏘아보다: 멸(蔑)

'蔑'자는 갑골문에서 눈을 크게 뜬 채 눈썹까지 치켜세우면서 의기양양한 기상을 뿜고 있다. 자형에서 오만함과 타인에 대한 경멸이 여실히 보여진다. 화가 나서 쏘아보는 대상은 누구일까? 다름 아닌 '벌(伐)'이고 '살육(殺戮)'이었을 것이다. '蔑'자는 적을 경멸하고 살육을 매섭게 대하는 전사(戰士)의 호기로운 기상을 보여준다.

제5장 원수(洹水)에서 하늘에 묻다(問天洹上)

그림 37 갑골문 '蔑'

그림 38 갑골문 '中'

그림 39 갑골문 '元'

군기로 삼다: '中'

군기(軍旗)는 전쟁에서 정해신침(定海神針)[14]이자 풍향계로서 전투 지휘 중심을 나타낼 뿐만 아니라 투지를 나타내기도 한다. 갑골문에서 '中'자는 휘날리는 군기 모양이다. 양군이 대치 상태에 있을 때 중간에 깃발을 세워 표시로 삼는 것이 바로 '中'의 본뜻이다. 복사에 보면 '입중(立中)'이라는 표현도 나온다. '중일(中日)'은 하루 중 정오를 나타내는 말인데 이는 깃발을 중간에 세운다는 의미를 차용하고 있다. 갑골문에서 '中'은 막대기 양 끝에 '~'를 그려 넣어 깃발이 바람에 날리는 모양을 표현하였다.

전적을 헤아리다: 환본귀'원'(還本歸元)

맨 처음 '元'과 '兀'은 같은 자형이었다가 사람의 '머리'를 강조하기 위해 위에 커다란 점을 추가했다. 그러나 원점(圓點)은 갑골에 새겨넣기가 쉽지 않아 짧은 가로선으로 대체하였다. 이게 바로 갑골문 '元'이다. 냉병기 시대, 전쟁에서는 흔히 '머리를 얼마나 땄느냐'에 의해 논공행상(論功行賞)하였고 '만마군에서 수장의 머리를 따오는 것'으로서

---

14   바다를 안정시킬 수 있는 신기한 침이라는 뜻으로 서유기에 나오는 손오공의 여의봉의 별칭이다. - 역자주.

이미지로 읽는 고대문명

무장의 용맹을 치하했다. 형가자진(荊軻刺秦)에서도 형가가 대장 번오기(樊於期)의 머리를 예물로 들고 가서 진시황을 만나는 장면이 나온다. 고서에 자주 등장하는 '상원(喪元)', '귀원(歸元)'이라는 말은 머리를 잃는다든가 머리를 돌려준다는 뜻이다. 이런 것들은 아마도 중요한 제사에서 사람을 희생물로 하였거나 은허에서 출토된 사람 머리가 들어있는 청동 시루에서 보여졌던 것과 같은 신앙 또는 행위에서 기원하였을 것으로 보인다. 입에 담으려니 치가 떨리고 글로 적으려니 몸서리를 치게 되는전쟁의 참극은 그야말로 '일원가감(一元可監)'이다. 다행히 '元'은 결코 전쟁으로 생겨난 것은 아니고 머리는 맨 위에, 가장 중요한 것을 나타내는 의미로 한 나라의 '원수(元首)', 최초, 우두머리, 시작 등 의미를 나타낸다. 그밖에 '일원복시(一元復始)', '환본귀원(還本歸元)'처럼 쓰이기도 하며 이러한 인신의(引伸意)가 오히려 '元'의 전형적인 의미로 자리잡았다.

전쟁을 위해 점복하다: 인간 제물

무정왕 시기에 '노방(盧方)'은 상나라에 굴복하고 조경(祖庚), 조갑(祖甲), 늠신(廩辛) 3대를 지냈다. 그러나 강정(康丁)왕 때에 와서 노방의 수장이 상왕에 의해 살해 되고 제사에서 '인생(人牲)'이 되고 말았다. 복사는 아래와 같다.

> 囲午卜, □翊日乙, 王其□盧伯□,不雨?
> 父甲彡日,□又正?大吉. (『甲』3652)[15]

---

15   曹定雲:《殷墟婦好墓銘文研究》, 雲南人民出版社, 2007 年版, 第 35 頁

위 복사의 내용은 대략 아래와 같다. "갑오일(甲午日) 점복을 하는데 다음날 을미(乙未)에 왕이 노백을 제물로 하려 한다. 비는 없는가? 부갑(父甲)[16] 삼제일에 우정(又正)을 제물로 하면 길한가?" 이 복사의 의미를 다시 풀이하면 노백은 가능하게 어느 전쟁 출정 전에 치러진 제사에서 살해되었을 것이다. 상왕은 보통 포로나 노비를 인생(人牲)으로 썼으나 각별히 중요한 사건을 앞두고는 방백(方伯)을 제물로 쓰기도 하였다.

이런 상황은 춘추시기까지도 지속되었는 바 『좌전, 소공 11년(左传·昭公十一年)』에는 "楚子滅蔡, 用隱大子于岡山"[17]이, 『좌전 희공 19년(左传·僖公十九年)』에도 "宋公使邾文公用鄫子次於睢之社"[18]라는 기록이 있다. 어찌되었든 노방으로 말하면 군주가 제물로 바쳐졌다는 것은 잊을 수 없는 철천지한이 아닐 수 없다.

최초의 궁내 다툼: 암투

최근 중국에서 인기리에 방영된 「보보경심(步步惊心)」, 「견환전(甄嬛傳)」, 「연희공략(延禧攻略)」, 「여의전(如懿傳)」과 같은 궁투(宮鬪) 드라마는 모두 청나라 왕실 또는 그 안의 사람들을 배경으로 삼고 있다. 드라마에서 보면 마치도 청조에 이르러서야 궁내에 외모가 수려하고 연약해 보이는 황제의 후비들 간의 죽고 죽이는 분쟁이 있은 것으로 보이지만 사실상 '궁투'는 봉건 왕조가 생기고 왕이 후궁을 두면서, 또한 혼인

---

16   상왕조 두 갑왕(甲王)의 별칭이다. - 역자주.

17   초나라 초령왕(楚靈王)이 채나라를 멸하고 나서 채후(蔡候)의 아들 은태자(隱太子)를 강산(岡山) 신명에 제물로 바쳤다.

18   송나라 송양공(宋襄公)이 주문공(邾文公)을 시켜 증나라 군주를 차수(次睢) 부근의 사(社)에 제물로 바쳤다.

이미지로 읽는 고대문명

관계가 정치적으로 맺어지면서 필연적으로 생겨난 것이다. 그것이 패권 다툼과 가국(家國)의 배경과도 직결되는 순간 더없이 충격적이고 끔찍한 파국이 벌어진다. 그렇다면 상왕조에는 이러한 다툼이 없었을까? 물론 있었다.

이런 기록이 있다.

> 高宗放孝子孝己.(고종이 효자인 효기를 추방하다 『세설신어(世說新語)』
>
> 殷高宗有賢子孝己, 其母早死, 高宗惑后妻之言, 放之而死, 天下哀之.(은나라 고종에게는 현명한 아들인 효기가 있었는데, 그 어머니가 일찍 죽자 고종은 후처의 말에 속아 효기를 내쫓아 죽게 하니, 천하 사람들이 슬퍼하였다.(『태평어람(太平御覽)』권83에서 『제왕세기(帝王世紀)』를 인용하였다.)
>
> 殷高宗之子曰孝己, 母早死, 高宗惑后妻之言, 放之而死.(은나라 고종의 아들 효기는 어머니가 일찍 죽었는데, 고종이 후처의 말에 현혹되어 효기를 내쫓아 죽게 했다.)(『죽서기년소증(竹书纪年疏证)』에서 『시자(尸子)』를 인용하였다.)

고서에 나오는 이러한 기록에서 보건대 고종 무정의 장자 효기(孝己)가 계모로부터 해를 입었을 것이다. 직접 살해한 것은 아니더라도 효기는 계모의 모함으로 부왕 무정으로부터 소외되고 마음에 원한과 울분을 품고 세상을 떠났을 것이다. 갑골 복사에도 효기는 확실히 일찍 죽은 것으로 나온다. 이는 아마 역사적 기록이 있는, 최초로 후궁에 의해 벌어진 궁정 계승자들의 다툼이었을 것이다.

상고 시대의 목란(木蘭): 장군 부호(婦好)

역사적 근거가 있는 중국 최초의 전투 영웅으로는 논쟁의 여지도 없이 부호(婦好)가 으뜸으로 꼽힌다. 그녀는 걸출한 장령(將領)이고 군사가이기도 하다. 갑골문에는 그녀가 지휘한 수차례 군사 기록이 있다. 그녀는 몇 년에 거쳐 상나라를 침략한 토방을 격퇴하고 강족(羌族)과 파국(巴國)을 패배시켰다. 그녀는 많을 때는 만 명도 넘는 병사를 이끌고 전쟁에 나갔다. 부호는 상나라 무정왕의 세 왕비 중 한명이다. 무정에게는 육십여 명의 처첩이 있은 것으로 전해진다. 하지만 무정왕은 부호를 각별히 애지중지하여 부호가 받은 사랑은 그야말로 "수천 수만 명이 받을 총애를 독차지할(萬千寵愛在一身)" 정도였다. 부호는 중대한 제사를 주관하였을 뿐만 아니라 봉지(封地)도 갖고 있었다. 지금까지 출토된 갑골문만 해도 부호의 이름이 200여 차례 등장한다. 무정왕은 부호를 위해 친히 점복도 하였는데 복문 내용에는 부호 생활의 전반에 걸쳐 출정, 출산, 질병 심지어 사후 상황까지도 나온다.

무정왕은 역사적으로 꽤 업적이 많은 군주 중 한 사람이다. 그는 재위 59년 동안 토방(土方), 강방(羌方), 귀방(鬼方) 등 크고 작은 적국을 물리치고 상왕조의 영토를 확장하였으며 상나라에 인접한 수많은 씨족 부락을 정복하고 그들과 예속관계를 맺었다. 무정왕은 인재 등용과 적재적소에 임용하는 것으로 유명하다. 한 예로 노비 출신의 부열(傅說)을 인재로 발탁하여 상(相)으로 임명한 사연이다. 부열의 보좌로 무정 시기 상나라 국토가 확대되고 생산이 발전하였으며 백성들이 안거하였다. 역사에서 이것을 '무정중흥(武丁中興)'라 부른다. 『시, 상송, 은무(詩.商頌.殷武)』에 나오기를 "옛날 탕왕(湯王) 시절 저 멀리 저(氐)나라, 강(羌)나라까지 조공 바치지 않은 나라가 없고 감히 알현하지 않은 나라가 없었으니 상나라만 받들었다.(昔有成湯, 自彼氐羌, 莫敢 不來享, 莫敢不來王, 曰商是常.)" 하였다. 『시, 상송, 현 조(詩,商颂,玄鸟)』에서도 무정 시기 "천리 너비 왕의 땅, 백성들이 머물러 사는 곳, 저 넓은 사해까지 개 척하시었다(邦畿千里, 維民所止, 肇域彼四海)"라는 당 시의 성세경관을 묘사한 글귀가 나온다.

고고학적으로 발굴된 문물들은 3천여 년 전 부 호, 무정 시기는 상왕조의 성세였음을 입증해준다. 출토된 부호의 무덤 기물에 새겨진 명문에는 상족 외에도 상나라 부족 연합인 '자방(子方)'도 있었고 하족의 후예인 '과□(戈□)'나 훈육(獯鬻)에 속하는 노방도 있다. 무정 부호 시기에 전쟁과 교류를 통 해 중국 북방의 하, 상 양대 부락이 융합되고 주변 소수민족 관계도 강화되면서 이때로부터 서서히 중화민족이 형성되었다.

갑골문에 나오는 '식(食)', '색(色)', '사(祀)', '융 (戎)'자를 통해 상나라 사람들의 삶을 관통하는 희 노애락은 무엇이었는지에 대해 살펴보았다. 선인 들의 일상은 안락하고 활기가 차 넘치면서도 그들 의 삶은 참혹하고 가열찼다. 그들은 아마 오늘날 우리보다도 더욱 극심한 경쟁 속에 살았을지도 모 른다. 그들의 혈맥을 뚫고 나오는 열정과 삶에 대 한 애틋한 감정은 지금까지도 고스란히 느껴지니 말이다.

이 안의 참뜻, 영원히 잊지 않으리.

빛을 줍는 배

은허갑골, 거연한간, 돈황막고굴장경, 내각대고는 세계를 뒤흔든 중국의 4대 발견이라고 할 수 있다.[19] 거시적 측면에서 이 4대 발견은 문명 발전의 자취이자 광음(光陰)의 기록이고, 미시적 측면에서는 그 자체로 중국 문자와 글월의 형태 및 응용의 체현과 발전으로 볼 수 있다. 3600년의 역사를 갖는 갑골문은 4대 발견 중에서도 가장 획기적인 것으로 평가된다. 그동안 출토된 15만 건이 넘는 상나라 문자 기록은 머나먼 상조는 확실히 존재한 실체였음을, 성숙하고 발전된 문명상은 허구가 아닌 휘황찬란한 역사 사실이라는 것을 증명해 준다.

갑골문은 맨 처음에 갑골에서 발견되었기 때문에 이름도 갑골문이

---

19 20세기 세계를 뒤흔든 중국의 4대 발견은 은허 안양 갑골(殷墟安阳甲骨), 거연 한간(居延汉简), 돈황 막고굴장경(敦煌莫高窟藏經), 명청내각대고(明清內閣大庫)다. 이 4대 발견은 각기 다른 시대의 기록들이다. 갑골문은 상대의 문자 기록으로서 3600년의 역사를 지닌다. 지금까지 출토된 수량은 15만점이 넘는데 내용은 대부분 상나라 왕실의 점복에 대한 기록이다. 상대는 신권(神權)정치였다는 사실을 잘 말해준다. 거연한간(居延漢簡)은 스웨덴인 스벤 허딩(Sven Hedin, 1865~1952)이 고찰단을 거느리고 거연 일대에서 발견한 한나라 죽간이다. 출토된 2만여 점의 죽간에는 서한(西漢) 중말기부터 동한(東漢) 초기 군민들의 생활상이 생생하게 기록되어 있어 상당히 높은 사적 가치를 지닐 뿐만 아니라 진귀한 서예 묵적(墨跡)으로서도 가치가 높다. 돈황막고굴장경은 서기 1900년 돈황성 동남 쪽에 위치한 명사산 장경동굴에서 발견되었다. 이 동장(洞藏)은 기원 4세기에서 14세기까지의 경권(經卷)문헌 자료로서 5만 건이 넘는다. 「돈황 유서」로 불리는 이 장서로 인해 세계상에는 돈황문헌을 연구하는 '돈황학(敦煌學)'이라는 학문이 형성되기도 하였다. 내각대고는 청나라 중앙 정부의 가장 중요한 정무 문서로서 대부분 제고본(制誥本)으로 되어있으며 중국 역사상 가장 방대하고 보존이 완전한 공문서이다.

이미지로 읽는 고대문명

라 붙여졌다. 그러나 그 뒤로 갑골뿐만 아니라 와기나 목간, 죽간에서도 발견되었고 청동 기물에 새겨지기도 하였다. 서사 공구도 뼈칼, 돌칼, 대나무칼이 있는가 하면 붓으로 쓴 것도 있다. 붓의 기원에 대해서는 '몽념조필(蒙恬造筆)'[20]이라는 신화가 있다. "붓은 진나라 장군 몽념(蒙恬)이 발명한 것이다, 그러니 붓은 당연히 진(秦) 이후에 쓰이었고 상(商)까지는 붓이 없었다"이런 관점은 누란에서 한대의 거연필이 출토되던 시기에는 더욱더 대다수 사람들이 확신하고 있었다. 사실은 결코 그렇지 않다. 갑골문은 이에 대해 어떻게 진술했는지 살펴보자.

필(筆), 갑골문에서 '筆'자는 자형으로 봤을 때 손에 필 한 자루를 잡고 있다. 자형에서 필촉을 보면 세 갈래로 갈라져 있다. 필촉 부분이 짐승의 털처럼 올이 있고 부드러워야 끝이 갈라진다. 따라서 이는 상나라 시기 붓의 모양을 본뜬 게 아닐까 싶다. 그러나 상대에 붓이 사용되었더라도 붓은 3천여년의 세월을 견디지 못하고 썩고 말았을 터라 우리가 볼 수 있는 최초의 붓은 거연한간과 동시에 발견된 한(漢) 나라 붓이다.

서(書), 갑골문 '書'의 자형은 손에 필을 잡고 적고 그리고 하는 모양이다. 자세히 보면 이 필의 끝부분도 갈라져 있다.

화(畵), 갑골문 '畵'는 '劃'의 본자로서 자형은 손에 붓을 잡고 경계점을 찍는 모양으로 경계를 나눈다는 뜻이다. 필끝은 여전히 갈라져 있다.

책(冊), 갑골문 '冊'의 자형은 죽편과 목편들을 끈으로 묶어놓은 모양

---

20 진나라 장군 몽념이 초나라를 제패하고 남하할 때 토끼를 보고 토끼털로 필을 만들면 좋겠다는 생각을 하고 붓을 발명했고 한다. 사실 붓은 상대에 이미 있었고 결코 몽념이 발명한 것은 아니다. 다만 몽념이 기존의 것을 좀 더 개량하여 보다 널리 만들고 사용할 수 있도록 했던 것이다. 무장인 몽념이 필기 도구인 붓을 발명하였다는 것으로 그는 당시 중국 전통 문화에서 가장 이상적인 형상인 문무쌍전(文務雙全) '유장(儒將)'의 인물로 존경과 숭배를 받았다.

그림 42 갑골문 '筆'

그림 43 갑골문 '書'

그림 44 갑골문 '晝'

그림 45 갑골문 '冊'

이다. 이는 아마도 상나라 간책(簡冊)의 모양이었을 것이다. 고대의 이동 가능한 문서 중에 죽편에 쓴 것은 '간(簡)'이라 하고 목편에 쓴 것은 '찰(札)' 또는 '독(牘)'이라 하였다. '간(簡)' 또는 '찰(札)'을 몇 개 엮어 만든 것은 '책(冊)'이라 했다. 갑골에 쓰는 복사는 보통 세로로 내려쓰기를 하였는데 이는 죽간(虎), 개(犬), 돼지(豕), 토끼(兔), 거북(龜)자는 모두 위로 기어오르는 자세를 취하고 있는데 으로 생겨난 서사 습관일 것으로 보인다. 갑골문에서 동물 글자, 예하면 말(馬), 호랑이이는 죽간의 넓이에 맞게 글자 크기를 조정한 것으로 보인다. 이러한 규칙성의 개변이 바로 문자와 그림의 다른 점이라 하겠다. 이집트 문자나 동파문의 동물 글자는 이와는 전혀 달라 그림 문자로 보는 게 마땅하지만 갑골문은 그때 이미 기호 문자였던 것이다.

전(典), 갑골문 '典'자는 양손으로 죽간을 받쳐 들고 있는 모양을 하고 있는데 매우 형상적이다. 두 손으로 받들었다는 것은 공경스러운 태도를 뜻한다. '典'은 바로 근거로 삼을 수 있는 경전이요, 본받을 수 있는 귀감이다. '典'자의 자형에서 보여지는 것은 상나라 사람들은 일찍부터 '冊'의 중요성을 인식했고 그 중에서도 중요한 '冊'은 신성한 것으로 간주되었다는 것이다. 또한 갑골 복사에 쓰인 문법은 대부분 상(商)나라와 주(周)나라 고서

이미지로 읽는 고대문명

에 나오는 것들과 일치한 것으로 보아 당시 복사 외에 전책도 있었을 것으로 추측된다.

산(刪), 갑골문 '刪'자를 보면 간책 옆에 칼이 놓여있다. 뜻인즉 만약 글자를 잘못 쓰면 칼로 죽목 표면을 긁어내고 다시 쓴다는 것이다. 또는 꿰맨 끈을 잘라내거나 죽간이나 목편의 일부를 잘라내기도 있다. 전자의 경우는 우리가 잘못 쓴 글자는 종이 표면을 칼로 살살 긁어내거나 또는 수정액을 바르는 것과 유사하고 후자는 잘못 쓰면 아예 종이를 새로 가는 것과 같다. 지울 '刪'은 공구나 동작, 상황 모두 3천년 동안 거의 변한 것이 없다. 무척 친근감이 든다.

이는 갑골문 자체의 진술이다. 알다시피 귀갑이나 수골은 상나라 사람들이 보편적으로 사용한 서사 수단은 아니다. 상대에 있어서 사람마다 갑골을 구해 점을 치고 복사를 새긴 것은 아니라는 얘기다. 갑골에 기재된 내용으로 보면 갑골은 왕과 귀족들만 사용할 수 있었고 평민에게는 허용되지 않았을 수도 있다. 골편과 같은 예리한 공구도 상나라 사람들이 일상적으로 서사에 사용했던 주요 공구가 아니고 그들은 많은 경우에 붓을 사용하여 죽간이나 대나무, 나무 토막 또는 나무껍질에 글을 썼던 것이다. 이는 자연스러운 선택일 수밖에 없다. 필경 이것들이 갑골에 비해 구하기도

그림 46 갑골문 '馬'

그림 47 갑골문 '虎'

그림 48 갑골문 '犬'

그림 49 갑골문 '豕'

그림 50 갑골문 '兎'

제5장 원수(洹水)에서 하늘에 묻다(問天洹上)

쉽고 서사도 용이했으니 말이다. 『상서 다사(尙書·多士)』에도 은상 시기에 전책이 있었다는 기록이 있다.

갑골에 새겨진 생동감 넘치는 점복 문자는 우리를 매료시키고 설레게 한다. 그것은 마치도 상고 사회의 결계를 뚫는 비밀번호마냥 우리를 3천여 년 전의 그곳으로 데려가 주고 원 없이 구경시켜 주는 듯하다. 그러니 우리에게 있어서 문자가 새겨진 귀갑이나 수골 조각들은 더없이 귀한 보물이 아닐 수 없다. 그러나 상대에 사람들이 더욱 아낀 것은 아마 청동기였을 것이다.

귀족들은 디자인, 수량, 문양의 차이에 따라, 청동기로 자신의 신분과 지위, 왕으로부터 받은 은총을 과시하려 하였다. 청동기에 새겨진 명문을 '금문(金文)'이라 하였는데 내용은 대체로 소유인 종족의 성씨, 로고가 적혀 있는가 하면 조상의 칭호, 관직명, 작위가 새겨져 있기도 하고 왕의 하사품이 새겨 있는 경우도 있다. 상나라 청동기의 명문은 대부분 글자 수가 많지 않아 보통 두세 자에 불가했으나 수사자정(戍嗣子鼎)의 명문은 무려 30자나 된다. 이는 현존하는 청동기 중 가장 긴 명문이 새겨진 상나라 청동기다. 수사자정은 발 세 개에 귀가 둘 달린 원형 정(鼎)이다. 목 부분에는 수면(獸面) 무늬가 그려져 있고 명문에는 주조 이유가 적혀있다. 내용은 다음과 같다. 구월 병오일(丙午日)에 상왕이 종묘 명당 대청에서 수사자(戌嗣子)와 대작하면서 그에게 패 20붕을 상으로 주었다. 수사자는 왕의 은총을 받고 부친의 제사에 이 보정(寶鼎)을 제작했던 것이다. 명문의 말미에 새겨진 '견어(犬魚)'와 비슷한 글자는 아마 수사자의 종족을 칭하는 로고일 듯싶다.

그림 54 수사자정(戌嗣子鼎)

동기가 주조되기 전에 먼저 부드러운 점토로 모형을 만들고 문자 형태를 주물에 새긴 후 주조가 완성되면 명문은 단단한 동기에 계각된다. 수사자정의 명문은 거의 글자마다 필봉(筆峰)이 있는데 명문의 제작 방법은 먼저 도드라진 양문(陽文)을 만든 후 그것을 다시 뒤집어서 새겨 넣는다. 하나는 칼로 갑골에 새기는 방법이고 다른 하나는 붓으로 모형에 쓴 후 다시 본떠서 주조하는 방법이다. 최종 보여지는 자형 효과는 크게 다를 수밖에 없다. 선이 뻣뻣한 갑골문과 선이 유려한 명문은 이렇게 3천여년 전의 상대에 공존하였다. 갑골 복사는 황실 귀족과 정인(貞人)들에게만 보여지고 비밀에 부쳐져야 했던 까닭에 글월은 최대한 짧게 생략되었다. 반면 청동기 명문은 대대손손 유전해야 했기에 문장이 간결하면서도 유창했고 전파성이 강했다. 이를 통해 상나라를 관통하였던 전형적인 글씨체는 갑골 복사가 아니라 청동 명문이라는 사실을 확인할 수 있다.

그림 55 수사자정 명문 탁편

갑골의 문자는 큰 것은 여치만하고 작은 것은 모기만하다. 칼을 붓처럼 사용한 것은 웬만한 기술이 아니다. 갑골에 계각하기 전에 서사 과정이 있었는데 도구는 붓이었을 것이다. 놀라움을 금치 못하겠지만 사실이다. 붓이 확실하다. 이는 기존 갑골문의 계각 내용이라든지 일부 써 놓았지만 미처 전각하지 못한 채로 갑골에 남아있는 문자 자료로 충분히 방증할 수 있다. 상나라 사람들은 분명 붓을 사용하였다. 그들은 글씨를 쓸 때 주로 붉은 색과 검은 색을 사용했다. 붉은 색 연료는 오늘날의 것과 같은 광물질인 주사(朱砂)라는 사실이 과학 실험을 통해 확인되었다.

갑골을 다듬는 데 쓰는 칼이나 톱과 같은 공구들은 죽간이나 목간 제작에도 쓰였다. 안타깝게도 붓이나 간책은 귀갑이나 수골처럼 장시간 보존하기 어려웠던 까닭에 수천 년의 풍진 세월 속에 다시 먼지가 되어 버렸으니 이제는 흔적을 찾을 수도 없다. 다행히도 일부 갑골에 3천 년 전의 붓글씨가 남아있어 그나마 아쉬움을 달래 준다. 출토 당시 문

이미지로 읽는 고대문명

자들은 붉은 색과 검은 색이 같이 어울려 있었으며 빛깔도 살아있어 고고학자들의 깊은 관심을 끌었다.

우리가 상나라 사람에 대해 새로운 인식을 가져야 할 점은 그들이 우리가 상상하는 것에 비해 훨씬 소탈하고 지혜로웠다는 것이다. 갑골이나 간책에서 보여지는 그들의 골도나 붓 사용 기술은 그렇게 정련되고 치밀할 수 없다. 3천여년의 세월을 사이에 두고 그들은 천루하고 광망스러운 눈길로 우리를 너그러이 굽어보며 미소를 짓고 있다. 그들은 오늘도 풍악을 울리고 장고를 치며 술잔을 기울이고 있다.

표의 문자 부호: 글로 씌어진 에스페란토

문자는 문명이 형성된 표지이고 문명이 전승하는 장치이기도 하다. 정보 전달 매체로서의 문자는 사회적 약속을 지닌다. "문자는 경예의 근본이요, 왕권의 바탕이다(蓋文字者, 經藝之本, 王政之始), 선인은 글로 후인을 일깨우고 후인은 글로 고대를 읽는다.(前人所以垂後, 後人所以識古) 옛말에 이르기를 "사물의 근본이 서면 도는 저절로 생겨난다.(本立而道生)"고 하였다. 천하의 심오함을 알아야 흔들리지 않는다고 하였거늘(知天下之至賾而不可亂也)"[21]사회 구성원들이 같이 인정하고 받아들여야만이 문자 기호의 정보 전달 기능은 비로소 실현된다. 문명 매체로서의 문자는 정보를 보존하고 전달하며 사상이 교류되고 축적되게 한다. 한자는 중화민족의 여러 조대에 걸친 대량의 사회 문화 정보를 담고 있다. 그것은 언어를 기록하는 기호로서의 기능을 초월하여 그 형태 구조

---

21 『설문해자, 서(説文解字·序)』

자체로서도 역사 발전, 사회 상황, 사상 관념과 깊은 연관을 짓는 독특한 문화 체계를 이룬다. 문자는 "앞사람이 뒷사람을 일깨우고 뒷사람이 고대를 알게 하는" 근거다. 문자의 드높은 위상은 중화민족이 수천 년 동안 문화를 전승해오는 과정에서 단 한 번도 흔들린 적이 없었다. 중국인은 한자를 익히는 것을 수신(修身)의 근본으로 삼았고 그래야만이 나라를 다스리고 천하를 태평하게 하는 과업에 가담할 수 있다고 여겼다. 화인(華人)들은 한자를 아는 것을 자랑스러워 하고 한자를 알아야만 뿌리를 잊지 않는 것이라 여겼다. 그들에게 한자는 고향이고 따뜻한 집이다.

갑골문은 언어를 정확하고 완전하게 기록하였을 뿐만 아니라 나름의 체계와 규칙도 갖춘 성숙된 문자 계통이다. 한자는 본원적으로 상형표의(象形表意) 문자지만 상형(像形), 지사(指事), 회의(會意), 형성(形聲)의 네 가지 구조에 전주(轉注)와 가차(假借) 두 가지 통가(通假) 방식을 취한다. 비록 전국(戰國) 이후에야 '육서(六書)'로 귀결되었지만, 이 여섯 가지 방식은 갑골문에서 이미 충분히 자격을 갖추고 자리를 잡았다. 그 중 상형, 지사, 회의 세 가지 조자법(造字法)은 온전히 표의적 수법이다. 그러나 후에 제기된 의미부와 소리부가 합쳐 이루어진 형성자가 오히려 양적으로 큰 비중을 차지한다. 한자는 표의 문자로 불리지만 사실상 뜻과 소리는 일찍부터 같이 다뤄졌다.

언어학자 조원임(趙元任,1892-1982)선생은 『시씨 식사사(施氏食獅史)』라는 시를 써서 제자들을 시험 쳤다고 한다. 원문은 아래와 같다.

石室詩士施氏, 嗜獅, 誓食十獅. 氏時時適市視獅. 十時,
適十獅適市. 是時, 適施氏適市. 氏視是十獅, 恃矢勢, 使是十

獅逝世. 氏拾是十獅屍, 適石室. 石室濕, 氏使侍拭石室. 石室
拭, 氏始試食是十獅. 食時, 始識是十獅屍, 實十石獅屍. 試釋
是事.

　석굴에 사는 시인 시(施)씨는 사자가 좋아서 사자 열 마리
를 먹겠노라 맹세했다. 그는 때때로 사자를 보러 시장에 갔
다. 열 시가 되자 사자가 시장에 왔다. 그러자 그가 열 마리의
사자를 보고, 자신 있는 활솜씨로 사자 열 마리를 잡았다. 그
는 열 마리의 사자 시체를 석굴로 가져갔다. 석굴이 습해, 심
부름꾼에게 석굴을 청소를 시켰다. 석굴이 깨끗해지자, 그는
사자 열 마리를 먹기 시작했다. 먹어보니, 그는 열 마리 사자
시체가 실은 열 구의 돌사자 시체라는 것을 알게 된다. 이게
무슨 일이란 말인가.

　이 글은 한자의 표의 기능과 음양상거(陰陽上去) 4개 성조(聲調)를 이
용하여 동음자(同音字)를 구별하는 방법을 재미나게 보여주고 있다. 이
렇게 동음다의(同音多義)로 만들어낸 문자 유희는 한자만 특유한 것이
다. 가령 표음문자로 백번 가까이 'shi'라는 음만 반복해서 말한다고 가
정해 보자. 무슨 얘기인지 통 모를 뿐만 아니라 성조 구별도 없는 이렇
게 많은 권설음을 연거푸 내다보면 혀가 휘어 부러질지도 모른다. 누군
가 말하기를 영미권과 같이 표음문자를 사용하는 국가에서 만약 실어
증에 걸린다면 환자는 도저히 다른 사람과 소통할 수 없는 곤경에 빠진
다고 말했다. 그러나 한자를 쓰는 환자는 종이에 글자를 써 가면서 의
사소통을 할 수 있다. 표의문자가 갖는 풍부한 즐거움과 강대한 기능은
표음 문자로서는 따라갈 수 없는 것이다.

　표음문자는 청각과 시간을 필요로 하고 표의문자는 이미지와 마찬

가지로 시각과 공간에 의해 전달된다. 표의문자로서의 한자는 시각 기호 체계로서의 특징을 살려 방언 간의 교류를 가능케 하였고 이로 인해 중화민족의 강한 구심력도 형성시켰다. 중국 언어학자로 세계적으로 유명한 스웨덴인 칼그렌(高本漢 Klas Bernhard Johannes Karlgren,1889—1978)은 "이 대국에서 각 지역이 서로 응집될 수 있었던 것은 바로 중국의 문자, '서사된 에스페란토'라는 도구가 있었기 때문이다. 그렇지 않고 표음문자를 사용했다면 이러한 응집력은 아마도 무너졌을 것이다"[22]

혼란해진 바벨탑을 넘어

갑골문은 우리로부터 최소한 3600년을 떨어져 있으면서 성숙한 문자 체계를 이룬다. 그러나 중국의 원시 문자 창제 시간은 지금으로부터 7500년 전인 신석기 시대 중반까지 거슬러 올라갈 수 있다. 문자의 기원에 관해 가장 영향력이 있는 학설은 바로 그림설(圖畫說)이다. 중국의 한자 갑골문, 나시족의 동파경문(東巴經文), 고대 이집트의 성서(聖書) 문자, 수메르인들의 명문, 인디안의 그림문자에 이르기까지 그림에서 문자로의 발전 궤적이 고스란히 남아있다. 『세본 작편(世本·作篇)』에서는 "사황은 그림을 만들고 창힐은 책을 만들었다(史皇作圖, 倉頡作書)"고 하였고 송(宋)나라 정초(鄭樵)는 "그림과 책은 같이 나왔다(書畫同出)"고 추정하였다.

20세기 이래 고고학적으로 새롭게 발견된 신석기 시대 원시 각획(刻劃)기호도 한자가 그림에서 왔다는 학설을 방증한다. 하남성 가호(賈

---

22   董作賓, 董敏, 『甲骨文的故事』, 海南出版社, 2015年12月, 第11頁.

이미지로 읽는 고대문명

湖) 신석기 시대 유적지에서 대량의 갑골이 출토되었는데 그중 9개의 기호가 적힌 귀갑 하나가 고고학자들의 이목을 집중시켰다. 요종이(饒宗頤) 선생은 그 중 3개를 '目'과 '日', 또 하나는 "손을 들고 서 있는 사람" 모양의 글자라고 하였다. 그는 "이 세 글자는 모두 은(殷)대 갑골문의 형태 구조와 매우 근접하다. 배리강(裴里崗) 문화에서 무정(武丁) 연대까지 2천년이나 떨어졌지만 사람들이 점복을 위해 귀갑이나 수골에 글을 새겼던 습관은 이미 오래 전부터 싹텄던 것이다. 계각(鍥刻)으로 뜻을 나타낸 방법은 연원이 꽤 깊다."[23] 가호 유적의 갑골에 각인된 기호는 중국 원시 문자의 형태일 가능성이 높다. 하버드대 새클러박물관에는 양저(良渚)문화 말기의 도호(陶壺)가 소장되어 있는데 권족(圈足) 내벽에 신비한 기호가 한 줄 새겨져 있다. 야오 선생은 이 각획 기호를 초기 문자일 것으로 보며 갑골문과 같은 계통에 속한다고 판단했다. 그는 이 기호를 "子孓人土宅㧸(厥)厷…育"로 고석하면서 "제법 문장을 이루는 이 문자는 기굉국(奇肱國)의 이야기를 남긴 것이다."고 하였다.[24] 신석기 시대에 나타난 이 원시 문자 기호는 하(夏)가 계속하여 창제 발전시켰고 상(商)은 그것을 진일보 보완하면서 최종적으로 성숙한 갑골문 문자 체계가 형성된 것이다.

---

23   饒宗頤:『符號, 初文與字母』, 香港商務印書館, 1998년, 24~25쪽.

24   饒宗頤:『符號, 初文與字母』, 香港商務印書館, 1998년, 49쪽.

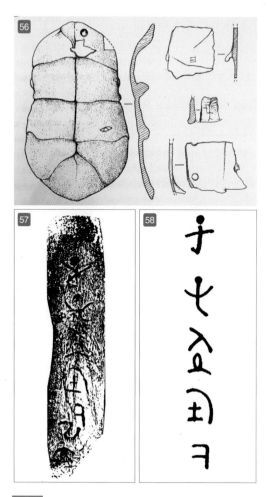

그림 56 무양 가호에서 출토된 기호가 새겨진 귀갑[25]

그림 57 하버드대 새클러박물관에 소장된 양저 도기 문자 탁편[26]

그림 58 탁편 모본

---

25   饒宗頤:『符號, 初文與字母』, 香港商務印書館, 1998년, 25쪽.

26   饒宗頤:『符號, 初文與字母』, 香港商務印書館, 1998년, 58쪽.

이미지로 읽는 고대문명

초기 고문자는 "사물을 그리고, 형태를 따져 묻는(畵成其物, 隨體詰詘)" 방식을 취했다. 한자는 그렇게 그림 기호에서 점차 그림 문자로 발전했다. 그림 문자를 바탕으로 점차 자형을 보완하고 자의를 파생하면서 '의미부(意符)'에 '소리부(音符)'를 덧붙이는 방법으로 새자를 만들고 끝끝내 성숙한 문자 계통으로 발전한 것이다. 최초의 "그림에서 시작하여(入於圖像)" 훗날 "그림으로 나타나는(出於圖像)", 기호 및 기호의 조합으로 갑골문, 종정문(鍾鼎文)에서 소전(小篆), 예서(隸書), 초서(草書), 행서(行書), 해서(楷書)에 이르기까지 한자는 하늘과 땅, 인간과 신을 맺어주는 중개자이며 사람들로 하여금 힘을 모아 자신을 만들고 또 초월하는 통천탑(通天塔)과 같은 것이었다.

한자는 그림의 마력(魔力)을 살리고 계승하였다. 그것은 고왕금래를 여는 비밀 열쇠마냥 과거를 살려내고 미래를 그려냈다. 문자를 해독하는 것은 사회를 해독하는 일이기도 하다. 선인들의 식(食), 색(色), 사(祀), 전(戰)은 상형의 문자에 흔적과 자취를 남기며 유전되었다. 당시의 온도와 소리가 고스란히 남아있는 장면들, 선후가 있는 사건들, 무변무한의 원과 선들은 우리 곁으로 가까이 다가와 눈과 손에 닿았다가 또 우리를 무소부재(無所不在)의 머나먼 곳으로 데려다 놓는다.

이 글을 마무리할 무렵 지인이 나에게 영국박물관 산 이집트 노제타 비석 기념 책갈피 몇 개를 보내왔다. 그 중 하나에 특별히 눈이 가서 자세히 보니 거기에 새겨진 기호가 갑골문 '子'가 아닌가. 이게 어떻게 이집트의 '생명의 부적(生命之符)'이란 말인가!

그림 59
여신 하토르가 앙크로 람세스 2세의 왕비 네페르타리
를 축복하다

「생명의 부적」책갈피에 그려진 기호는 로제타비석에서 따온 것이
다. 로제타비석은 고대 이집트 파라오의 프톨레마이오스 5세의 조서
가 새겨진 비석으로 기원전 196년 제작되었다. 생명의 부적인 '앙크
(Ankh)'는 고대 이집트 성각문자(聖刻文字, hieroglyph)의 기호이다. 전하
는 바에 의하면 이 기호는 고대 이집트에서 가장 중요한 여신인 이시스
가 두 팔을 벌리고 있는 그림에서 유래하였다고 한다. 영원한 생명을
상징하며 지혜와 통찰력을 가져다주고 젊음을 되찾아 주는 마력을 지
녀 사람들은 그것을 호신 부적으로 지니고 다녔다고 한다. 갑골문 '子'
에서 두 팔을 벌리고 있는, 활력과 열정이 넘치는 아이의 모습과 매우
흡사하다. 본뜻은 생명, 신생을 나타내고 전의는 지혜와 통찰력을 갖는
성인, 장자에 대한 존칭으로 쓰인다.

그림 60
고대 이집트의 생명
의 부적

그림 61
갑골문 '자'
(두가지 자형)

'앙카'와 '子'는 자형이 놀랍도록 닮아있고 문자 기호가 담고 있는 의미도 이렇게 비슷할 수 없다! 머나먼 옛날 '앙카'와 '子'는 교집이 있었던 것인가? 아니면 처음부터 일맥상통하는 것이었을까? 겉모습에서 마음까지, 이미지부터 상징적 의미까지 '앙카'와 '子'가 가리키는 것은 생기발랄한 사람, 이러한 생명 활력이 영원하기를 바라는 마음이었던 것이다. 인간은 하늘과 땅 사이에 존재하며 끊임없이 생명을 이어왔다. 고대 이집트인과 화하 선인들은 일찍부터 인간 자체, 나 자신이 바로 '생명의 부적'이라 간주한 것이다. 이게 바로 천지지 '子'가 아니겠는가.

문자 하나가 지구의 이 끝과 저 끝을 이어주고 길 하나로 옛날과 오늘은 하나로 이어진다. 그림 기호에서 갑골문, 한자는 오늘날까지도 쉼 없이 세월과 함께해 왔기에 우리는 비로소 우리가 걸어온 길을 찾아가 본다. 한자는 오늘날 세계에서 유일하게 생명력을 갖고 있는 고문자 체계이며 수천 년 동안 알게 모르게 중국 문화의 DNA와 혈통을 간직한 채 넓고 심오한 중화문화의 기록자와 전파자의 역할을 해 왔다. 그는 천지의 기운과 세월의 정수를 모으고 모아 풍부한 문화적 의미를 쌓아 오면서 지역을 뛰어넘고 인간과 신이 소통하는 통천탑을 쌓아온 것이다.

제5장 원수(洹水)에서 하늘에 묻다(問天洹上)

창힐이 글자를 창제[27]한 당시 "하늘에서 곡식비가 내리고 귀신이 밤에 통곡하였다(天雨粟, 鬼夜哭)"라고 했다. 뜻인 즉, 하늘이 맛있는 조를 내려 인류의 장래를 더욱 강하게 일으켜 세운 것을 축하하며 귀신은 이를 알고 인류가 강대해질 것을 무서워하며 울었다는 것이다. 상제가 인간이 하늘로 통하는 바벨탑이 신의 지위를 위협한다고 여겨 사람들의 언어(입말)을 흔들어 놓아 인심이 흩어지고 부락이 분열되게 함으로써 바벨탑이 더 이상 올라가지 못하게 한 것이다. 우러러 탄복할 수밖에 없는 점을 하나 더 든다면, 우리의 조상들은 일찍부터 동서를 막론하고 통일성과 공통성이야말로 언어 문자의 핵심 속성이라는 사실을 알고 있었다는 것이다. 언어(입말과 문자 포함)의 일치성은 인류가 상호 교류하고 서로 도와주며 공동 발전하는 에너지원이고 생명의 고리라는 점을 말이다. 성경에는 언어의 변란으로 인해 사람들은 더 이상 하늘로

27　창힐이 글자를 만들고 창힐이 황제의 사관이었다는 전설이 있다. 『한비자 오두 (韓非子·五蠹)』에는 "스스로 에워싸는 것을 사라하고 그런 사를 등지는 것을 공이라 한다. 공과 사가 서로 등지는 것을 창힐은 원래부터 알고 있었다(古者蒼頡之作書也, 自環謂之私, 背私謂之公)"는 기록이 있고 『회남자 본경훈(淮南子·本經訓)』에는 "옛날에 창힐이 문자를 만들자 하늘에서 곡식비가 내려지고 귀신이 밤에 통곡을 했다.(昔者蒼頡作書, 而天雨粟, 鬼夜哭)"고 한다. 『세본 작편(世本·作篇)』에도 나오기를 "사황은 그림을 만들고 창힐은 책을 만들었다(史皇作圖, 倉頡作書)"고 하고 『설문해자 서(說文解字·序)』를 보면 포희씨(庖犧氏)의 '시작팔괘(始作八卦)'에서 신농씨(神農氏)의 '결승위치(結繩為治)'에 이르기까지, 많은 일들이 번잡해지며 가식과 거짓이 생겨나기 시작했다(庶業其繁, 飾偽萌生) 그 이유로 창힐은 문자를 창제하기 시작했던 것이다. 『순자 해폐(荀子·解蔽)』에는 "글을 잘 쓰는 사람은 많았지만 후세에 전한 사람은 오직 창힐 뿐이다(好書者眾矣, 而倉頡獨傳者, 壹也)"라는 말이 나온다. 뜻인즉 문자는 창힐 이전에 벌써 있었을 뿐만 아니라 "글을 좋아하는 사람이 많았고(好書者眾)" 창힐은 그 중의 한사람이라는 것이다. 창힐의 창제만 유전될 수 있었던 것은 그는 필을 들었다 하면 종래로 증감을 허용하지 않았고 자형 필획의 일치를 중시하였을 뿐만 아니라 절대 서사를 임의로 하지 않았기 때문이다. 그러니 "한사람(壹也)"일 수밖에 없었던 것이다.

이미지로 읽는 고대문명

통하는 바벨탑을 세우지 못하게 되고 사람들은 이때로부터 끝없는 분쟁과 전쟁에 빠지게 되었다는 이야기가 있다. 다시 역으로 엮어보면 다민족 언어가 난무했던 화하는 바벨탑 이야기에 나오는 상제에 의해 변란을 맞게 된 인간과 흡사하다. 하지만 통일된 문자(書同文)는 이러한 변란에 맞서고 흩어진 사람들을 다시 뭉쳐 하나로 만든다. 사람들은 소통의 장애를 해소하고 서로 도와주며 다시금 하늘로 통하는 통천탑을 쌓아 올린 것이다. 화하 선인들이 창제하고 전승해 온 문자 전통에 의해 중국의 유구하고 휘황찬란한 문명이 만들어졌다. 한자는 서로 다른 민족, 서로 다른 방언을 구사하는 중국인들을 하나로 묶어주고 굳건하고 강대한 통일체로 만들어주었다. 그렇게 고대에서 현재까지 왔고 또 미래를 향해 나아가고 있다. 이 안의 참뜻, 영원히 잊지 않으리라 맹세한다.

제6장

낙신의 이미지 (洛神意象)

불굴의 비범함, 아름다운 판타지

1700여 년 전, 범상치 않은 기운을 풍기는 인물들이 이 곳 황하 낙수 강변을 지나는데 이들에 대한 장고일사(掌故逸事)가 무수히 전해졌다. 사람들은 권력에 맞서고 개성 넘치며 예법에 구애받지 않는 그들의 생활 태도와 방식을 흠모하였고 그들 이미지는 훗날까지도 글로, 그림으로 자주 묘사되었다. 이렇게 용맹무쌍하고 호탕한 그들도 낙하 강변을 지날 때면 늘 떠나간 고인을 그리면서 애수에 잠겼다고 한다. 수십 년 간 기세 드높던 건안 전성기도 막을 내렸을 때라 그들이 감상에 젖어 읊조린 것은 호방함이 구름을 뚫는 『백마편(白馬篇)』이 아니라 깊은 슬픔과 비애가 담긴 바로 이 『낙신부(洛神賦)』였던 것이다.

　「낙신부」에 관해서는 공전절후(空前絶後)한 것들이 몇 개 있다.

　조식(曹植)의 「낙신부」를 시작으로 왕헌지(王獻之)의 서예 작품 「낙신부」와 고개지(顧愷之)의 『낙신부도(洛神賦圖)』가 뒤를 잇는다. 뒤의 두 작품은 조식의 글에 깊이 감화되어 창작된 것이다. 선후로 창작 시간은 다르지만, 문(文)·서(書)·도(圖) 세 가지 표현 양식에 있어서는 이 세 작품에는 가히 '공전절후(空前絶後)'라는 말이 붙여진다.

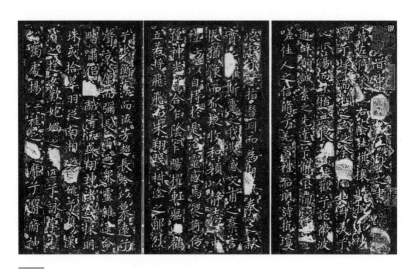

그림1 왕헌지의 「낙신부」 당대(唐代) 모본(摹本)

추상적인 의미가 표현되는 개방성으로 따지면 시나 글이 가장 심활
하고, 서예가 그 뒤를 잇고 그림은 좀 약하다고 볼 수 있다. 그러나 구
체성으로 따져보면 오히려 그림, 서예, 문장 순이다. 이렇게 볼 때 문
(文)·서(書)·도(圖)는 각유천추(各有千秋)라 할 수 있겠다.

이러한 공전절후의 명작을 만들어 낸 조식, 왕헌지, 고개지에 대해
알고 나면 그들의 어떤 이야기든(필자의 소감상) 책으로 몇 권이라도 쓸
수 있겠으나 편폭의 제한으로 고개지의 「낙신부도」 하나만 골라 이야
기해 보려 한다.

이미지로 읽는 고대문명

절세명화—낙신부

'백년불우(百年不遇:백년에 한 번이나 나올 법한)'라는 표현은 근래 너무 많이 사용되어 '그럴 수도 있을 법한' 정도의 의미로 절하되었다. 하지만 '공전절후(空前絶後:전에도 없었고 앞으로도 없을 법한)'라는 이 고급진 단어만은 사람들이 감히 남발하여 사용하지는 않는 것 같다. 역사가 아득하고 미래 또한 예측할 수 없을 만큼 변화무쌍하니 말이다. 그렇다면 '공전절후'라는 이 고금을 망라하는 단어의 어원은 대체 무엇일까? 누가 감히 썼고 누구한테 썼던 것일까?

이런 고사가 있다.

고사 1

동진(東晋) 때 남경(南京)에 와관사(瓦官寺)가 세워지고, 승려가 관리들에게 공양 의사를 물었다. 공양을 응낙한 관리는 많았으나 공양전(供養錢)이 십만 전(錢)[01]을 넘는 사람이 없었다. 그때 스무 살쯤 돼 보이는 한 젊은이가 '백만 전'을 내겠노라 하였다. 그 젊은이는 신분은 높지만 그렇게 부유해 보이지 않아 다들 그가 허풍을 떤다고 생각했다. 승려가 다가가 공양 의사를 묻자 그는 "나한테 벽 하나만 주시오."라고 하였다. 그 후 그는 문을 닫아 걸고 벽을 마주한 채 그림을 그리기 시작했다. 한 달쯤 지나 그는 유마힐(維摩詰)상을 그려내고 눈동자를 찍으려다 말고

---

01   중국 고대의 화폐 단위로 보면 1000전(錢)이 1관(貫), 즉 은돈 1~2냥에 상당함. - 역자주.

그림 2 장승요(張僧繇) 「오성28숙신도(五星二十八宿神圖)」(일부)

승려들을 향해 말하기를 "첫날 그림을 구경하러 온 사람들한테서는 10
만 전을 받고 둘째 날은 5만 전, 셋째 날은 주는 대로 받으라."고 했다.
약정된 시간이 되어 문을 개방한 첫 날, 문이 열리자마자 절 안은 그림
의 풍채로 찬란해졌고 돈을 내고 그림을 구경하러 온 사람들로 넘쳐났
다. 순식간에 백만 전이 모아졌다.[02]

고사 2

남북조 양조 때의 일이다. 어떤 사람이 사찰 벽에 네 마리의 용을

---

02 "興寧中, 瓦官寺初置, 僧衆設會, 請朝賢鳴利注疏. 其時士大夫莫有過十萬者,
    旣至長康, 只打刹注百萬. 長康素貧, 衆以爲大言. 后寺衆請勾疏, 長康曰:"宜備
    一壁."遂閉戶, 往來一月餘. 所畫維摩詰一軀, 工畢將欲點睛, 乃謂寺僧曰:"第
    一日觀者請施十萬, 第二日可五萬, 第三日可任例責施."及開戶, 光照一寺, 施
    者塡咽喉哦, 俄得百萬. 陳師曾, 『中國繪畫史』, 中華書局, 2010年, 20쪽.

이미지로 읽는 고대문명

그리고 눈동자를 그려넣지 않았다. 그에게 왜 눈동자는 그리지 않느냐고 물으니 "눈동자를 그리면 이 용들이 벽을 깨고 날아갈 것이다."고 답했다. 사람들이 못 믿겠으니 그려 보라고 성화를 부리자 그는 그 중 두 마리에 눈동자를 그려 넣었다. 아니나 다를까 용 두 마리가 벽을 깨고 날아가 버렸다.

고사 3

당나라 때 어떤 사람이 경운사(景雲寺)에 「지옥변상(地獄變相)」이라는 그림을 그렸는데 그다지 끔찍한 장면이 아닌데도 풍기는 음산함이 보는 사람으로 하여금 머리털이 곤두서고 식은땀이 흐르게 하였다. 그 그림을 본 사람이라면 악행을 저지른 자도 스스로 악을 버리고 개과천선하고 시정(市井)도 이 그림을 보고 나면 소밥을 먹고 염불했다고 할 정도였다.

그림 3 오도자(吳道子) 「송자천왕도(送子天王圖)/석가강생도(釋迦降生圖)」(일부)

제6장 낙신의 이미지(洛神意象)

그야말로 신비롭지 않은가?

그렇다, 이 고사에 나오는 주인공들이 바로 '공전절후'라는 말에 걸맞는 미술계의 세 인물인 고개지, 장승요, 오도자이다.

'공전절후'를 초월할 만한 단어는 아직까지 보지 못했다. 이렇게 대단한 단어를 대체 누가 천여 년 전에 벌써 만들어 냈단 말인가? 이런 듣도 보도 못한 의미를 겁 없이 만들어 내고 쓸 수 있었던 사람은 중국 역사상 이 사람 밖에 없을 것이다. 그렇다. 그는 바로 서예와 그림에 재정(才情)이 비범했던 제왕─송휘종(宋徽宗)이다. 송휘종은 「선화화보(宣和畫譜)」에서 "앞에서는 고가 뛰어났고 뒤에서는 장이 뛰어났는데, 도자는 그 둘을 겸하였다. (顧冠于前, 張絶于后, 而道子乃兼有之)"고 하였다. 여기서 말하는 세 인물이 바로 앞 고사의 주인공 고개지, 장승요, 오도자이다.

이것이 바로 '공전절후'의 어원이다. 훗날 사람들은 이 말을 비범한 성과나 성대한 상황을 나타낼 때 사용했다.

혹시 이런 생각이 들지도 모른다. 휘종이 고개지를 평가할 때 '공전(空前)'이라는 표현을 쓴 건 그렇다 치고 따지고 보면 세 사람이 서로를 잇고 계승 발전하는 관계에서는 '공전(空前)'이긴 하되 '절후(絶後)'는 아니지 않는가.

'공전'은 개척을 의미하고 '공전절후'는 독보적이고 유일하다는 뜻이다. 공전이되 부절후라는 말은 전승이 되었음을 의미한다. '공전'과 '절후'라는 단어를 잘 보면 둘은 대등관계로 보이지만 결코 본질적으로 다르다. 공전은 반드시 근거가 있는 이성적인 판단이어야 한다. 이전의 모든 사람들이 증명하고 비교도 가능하기 때문이다. 그러나 절후는 다소 독선적이면서 감성적인 추측으로 대개는 정감 표현이라고 볼 수 있

이미지로 읽는 고대문명

다. 미래에 발생할 일을 누가 미리 알겠는가? 절후는 사실 공전이라는 판단에 정감을 한층 더한 것으로 볼 수 있다. 후인들은 아무렇지 않게 공전과 절후를 붙여서 사용했겠지만 어쨌든 휘종 평찬의 깊은 뜻은 그 대로 이어받은 것이다.

대대로 전해지는 명화 「낙신부도(洛神賦圖)」의 창작자이며 '공전절후'라는 극찬어의 창작 기원 중 한사람이기도 한 고개지에 대해 어디 한번 살펴보자.

고개지는 중국 회화사에서 적어도 네 개의 공전절후를 갖는다.

그는 중국 회화사에서 최초로 이름과 생평 궤적을 확실하게 남긴 화가다. 그전까지 이미지 제작은 장인들이나 하는 것으로 여겨지며 별로 존경받지 못했고 공사나 노동이 끝나고도 제작자는 서명을 한다거나 하는 저작권 의식이 없었다. 간혹 한 두 글자 또는 기호로 그림이 귀속되는 주인을 표시한 것이 전부다.

고개지는 최초로 시문을 이미지로 환원한 문인 그래픽 아티스트다. 그동안 상형문자(象形文字)의 길을 걸어온 중국에는 서화동원(書畵同源), 도문호구(圖文互構), 도문호증(圖文互證)의 전통이 있었으나 고개지는 본인이 좋아하고 이해하는 의미에 본인이 생각하는 이미지와 스토리를 더해 미술 작품으로 재탄생시켰다. 대표적인 작품이 바로 중국 10대 전세명화 중의 하나인 「낙신부도」이다.

그는 최초로 '전신사조(傳神寫照)', '천상묘득(遷想妙得)', '이형사신(以形寫神)'[03], 이른바 정신으로 인지상정과 인간자태를 그리는 것을 추구

---

03 '정신을 그림에 그리고, 생각을 오묘하게 체현하며, 형상으로써 정신을 그리는'-역자주.

그림 4 고개지 「낙신부도(洛神賦圖)」 송대 모본 (북경 고궁박물관 소장본)

했던 그래픽 아티스트였던 것이다. 고개지 이전에도 인물회화에서 인물의 자태와 감정이 표현되어야 한다는 요구가 있었지만 대부분은 자발적인 것에 불과했다. 회화 제작 또한 절차적이고 도해적인 것에 그치고 그림은 전체 중의 한 부분이었을 뿐 독립적인 장르로서는 부족했다. 고개지는 그림에 순수하고 미적인 것이 가미되어야 한다고 여기고 이를 적극 구현하였다.

고개지는 최초로 기법을 엄밀히 따지고 '중국화'의 주요 표현 방법인 선(線) 기법을 정립시킨 그래픽 아티스트다. 그가 이뤄낸 '춘잠토사(春蠶吐絲)'[04]의 부드럽고 리드미컬한 필선은 지금까지도 중국화의 가장 중요한 표현 기법으로 자리 잡고 있다.

아래에 천고의 명화, 고개지를 "중국 회화사의 일인자"로 우뚝 서게 해 준 「낙신부도」에 대해 알아 보자.

고개지 「낙신부도」의 원본은 사라지고 송대 이후의 모본 4점만 전해지고 있다. 중국 고궁 소장본은 견사본 채색으로서 전권은 세로 27.1cm, 가로 572.8cm이다. 건륭 황제는 이 그림을 보고 감탄을 금치 못하며 면지에 '묘입호전(妙入毫巔)'라는 글자를 어사하였다. 『석거보급 초편(石渠寶笈·初編)』이나 『석거수필(石渠隨筆)』에도 이 작품이 언급되었다.

「낙신부도」는 고개지가 조식의 「낙신부」를 소재로 창작한 고사화(故事畵) 또는 스토리텔링의 이미지이다.

내용면에서 전권은 세 부분으로 이루어진다. 조식과 낙신의 진지하고 순결한 해후를 곡진(曲盡)하면서 섬세하게, 전개가 명확하게 묘사하였다. 고개지는 「낙신부」에 나오는 장면을 그림으로 환원해 냈다.

---

04   '봄날의 누에가 실을 뿜어내는'- 역자주.

맨 앞에는 조식이 낙수 강변에서 '낙수 여신' 복비(宓妃)와 해후하는 장면이 나온다. 그림 속 조식과 그의 시종들은 낙수 강변에서 쉬고 있는데 그들은 하늘 끝 저 멀리에서 용과 기러기가 춤추며 날고 바윗가 물결 위로 한 미인이 너울너울 떠있는 모습을 본다. 미인의 모습은 아래와 같이 묘사되었다. "머리는 구름처럼 풍성하고, 눈썹은 길고 가늘어 아름답다(雲髻峨峨, 修眉聯娟)", "조각한 듯한 어깨에 허리는 흰 비단을 묶어놓은 듯하다(肩若削成, 腰如約素)"

다음은 부(賦)에 나온 것처럼 여러 장면이 바뀌면서 뭇신들이 흩어져 나오고 용모가 청려한 낙신 곁에는 남쪽 상강(湘江)의 두 비(妃)인 아황(娥皇)과 여영(女英)이 따르고 있다. 낙신은 그들과 마주보며 담소하다가는 물에 비친 모습을 내려보기도 한다. 부드럽고 아련한 자태는 물과 구름, 산과 바위, 나무 사이에서 숨박꼭질하듯 하고 치맛자락은 구름처럼 살랑살랑 나부낀다. 꿈을 꾸는 듯한 장면에 조식은 그만 깊이 빠져들고 만다.

마지막은 낙신이 떠나는 장면이다. 풍신 병예(屛翳)는 저녁 바람을 거두어 멎게 하고 수신령 풍이(馮夷)는 신고(神鼓)를 울리며 낙신을 배웅한다. 낙신은 육룡이 이끄는 상운거에 올라탔고 잉어와 고래떼가 그들을 에워싸고 호위한다. 낙신은 아쉬운 듯 뒤를 돌아보고, 조식은 화려하고 웅장한 배를 타고 낙신을 찾아 헤맨다. 그러나 신선은 이미 저 멀리 사라지고 없고 오래도록 낙수 강변을 애타게 배회하던 조식은 낙신이 오지 않자 하는 수 없이 풀이 죽어 배를 타고 떠난다. 이별의 슬픔이 남은 낙수 강변은 쓸쓸하기만 하다.

추상적인 문자 서술은 고개지의 필끝에서 구체적인 형상으로 거듭났다. 문학적으로 거침없이 묘사된 화려한 형상들이 그림으로 전환되면서 또 다른 감화력과 생동감을 준다.

시각적인 전개면에서 주인공 낙신과 조식은 장면마다 반복해서 나오는데 산수초목의 전이와 함께 인물과 장면이 서로 다른 시공간 속에서 자연스럽게 교차를 이룬다. 인물들이 산과 강 사이에 흩어져 있지만 동떨어진 감은 주지 않아 산만하거나 고립적이라는 느낌이 전혀 없다. 특히 인물들의 표정이며 자태는 서로 호응을 이루며 화폭에서 시각적 공간감을 자아낸다. 이러한 인물 자태와 시각적 지향은 산천 경물 묘사의 전환과 한데 어우러져 전체적으로 자연스럽고 매끈한 공간미를 안겨준다. "사람이 산보다 크고, 물은 배를 띄울 수 없을 정도로 작은(人大於山, 水不容泛)" 시각 도식은 중국 초기 산수 인물화의 특징으로서 소박하면서 생동감 넘치는 효과를 낸다. 이러한 이미지 구도 특색은 한때 "중국화가 비례 투사를 안 따진다"는 평가를 받았음에도 꽤 오랫동안 지속되었고 중국 공필화(工筆畵)나 계화(界畵)와 같은 높은 정확도가 요구되는 회화 수법과도 나란히 전승되었다. 공필화에 능했던 원나라 대서화가 조맹부(趙孟頫)도 「작화추색도(鵲華秋色圖)」나 「사유여구학도(謝幼輿丘壑圖)」에 "사람이 산보다 크고, 물은 배를 띄울 수 없을 정도로 작은(人大於山, 水不容泛)" 구도 기법을 더해 고개지에 대한 경의를 표했다. 사실상 이러한 비례 파괴는 "못한 것(不能)"이 아니라 "안한 것(不想)"이다. 마치 서양 입체화파에서 "눈에 보이는 것(眼見)"보다 "마음에 보이는 것(心見)"을 추구했던 것과 같다. 그들은 온전히 주관적인 느낌을 표현하고자 했고 부각하고 싶은 것만 돌출시키려 했다. 말하자면 "사물에 따라 형태를 모사하는(移物摹形)" 단계를 넘어선 것이다.

시각적인 디테일면에서 고개지는 인물의 이목구비를 섬세하게 그려냈다. 그는 미간을 찡그리고 고개를 숙이거나 목을 길게 빼고 바라보

이미지로 읽는 고대문명

는 등 풍부한 표정을 통해 인물의 복잡한 내면세계를 드러냈다. 자태는 살아 숨 쉬듯 자연스럽고 체형은 늘씬하고 청초하며 흩날리는 옷깃에 기품을 더해 위진 인물화의 선풍도골(仙風道骨)의 품격을 살렸다. 그림에는 사실적인 경관과 인물 외에도 수많은 전설 속 신물인 서수(瑞獸)들도 등장한다. 그들은 수목과 산천, 구름 위를 누비며 뭇 신선, 낙신과 강기슭 인물들과 기이하고 몽환적인 예술적 조화를 이루며 거침없으면서 시원하고 낭만적인 위진 풍골을 남김없이 보여준다.

묵색 필법면에서 전체 화폭은 색채가 밝고 필체가 가늘고 고풍스러우면서 고개지 특유의 필선 특색을 잘 드러낸다. 인물과 산, 바위, 나무 이 모든 것들이 리듬 타듯 이어지면서 부드러운 필선으로 마치 봄날 누에가 실을 토해내는 듯 선을 그려낸다. 거기에 옅은 색을 입혀 질감을 더했고 매끄럽게 그려진 옷고름은 바람에 휘날리며 인물은 단정하면서도 낭만적으로 묘사되었다.

「낙신부도」는 풍부한 상상력으로 완벽하게 원작 사상과 의미를 전달하였다. 내용적으로 보나 구도, 조형, 필묵 어떤 면에서도 이 작품은 중국 회화사에서 보기 드문 진품임에 틀림없다. 「낙신부도」는 세상을 놀래웠고 그 뒤로 모사를 제외하고는 아무도 다시는 낙신을 그릴 엄두를 못 냈다.

이토록 전대미문의 대작을 그려낸 고개지가 무척 경이롭고 그가 대체 어떤 사람인지 알고 싶지 않은가?

고개지는 누구인가?

고개지, 자는 장강(長康)이고 아명은 호두(虎頭)이며 동진 시기 유명한 화가다. 고개지는 위협(衛脅)의 제자이고 위협은 조불흥(曹不興)의 제자다. "불흥의 그림은 후세 인물화의 시초다(不興之畫為後世人物畫之所祖)", "위협 이전의 그림은 정밀함을 갖추지 못했으나 위협에서부터 그림에 세밀함이 더해졌으며, 모양은 뛰어나지 않아도 골법이 탁월하였다(衛協以前之畫尚未精微, 至衛協始加細密; 形似未優, 于骨法則卓然矣)"[05] 이로부터 고개지는 남부러운 사승(師承) 연원을 갖고 있었다는 것을 추론해 볼 수 있다.

박식다학했던 고개지는 불상, 제왕, 장상, 열녀에서부터 새, 짐승, 상서(祥瑞)에 이르기까지 수많은 장르의 그림을 그렸다. 그 중에서도 특히 인물화는 따를 자가 없을 만큼 뛰어났다. "고개지는 매번 인물화를 완성하고 나서 때로는 수년 동안 눈동자를 그려넣지 않았다. 사람들이 그 이유를 물으면 '사지의 아름다움과 추함은 본디 절묘함과 관계가 없다. 정신을 그려낸다는 것은 바로 이 부분(눈동자)에 있다(四體妍蚩, 本無關於妙處, 傳神寫照, 正在阿堵中.)"[06] 『진서 고개지전(晉書. 顧愷之傳)』에는 고개지가 사탕수수를 먹는 고사가 나온다. 내용인 즉, 다들 사탕수수를 먹을 때 달달한 부분부터 먹고 단맛이 안 나면 버리지만 고개지는 사탕수수를 끝부분부터 먹었다고 한다. 이렇게 하면 먹을수록 달콤하고 점입가경할 수 있다는 것이다. 그가 인물화를 그릴 때 점정(點睛)을 맨 마지막까지 남겨두는 것과 이곡동공(異曲同工)의 취미가 아닐까 싶다.

고개지의 필끝에서 그려지는 인물 형상은 갸름한 얼굴의 수려한 모습이라 하여 '수골청상(秀骨淸像)', 매끈한 필선은 '춘잠토사(春蠶吐絲)'로

---

05   陳師曾:『中國繪畫史』, 北京: 中華書局, 2010年, 20쪽.

06   陳師曾:『中國繪畫史』, 北京: 中華書局, 2010年, 20쪽.

이미지로 읽는 고대문명

비유한다. 그의 그림은 "붓끝이 닿기 전에 뜻을 지니고, 그림은 그 뜻을 다하고 있다(意存筆先, 畫盡意在.)"고 평가된다.[07] 고개지는 미술 이론가이기도 하다. 저서로는 『위진승류화찬(魏晉勝流畫贊)』, 『화론(畫論)』등이 있으며 '천상묘득(遷想妙得: 생각을 오묘하게 그려내고)', '이형사신(以形寫神: 형상으로 정신을 그려내는)'등 유명한 관점을 제기하기도 하였다. 사혁(謝赫)의 『고화품록(古畫品錄)』에서 제기된 회화의 핵심 「6법」은 아래와 같다. "첫째, 기운을 생생히 표현할 것. 둘째, 골법 기법을 사용할 것. 셋째, 대상에 따라 형태를 그릴 것. 넷째, 종류에 따라 색을 입힐 것. 다섯째, 위치 설정에 공을 들일 것. 여섯째, 선인들의 작품을 모사할 것"[08] 이 모든 것은 고개지의 회화 실천, 주장과 직접 관련을 맺는다. 사실 고개지 이전까지 중국에서 도화 제작은 일종의 노동에 불과했고 화가도 장인에 지나지 않았다. 그들이 도화 제작 기교를 배우는 데 지식 수양 같은 것은 필요하지 않았다. 신분이 귀했던 고개지는 어려서부터 시서(詩書)를 많이 읽었고 서예와 회화 기법에도 조예가 깊었다. 이러한 소양을 갖추었기에 그가 그린 그림은 시각적 이미지가 남달랐다. 그는 스스로 이미지 제작의 요령과 기교를 터득하고 구소재를 새롭게 구도해내는 방법을 모색하였다. 그는 감명받은 글을 이미지화 하는 방법으로 재구성하고 표현하면서 정신과 의미를 전달하는 것을 회화의 취지로

07　[唐. 張彦遠, 『歴代名畫記』, 鄭州: 中州古籍出版社, 2016年, 53쪽.

08　이는 당대 장언원(張彦遠)의 『역대명화기(歴代名畫記)』에 나오는 기술에 바탕을 두고 있다. "昔謝赫雲: 畫有六法: 一曰氣韻生動, 二曰骨法用筆, 三曰應物象形, 四曰隨類賦彩, 五曰經營位置, 六曰傳移模寫." 전종서(錢鐘書)의 『관추편(管錐編)』에서도 "六法者何？一, 氣韻, 生動是也; 二, 骨法, 用筆是也; 三, 應物, 象形是也; 四, 隨類, 賦彩是也; 五, 經營, 位置是也; 六, 傳移, 模寫是也"로 사혁의 말을 인용하였다.

삼아야 한다고 여겼다. 고개지의 회화 사상과 실천은 「낙신부도」에서 남김없이 구현되면서 중국 미술의 "정신을 그림에 그려내는(傳神寫照)" 기본 발상을 열어 주었다. 또한 필선 변화를 주요 표현 수단으로 삼는 '중국화'의 기법 경로도 마련하였다.

후세에 전해지고 있는 고개지의 작품으로는 「낙신부도」 외에도 「여사잠도(女史箴圖)」와 「열녀인지도(列女仁智圖)」가 있다.

「여사잠도」는 서진의 문학가이자 정치가인 장화(張華)의 『여사잠(女史箴)』을 소재로 한 작품이다. 그림의 맨 앞에 나와있는 '잠(箴)'자 역시 장화의 글에서 나오는 말이다. '여사(女史)'는 당시 여성 관직명인데 훗날 지식인 부녀에 대한 존칭이 되었고 '잠(箴)'은 교훈을 전하는 격언이라는 뜻이다. 『여사잠』은 원래 장화가 서진 혜제(惠帝)의 황후 가남봉(賈南鳳)에게 간언하기 위해 지어진 것이나 깊은 뜻이 담긴 『여사잠』은 결

그림 5 고개지 「여사잠도(女史箴圖)」(일부)

이미지로 읽는 고대문명

코 가남봉의 중시를 받지 못했다. 오히려 이를 바탕으로 고개지가 창작한 「여사잠도」가 훗날 대대로 궁정 여인들의 필독 교양화가 되면서 국보로 전승되었다. 「여사잠도」는 장화의 『여사잠』에서 나왔지만 원작보다 훨씬 더 유명해 진 것이다.

현존하는 가장 오래된 「여사잠도」는 런던 대영박물관에 소장되어 있는 당대 모본이고 북경 고궁박물관에 소장되어 있는 것은 송대 모본이다. 송대 모본은 종이본으로서 길이 600.5cm, 너비 27.9cm이며 인물은 전부 백묘(白描)로, 형상은 수척하고 준수하게, 소박하고 기품 있게 그려졌다. 전체 화폭은 『여사잠』에 나오는 11개 고사 '번희감장(樊姬感莊)', '위녀교환(衛女矯桓)', '풍첩여당웅(馮婕妤擋熊)', '반첩여사연(班婕妤辭輦)', '방미려원(防微慮遠)', '지식기성(知飾其性),' '출기언선(出其言善)', '영감무상(靈監無象)', '환부가이독(歡不可以瀆)', '정공자사(靜恭自思)'로 구성되어 있다. 예를 들면 '풍첩여당웅'에는 한원제(漢元帝)가 궁인들을 거느리고 투수(鬪獸)를 구경하는 장면이 나온다. 후궁 가인들과 나란히 앉아 있는데 갑자기 흑곰 한 마리가 튀어나와 한원제를 덮치려 한다. 이때 풍첩여가 몸을 던져 왕을 보호했다는 이야기이다. 또 하나는 여자가 거울을 들고 얼굴을 꾸미는 모습이 그려져 있는데 잠문(箴文)에는 "얼굴을 치장할 줄만 알지 성품을 가꿀 줄은 모르는구나. 성품을 가꾸지 않으면 행실이 어긋날 수 있으니 예의로서 바르게 하라. 도끼로 고치고 끌로 다듬어 성품을 신성하게 하라.(咸知修其容, 而莫知飾其性; 性之不飾, 或愆礼正; 斧之藻之, 克念作圣)"라고 적혀있다. 왕실 부인들에게 내면의 덕을 쌓는 것이 겉모습을 꾸미는 것보다 중요함을 권계하는 글이다.

「열녀인지도(列女仁智圖)」는 고개지가 서한(西漢)의 경학가이며 문학가인 유향(劉向)이 지은 『열녀전(列女傳)』을 소재로 삼은 작품이다. 『열녀전』은 유향이 예로부터 시와 글에 기록된 기재된 현비(賢妃), 정부(貞婦), 총희(寵姬) 등 왕실 여인들의 자료를 모아 편찬한 것이다. 내용은 모두 부녀자의 행실이 국가 통치에 혼란을 가져 올 수 있다는 것을 말해주고 있다. 한성제(漢成帝)로 하여금 교훈을 명심하여 여색에 빠지지 말 것을 간언하였다. 『열녀전』은 모의(母儀), 현명(賢明), 인지(仁智), 정순(貞順), 절의(節義), 변통(變通), 얼폐(孼嬖)으로 총 7권으로 구성되는데 「열녀인지도」는 그 중의 「인지권(仁智券)」 부분을 그려냈다. 「열녀인지도」는 송대에 여러 가지 모사본이 나타났는데 북경 고궁박물관에 소장되어 있는 것은 남송 모본으로서 현재까지 보존되어 있는 유일본이다. 견사본으로서 묵필로 옅게 채색되어 있으며 세로 25.8cm, 가로 417.8cm이다. 인지권에는 총 15개 열녀 고사가 나오는데 현존하는 「열녀인지도」는 잔본으로서 '초무등만(楚武鄧曼)', '허목부인(許穆夫人)', '조희씨처(曹僖氏妻)', '손숙오모(孫叔敖母)', '진백종처(晉伯宗妻)', '영공부인(靈公夫人)', '진양숙희(晉羊叔姬)' 등 7개뿐이다.

그림 6 고개지 「열녀인지도(列女仁智圖)」(일부)

「열녀인지도」에는 한대의 의관제도나 풍속 유행이 꽤 많이 반영되

이미지로 읽는 고대문명

었다. 이를테면 여자들이 상투에서 몇 가닥 늘어뜨리고 심의(深衣)를 입으며 특히 주색으로 칠한 눈썹은 당시 조소의(趙昭儀)의 화장법을 따라 한 것으로 보인다. 머리에 진현관(進賢冠)을 쓰고 허리에 장검을 찬 것은 한대에 많이 유행했던 남자 복식이다. 화폭의 전체적인 구도는 한 화상석(漢畫像石)과 일맥상통하며 필선이 매끄럽고 조형이 정확하다. 여인들의 자태는 바람에 날리듯 유연하고 아름다우며 한나라의 마차였던 요차에 대한 묘사도 치밀하고 정확하다. 「열녀인지도」를 통해 고개지를 대표로 하는 고대 궁정 미술의 예술성을 엿볼 수 있다. 중국의 문학과 회화 결합의 전통을 논함에 있어서 고개지는 이를 계승 발전시키는데 손색이 없고, 문학을 소재로 그림을 얻는 창작 기법에 있어서는 가히 창시자로도 불린다. 계승자로서 고개지의 작품에는 「여사잠도」와 「열녀인지도」가 있는데 전자에는 서진 장화의 『여사잠』의 내용으로 그림을 풀이하였고 후자는 글과 그림으로써 서한 유향이 지은 여인이 지녀야 할 덕목에 관한 이야기를 재현하면서 훈계적인 메시지를 주고 있다. 창시자로서의 고개지의 작품인 「낙신부도」는 중국 회화사에서 최초로 유명 문학 작품을 모티브로 삼아 창작된 그림이다. 바로 삼국 시대 조식의 명작 「낙신부」의 로맨틱한 러브스토리의 새드엔딩을 그려낸 것이다. 그 후 송나라 마원(馬遠)의 명작 「한강독조도(寒江独钓图)」는 당나라 시인 유종원(柳宗元)의 절구에서 비롯되었다. "산마다 날던 새 한 마리 안 보이고, 길마다 사람 종적 모두 사라졌네. 외로운 배에 도롱이 걸치고 삿갓 쓴 노인, 눈 내리는 강에서 홀로 낚시질하네.(千山鳥飛絶, 萬徑人蹤滅. 孤舟蓑笠翁, 獨釣寒江雪)". 마원은 이 절구가 풍기는 적막함을 그림으로 구현하였다. 송말 원초 전선(錢選)의 「귀거래사도(歸去來辭圖)」는 동진 도연명(陶淵明)의 「귀거래사(归去来辞)」에 나오는 전원 생활의

그림 7 마원 「한강독조도(寒江独钓图)」

그림 8 전선 「귀거래사도(歸去來辭圖)」 일부

이미지로 읽는 고대문명

그림 9 심주 「망천시의도(輞川詩意圖)」 일부

그림 10 문증명 「난정수계도(蘭亭修禊圖)」 일부

'기쁨이 넘실대는' 유쾌함을 그려냈고 명나라 심주(沈周)의 「망천시의
도(輞川詩意圖)」는 당나라 왕유가 「적우망천장작(積雨輞川莊作)」에 나오
는 "넓디넓은 논밭에선 백로가 날고, 그늘 짙은 여름 숲엔 꾀꼬리 지저
귄다(漠漠水田飛白鷺, 陰陰夏木囀黃鸝)"에서 자연이 주는 안락함을 그려냈
다. 명나라 문징명(文徵明)의 「난정수계도(蘭亭修禊圖)」는 동진 왕희지(王
羲之)의 『난정집서(兰亭集序)』의 시문을 읽고 그 즐거움을 기리며 창작되
기도 하였다…

　　「낙신부도」, 「여사잠도」와 「열녀인지도」는 모두 고개지가 문자 묘사
에 근거하여 창작하고 제작한 회화 작품이다. 다른 점은 「낙신부도」는
위풍당당하고 기품 넘치며 위진의 비범하고 낭만적인 기개가 서려 있
으면서 인물의 아름다움과 내면을 아낌없이 표현하였다면 「여사잠도」
와 「열녀인지도」는 이에 비해 엄밀하고 장중하다. 봉건 귀족 여인들이
지켜야 할 도덕 잠언으로서 규범적이고 억압되며 심지어 인정(人情)을
왜곡하는 내용도 들어 있다. 후자는 '여인 미덕'이라는 명목으로 여성을
억압하고 박해하는 정신적 족쇄로 사용되었다. 소위 윤리강령이나 남
존여비가 존재했던 중국 고대의 독재 사회에서나 누군가의 목적하에
추앙되었을 것이다. 반면, 전자는 아름다움과 자유에 대한 추구야말로
인간의 심원한 정신적 귀착이라는 것을 보여준다. 이런 게 바로 천백
년을 내려오면서 많은 고개지의 그림 중에서도 사람들이 특히 「낙신부
도」를 좋아하는 이유일 것이다. 추상적인 문자 서술을 구체적인 화면,
자태로 그려내는 것에 있어서 전승자 고개지는 유교적이고 근엄했다
면 창시자로서의 고개지는 '천상묘득(遷想妙得:생각을 그림에 옮기고)', '전
신사조(傳神寫照:정신을 그림으로 그려내는 것)'를 주장할 만큼 위진적이고
낭만적이었다.

이미지로 읽는 고대문명

고개지는 「낙신부」를 읽고 감탄을 금치 못했고 깊이 감화된 나머지 「낙신부도」를 그렸다. 「낙신부도」가 풍채가 늠름하고 정취가 고상할 수 있은 것은 「낙신부」의 기개나 기운을 받은 것과 어느 정도 연관이 있다. 「낙신부도」가 중국화의 전승과 혁신의 본보기라고 할 때 「낙신부」는 바로 이를 촉발시킨 비밀 열쇠고, 글과 그림을 서로 맺어준 포인트였던 것이다. 그렇다면, 이 비밀 열쇠 또는 핵심포인트가 된, 천백년동안 사람들의 탄성을 자아낸 사(辭)—「낙신부」는 과연 얼마나 절묘한가.

절묘함의 명작—「낙신부」

「낙신부」는 삼국 시대 조식의 작품으로서 원제는 「감견부(感甄賦)」다. 조식은 낙수 강변에서 낙신과 해후한 후 서로 사모하게 되지만 짧은 만남 이후 인간과 신의 길이 달라 함께 할 수 없어 낙신이 떠나버린 이야기를 하고 있다. 이런 줄거리를 통해 조식은 아름다움을 추구하지만 이를 얻지 못하는 비련의 감정을 애절하게 토로했다. 글은 문체가 화려하고 장면이 기상천외하며 감정이 애틋하고 여운이 깊다.

이 부(賦)의 탄생과 관련하여 여러 개 버전이 있는데 많이 알려진 것은 아래와 같다.

첫 번째는 조식이 어린 시절 상채(上蔡, 지금의 하남성(河南省) 여양(女陽))의 현령 견일(甄逸)의 딸과 사랑에 빠졌으나 결국 견씨는 조식의 형인 조비(曹丕)에게 시집을 갔고 그후 조예(曹睿, 漢明帝)를 낳았지만 참소를 당해 죽고 만다. 조식은 견씨가 남기고 간 베개를 안고 꿈을 꾸었고 「감견부」는 그렇게 지어졌다. 명제 조예는 모친의 이름자를 피휘(避諱)하여 제목을 「낙신부」라 바꿨다고 한다.

두 번째는, 조식이 "복희씨(宓犧氏)의 딸이 낙수에 빠져 신이 되었다"는 전설을 빌려 자신의 불우한 심경을 「감견부」에 토로했다는 설이다. 이는 전형적인 중국 고대 문학 전통인 '향초미인(香草美人)'의 비흥수법이다. 견(甄)은 당시 봉지의 이름이지만 후에 어떤 호사자(好事者)가 '견(鄄)'과 '견(甄)'을 섞어 쓰며 「감견부(感甄賦)」라 붙여졌다고 한다. 조식과 문제(文帝) 조비의 아내 견씨의 연정을 빗대어 말이다.

또 한가지 설은 이 부는 단순히 의탁 작품이라는 것이다. 아름답고 다정다감한 낙신은 조식의 이상형을 상징하고 그녀를 만나고 찾아가는 것은 아름다운 꿈을 향한 열렬한 추구라는 것이다. 그러나 가인은 사라지고 결국 이룰 수 없는 사랑을 함으로써 결국 꿈이 환멸되는 슬픔을 보여준다.

글에서 묘사된 낙신 형상은 아름답기 그지없고 천백 년을 내려오면서 사람들이 사모하고 사랑하는 대상이 되었다. "놀란 기러기마냥 날렵하고, 노니는 용마냥 유연하다(翩若驚鴻, 婉若遊龍)", "엷은 구름에 싸인 달처럼 아련하고, 흐르는 바람에 눈이 날리듯 가볍다(髣髴兮若輕雲之蔽月, 飄飖兮若流風之回雪)", "눈웃음치는 눈동자는 아름답고, 그 보조개가 능히 마음을 끄나니(明眸善睞, 靨輔承權)", "그 부드러운 마음에 가냘픈 자태에 말투 또한 더욱 사랑스럽구나(柔情綽態, 媚於語言)", "물결을 밟아 사뿐히 걸으니, 버선 끝에 먼지가 일고(淩波微步, 羅襪生塵)", "말을 머금어 내지 않으니, 그윽한 난초와 같구나(含辭未吐, 氣若幽蘭)" 보다시피 우리가 오늘날까지도 여자의 아름다움을 형용할 때 골라 쓰는 최고급 어휘들이 모두 이 부에서 나왔다.

　동진에 이르러 왕헌지가 본인이 아끼는 소해(小楷)자로 「낙신부」를 옮겨 썼는데 이 작품은 훗날 '소해극칙(小楷極則)'으로 불린다. 고개지는 바로 이 「낙신부」를 읽고 감탄을 금치 못하며 마음을 다해 그렸다고 한다. 중국 인물화의 시초이자 전범이 된 「낙신부도」는 바로 이렇게 탄생되었다. 절묘함의 끝을 보여주는 호사(好辭)―「낙신부」를 함께 감상해보자.

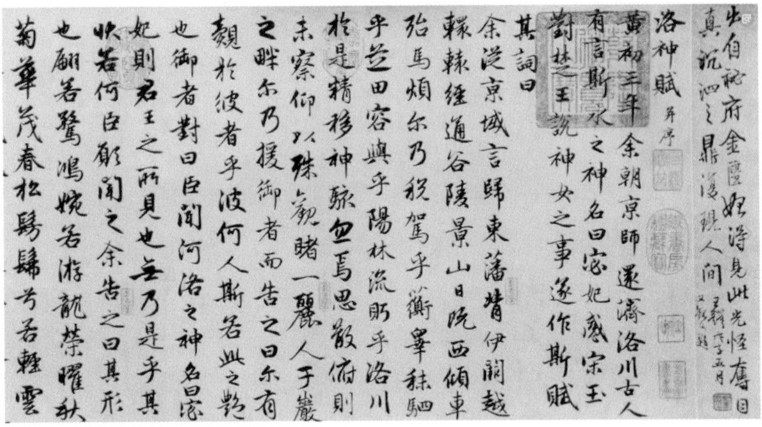

그림 11 조맹부(趙孟頫) 행서(行書) 「낙신부」 일부

「낙신부(洛神賦)」

　황초 3년, 나는 입조 후, 돌아가는 길에 낙천을 지났다. 옛 사람이 이르기를, 그 강에는 선녀가 있으니, 이름이 복비라 한다. 송옥이 초왕과 신녀의 일을 대함과 같이 느끼는 바가 있어, 이에 이 부를 짓노라(黃初三年, 余朝京師, 還濟洛川. 古人有言, 斯水之神, 名曰宓妃. 感宋玉對楚王神女之事, 遂作斯賦, 其詞曰:)

"경사를 떠나 동녘으로 돌아가네. 이궐산을 등지고 환원산 넘고 통곡을 지나 경산에 이르니 이미 해가 저물고 수레와 말이 지치었으매 물가에 수레를 쉬고 지초 무성한 밭에서 여물을 먹이며 버들숲에 앉아 흘러가는 낙천을 바라보매 문득 정신이 산란하였네.

홀연히 생각이 흩어져 굽어보아도 보이지 않고 우러러 보아도 달랐는데, 바윗가에 서 있는 한 미인을 보았네. 이에 어자를 불러 묻기를, 자네도 저 이가 보이는가, 저 이는 누구이기에 저토록이나 고운가? 어자가 답하니 "제가 듣기로 낙수의 신을 복비라 이르는 바 군왕께서 보신 이가 그 이가 아닐까 하나이다. 그 모습이 어떠한지 소인도 궁금하다"이르매. (餘從京域, 言歸東藩, 背伊闕, 越轘轅, 經通穀, 陵景山. 日既西傾, 車殆馬煩. 爾乃稅駕乎蘅皋, 秣駟乎芝田, 容與乎陽林, 流眄乎洛川. 於是精移神駭, 忽焉思散. 俯則未察, 仰以殊觀. 睹一麗人, 於岩之畔. 乃援禦者而告之曰: "爾有覿於彼者乎? 彼何人斯, 若此之豔也！"禦者對曰: "臣聞河洛之神, 名曰宓妃. 然則君王所見, 無乃是乎？ 其狀若何, 臣願聞之.")

내 답하기를 그 자태는 놀란 기러기처럼 날렵하고 노니는 용과도 같아 가을의 국화처럼 빛나고 봄날의 소나무처럼 무성하구나. 엷은 구름에 싸인 달처럼 아련하고 흐르는 바람에 눈이 날리듯 가벼우니 멀리서 바라보니 아침 노을 위로 떠오르는 태양과 같고, 가까이서 바라보니 녹빛 물결 위로 피어난 연꽃과 같네. 섬려한 모습과 아담한 키마저 모두가 알맞고 적합하니 그 어깨는 일부러 조각한 듯 하고 그 허리는 흰 비단으로 묶은 듯하구나. 길고 가녀린 목덜미에 절로 드러난 흰 살결은 향기로운 연지도 호사한 분도 바르지 아니하였구

이미지로 읽는 고대문명

나. 머리는 구름같이 높이 틀어 올리고 눈썹은 가늘고 길게 흐르며 붉은 입술은 밖으로 빛나고 백옥같은 이는 입술 사이에서 곱구나. 맑은 눈동자는 선하게 나를 보고 보조개가 마음을 끄는구나. 그 맵시가 고와 이를 데 없고 거동이 고요하여 윤기가 흐르니. 그 부드러운 마음에 가냘픈 자태에 말투 또한 더욱 아름답구나. 기이한 복색은 지상에는 없으며 그 자태 그림과 같으니, 찬연한 비단옷에 귀에는 아름다운 귀걸이 달고 금비취 머리장식에 밝은 구슬을 꿰어 몸치장하고 무늬 신 신고 얇은 명주치마를 끌며 그윽한 난초 향기에 묻혀 산모퉁이를 거니네. 이에 몸을 놓아 즐겁게 노니니, 왼쪽은 채색 깃발에 기대었고 오른편은 계수 깃발 그늘에 가렸네. 물가에서 흰 팔 걷고 여울가에서 현초를 캐는데.(餘告之曰: 其形也, 翩若驚鴻, 婉若游龍, 榮曜秋菊, 華茂春松. 髣髴兮若輕雲之蔽月, 飄颻兮若流風之回雪. 遠而望之, 皎若太陽升朝霞. 迫而察之, 灼若芙蕖出淥波. 穠纖得衷, 修短合度. 肩若削成, 腰如約素. 延頸秀項, 皓質呈露, 芳澤無加, 鉛華弗禦. 雲髻峨峨, 修眉聯娟, 丹脣外朗, 皓齒內鮮. 明眸善睞, 靨輔承權, 瓌姿豔逸, 儀靜體閑. 柔情綽態, 媚於語言. 奇服曠世, 骨像應圖. 披羅衣之璀粲兮, 珥瑤碧之華琚. 戴金翠之首飾, 綴明珠以耀軀. 踐遠遊之文履, 曳霧綃之輕裾. 微幽蘭之芳藹兮, 步踟躕於山隅. 於是忽焉縱體, 以遨以嬉. 左倚采旄, 右蔭桂旗. 攘皓腕於神滸兮, 采湍瀨之玄芝.)

내 뜻이 그 맑은 아름다움에 흠모되어 마음이 흔들려 편안치 않네. 좋은 매파가 없어 말을 전하지 못하여 잔물결에 부쳐 전하노니 사모하는 내 뜻을 알리고자 구슬 노리개를 풀어 바라네. 가인은 닦음에 정성되어 예를 익혔고 시에도 밝으니, 구슬을 집어 답하기에 깊은 연못을 가리켜 화답하였네. 간절한 정을 지녔으나 그 속음을 두려워하니 정교보의 버림받은 말 생각하고 슬퍼져 머뭇거리며 의심하네. 온화한 얼굴 거두고 뜻을 조용히 가지며 예의를 차려 자신을 지키니 이에 낙신이 느낀 바 있어 이리 저리 헤매는데 광채가 흩어졌다 모이며 그늘이 되었다 밝아졌다 하니 날렵한 자태 발돋움하여 나는 듯 날지 않고 향기 자욱한 길을 밟고 방향을 퍼트리니 길게 읊어 영원히 사모하니 그 소리 서러워 더욱 길어지네. 그리하여 갖은 신령들이 모여들어 서로 짝들을 부르게 하니 혹자는 맑은 물속을 노닐고 혹자는 신령스런 물가를 날며, 혹자는 밝은 구슬을 찾고 혹자는 비춰빛 깃털을 줍네. 남쪽 상강의 두 비를 따르게 하고 한수가의 여신을 대동하니 포과성이 짝없음을 탄식하고 견우성이 홀로 삶을 읊조리네. 아름다운 옷자락을 나부끼며 긴 소매 가려 물끄러미 서니 날렵하기가 나는 새 같고 표연하기가 신령과 같네. 물결을 밟아 사뿐히 걸으니 버선 끝에 먼지가 일고 그 몸짓 대중없으니 위태한 듯 평안한 듯 나아가고 멈추어섬을 예측하기 어려워 가는 듯 돌아서는 듯 하네. 돌아서 바라보니 옥같은 얼굴이 눈이 부시고 말을 머금어 내지 않으니 그윽한 난초와 같아 꽃같은 용모 눈부셔 식사를 잊게 하네. 이에 병예가 바람을 거두고 천후가 물결을 재우며 풍이가 북을 울리고 여와가 고운 노래를 부르니 문어를 띄워 수레를 지키고 옥방울을 울리며 더불어 가는구나. 육룡이 머리를 맞대 공손히 수레를 끌고 고래가 뛰어올라 바퀴를 돌보며 물새가 날아올라 호위하며 북쪽 물가를 넘어 남쪽 산을 지나네. 흰 고개를 돌려 맑은 눈동자로 바라보며 붉은 입술을 열어 천천히 만남의 일을 말하니. 사람과 신의 길이 다르매 아름다운 나날에 함께 하지 못

이미지로 읽는 고대문명

함을 원망하네. 비단 소매 들어 눈물을 가리나 눈물이 떨어져 옷깃을 적시니. 좋은 만남이 영원히 끊어질 것을 슬퍼하며 한번 가니 다른 곳에 있음을 서글퍼 하네. 미미한 정으로 다하지 못한 바 있어 강남의 빛나는 구슬을 바치고 비록 깊은 곳에 거할지라도 이 마음 긴히 군왕께 거하겠다 하네.(餘情悅其淑美兮, 心振盪而不怡. 無良媒以接歡兮, 托微波而通辭. 願誠素之先達兮, 解玉佩以要之. 嗟佳人之信修兮, 羌習禮而明詩. 抗瓊珶以和予兮, 指潛淵而為期. 執眷眷之款實兮, 懼斯靈之我欺. 感交甫之棄言兮, 悵猶豫而狐疑. 收和顏而靜志兮, 申禮防以自持. 於是洛靈感焉, 徙倚彷徨. 神光離合, 乍陰乍陽. 竦輕軀以鶴立, 若將飛而未翔. 踐椒塗之郁烈, 步蘅薄而流芳. 超長吟以永慕兮, 聲哀厲而彌長. 爾乃眾靈雜遝, 命儔嘯侶. 或戲清流, 或翔神渚. 或采明珠, 或拾翠羽. 從南湘之二妃, 攜漢濱之遊女. 歎匏瓜之無匹兮, 詠牽牛之獨處. 揚輕袿之猗靡兮, 翳修袖以延佇. 體迅飛鳧, 飄忽若神. 淩波微步, 羅襪生塵. 動無常則, 若危若安. 進止難期, 若往若還. 轉眄流精, 光潤玉顏. 含辭未吐, 氣若幽蘭. 華容婀娜, 令我忘餐. 於是屏翳收風, 川後靜波. 馮夷鳴鼓, 女媧清歌. 騰文魚以警乘, 鳴玉鸞以偕逝. 六龍儼其齊首, 載雲車之容裔. 鯨鯢踴而夾轂, 水禽翔而為衛. 於是越北沚, 過南岡, 紆素領, 回清陽, 動朱脣以徐言, 陳交接之大綱. 恨人神之道殊兮, 怨盛年之莫當. 抗羅袂以掩涕兮, 淚流襟之浪浪. 悼良會之永絕兮, 哀一逝而異鄉. 無微情以效愛兮, 獻江南之明璫. 雖潛處於太陰, 長寄心于君王.)

문득 그 있는 곳 뵈지 않더니 섭섭히 사라져 빛을 가리네. 이제 돌아서 높은 곳 오르려 하니 발걸음은 가고자 하나 뜻이 머물려 하니 남은 정을 되새기며 돌아보며 탄식하네. 그 모습 되찾기를 바라며 작은 배를 몰아 강에 오르니 아득한 강물에 배 띄우고 돌아갈 길 잊으나 생각은 연이어 그리움만 더하

359

제6장 낙신의 이미지(洛神意象)

고. 밤은 깊었는데 잠들지 못하고 엉킨 서리에 젖어 새벽에 이르노라. 마부에게 명하여 수레를 내게 하고, 이제 나는 동로로 돌아가려 하네. 말고삐 잡아 채찍은 들었으나 그 마음 서운하여 돌아서지 못하네.(忽不悟其所舍, 悵神宵而蔽光. 於是 背下陵高, 足往神留. 遺情想像, 顧望懷愁. 冀靈體之複形, 禦輕舟而上 溯. 浮長川而忘返, 思綿綿而增慕. 夜耿耿而不寐, 沾繁霜而至曙. 命僕 夫而就駕, 吾將歸乎東路. 攬騑轡以抗策, 悵盤桓而不能去.)

「낙신부도」의 장엄한 기개와 심오한 의미를 더 느껴보고 싶다면 그 출처를 좀 더 파헤쳐 보는 게 좋을 것이다. 천고에 길이 남은 명부를 탄생시킨 진사왕(陳思王) 조식을 배알하러 떠나보자.

조식은 누구인가?

조식의 자는 자건(子建)으로 조조의 셋째 아들이며 위문제(魏文帝) 조비의 친동생이다. 조식의 재능은 삼국 시기에 가히 독보적이었다. 그는 건안 문학의 핵심이자 이를 집대성한 인물이기도 하며 양진 남북조 때에 와서는 문장의 대가로 추앙되었다. 『문심조룡(文心雕龍)』의 저자이며 문학 이론가인 유협(劉勰)은 "진사왕은 공자의 호방함이 있고 문필이 화려하다(陳思以公子之豪, 下筆琳琅)"[09]고 조식을 평가하였다. 남북조 문학가 사영운(謝靈運)은 "천하의 재주를 한 섬이라 한다면 조식이 여덟

---

09 『文心雕龍今譯. 時序第四十五』, (南朝梁) 劉勰著, 周振甫譯注, 北京: 中華書局, 1986年, 394쪽.

이미지로 읽는 고대문명

말을 차지한다.(天下才共有一石, 子建獨得八斗)"는 말을 남겼다.[10] 문학 평론가 종영(鍾嶸)은 조식에 대해 "기개가 넘치고 어휘가 화려하고 풍부하다. 감정은 고아함과 원한을 겸비하고 문질은 겉과 속이 같이 충실하다. 찬란함은 고금을 초월하고 탁월함은 견줄 자가 없다.(骨氣奇高, 詞彩華茂, 情兼雅怨, 體被文質, 粲溢今古, 卓爾不群)"[11]고 극찬하면서 『시품(詩品)』에서 조식을 최고의 시인으로 꼽았다. 그밖에 방현령(房玄齡)은 『진서(晉書)』에서 건안 문단을 논하면서 "위나라가 세워지고 걸출한 문인들이 대거 출현하며 삼조(三祖)[12]는 고운(高韻)에 운을 맞추고 건안칠자(建安七子)는 여칙을 따졌다. 『한림』은 정수를 모으고 『전론』은 화려함을 담았는데 문채의 찬란함은 이 시대를 풍미하였다. 특히 진왕은 기풍이 강건하고 경전에도 두루 밝아 견줄 자가 없다(逮乎當塗基命, 文宗鬱起, 三祖叶其高韻, 七子分其麗則, 『翰林』總其菁華, 『典論』詳其藻絢, 彬蔚之美, 競爽當年. 獨彼陳王, 思風遒舉, 備乎典奧, 懸諸日月)"[13]고 하였다. 조식을 따르고 높이 평가한 사람들은 그들 자체가 중국 문학사에서 대단하고 중요한 인물들이다. 그들 눈에도 견줄 데 없는 천재로 보였던 조식에 대해 솔직하게 평가하고 책임감있게 추천하였던 것이다.

---

10 |동진(東晉). 사영운이 이르기를 '천하의 재주를 열 말이라고 한다면 조식이 여덟 말을 차지한다. 한 말은 내가 갖고, 나머지 한 말은 천하 사람들이 나누어 가지고 있다(天下才共有一石, 子建獨得八斗, 我得一斗, 自古及今同用一斗.)(5대) 이를 바탕으로 이한(李瀚)은 『몽구(蒙求)』에서 "중선은 독보적이고 자건은 팔말이다(仲宣獨步, 子建八斗)"라는 말을 남겼다. 이 말은 사자성어 '재고팔두(才高八斗)'의 어원이기도 하다.

11 『詩品譯注』, (南朝梁) 鍾嶸著, 周振甫譯注, 北京: 中華書局, 1998年, 37쪽.

12 삼조(三祖)는 '曹操—太祖·曹丕—高祖(世祖)·曹睿—烈祖'를 가리킨다. - 역자주

13 『詩品譯注』, (南朝梁) 鍾嶸著, 周振甫譯注, 北京: 中華書局, 1998年, 37쪽.

정사는 아니지만 야사로 확실하게 전해 내려오는 이야기가 있다. 하루는 황제 조비가 동생 조식에게 자기가 일곱 걸음을 걸을 동안 시를 지어 보라고 시켰다. 이에 조식은 "깍지를 태워 콩을 삶으니 콩이 솥 안에서 우는구나. 본디 한 뿌리에서 자랐건만 왜 서로 들볶아야만 하는지.(煮豆持作羹, 漉豉以為汁; 其在釜下然, 豆在釜中泣; 本自同根生, 相煎何太急!)"라는 시를 지어 냈다는 이야기다. 바로 이 「칠보시(七步詩)」로 인해 조식의 뛰어난 재능은 세상 널리 퍼졌고 시기와 질투로 화를 당할 뻔했던 비참한 처지에서 문학 예술 문외한들까지도 조식의 골수팬이 되고 만다.

조식의 작품은 『시경(詩經)』의 잔잔한 슬픔과 『초사(楚辭)』의 그윽한 기묘함을 두루 갖췄다. 뿐만 아니라 「한악부(漢樂府)」의 현실적 필력, 「고시 19수(古詩十九首)」의 애절함까지 계승하였다. 건안 25년(220년) 정월, 조조가 병으로 죽고 조비가 왕위를 계승한다. 조비는 같은 해 황제로 등극하면서 조식에 대한 경계를 더욱 강화하였다. 그때까지 유유자적한 귀공자의 삶을 지내던 조식은 가는 곳마다 구속과 타격을 받는 대상이 되고 만다. 이때로부터 조식의 창작은 주제와 감정 면에서 큰 변화가 일어난다. 전기에 이상과 포부를 다루면서 앞날에 대한 확신으로 낙관적이고 낭만적인 정서가 넘쳤다면 후기에 와서는 주로 이상과 현실 간의 모순 및 그로 인한 비통한 감정이 표현되었다.

황초 2년(221년) 조식은 안향후(安鄉侯, 지금의 하북성 진주 후성)에 봉해졌고 그해 7월에는 견성후(鄄城侯, 지금의 산동 견성현)에 봉해졌다. 황초 3년(222년) 4월, 31살 조식은 견성왕(鄄城王)으로 책봉되는데 바로 그때 왕으로 봉해지고 견성으로 가는 길에 천고의 명작 「낙신부」를 지은 것이다.

이미지로 읽는 고대문명

「낙신부」의 후세 화연이 조식에게 있어서는 현생에 예기치 못했던 해후에 지나지 않았다면 그의 또 다른 대표작인 「화찬서(畵贊序)」는 그림과 인연을 맺기 위해 공을 들인 작품이라 할 수 있다. 「화찬서」는 중국 미술 이론사에서 최초로 미술에 대해 전문적으로 다룬 글이다. 조식은 이 글에서 그림은 '존호감계(存乎鑑戒)'한다는 사상을 제기하였다. 여기서 '감계(鑑戒)'는 이미지 예술품이 보는 이에게 '경모', '비애', '증오', '망식', '저항', '탄식', '질시', '숭상' 등 감정 공감을 주기 때문에 일어난다. 상이한 인물 형상은 상이한 감정 반응을 일으킨다. 이러한 논술은 「낙신부」가 결국 기탁 작품이지 않을까 하는 생각이 들게 하며, 그때 미처 세상에 나오지 않은 고개지의 「여사잠도」나 「열녀인지도」의 이론적 길잡이가 되기도 하였다. 고개지는 「낙신부도」로 조식을, 조식은 「화찬서」로 고개지를 만난 셈이다. 두 사람은 무려 100년이 넘는 전생과 현생을 사이에 두고 서로 텔레파시를 주고 받았던 것이다.

고개지는 "정신을 그려낸다는 것은 바로 눈동자를 그리는 데 있다(傳神寫照正在阿堵中)"고 여기고 주장하였으며 이미지 구도에서 인물의 자태를 생동감 있고 우아하게 묘사하였다. 그러나 다소 보수적이기도 하여 인물에 대해 개념적인 묘사에만 그치고 기쁨이나 슬픔을 드러내는 묘사는 거의 하지 않았으며 보기 흉한 포악함 같은 것도 찾아보기 어렵다. 그러나 조식은 풍부한 문채, 화려한 어휘, 특히 구속받지 않는 낭만적 기개로 고개지의 "법도를 넘지 않는" 철저한 기준에 가려져 있던 호방하고 화려한 의기와 감성을 깨워 준다. 바로 조식의 「낙신부」가 보여준 속세를 뛰어넘는 진실하고 애틋한 감정 곡선은 고개지의 필끝을 열어주는 한줄기의 감로가 되어 주었다. 낙신은 인간의 정욕을 품었음에도 속세의 규제를 안 받아도 되고 「낙신부도」는 다른 작품들처럼 개념적이고 교훈적이지 않아도 되었으니 근본적으로 말하면 「낙신부」
가 담고 구현한 비범한 기백과 기품이 전세명화 「낙신부도」를 만들고
있게 해 주었다고 볼 수 있다.

시, 부, 문장, 사상, 의상(意象)면에서 보나 기개나 기품면에서 보나
'아원을 겸비하고 문질이 충실했던(情兼雅怨, 体被文质)' 조식의 글은 견줄
이가 없을 만큼 탁월하였다. 아래에 기세 장엄한 「백마편」을 한번 보자.

> ...
> 활시위를 당겨 왼편의 과녁을 뚫고,
> 오른쪽으로 쏘아 월지를 멸했도다.
> 손을 뻗어 나는 원숭이를 잡고
> 몸을 구부려 달리니 말굽이 흩어지는 듯하도다.
> 민첩하기를 다투는 것은 원숭이를 능가하고
> 무섭게 으르렁거리는 것은 표범이나 교룡과 같도다.
> ...
> 위급을 알리는 격문이 북방에서 날아오니
> 말을 몰아 높은 언덕에 올라 변경을 살피도다.
> 흉노땅 깊숙이 돌진하여 짓밟고
> 말을 돌려 선비까지 평정하리라.
> 이 내몸 칼날 끝에 내맡겼으니
> 생명이 어찌 아깝다 하리오.
> 부모조차 돌보지 못하는데
> 처자식이야 말해 무엇하리.
> ...
> 국난에 온 힘을 다해 목숨을 바치니,

이미지로 읽는 고대문명

죽음은 곧 고향에 돌아가는 것으로 여기리라.

(……控弦破左的, 右發摧月支; 仰手接飛猱, 俯身散馬蹄; 狡捷過猴猿, 勇剽若豹螭……羽檄從北來, 厲馬登高堤; 長驅蹈匈奴, 左顧淩鮮卑; 棄身鋒刃端, 性命安可懷? 父母且不顧, 何言子與妻……捐軀赴國難, 視死忽如歸!)

이 글에서는 조식의 비범한 문채 뿐만 아니라 천하를 자신의 소임으로 삼고 나라를 지키려는 늠름한 청년의 인생 포부도 보여진다. 이토록 강개하고도 생동감 넘치는 시문을 써낼 수 있는 건안 준걸이었기에 「낙신부」와 같은 아름답기 그지없는 사부(辭賦)를 지을 수 있었을 것이고 이처럼 거대한 이상을 품었던 사람이기에 한없이 깊은 감상에 젖어 큰 깨달음을 얻을 수도 있었을 것이다. 여기에는 시어와 운, 미와 환상 뿐만 아니라 깊은 정, 흉금과 풍골까지도 깃들어 있다.

위진의 풍골과 기개

천하를 걱정하며 민생을 살피는 것, 애증에 솔직하면서도 한편으로 입신양명의 웅대한 포부를 지니고, 강개하고 비장하면서도 낭만을 잃지 않는 삶의 태도까지. 바로 이런 것들이 위진의 풍골을 이룬다. 그것은 조식을 대표로 하는 문학에서 보여졌을 뿐만 아니라 고개지를 대표로 하는 그림에서도, 당시 사람들이 살아가는 각 방면에서까지 두루 나타났다.

낙수 강변을 지나오면서 죽림칠현은 서로 의기투합하였지만 그들 마음속에 자리 잡은 낙수 여신의 모습은 서로 달랐다. 고개지 이전에 낙신의 모습은 아름답지만 각양각색이었으니 말이다. 그러다 「낙신부도」에 와서야 고개지에 의해 추상적이던 낙신은 구체적인 이미지로 부각된다. 고개지의 필끝에서 낙신은 신으로서의 장엄함은 사라지고 더없이 인간적이고 아름답게 묘사되었다. 굴레를 벗어던진 순수함과 견줄 데 없는 아름다움은 그의 시어에서, 필치에서 넘실거리며 위진풍 풍골의 정수가 되고 중국 시와 미술을 관통하는 정신적 빛이 되었다.

정신적 빛은 어둠 속에서 더욱 눈부시기 마련이다. 왜냐하면 그것은 각종 마찰이나 충격, 파괴나 재건 속에서 탄생하기 때문이다. 위진 무렵 정벌이 끊이지 않고 정권 교체가 빈번하면서 사회는 혼란스럽기 그지 없었다. 한 치 앞도 내다볼 수 없는 살육이 벌어지는 상황에서 수많은 상층 귀족들조차 편치않는 삶을 살았다. 사람들은 삶에 회의를 느끼고 소극적인 은둔을 하거나 부패한 향락에 빠져 기존의 예의범절이나 전통적 권위 따위를 경멸하며 부정적인 언론, 거동, 공벌을 일삼았다. 그러나 겉으로 보기에 퇴폐적이지만 그 이면에는 생명, 평화로운 삶에 대한 기대나 강열한 추구도 따라 꿈틀댔다. 이런 현실과 이상 간의 격렬하면서도 부득이한 모순과 괴리가 서로 엉키면서 한편으로 위진 문화의 강개함과 비장함이 만들어 졌을지도 모른다.

이러한 세태 무상함의 시대적 배경 하에 인류의 영원한 명제─삶의 의미에 대한 고문은 더욱 격월하고 씁쓸한 것이 되고 만다. 위진의 인물 및 그들 작품의 밑바탕에는 불굴과 발악, 죽음마저 각오한 절실한 희망과 혼신을 다하려는 노력의 감정이 깔려있다. 그들은 "거북이가 오래 살지라도 생에 끝은 있다(神龜雖壽猶有竟時)", "열사는 몸은 늙어

이미지로 읽는 고대문명

도 뜻은 가시지 않는다(烈士暮年壯心不已)"며 같이 논하고 "평락관에 돌아와 연회를 베풀제, 미주는 한 말에 만 닢이나 하였네(歸來宴平樂, 美酒斗十千)", "나라를 위해 몸을 바칠제, 죽음을 집에 가는 일같이 생각하였네(捐軀赴國難, 視死忽如歸)"라며 같이 읊었다. 그들은 "육신은 반드시 썩지만(身雖必朽)" "삶은 썩지 않는다 (生之不朽)"고 여기며 슬픔 속에서도 한껏 풍류를 즐기려고 하였다. 이러한 정서적 슬픔과 행위적 일탈은 사실상 본능을 인정하고 자아실현을 중시하는 태도로 볼 수 있다. 그들은 내면에서 외면으로 본능을 방출하고 입신양명의 외적인 것으로 내적인 것을 채우면서 '인간으로서', '자신으로서'의 자재성(독립성), 존재감을 표현하고자 하였다.

바로 이러한 외형보다는 내면을, 겉보다는 속을 중시하는 경향, 형해(形骸)를 떠나 끝없이 허공을 떠돌고 방황하는 정서를 바탕으로 "형태로 정신을 그리고(以形寫神)", "기운을 생생하게 그려내는(氣韻生動)" 이미지 미학 이론과 예술 창조 원칙이 생겨났을지도 모른다. 이른바 '이형사신'이라고 함은 고개지가 말한 바와 같이 "육신의 미와 추는 본

그림 12 조맹부 「수석소림도권(秀石疏林圖卷)」

디 오묘함과는 상관이 없고 정신을 전달해 주는 것은 바로 이 안에 있 (四體姸蚩本無關於妙處, 傳神寫照正在阿堵中)"고 오묘함이라고 하는 것은 외형적인 미와 추에 있는 것이 아니라 정신을 전달해 주는 눈동자 속 에 있었을 것이다. 마찬가지로 '기운생동'도 외형적인 유사성이나 외적 인 포장보다는 인물 내면의 정신적 기질이나 분위기를 생동하게 표현 할 것을 주장한다. 이처럼 내적인 것에 대한 추구가 바로 위진의 시대 적 정신의 자연스러운 표출이었을 것이다.

사혁은 『화론(畵論)』에서 회화의 「6법」에 대해 첫 번째는 "기운생동" 을 말하고 두 번째는 "골법용필(骨法用筆)", 즉 선조(線條)의 표현을 꼽았 다. 중국 서예는 필선을 가장 잘 구현해 내는 예술로 널리 알려졌다. 위 진 이전의 갑골문에서 전서에 이르기까지, 위진에서 시작된 예(隸), 진 (眞), 행(行), 초(草), 해(楷)의 변화 모두 선조의 변화로 볼 수 있다. 서양 철학자이며 미학가인 칸트는 "선조는 색채보다 더 큰 심미적 효과를 낸 다"고 하였다. 우리의 선인들은 퍽 오래전부터 이 점을 인식하였다. 중 국인들은 서예와 그림은 뿌리를 같이 하며 그들은 선조라는 이 가장 기 본적이고 중요한 특질에 있어서 일치하다고 보았다. "石如飛白木如籒, 寫竹還於八法通; 若也有人能會此, 方知書畵本來同"[14] 즉, "돌을 그린 필법은 비백서를 쓴 듯하고, 대나무를 그린 필법은 영자 8법과 상통하 니 이 점을 터득한 자는 서예와 회화는 본디 같은 것임을 알지어다"라 는 말이다. 이는 중국 서화(書畵) 예술의 전성기에 서예와 회화를 집대 성한 조맹부의 제화시(題畵詩)다. 특히 구도, 공간, 디테일 면에서 세밀 하고 정확한 표현이 가능했던 조맹부는 그의 일부 이미지 예술 작품에

---

14   원나라 조맹부 「수석소림도(秀石疏林圖)」 제화시, 그림 12 참조.

이미지로 읽는 고대문명

서 일부러 준찰(皴擦)을 하지 않고 큰 산은 작게, 초가집이나 어선은 크게 그렸다. 이러한 의도적인 비율 파괴는 조맹부가 규칙의 구속에서 벗어나려는 소신있는 행동이며 자신보다 800여 년을 앞선 선배 화가 고개지의 「낙신부도」의 "사람이 산보다 크고, 물은 배를 띄울 수 없을 정도로 작은(人大於山, 水不容泛)" 회화 기법에 대해 깨달음과 경의를 표시한 것이기도 하다.

거침없고 유창한 필선은 보는 사람에게 유쾌함을 주고 끊기고 꺾이는 필선은 보는 사람으로 하여금 답답함과 우울감 심지어 분노를 느끼게 한다. 고개지의 회화 예술 작품에 나오는 인물 윤곽은 아름답고 늘씬하며 필선은 꺾어지지 않고 가늘면서 리드미컬하다. 따라서 보는 사람에게 날렵하면서도 우아한 느낌을 주면서 전체적으로 '선풍도골(仙風道骨)'의 고풍스러운 분위기를 자아낸다. 이러한 시각 도식과 조형 필선은 위진 시대 사람들이 추구하던 거침없고 유유자적하는 형신(形神)과 매우 일치하다.

신비한 낙수와 중화문명

절묘하기로 유명한 「낙신부」와 세기의 명화 「낙신부도」의 여주인공인 낙신과 관련해서 감동적인 전설이 많이 전해 내려온다.

가장 오래된 것들을 몇 편 골라 살펴보자.

낙신은 먼 옛날 신화에 나오는 여신인데 제왕 복희(宓羲)씨의 딸이

제6장 낙신의 이미지(洛神意象)

라 전해졌다. '복비(宓妃)'라고도 불리며 낙수에 빠져 귀신이 되었다고
한다. "옛 사람이 말하기를 그 강에는 신이 있어, 이름은 복비라고 한다
(古人有言, 斯水之神, 名曰宓妃)", 조식의 부 맨 앞에 나오는 이 말이 바로
그 전설이다.

다른 하나는 복비와 후예(后羿)에 관한 이야기다.

복비는 낙하 양안의 아름다운 경치에 빠져 인간 세상에 내려 온 선
녀라고 한다. 그때 낙하 유역에 유낙씨(有洛氏)가 살았는데 복비는 유낙
씨에게 그물을 만들고 고기를 잡는 방법이며 사냥하고 방목하는 등 생
활 기법들을 가르쳐 주었다. 그러다 어느날, 사람들이 일이 끝나 쉬고
있는데 복비가 나타나 칠현금을 타기 시작한다. 은은한 거문고 소리가
황하의 하백을 놀라게 하였고 하백은 복비의 미모에 끌려 백룡이 되어
낙하에 큰 파도를 일으키며 복비를 먹어 삼킨다. 복비는 하백이 있는
수부(水府)에서 우울한 날들을 보내며 칠현금을 타면서 근심을 달랬다.
거문고 소리는 후예를 매료시켰고 후예는 복비를 구해 유낙씨가 있는
곳으로 돌아왔고 그 후 둘은 사랑을 꽃피웠다고 한다.

영웅이 미인을 구하고 두 사람의 사랑이 결실을 맺었다는 이 고사
는 사실 『초사 천문(楚辭·天問)』에 나오는 구절에서 비롯되었다. "제가
이예를 내려보낼 때에는 하 백성의 재앙을 없애라 했거늘, 어찌 황하의
하백을 쏘아 낙수 여신을 아내로 삼게 하였나.(帝降夷羿, 革孽夏民, 胡為
射乎河伯而妻彼雒嬪)"

그밖에 복비와 조식의 사랑 이야기 역시 널리 알려진 전설이다.

낙신 복비는 원래 견복(甄宓)이라는 여자인데 조비에게 시집을 가기
전에는 원소(袁紹)의 아들 원희(袁熙)의 아내였다. 견씨(『삼국지 후비전』:
건안 중 원소는 아들 희와 결혼시킨다"『후한서(後漢書)』: "조조의 아들 조비는

사사로이 원희의 아내 견씨를 후비로 맞아들인다.")는 미모가 출중하
였는데 포로가 된 후 조조는 조비에게 처첩으로 주었고 조식은 형수를
'짝사랑'하게 된다. 그 후 견씨는 참소를 당해 죽고 조식은 조비로부터
그녀의 유품인 베개를 받는다. 조식은 감상에 젖어 견씨를 낙신으로 삼
고 부를 지었다. 이렇게 나온 것이 바로 「감견부」이며 후에 「낙신부」로
제목이 바뀐다.

　이상은(李商隱)은 그의 시에서 여러 차례 조식의 감견(感甄) 전고를
인용하였다. 예를 들면 「동아왕(東阿王)」에서는 "왕조식이 천자가 되지
못한 이유의 절반은 당시에 낙신부를 지은 탓이다.(君王不得爲天子, 半
爲當時賦洛神)"라고 하였다. 『태평광기 소광(太平廣記. 蕭曠)』과 『유서 전
기(類書. 傳奇)』에서도 낙신의 고사를 언급하였다. 낙신녀가 말하기를
"첩, 즉 견후…첩은 진사왕의 재능을 사모하였다. 이에 문제는 대노하
여 그녀를 감옥에 가두어 죽음에 처한다. 훗날 그 영혼이 낙수에 나타
나 억눌림을 풀어 내는데 이에 느끼는 바가 있어 이 부를 쓴다(妾, 即甄
後也……妾爲慕陳思王之才調, 文帝怒而幽死. 後精魂遇于洛水之上, 敍其冤抑. 因
感而賦之)" 이와 같은 고사는 모두 「낙신부」에서 낙신의 원형은 조식의
형수 즉 조비의 처 견씨임을 말해주고 있다.

　그러나 정사의 기록에 따르면 조식은 한헌제 초평 3년에 태어나 조
비가 견후를 처첩으로 맞이할 때 12살 밖에 안 됐으니 아내를 맞을 나
이는 아니었다는 것이다. 「감견부(感甄賦)」라는 이름이 있었던 건 사실
이지만 '견(甄)'이 견후의 '견'이 아니라 견성(鄄城)의 견(鄄)이라는 설이
다. 황초 2년에 조식은 견성왕으로 봉해졌고 황초 3년에 그가 황제를
알현하고 돌아 오는 길에 낙수를 지나면서 "송옥이 초왕과 신녀의 일을
대한 것에 느낀 바 있어 마침내 이 부를 지었다. (感宋玉對楚王神女之事,

遂作斯賦)"고 하였다. 그는 낙수 강변에 왔을 때 전국 시대 송옥이 초양왕(楚襄王)을 따라 운몽택(雲夢澤)을 유람할 적에 고당(高堂) 운기를 보고 「신녀부(神女賦)」를 지은 사실을 연상하면서 그것을 본받아 「감견부」를 지었다는 것이다. 중국 고대 선인들은 오래전부터 '향초미인'의 비흥수법을 사용했고 부에도 "오래도록 군주와 마음을 같이 한다(長寄心于君王)"등 표현들이 나오는 것으로 나온다. 이로 미루어 보아 자신의 재능을 인정받지 못하고 나라에 보답할 길도 없는 현실을 안타까워 했던 조식이 복비에 감정을 기댄 것으로 보이지만 사실상 감정 기탁 대상은 다름 아닌 형인 문제 조비였다는 것을 알 수 있다.

다정다감하고 아름다운 낙수 여신과의 감동적인 러브스토리 외에도 낙수라는 이 신비한 강에는 훨씬 더 신비롭고 유구한 중화문명의 DNA가 많이 숨어있다. 낙수가 있는 하낙 지역은 화하문명의 발원지 중 하나며 중화문명의 비밀 열쇠로 불리는 중국의 가장 오래되고 신비한 「하도낙수(河圖洛水)」라는 전설이 시작된 곳이기도 하다.

그림 13 천지 자연 하도(河圖)15

15   自馮時『中國天文考古學』北京, 中國社會科學出版社, 2010年 486쪽에서 재인용.

이미지로 읽는 고대문명

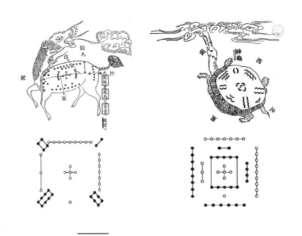

그림 14 하출도(河出圖), 낙출서(洛出書)

　　하도(河圖), 낙서(洛書)라 하면 중국인들은 거개가 기뻐하며 깊은 관심과 호기심을 보인다. 왜냐하면 그것은 우리의 기원이기 때문이다. 그것은 신비롭고 박대(博大)하며 차분하면서 강력하다. 그것은 우리가 지금껏 찾아 헤매는 중화문명의 근원이기도 하다. 그 DNA는 이미 우리의 핏줄에 스며들었고 우리가 방향을 판단하는 자기장과 끊임없이 전진하게 만드는 원동력이 되어 있다. 그것은 친절하다. 하지만, 수천 년의 시공간을 사이에 두고 그 모습은 이미 희미해졌다. 사람들은 천백 년 동안 끊임없이 그것과 관련된 행적, 전생, 현생까지도 탐구하고 또 탐구했다.

　　하도와 낙서에 얽힌 전설은 많은 사적(史籍)들에 나와 있는데 설법이 엇갈려 끊임없이 논란의 대상이 되어 왔다. 『주역 계사상(周易·繫辭上)』에는 "황하에서 하도가 나왔고, 낙수에서 낙서가 나왔다고, 성인들이 말하였다(河出圖, 洛出書, 聖人則之)"고 하면서 하도 낙서를 발견한 성인이 복희라고 하였다. 『죽서기년(竹書紀年)』에서는 "황제 즉립 50년 가을 칠월 경신일, 봉조(鳳鳥)가 내려오고 황제는 낙수에서 제를 지냈다(黃帝五十年秋七月, 庚申, 鳳鳥至, 帝祭于洛水)"고 하면서 주석으로 "하수에서 용도가 나오고 낙수에서 귀서가 나왔는데 붉은 문양의 전자로 새겨진 것을 헌원 황제께서 받으셨다.(龍圖出河, 龜書出洛, 赤文篆字, 以授軒轅)"고 하였다. 하도 낙수를 발견한 사람은 황제라고 보는 것이다. 그 밖에 하도 낙서를 발견한 사람은 요나 순 또는 우 임금으로 보는 설이 있고 주문왕이라 보는 설도 있는데 전부 상응한 문자 기록을 갖고 있다. 그 중 비교적 널리 전해진 전설들을 살펴보자.

전설 1

복희씨(伏羲氏)시대, 복희씨는 사람들에게 "노끈을 매듭지어 그물 삼아 고기를 잡는(結繩為網以漁)" 법이나 가축을 기르는 법을 가르치며 생산 발전을 촉진하고 사람들의 생존 생활 여건을 개선시켰다. 마을에는 상서로운 일들이 자주 생겨나고 하늘은 신물을 내려 주었다. 그러던 어느날 용의 머리에 말의 몸을 한 용마 한 마리가 황하에서 도하로 건너와 물속을 거닐었다. 용마는 키가 8척 5촌이나 되고 날개가 달려 있으며 몸통에는 용린(龍鱗)이 뒤덮여 있었다. 등에는 그림과 점들이 새겨 있고 파도를 거스르며 물 위를 다니는데 꼭 마치 평지를 걷듯 하였다. 이것이 후대 사람들이 흔히 말하는 「용마부도(龍馬負圖)」이며 등에 새겨진 그림과 점들이 바로 하도였던 것이다. 잇달아 거북이 한 마리가 낙수에 나타나는데 이 신귀(神龜)가 등에 진 것이 낙서라는 것이다. 복희씨는 하도와 낙서에 근거하여 팔괘를 그렸다고 한다.

이 전설은 『역, 계사 상편(易·繫辭上篇)』에 기재된 "황하에서 도가 나오고 낙수에서 서가 나오자 성인이 그것들을 본받았다(河出圖, 洛出書, 聖人則之)" 복희씨는 "팔괘를 만들어 그로써 신명의 덕과 통하게 하고 그로써 만물의 실정을 분류하였다(作八卦, 以通神明之德, 以類萬物之情)"라는 말의 이야기다. 훗날 사람들은 복희씨 때 용마가 하도를 등에 지고 나타난 곳에 부도사(負圖寺)를 짓고 복희씨가 문명을 개척한 업적을 기렸다.

전설 2

황제 시대, 황제는 민정을 살피고 직접 생산 활동을 하여 백성들의 사랑을 받고 천신(天神)까지도 감동시켰다고 한다. 그러니 기후도 좋아 오곡이 풍성하고 백성들이 안거낙업하였다. 어느날 천신이 황제에게 말하기를 낙수에 용도(龍圖)와 귀서(龜書)가 있는데 만약 그것을 얻으면 천하를 더 잘 다스리게 될 것이라 하였다. 이에 황제는 신하들을 거느리고 낙수를 순유한다. 하루는 안개가 짙게 끼었는데 큰 물고기 한 마리가 갯벌에 묶여 있는 것이 어렴풋이 보였다. 황제는 이를 불쌍히 여겨 구하려 하였지만 방도를 찾지 못하고 하는 수 없이 다섯 짐승을 바쳐 하늘에 제사를 지내며 몸소 무릎을 꿇고 하늘을 향해 도움을 청하였다. 천제(天帝)는 크게 감동한 나머지 7일 밤낮으로 큰 비를 내려 낙수에 물이 넘쳐나게 하자 큰 물고기는 구조되었다. 큰 물고기가 떠난 후 황제는 강변에서 하도와 낙서를 얻었으니, 이것이 곧 『하도시맹편(河圖 視萌篇)』으로서, 위에는 상형 문자로 인간에게 필요한 각종 지 식이 새겨져 있다. 이게 바로 「낙서어헌(洛書魚獻)」이라는 전 설이다. 전하는 바에 따르면 책을 얻은 지점은 낙양 한위고 성(漢魏故城) 남쪽, 옛날 이수(伊水)와 낙수(洛水)가 합류한 곳 이라고 한다.

전설 3

당요(唐堯) 시기, 어느날 요(堯)가 추장들을 거느리고 낙수 를 지나게 되었다. 해가 질 무렵 우연히 옥벽(玉璧) 하나를 낙 수에 떨어 뜨렸는데 갑자기 낙수 위에 빛이 번지면서 영귀(靈 龜) 한 마리가 나타났다 사라졌다 하였다. 이 일이 있은 뒤 요 는 낙숫가에 제단(祭壇)을 만들고 길일을 택해 정성을 다해 옥벽을 강바닥에 가라앉혔다. 조금 지나 강바닥으로부터 빛 이 뿜어 나오더니 구름과 안개가 피어 오르고 그 사이로 물을 내뿜는 소리가 들렸다. 큰 바람이 일더니 안개구름이 걷히고 풍랑도 잔잔해졌다. 물위로 큰 거북의 등껍데기가 떠내려 오 는데 넓이가 9척이고 녹색 적문이 새겨 있었다. 등껍데기는 평탄하고 문리가 뚜렷하며 열성(列星)과 칠정(七政)이 잘 나뉘 어 있으며 조대별 제왕들의 흥망 운명도 적혀 있었다. 그 후 점차 역리(易理)문자가 세상에 퍼지게 된다. 이게 바로 「영귀 (靈龜)」설이다.

이미지로 읽는 고대문명

전설 4

우순(虞舜) 시기, 순은 요를 본받아 옥벽을 낙수에 담갔는데 수중에서 순식간에 붉은 빛이 일면서 어떤 거북이 책을 지고 나왔다고 한다. 이어서 갑황룡(甲黃龍) 한 마리가 나타나 적문(赤文) 전자(篆字)가 적힌 책을 구름 사이로 펼치며 순에게 주었다. 이것은 「황룡부서(黃龍負書)」라는 전설이다.

전설 5

하우(夏禹) 시기, 우가 치수(治水)차 낙하에 왔는데 등에 글을 짊어진 신귀(神龜)를 만난다. 1부터 9까지 숫자도 새겨져 있었는데 우는 그것을 보고 구주(九疇)를 정했다고 한다. "하우는 곧 천자위다. 낙수에서 귀서가 나고 이 65자는 곧 홍범이다(夏禹即天子位, 雒出龜書, 六十五字, 是為洪範)"라는 말도 있다. 뜻인즉 대우가 치수로 공을 쌓고 천하를 이롭게 하였으니 만민의 칭송을 받고 하늘도 상서를 내려줬다는 것이다. 낙하에서 나타난 신귀는 길이가 1.2척이고 등에 65개 적문 전자가 새겨져 있다. 이게 바로 『상서(尚書)』에 나오는 「홍범(洪範)」편이며 나라를 다스리는 9가지 대법이라는 설도 있다.
......

전설은 많고 근사하지만 결국 정론이 없다. 하도와 낙서가 도대체 어떤 모양인지는 송 이전의 어떤 고적이나 문헌에도 나온 적이 없었다. 그러다가 송나라 진단(陳摶)에 이르러 2천여 년 동안이나 산실되었던 하도와 낙서, 선천도와 태극도가 비로소 후대에 전해지기 시작했다. 그

출처를 놓고는 은하 성상에 대한 관측이라는 설도 있고 고대 기후나 방위에 대한 관측이라는 설도 있으며 북두칠성의 손잡이가 가리키는 방향 및 그로써 산출된 고대 역법(曆法)이라는 것까지 온갖 설들이 난무한다.

이러한 전설의 유일한 공통점은 하도와 낙서가 발견된 지점이 모두 낙수(낙하)라는 점이다. 산이 높지 않아도 용이 있으면 영(靈)하고, 물이 깊지 않아도 신선이 있으면 이름나듯이 낙수라는 이름은 수천 년 동안 신명(神名)처럼 불려졌고 하도와 낙서는 상서로운 것으로, 낙수의 신은 선량한 미인으로 간주되었다. 낙신의 실상은 사실 사람들이 가장 열렬하고 진솔하게 생각하는 아름다운 이상의 화신이다. 그녀는 때로는 또렷이, 때로는 어렴풋이 나타나지만 줄곧 중국인들의 생존 욕구와 희망이 닿는 거처가 되어 주었다.

조식의 낙신이나 고개지의 낙신이나 그것에 기우한 건 결국 모두 마음속 참사랑의 감정이다. 「낙신부도」의 이미지나 구도, 필선 어느 하나 순수함과 낭만이 깃들지 않은 것이 없다. 봄날의 누에가 실을 뽑아내는 듯한 유연함과 리드미컬함은 절제된 감성 속에 은은한 애수를 더해준다. 슬픔 속에서도 감상과 찬양을 잃지 않고 부득이한 상황 속에서도 추구를 멈추지 아니하며 막막함 속에서도 희망을 잃지 않는 이게 바로 「낙신부」의 취의(取義)였던 것이다. 이것은 문자와 도상이고, 젊은 조식과 젊은 고개지이며, 젊은 고인과 젊은 우리의 상호 인식과 상호 인정이다. 거침없는 이상과 팍팍한 현실의 마찰에 대한 불복이며 소통과 눈맞춤, 서로에 대한 통찰과 이해다. "비록 몸에 봉황처럼 아름다운 날개는 없을지라도 마음에는 신령한 코뿔소의 뿔이 있어 한 점으로 통

이미지로 읽는 고대문명

한다(身無彩鳳雙飛翼, 心有靈犀一點通)"고 하였다[16]. 타임슬립은 시공간을 무시한다. 오로지 마음의 텔레파시, 서로의 이끌림으로 하나로 통한다.

이상으로 '낙신'의 문자와 이미지에 푹 빠져 신비로운 판타지에 기대어 불굴(不屈), 불복(不服), 불포기(不拋棄)에 대해 논해 보았다.

---

16   (唐) 李商隠:《无题·昨夜星辰昨夜风》, 上海辞书出版社文学鉴赏辞典编纂中心
     编:《李商隠诗文鉴赏辞典(珍藏本)》, 上海: 上海辞书出版社, 2020년, 71쪽.

백마가 불경을 지고 오다(白馬馱經)

문명의 교류와 상호 융합

내가 들은 바로 한때 부처님께서 공덕이 큰 비구 1250명과 함께 사위국 기수급 고독원에 계셨다. 그때 세존께서 설하시기를 "… 이와 같이 살아야 하며, 이와 같이 마음을 다스려야 한다. …형상에 집착하지 아니하며 항상 여여하여 동요가 없어야 하느니라. (應如是住, 如是降伏其心. 不取於相, 如如不動.) 어떻게 할 것인가? 모든 유위법은 꿈, 허깨비, 물거품, 그림자와 같고, 이슬, 번개와 같으니 마땅히 이와 같이 관할지니라(何以故? 一切有爲法, 如夢幻泡影, 如露亦如電, 應作如是觀.)"

—『금강반야바라밀경(金剛般若波羅密經)』

그림 1 (당) 함통 9년 돈황 장경동 인본 「금강반야바라밀경」 속화(런던 브레타이나 도서관 소장)

런던 대영도서관 소장

정교하게 각인된 이 경전은 7장의 인쇄지로 당대의 기준 판형인 높이 1척, 길이 16척으로 표구되어 있다. 7지는 크기가 동일하며 이 중 첫 장은 속화이고 2지에서 7지는 『금강반야바라밀경』 전문이다. 이 속화는 석가모니가 기수급 고독원에서 설법하는 모습을 그린 것이다. 석가모니는 가사를 입고 연꽃좌에 결가부좌를 하고 앉아 설법을 하고 있는데, 위로는 천녀들이 빙빙 돌며 꽃을 뿌리고, 밑에는 사자가 엎드려 경을 듣고 있다. 붓다 양쪽에는 사람들이 숙연한 표정으로 서 있는데, 한 비구가 두 손을 모으고 붓다에게 불경을 배우고 있다. 속화 구도는 들쭉날쭉하면서 운치 있고 인물들은 살아 있듯 생동감이 넘친다. 서예는 수려하고 먹색이 옹골지다. 경권 말미에는 "함통 9년 4월 15일 왕개가 □□부모를 위해 삼가 만들어 보시함.(咸通九年四月十五日王玠为□□二親敬造普施)"이라는 글귀가 적혀 있다. "함통 9년", 서기 868년, 그렇다. 이는 바로 간각(刊刻) 기일이 명확하고 보존이 완전한 세계 최초의 '인쇄물'로서 '조판 인쇄 제1신품(神品)'으로 불리는 당 함통 9년 돈황 장경동 인본인 『금강경(金剛經)』이다.

인쇄술은 인류 역사상 가장 위대한 발명 중의 하나이며, 중국이 세계 문화에 한 중대한 공헌이다. 이 획기적인 기술은 이내 독실한 신자들이 불법에 바치는 '공헌'이 되었다. 당시 세상에 없던 최고의 신기술은 가장 핫한 트렌드가 되었고 사람들은 이 기술을 귀히 여겨, 특별히 중요하여 반복해서 읽어야 하거나 수요가 막대한 책을 만드는 데만 사용하였다. 불경은 바로 이러한 '특별히 중요한' 책 중 하나였던 것이다. 금강경의 완벽한 새김과 인쇄를 보면 당시 중국에서 불교가 얼마나 번

이미지로 읽는 고대문명

창했는지 쉽게 알 수 있다. 불법에서는 모든 것에는 인연이 있다고 말한다. 이러한 번영은 바로 800년이라는 세월 동안 은근히 전해 내려온 인연이 가져온 결과라고 볼 수 있다. 고서의 기록에 보면 이 인연은 '이보다 800년 전', 즉 지금으로부터 2000년 전의 한 사람의 꿈에서 시작되었다고 한다.

한명제의 꿈

지금으로부터 2000년 전, "당나라 함통 9년으로부터는 800여 년 전", 그들은 서로 같은 시공간을 향해 있었으니 때는 바로 중국 동한 시대다. 한 손 가득 잡히는 이 일곱 장짜리 『금강경』은 중국 역사상 가장 개방적이고 포용적이며 휘황찬란했던 두 조대(朝代)를 끈끈히 연결지어 함축적으로 담아 냈다. 이 두 조대는 바로 백마타경(白馬馱經)의 한나라와 현장서행(玄奘西行)의 당나라다. 대한(大漢)때 정성껏 뿌려진 푸른 연밥들이 수백 년 세월을 지나며 숙성하고 풍성해져 대당(大唐)에 이르러 유례없이 아름다운 연꽃들로 활짝 피어난 것이다.

동한 영평 10년, 서기 67년. 이 해는 불경의 중국 유입이 최초로 기록된 연도다. "옛날, 한명제가 … 천축에 사신을 보내 불경과 불상을 구해오게 하였다. 처음에는 느릅나무로 만든 상자에 경전을 담아 백마로 불상을 지고 와서 불법을 중국에 알렸다 … 금광(金光)의 비침과 법륜(法輪)의 동전(東傳)은 바로 이때부터 시작되었다. (昔漢明帝……發使天

竺, 寫致經像, 始以楡欏盛經, 白馬負圖, 表之中夏⋯金光流照, 法輪東轉, 創自此矣.)"[01] 『금강경』에 이르기를 "모든 유위법은 몽환(夢幻)이나 물거품과 같고, 이슬과 같으며 번개와 같다(一切有爲法, 如夢幻泡影, 如露亦如電)"고 하였다. 그러나 불법의 중국 전파는 다름 아닌 이 사람의 꿈에서 시작되었다고 본다.[02]

그는 바로 한명제다.

서기 65년, 정월 대보름날 한명제 유장(劉莊)은 남궁에서 잠들었다. 그날 밤, 그는 꿈을 꾸었는데 키가 1장(丈) 6척(尺) 쯤 되는 커다란 금인(金人)이 나타나 서쪽으로부터 서서히 다가왔다. 금인은 말없이 궁정 안을 빙빙 날아옜고 유장은 이 광경을 넋을 잃고 바라보았다. 유장이 그를 향해 말을 걸려는 순간 그만 잠이 깼다는 이야기다.

고대 중국 사람들은 꿈을 중요한 사건이 일어날 징조라 믿었다. 다음날 아침, 유장은 다급히 신하들을 불러 그들에게 해몽을 부탁하였다. 그때 부의(傅毅)라는 대신(大臣)이 이르기를 "제가 듣기로 서방 세계에 불타라고 하는 신이 있는데 그 모습이 폐하가 꿈에서 본 금인과 신통히도 닮았습니다. 폐하께서 보신 게 틀림없이 불타가 아닐까 싶습니다" 하였다. 그리고는 불타에 관한 이야기를 소상하게 아뢰었다. 불타의 신통함, 창생들을 구원하여 천하를 태평하게 한다는 불법에 관한 이야기는 막 10여 년의 막 전란을 겪은 동한 황제 유장의 마음을 크게 두드렸다.

범상치 않은 이 꿈에 대해 『수경주(水經注)』에는 이런 기록이 있다.

---

01   [北魏]酈道元:『水經注』, 北京: 首都師範大學出版社, [北魏]酈道元:『水經注』, 北京: 首都師範大學出版社, 2007年1月, 601쪽.

02   불교가 중국에서 최초 전파된 것에 관한 전설이 허다하지만 그 중 가장 널리 알려진 것은 "한명제가 꿈에 금인(金人)을 만나다"라는 설이다.

이미지로 읽는 고대문명

그림 2 (당) 장건 서역 출사, 벽화, 막고굴 323굴

"옛날, 한명제가 꿈에 대인을 보았는데 몸은 금색이고 목에는 백광이 둘러있다. 군신에게 이를 묻자 한 자가 이르기를 '서방에 신이 있는데 이름을 불타라 합니다. 모습은 폐하께서 꿈에 보신 바와 같으니, 이것일 것입니다.(昔漢明帝夢見大人, 金色, 項佩白光. 以問群臣, 或對日:'西方有神, 名曰佛, 形如陛下所夢, 得無是乎.')"[03]

유장은 이내 낭중 채음(蔡愔), 박사 제자 진경(秦景) 등 일행 10여 명으로 '국가팀'을 구성하여 서역에 가서 불법을 구해오게 하였다.

한대(漢代) 서역은 좁게는 중국 신강(新疆) 일대 지역을, 넓게는 총령(蔥嶺) 즉 파미르 고원 서쪽인 중앙아시아, 서아시아, 남아시아 및 유럽 동남부, 아프리카 북부 일부 지역까지도 포함한다.

서역으로 가는 길은 한무제 시기 장건(張騫)이 두 번이나 서역에 사신으로 파견되면서 "뚫렸고" 유명한 '실크로드'도 이렇게 시작되었다. 장건이 최초로 서역에 파견되고(B.C.139년) 200여년이 지나서야 중국

---

03   [北魏]酈道元: 『水經注』, 北京: 首都師範大學出版社, 2007年1月, 601쪽.

역사상 첫 번째 '서천취경(西天取經)'이 시작되었다. 사람들은 이것을 「영평구법(永平求法)」이라 일컫는다.

영평구법(永平求法)

영평(永平)은 한명제의 연호이고, 구법(求法)은 한명제가 채음 일행을 천축에 보내 불법을 구하게 한 것을 말한다. 영평 이후 100여 년이 지나 동한 말에 이르러 모융(牟融)의 『이혹론(理惑論)』에 처음으로 「영평구법」에 대한 기록이 나온다. 중국 초기 불학의 대표 서적인 『이혹론』에서는 공자와 노자의 사상을 대거 인용하고 불(佛), 유(儒), 도(道)의 정신이 일치함을 선양하였는데, 이 역시 불교가 중국에 들어오기 쉬움을 좌증한 것으로서, "불"은 비록 이향(異鄕)에서 태어났으나 '법(法)'은 우리와 잘 맞으며, 함께 아시아 대륙에 속해 있는 중국과 인도 양국 문화는 근원과 기운면에서 서로 공진(共振)하고 공명(共鳴)하는 부분이 많다. 『이혹론』이후, 동진 원굉(袁宏)의 『후한기(後漢紀)』, 남조(南朝) 송(宋) 범엽(范曄)의 『후한서(後漢書)』, 남조 제(齊) 왕염(王琰)의 『명상기(冥祥記)』, 남조 양(梁) 석혜교(釋慧皎)의 『고승전(高僧傳)』, 북위(北魏) 역도원(酈道元)의 『수경주』, 북위 양현지(楊衒之)의 『낙양가람기(洛陽伽藍記)』, 북제(北齊) 위수(魏收)의 『위서·석로지(魏書·釋老志)』등 수많은 고적들에서 '영평구법'이 중국 불교에 끼친 깊은 영향에 대해 언급하였다.

불법을 구하러 서행에 나선 사신들은 도성과 작별하고 옥문관을 넘으며 험난한 여정을 시작하였다. 그 해가 바로 영평 8년(서기 65년)이다.

이미지로 읽는 고대문명

그들은 산넘고 물건너, 간신히 흉노기마병을 피하고 풀한 포기에 인적조차 없는 사막을, 눈보라가 휘몰아치는 파미르 고원을 넘으면서 천신만고 끝에 대월지국에 도착하였다. (현재 아프가니스탄에서 중앙아시아 일대)

대월지에서 채음 일행은 당시 설법과 유화를 하던 인도 고승 섭마등(攝摩騰)과 축법란(竺法蘭)을 우연히 만나며 그들로부터 불경과 석가모니 불상을 얻게 된다. 그 후 두 고승은 중국에 와서 법을 전파하고 교를 알렸다.

사실상 우연과 필연은 한 끝 차이다. 오랜 시간 동안 서로를 알고 있으면서도 만나지 못했던 위대한 두 문명이 불법으로 인해 제3의 지역에서 서로를 확인하며 역사적인 첫 만남을 이룬 것이다. 이때로부터 중국과 인도 간의 사상

그림 3
(명) 정운붕 《백마타경도》 (타이베이 고궁 박물관 소장)

문화는 끊임없이 교류하고 소통하면서 서로 영향을 주었다.

중국에서 불교 유입의 초기 상황은 '전인(傳引)'이라는 표현을 쓰는 편이 더 맞을지도 모른다. 한쪽에서는 전파를, 한쪽에서는 유치를 하려 했으니 말이다. 불교의 중국 내 전파는 전도사들의 의지였을 뿐만 아니라 당시 국민들의 열렬한 추구이기도 했다. 그러니 양쪽 모두 절실한 주도자였다고 볼 수 있다. "문명은 교류를 통해 다채로워지고 서로 배우며 풍부해진다. 문명을 교류하며 상호 본받는 것이말로 인류 문명의 진보와 세계 평화 발전을 이끄는 중요한 동력이다.(文明因交流而多彩, 文明因互鑒而豐富. 文明交流互鑒,是推動人類文明進步和世界和平發展的重要動力.)"[04] 불법의 교의에 비춰 보면 이번 대월지 상봉은 '찰나적 인연'이라 하겠다.

영평 10년(서기 67년, 낙양에 도착한 시간이 영평 10년 정묘 12월 30일이라는 기록을 따르면 서기 68년) 법을 구하러 서행하였던 한나라 사신들은 동귀(東歸)하여 낙양에 도착하였다. 불경과 불상을 가지고 온 것도 대단하지만 그들은 섭마등과 축법란 두 서역 고승까지 모시고 왔다. 꿈에 본 일을 눈앞에서 보게 된 한명제는 친히 두 고승을 맞이하며 기쁨에 겨워했다. 먼 길을 온 섭마등과 축법란 역시 부처님이 생전에 자주 말씀하셨던 멀고도 신비한 동방의 나라에 설법을 오게 되었으니 뿌듯하기 그지 없었던 것이다. 한명제는 섭마등과 축법란을 국빈으로 대접하며 홍려사(鴻臚寺)에 머물게 하였다. 이렇게 황제가 최고의 예를 갖추었다는 점 또한 부처는 선지선각(先知先覺)하고 무소부지(無所不知)한 존재였음을 입증해 준다.

---

04   『시진핑 유네스코 연설문』 중에서, 2014년 3월 27일.

이미지로 읽는 고대문명

중화제일 '사(寺)'

섭마등과 축법란으로 하여금 불경 번역에 전념케 하기 위해 명제 유장은 칙령을 내려 낙양 서옹문(西雍門)에서 3리 떨어진 어도(御道) 북쪽에 승원을 짓게 하였다. 북쪽으로는 망산(邙山)에 인접하고 남쪽으로는 낙수를 마주한 이 승원이 바로 유명한 백마사이다. 때는 바로 서기 68년이다.

'寺'는 승려들이 수행하는 거처라는 기호적 의미로 사람들의 마음 속에 익히 자리 잡고 있지만 한나라 이전에는 아무도 본 적 없는 테마 건축물에 지나지 않았다. 이 건축 형태를 지칭하는 '寺'라는 글자 자체도 어떤 것을 지칭하기 위해 새로 생겨난 것이 아니다. '寺'는 다만 '우연히 가차 되었다가' 붙여진 이름일 뿐이다.

'寺'라는 명칭은 불법을 따라 건너온 불국(佛國)의 칭호도 아니다. 고대 인도에서 승려들이 모여 지낸 곳은 '승가람마(僧伽藍摩)'라 불렸는데 중원(衆園)이나 승원(僧院)이라는 의미를 담고 있었다. 동한 허신의 『설문해자(說文解字)』에서는 '寺'를 "정(廷)이다. 법도가 있는 것이다.(廷也, 有法度者也)"로 해석하고 있다. 이와 상응하여 한대에 '寺'는 관서의 명칭으로서 구경(九卿)의 거처를 특별히 가리켜 대리사(大理寺), 홍려사(鴻臚寺)[05]처럼 붙여졌다. 홍려사는 홍려가 있는 곳을 말하고 홍려는 구경 중 전문적으로 외빈을 접대하는 관리였다. 섭마등과 축법란이 처음 낙양에 왔을 때는 홍려사에 임시 거주하였으나 이듬해 명제는 칙령을 내려

---

05   한국한자음에서, 관청의 경우에는 '寺'를 '시'라고 읽어야 하지만, 중국어에서는 그런 구별이 없다. - 역자주

서쪽에서 온 고승이 불법을 닦는 거처를 새로 짓게 하였다. '법도가 있'는 '寺'를 그대로 건축물 이름으로 사용하였다. 얼핏 보기에는 '寺'는 기존에 있던 말에서 온 것같이 보이지만 실제로 '홍려'나 '대리'와 같은 높은 벼슬이 주는 의미 외에 새로운 경지를 뜻하는 의미까지 더해져 중국 승원을 지칭하는 말이 되었다.

"백마사는 한명제가 세운 것으로서 중국에서 불교 유입의 시초다(白馬寺, 漢明帝所立也, 佛入中國之始.)"[06] 이는 불교 경전 『낙양가람기(洛陽伽藍記)』에 나오는 말이다. '사(寺)', '황제가 세운 것(帝所立)', '불교 유입의 시초(佛入始)', 간결하면서도 명쾌한 요약이 아닐 수 없다. 이때로부터 불교의 3대 요소이자 3대 보물인 불(佛), 법(法), 승(僧)은 중국에서 '寺'라는 공간에서 합치되고 계승되면서 널리 전파되었다. 또한 '황제가 세운' 것이라는 특수성으로 중국에서 최초로 불교 경전을 번역하고 전파한 이 곳은 자연히 공식적인 성격을 지녔을 뿐만 아니라 강력한 지원이 뒷받침 되어 있었던 것이다. 이때부터 백마사는 법을 알리고 법을 구하는 자들이 순례하는 핫 플레이스가 되었다. 섭마등과 축법란 이후에도 많은 서역 고승들이 낙양에 와서 경전을 번역하고 법을 전파하였다. 서기 68년 이후 150여 년 동안 총 195편(395권)의 불경이 이 곳에서 번역되었다.[07]

조위(曹魏) 감로(甘露) 5년(서기 260년), 한차례 수계의식이 백마사에서 거행되었다. 『갈마법(羯磨法)』에 따라 주사행(朱士行)이 계단(戒壇)에 오르고 그는 중국에서 최초로 비구계를 받은 승려가 되었다. 같은 해,

---

06   [北魏] 楊衒之: 『洛陽伽藍記校注』 範祥雍校注, 上海: 上海古籍出版社, 2018年12月, 207쪽.

07   출처: 중국 중앙TV방송국 다큐멘터리 『千年菩提路』 제1회

이미지로 읽는 고대문명

주사행은 『도행반야경(道行般若經)』을 강독하는 과정에 난해함을 느끼고 원서를 구해 보려는 마음으로 옹주에서 출발하여 우전(于闐)으로 향했다. 그는 불법을 구하기 위해 서행을 한 최초의 중국 승려가 된 셈이다. 그는 마침내 『방광반야경(放光般若經)』의 범본(梵本)을 구하였고 서기 282년에 제자를 시켜 낙양에 보내왔다.

중국 최초의 승원, 최초의 한역 불경, 최초로 비구계를 받은 출가인, 천축에서 불경을 구해온 최초의 중국 승려, 이 모든 것이 여기에서 탄생되고 시작되었다. 최초의 것은 쉽게 얻어지지 않고 개척의 힘은 초월하기 어려울 만큼 대단한 것이다. 도학 사상이 널리 알려지고 유학 이념으로 나라가 세워진 그 시대에 백마사는 제국 수도, 유서 깊은 망산 기슭, 낙수 강변에 뿌리를 내리고 중국 불교의 석원(釋源)과 조정(祖庭)이 되었다. 서기 68년부터, 고찰(古刹)의 범음(梵音)과 꺼지지 않는 향불이 지금까지 이미 근 2천 년을 이어졌고, 백마사는 당연히 범접 불가한 중화제일사(中華第一寺)이다.

백마라는 이름

백마사는 설립, 의미, 전승 면에서 볼 때 '중화제일사'로 손색이 없다. 일찍 황제에 의해 세워진 절인데다가 의미가 특별하고 중대하며 전승 과정 또한 투명하고 확실하기 때문이다. 그러나 따지고 보면 '백마사'라는 이름은 동한이나 조위 시기 어떤 문헌에도 보이지 않는다. 그렇다면, 백마사 이름은 어떻게 생겨난 것일까?

'백마사'라는 명칭은 서진 승려 축법호(竺法護)가 쓴 불경 번역 일기에서 처음 나온다. 일기에 보면 서진 태강 10년(기원 289년) 4월, 낙양 백마사에서 『문수사리정률경(文殊師利淨律經)』을 번역하고 12월에는 『마역경(魔逆經)』을, 영희(永熙) 원년(서원 290년)에는 『정법화경(正法華經)』을 번역하였다고 적혀있다. 말하자면 백마사라는 이름이 고대 문헌에 나타난 것은 백마사의 초기 건립(서원 68년)으로부터는 200여년이나 지난 후였다. 동한 낙양 백마사의 건축 구조에 관한 최초의 기록은 『위서·석노지(魏書·釋老志)』에 나오는 바로 이 구절이다. "낙양에 자리한 백마사는 불화(佛畫)로 성대히 장식하였는데, 그림이 매우 오묘하다. 각 지역의 (탑의) 모범이 되었다. 무릇 궁탑 제도는 여전히 천축의 옛 모습을 사용하였기에, 중층으로 만들어 1층에서부터 3층, 5층, 7층, 9층에까지 이른다. 세상사람들이 이를 계속 이어받았고, 부도(浮圖)라고 부르는데,

혹은 불도(佛圖)라고도 한다. (自洛陽中構白馬寺, 盛飾佛圖, 畫跡甚妙. 為四方式, 凡宮塔制度, 猶以天竺舊狀, 而重構之, 從一級至三, 五, 七, 九. 世人相襲, 謂之浮圖或云佛圖.)[08] 이는 백마사가 세워지고 이미 오백년이 지난 후이다.

백마사가 왜 백마로 이름을 짓게 된 것에 대해 가장 유행하는 설명은 다음과 같다. 한명제 유장이 사신을 보내 불경을 구해 오게 하였을 때 불경과 불상을 짊어온 것은 다름 아닌 백마였고 유장은 백마의 공로를 치하하기 위해 승원 이름을 백마사라 명했다는 것이다. 이와 관련하여 북위(386~534년) 역도원(酈道元)의 『수경주(水經注)』에는 이런 기록이 있다. "왕이 천축에 사신을 보내 불경과 불상을 가져오게 하였는데 처음에는 느릅나무로 만든 상자에 경전을 담아 백마의 등에 실어 중화대지에 널리 알렸다. 하여 절 이름을 백마라 하였다.(發使天竺, 寫致經像, 始以榆欓盛經, 白馬負圖, 表之中夏, 故以白馬為寺名)' 동위(534~550년) 양현지(楊炫之)의 『낙양가람기(洛陽伽藍記)』에는 "황제가 꿈에 황금빛 신선을 보았는데, 키는 1장 6척이요, 목에는 일월광명이 둘러있다. 호인들은 그것을 불(佛)이라고 불렀고, 서역에 사신을 보내 불경과 불상을 구해 오게 하였다. 당시 백마가 불경을 지고 왔기에 백마사라 명하였다.(帝夢金神, 長丈六, 項背日月光明. 胡人號曰佛, 遣使向西域求之, 乃得經像焉. 時以白馬負經而來, 因以為名.) 북제(550~577년) 위수의 『위서·석노지』에는 "채음이 올 때 백마에 경전을 실어 왔으니 한무제는 낙양성 옹관 서쪽에 백마사를 세웠다(愔之還也, 以白馬負經而至, 漢因立白馬寺於洛城雍關西.)"라는 기록도 있다.

08　『魏書』, (北齊)魏收著, 唐長孺點校, 何德章編修, 北京: 中華書局, 2017年1月.

그러나, 백마사는 처음에 '백마'가 아닌 또 다른 이름이 있었다!

한명제는 영평 8년, 서역에 부처가 있다는 말을 듣고 천
축에 사신을 보내 그 도를 구하도록 하였는데, 그 서적 및 마
등과 축법란이라는 두 승려까지 모셔왔다. 영평 10년에 사찰
이 세워졌고 초명은 초제라 하였다. 그 후 절을 파괴하려는
자가 있었는데 밤중에 백마가 불탑을 돌며 비명을 지르는 것
을 보았다. 그리하여 절 이름을 백마라 개명하였다. (漢明帝永
平八年, 聞西域有佛, 遣使之天竺求其道, 得其書及摩騰, 竺法蘭二沙門
以歸. 至十年, 始立寺. 初名招提, 後王有欲毁寺者, 夜見白馬繞塔悲鳴
而止. 固更名白馬雲.)

이것은 현재 백마사에 보존되어 있는 명나라 ≪중수 고찰 백마선사
기(重修古刹白馬禪寺記)≫ 비문에 나오는 말이다. 말하자면 한명제의 칙
령으로 세워진 이 불탑은 '초명이 초제'였다가 후에 '백마로 개명'하였다
는 것이다.

'초제(招提)'는 산스크리트어 Caturdiśa 또는 팔리어 catu−disa에

이미지로 읽는 고대문명

서 음역을 딴 것으로 사방, 사방승, 사방승방을 뜻한다. 『증일아함경(增一阿含經)』에는 "비구가 세존을 향해 말하기를 '나는 오늘 이 산골짜기에서 초제승을 보시하려 하는데 오직 세존과 함께 하기를 원한다(毗沙鬼白世尊曰: '我今以此山谷施招提僧, 唯願世尊與我受之')"라는 글귀가 나온다. 여기서 '초제'는 다름 아닌 '사방'을 의미하고 있다. 당시 서역 여러 나라들에서 중국이나 고대 인도사이를 자유롭게 왕래하는 승려들을 위해 '초제'라는 것을 두었다. '초제'는 사방에서 모여온 승려들이 머물 수 있는 객사(客舍)같은 것이었다. 일본 덴표호지(天平寶子) 원년(757년)에 당나라 승려 감진(鑒眞)이 야마토(大和)에 '당초제사(唐招提寺)'를 세우자고 주청(奏請)했다. 멀리서 온 승려들이 머무르는 객사는 아니지만 '초제(招提)'라는 이름을 사용하였던 것이다.

그림 6 당초제사, 일본 나라(奈良)

최초의 명칭이 '초제사'였는지 '백마사'였는지, "밤중에 백마가 탑을 돌며 슬피 울었다"는 전설이 있는지에 대해서는 계속 논란이 있었다. 그러나 이유가 무엇이든 '개명'이라는 일 자체는 분명 뭔가 고도의 신중함과 절실한 기탁이 서려 있다. 당시 불경을 등에 짊어지고 천신만고를 겪으며 산 넘고 물 건너 고비사막까지 지나면서 낙양에 찾아 온 말이 또 마침 백마였을지도 모른다. 그러나 이 '마침'이 포인트가 되었을 리는 없었을 것이다. '백마'라는 두 글자는 간단하지만 절대 쉽게 붙여진 이름이 아니다. 한명제는 세상을 구원하고 백성을 질고에서 벗어나게 해 준다는 불법에 깊은 경앙지심을 가졌고 전란이 끊이지 않는 당시 상황에서 불법에 대한 갈망 또한 무척 컸다. 그가 예우를 갖춰 두 고승을 대한 점에서 보이듯이, 게다가 중국 전통 문화의 측면에서도 '이름을 짓는 일'은 보통 일이 아니었으니 중국 최초의 불교 사찰명이 그냥 지어지지는 않았을 것이다.

백마는 말이 아니다(白馬非馬)

중국 전통 문화나 불교 사상으로 말하면 백마는 단순히 웅건한 동물로만 볼 것이 아니라 어떤 특별한 의미를 갖는 기호로 보아야 마땅하다.

말은 말이지만 백마는 말이 아니다.(馬是馬, 但白馬非馬.) 이 점에 대해서 일찍이 기원전 300년에 공손룡(公孫龍)이 중점(重點)의 소재(所在)를 논한 적이 있다. 불경에 따르면 200년 전 불타가 탄생할 때 백마 첩척(kanthaka)과 마부 차닉(kanthaka)도 함께 태어났다고 한다. 삼국 오(吳)나라 지겸(支謙)이 번역한 『태자서응본기경(太子瑞應本起經)』에는 이런 기록이 있다. "태자가 태어난 날, 왕씨 집안의 여종도 아이를 낳았고 마구간에서도 흰 망아지와 누런 새끼양이 태어났다. 종의 이름은 차닉이라 짓고 새끼 말은 첩척이라 불렀다. 왕후는 자주 차닉을 불러 시중

들게 하였고 태자에게는 백마를 태웠다.(太子生日, 王家青衣, 亦生蒼頭, 廄生白駒及黃羊子. 奴名車匿, 馬名捷陟. 王后常使車匿侍從, 白馬給乘.)"[09] 페샤와르박물관에 소장된 '기마와 마부 동시 출생'이라는 부조에는 백마 첩척, 마부 차닉과 싯다르타 태자가 함께 태어나는 장면이 묘사되어 있다.

태자의 백마 捷陟(첩척)은 한문 고적들에서 '犍德(건덕)' 또는 '騫特(건특)'으로 번역되기도 한다. 태자가 놀러 나가거나 성을 넘어 행차할 때 늘 이 백마를 탔다고 한다. 「유성출주(逾城出走)」라는 이야기에 보면 출가를 결심했던 싯다르타는 백마 건척(犍陟)에게 "감로가 있는 불사지향(不死之鄕)"으로 데리고 가 달라고 한다. 그러나 말에 오르고 나서는 깊이 잠든 가족들을 깨울까 봐 문밖을 못 나가고 '정원을 배회하였다' 한다. 그도 그럴 것이 백마 첩척의 말발굽 소리는 20리 밖까지 들리고 성문 열리는 소리는 그보다 더해 40리 밖에까지 들렸다고 하였으니 말이다. 오도 가도 못하는 태자를 안타깝게 여긴 사대천왕 중 하나인 비사문천왕(毗沙門天王)은 힘이 장사인 부하 야차(夜叉)를 시켜 말발을 들어 올려 백마가 조용히 담을 넘어갈 수 있도록 도와주었다고 한다.
이 멋진 장면을 불경에서는 이렇게 묘사하고 있다.

태자가 말에 올라탔으나 문소리가 나는 게 두려워 나가지를 못하고 중정을 배회했다. 태자의 말이 움직이면 말발굽 소리가 20리 밖에까지 들리는데, 이 문은 소리가 40리 밖에까지 들리기에 태자는 문을 나서지 못하였다. 이에 사천왕은

09 『中華大藏經』, 北京: 中華書局, 1993年6月.

여러 귀신들로 하여금 말의 발을 끌어안고서 담을 넘어 나가 게 했다. 太子上馬欲去, 恐門有聲故, 徘徊中庭. 太子馬行, 蹄 聲常聞二十裡, 是門聲聞四十裡, 故太子不敢開門. 四天王即 使諸鬼神抱持馬足, 逾牆出城.)[10]

    간다라(犍陀羅) 부조 「유성출주(逾城出走)」에 보면 백마에 올라탄 태자가 왼손으로는 말고삐를 잡고 오른손으로는 시 무외인(施無畏印)을 하며 결연한 표정을 짓고 있다. 대역사 야 차들이 백마의 네 발을 들어 올려 태자가 담을 넘어 성을 나 가도록 도와주고 있다. 이렇게 백마는 태자를 태우고 성불의 첫 걸음을 떼게 된다.

  「유성출주」는 깨달음(悟道)에 성공하는 의미적 색채를 띠고 있다. 대 역사들이 말발을 들어 태자가 성벽을 넘게 해 주는 불가사의한 장면은 환희로 차 넘친다. 반면, 같은 날 태어나 밤낮으로 함께 지내던 백마 첩 척과의 작별은 태자가 속세에 대한 마지막 미련을 끊어내는 것으로 묘 사된다. 이 부분은 불교 이야기들 중 가장 감동적인 장면으로 꼽힌다. 태자는 굳은 결심과 웅대한 포부를 보이며 첩척을 어루만지며 슬픔을 달래준다. 백마는 "꿇어앉아 눈물을 흘리며 발을 핥는다. 물을 봐도 풀 을 봐도 먹을 념을 하지 않고 울부짖으며 헤매인다.(長跪淚出, 舐足, 見水 不飲, 得草不食, 鳴啼流涕, 徘徊不去)"[11] 간다라 부조에서 백마 첩척은 태자 의 발치에 꿇어앉아 목을 숙여 태자의 두 발에 입을 맞추고, 입술은 이

---

10   『中華大藏經』『異出菩薩本起經』, 北京: 中華書局, 1993年6月.

11   『中華大藏經』『修行本起經』, 北京: 中華書局, 1993年6月.

이미지로 읽는 고대문명

별을 슬퍼하며 애처롭게 울부
짖는 듯 약간 벌려져 있다.

돈황 막고굴 제329굴에도
석가의 '야반유성(夜半逾城)'
장면이 생동하게 묘사되어 있
다. "싯다르타 태자가 보관을
쓰고 말고삐를 부여잡고 천신
들이 말발굽을 받쳐 들고 하
늘로 날아오르려 한다. 말 앞
에는 호랑이를 탄 신선들이
길을 비켜 서있고 뒤로는 천
녀와 장사들이 호위한다. 기
악 연주 소리는 하늘에서 울
려 퍼지고 구름이 날 듯이 움
직이고 하늘꽃들이 흩날리며
선회한다. (悉達多太子戴寶冠,
乘馬握韁, 天神托馬蹄, 飛奔於空.
馬前有騎虎仙人開道, 後有天女,
力士護衛. 伎樂飛天奏樂散化, 雲
彩飛動, 天花旋轉)"[12]

'야반유성'이 있는 329굴

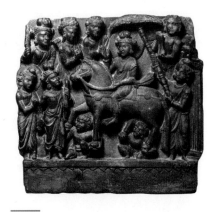

그림 7
유성출주, 간다라 부조, 2세기, 캘커타 인도 박물관

그림 8
애마와의 작별, 3세기, 베를린 아시아 예술 박물관

12   敦煌研究院:『沙漠明珠-敦煌』, 臺北:大地地理出版事業股份有限公司, 1999年4
月, 第86頁. 86쪽.

그림 9 야반유성, 막고굴 329굴, 서감정 남측, 초당

그림 10 승상입태, 막고굴 329굴, 서감정 북측, 초당

이미지로 읽는 고대문명

의 북쪽에는 석가의 어머니인 마야부인이 꿈에 보았다는 보살이 육아백상(六牙白象)을 타고 입태(入胎)하는 장면이 새겨있다. "구름같이 높이 튼 머리에 보관을 쓰고 상체를 훤히 드러낸 채 보살이 코끼리를 타고 있고 옆에는 시종들이 따라 다닌다. 코끼리의 발에는 연꽃이 매달려 있고 천인들이 이를 추켜올리며 하늘을 나는 모양을 하고 있다. 코끼리 앞에는 신선들이 안내하고 뒤에는 천인들이 호위한다. 악기를 연주하는 기녀의 무리가 하늘을 날며 음악을 연주하고 바람에 춤을 추듯 휘날리는 리본과 눈부시게 흩날리는 꽃잎들로 기쁨이 충만한 분위기를 연출한다."[13]

불교에서 백마의 '백(白)'이 나타내는 의미는 특별하다. 예를 들면 육아백상의 전설이나 보살이 입태할 때 흰 코끼리가 등장하고, 보살이 가부좌를 한 것도 하얀 연꽃이다. 이처럼 불교 교의로 봤을 때 백색은 때 묻지 않은 순결함을 상징하며 백마의 백도 당연히 이러한 의미가 깃든 것으로 볼 수 있다.

현장(玄奘)도 신비한 '용마'를 이야기한 바가 있다.

굴지국 동경성 북천사 앞에 커다란 용못이 있는데 용들이 꿈틀대며 암말과 교미하여 용망아지(龍駒)를 낳았다. 용구는 성격이 사나워 길들이기 어려우나 용구의 새끼들은 순하여 길들이기 쉬웠다. 하여 이 나라에는 좋은 말이 많이 났다. ((屈支)国东境城北天祠前有大龙池, 诸龙易形, 交合牝马, 遂生龙

---

13   敦煌研究院:『沙漠明珠 - 敦煌』臺北: 大地地理出版事業股份有限公司, 1999年 4月, 87쪽.

駒, 桄戾难驯. 龙驹之子, 方乃驯驾. 所以此国多出善马.)[14]

　용구는 대부분 말의 형태로 나타났으며 모두 좋은 말이
었다. '용고전설(龍鼓傳說)'은 『대당서역기』에서 가장 감동적
인 백마 이야기로 꼽힌다.

　전하는 말에, 구사단나(瞿薩旦那)국의 왕성 동남쪽에 큰 강이 있었는
데, 강은 사람들의 젖줄이나 다름없는 수원지였다. 그런데 어느 날 갑
자기 그 강이 흐름을 멈추고 만다. 국왕은 나한승(羅漢僧)이 시키는 대
로 급히 하룡(河龍)에게 제사를 지냈다. 제사가 끝나기 바쁘게 어떤 여
자가 파도를 타고 다가오더니 국왕을 향해 말하기를 "폐하께서 귀한 대
신을 간택하여 나의 배우자로 삼게 해 준다면 강물은 다시 옛날처럼 흘
러 넘칠 것이옵니다!" 하였다. 왕은 용녀의 부탁을 들어 주려 하였으나
결정이 쉽지 않았다. 그는 신하들에게 "대신은 나라의 중임을 떠맡은
사람이고 경작은 백성들의 목숨이 달려있는 것이다. 나라가 대신을 잃
는다면 위험에 빠질 것이고 백성들은 먹을 것이 없으면 목숨을 잃을 것
이다. 위험과 죽음 어느 것을 택해야 하는가"라고 물었다. 이때 용녀가
마음에 둔 대신이 앞으로 나가더니 무릎을 꿇고 아뢰기를 "소인은 오랫
동안 자리만 차지하고 국록을 축내면서 소임을 다하지 못했습니다. 그
동안 나라를 위한 일을 하고 싶었는데 기회가 없었습니다. 이렇게 선택
을 받았는데 어찌 중임을 피하겠습니까. 백성을 위한 일이라면 한갓 대
신을 생각할 필요는 없습니다. 대신은 나라의 조력자이지만 백성은 나

14　[唐]玄奘:『大唐西域記』, 董志翹譯注, 北京: 中華書局, 2012年1月, 36쪽.

이미지로 읽는 고대문명

라의 근본입니다. 부디 폐하께서 망설이지 마시기를 간청하옵니다."라고 하였고 왕은 대신의 청을 들어 주었다.

작별하는 날, "소복을 입고 백마를 탄 대신은 왕과 작별을 고하고 국인을 향해 예를 올리고 궁을 떠났다. 그가 말을 타고 입수하는데 물에 빠지지 않고 강 중간까지 슥 미끌어 갔고 채찍을 휘둘려 수면에 그림을 그리자 물이 두 쪽으로 갈라지면서 사람이 깜쪽같이 사라지고 말았다. 잠시 후 백마가 수면 위로 오르는데 등에는 대고와 편지를 지고 있었다.(其臣乃衣素服,乘白馬,與王辭訣,敬謝國人. 驅馬入河,履水不溺,濟乎中流,麾鞭畫水,水為中開,自茲沒矣. 頃之,白馬浮出,負一梅植大鼓,封一函書.)" 백마가 지고 온 편지에는 대신이 왕에게 전하는 말이 적혔는데 대고를 도성 동남쪽에 걸어 놓으면 외적 침입 시 북이 크게 울릴 것이라 하였다. 그 후 강물은 다시 흘러 넘쳤고 백성들은 오늘까지도 혜택을 누리게 되었다고 한다.

이야기에서 용녀의 부군이 탄 말이 백마였다는 것, 강에 들어가도 침수하지 하지 않고 채찍으로 수면에 그림을 그리니 물이 두 쪽으로 갈라진 것, 대고와 편지를 지고 수면 위로 올라와 소식을 전했다는 이 모든 것은 신기하기 그지없다.

'용고전설'에 나오는 '백마전신(白馬傳信)'은 중국의 '용마부하도(龍馬負河圖)' 전설과 매우 흡사하다. 중국에서 말의 비범함은 유래가 깊다. 용을 신성한 영령으로, 자신을 '용의 후예'로 여기는 중국인들은 말을 용성(龍性)을 띠는 동물로 간주한다. 『주례(周禮)』에서는 "말이 팔척 이상이면 용이다(馬八尺以上為龍)"라고 하고 『산해경(山海經)』에서는 "말은 실은 용의 정(精)이다.(馬實龍精)"라고 하였다. 중국에서 가장 심오한 전기서(傳奇書)인 『역경(易經)』 또한 용마가 지고 나왔다는 '하도(河圖)'에서

제7장 백마가 불경을 지고 오다(白馬馱經)

시작된다. 『상서(尙書)』에는 "용마가 황하에서 그림을 등에 지고 출현하였다(負圖而出)"는 이야기가 나온다. 이게 바로 「하도낙서(河圖洛書)」의 '하도(河圖)'인데 거기에 보면 용마의 몸털 무늬가 "일과 육이 아래에 있고(一六居下), 이와 칠이 위에 있고(二七居上), 삼과 팔이 좌측에 있고(三八居左), 사와 구가 우측에 있고(四九居右), 오십이 중앙에 있는(五十居中)"의 도형으로 나온다.

복희씨는 하도에 근거하여 「팔괘(八卦)」를 그려냈고 주문왕(周文王)은 팔괘에서 64괘, 384괘를 만들면서 천고에 유명한 기서(奇書)인 『주역(周易)』을 탄생시켰다. 용이되 말의 모양을 하고 말이되 용의 성미를 지닌다는 것은 『주역』 64괘의 첫 번 째 괘인 「건괘(乾卦)」의 해석과 맞아떨어진다. "하늘의 운행이 굳세니, 군자도 이를 본받아 쉼 없이 노력하지 않으면 안 된다.(天行健, 君子以自强不息)", 자강불식의 용마정신은 중화 문화 중 가장 높이 칭송되며 변함없이 보존해 온 귀중한 자산이다.

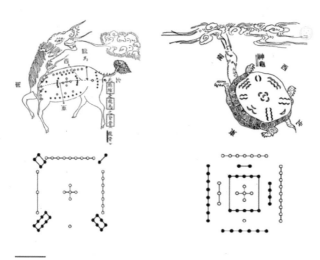

그림 11 용마 하도와 신귀 낙서

이미지로 읽는 고대문명

그림 12 녹왕본생(부분), 벽화, 돈황 막고굴 (북위 제257굴)

　당현장이 서천에 가서 불경을 구해 오는 것을 모티브로 창작된 『서유기(西遊記)』에서 당승의 애마는 백마이며 아예 용왕의 셋째 태자 소백룡(小白龍)의 화신이라고 나온다. 이것은 현장이 쓴 용마 이야기의 영향을 받은 게 아닌가 싶다. 아니면 굴지국의 용마전설들은 워낙 기이하고 종잡을 수 없는 것이 많아서일 수도 있다. 그러나, 현장이 『대당서유기(大唐西遊記)』의 서문에서 자신이 직접 겪은 일에 대해 기술한 내용을 보면 그렇게 감동적일 수 없다.

　현장은 길고 험한 취경길에서 "목숨을 잃을 뻔했던 적이 수없이 많았으나 노마의 덕에 물을 찾아 마시며 목숨을 건질 수 있었다.(曾遇險幾乎喪生, 賴老馬識途, 得水泉而活)"고 회상하였다. 준마는 불경을 지고 왔을 뿐만 아니라 길을 안내하고 주인을 지켜준 것이다. 승려나 불법의 연원과의 인연을 놓고 보면 말은 다른 어떤 동물과도 비견될 수 없는 대상이다.

　중국 제자백가 시대에 제기된 '백마비마(白馬非馬:백마는 말이 아니다)'론은 불교 고사에서 나온 말은 아니다. 그러나, 공손룡(公孫龍)이 제기한 명(名)과 상(相)의 상호 부합, 소외(疎外), 넘침에 관한 해석은 백마사의 백마라는 이름이 갖는 복잡다단한 뜻과는 매우 잘 맞아 떨어진다. 불교가 동토 중국에 다다른 최초의 절로서, 백마라는 이름은 중국과 인도의 문화, 서쪽에서 온 불법과 동토(東土)의 고예(古詣)가 조용히 일치하여 함께 나타난 것이다. 백마는 단순히 유정(有情) 생명체임과 동시에 아름다운 기탁이 부여된 의념적 존재다. 백마비마, 이는 명확한 지향성을 띤 형상이고 기호로서 여기에는 변화와 발전을 추구하고 자기 초월을 꿈꾸는 인간의 기대가 서려있다. 불교에서 중시하는 '인연의 기원'으로 말하면 '백마사'의 백마는 백마가 아닌, 절이지만 그 절이 아니었던 것이다. 이 모든 것은 전부 '인연에 의한 차용'으로 볼 수 있다. 이렇게 붙여진 '백마사'의 이름은 불교에서 말하는 '비유설법(譬喩說法)'이나 '방편개시(方便開示)'의 계오법(啓悟法)과도 잘 들어 맞다. 백마사는 얼핏 보면 쉽게 붙여진 것 같지만 깊은 속뜻을 함축적으로 담아내는 방법으로 온화하고 차분하게 자신의 사명을 다했다.

사십이장경(四十二章經)

백마사가 '영평구법'의 결실이라면 『사십이장경』은 백마사의 첫 성적표라 할 수 있다. 섭마등과 축법란은 낙양 백마사에서 중국 불교사상 최초의 불경인 『사십이장경』을 번역해 냈다.

『사십이장경』은 과연 어떤 경서인가?

부처님께서 여러 제자에게 물으시되, "무상이란 무엇인가?"

한 제자가 답하기를, "하루도 보장할 수 없는 것을 무상이라 합니다."

부처님께서 말씀하시기를, "너는 불제자가 아니구나."

다시 한 제자가 답하기를, "한 식경을 보장할 수 없는 것을 무상이라 합니다."

부처님께서 또 말씀하시기를, "너는 불제자가 아니구나."

한 제자가 답하기를, "호흡을 반복할 수 없으면 후세의 것이 되는 것을 무상이라 합니다."

이에 부처님이 말씀하기를, "너야말로 진정한 불제자구나."

(佛問諸弟子: "何謂無常？"

一人曰: "一日不可保, 是為無常."

佛言: "非佛弟子."

一人曰: "食頃不可保, 是為無常."

佛言: "非佛弟子."

一人曰: "出息不報, 便就後世, 是為無常."

佛言: "真佛弟子.")

—서진(西晉) 극초(郄超) 「봉법요(奉法要)」에서
『사십이장경』을 인용

부처님께서 여러 사문에게 물으시되, "사람의 목숨이 얼마 사이에 있느냐?"

한 자가 대답하되, "수일 사이에 있나이다."

부처님께서 말씀하시되, "너는 도가 능하지 못하구나."

다시 다른 사문에게 물으시니 그 자가 대답하되, "밥 먹는

제7장 백마가 불경을 지고 오다(白馬馱經)

사이에 있나이다."

부처님께서 말씀하시되, "가라, 너도 도가 능하지 못하다."

다시 다른 사문에게 물으시니 그 자가 대답하되, "숨을 내쉬고 들이쉬는 사이에 있나이다."

부처님께서 말씀하시되, "훌륭하도다. 너는 도를 안다고 할 만하구나."

(佛問諸沙門: "人命在幾間?" 對曰: "在數日間."

佛言: "子未能為道."

複問一沙門: "人命在幾間?"

對曰: "在飯食間."

"去, 子未能為道."

複問一沙門: "人命在幾間?"

對曰: "在呼吸間."

佛言: "善哉, 子可謂為道者矣.")

—고려본 『사십이장경』

이것은 『사십이장경』의 두 가지 역본에 나오는 '무상'에 관한 대화다. 한 토막의 대화만 놓고 『사십이장경』을 간파한다는 것은 불가능한 일이다.

섭마등과 축법란이 낙양에 와서 번역한 불경은 대부분 산실되고 백마가 지고 온 이 『사십이장경』만 지금까지 전해져왔다. 그러나 영평년 백마사 한역본에만 의거하여 『사십이장경』을 풀이할 수도 없는 노릇이다. 왜냐하면 『사십이장경』은 한진(漢晉) 시기만 해도 역본이 여러 개 나왔고 그 후에도 십여 종의 판본이 나왔기 때문이다. 판본이 많다는 점 또한 『사십이장경』이 그동안 얼마나 우러러 받들여 졌는지 말해준다.

이미지로 읽는 고대문명

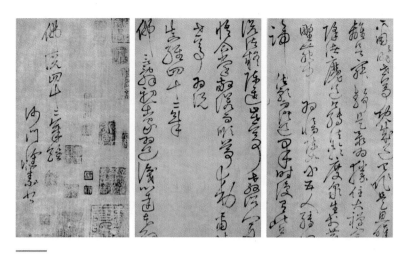

그림 13 당 회소(懷素), 초서 「사십이장경」(일부)

    섭마등과 축법란이 공역한 『사십이장경』은 처음에는 여러 경서를 취합한 것이었다. 이 경의 여러 장(章)은 팔리어 불전이나 한역 불전에서도 찾아 볼 수 있는데, 비교적 간략하다. 서로 다른 각종 판본의 『사십이장경』은 문자의 차이가 많은데, 송진종(宋眞宗) 주본(注本), 송수수(宋守遂) 주본 3대의 계열로 분류된다.

    『사십이장경』은 팔리어나 한역 불전에서는 거의 소승(小乘)의 형식으로 나온다. 경문은 노자나 장자의 도리만큼 심오하지는 않지만 수수하고 질박하게 풀어낸 것이 특징이다. 이 점은 한나라 때 유행했던 도술(道術)과도 꽤 상통한다. 서래불법이 한대(漢代)에서는 도술의 지류라 불려질 정도였다. 이렇게 『사십이장경』은 중국 본토 문화에서 도술의 근맥과 인맥을 빌려 아무런 저항이 없이 그 시대 가장 유행한 수행 경전이 되었다. 비록 훗날 중국에서 더욱 널리 받아들여지고 신봉된 것은 대승불교(大乘佛敎)지만, 소승불법(小乘佛法)을 주요 내용으로 하는 『사십이장경』은 불법동전(佛法東傳)의 첫 번째 완전한 불경이라는 점에 있어서는 중국－인도 문화 소통의 시작을 알리는 대체불가의 좌표가 된다.

그 후『사십이장경』은 전파 과정에서 중국 본토 문화나 대승 교의가 부단히 가미되었는데 선종(禪宗)은 이 점을 중히 여겨 송수수(宋守遂) 주본을 정종으로 삼았다. "가섭과 축법이 번역하고 나서, 지원이 훈을 달고, 낙언이 마지막에 서문을 썼다(迦葉竺法譯于前, 智圓訓于中, 駱偘序於後.)". 이것은 현재 항주(杭州) 육합탑에 소장되어 있는, 송나라 소흥(紹興) 29년 석각『사십이장경』말미에 서촉(西蜀) 무굉(武翃)의 발문으로 나오는 말이다. 그 속에서 언급된 지원(智圓)은『사십이장경』주(注)의 서문에서 "옛날 능인씨(能仁氏)[15]가 천하의 왕노릇을 할 때, 상 없는 상을 형상화하고 말없는 말을 말하여, 군생(群生)의 성(性)을 회복하였다(古者能仁氏之王天下也, 象無象之象, 言無言之言, 以複群生之性.)" 고 말하였다. 수수본의 "말 없는 말"을 인용하였는데, 여기에서『사십이장경』이 분명 선종(선종)이 전한 판본임을 알 수 있다. 그 밖에 무굉은 발문에서『사십이장경』은『태역(太易)』,『노자(老子)』,『장자(莊子)』와 서로 표리관계를 이룬다고 하였으니, 수수본은 대승 교의 뿐만 아니라 중국 본토 사상인 노장(老莊)의 현리(玄理)까지도 녹아 있었음을 알 수 있다.[16]

스스로 깨닫고 스스로 헤아릴 것을 권하는 소승불법에 비해 중생을 널리 제도(濟度)하는 대승불법은 "무위이무불위(無為而無不為: 하지 않되 하지 못하는 일이 없는)"의 중국 도가, "이천하위기임(以天下為己任: 천하를 자신의 소임으로 생각하는)" 하는 중국 유가 사상과 상통하는 부분이 더 많

---

15   석가모니 부처를 말한다. - 역자주

16   湯用彤:『漢魏兩晉南北朝佛教史』, 北京: 商務印書館, 2015年12月, 37쪽.

이미지로 읽는 고대문명

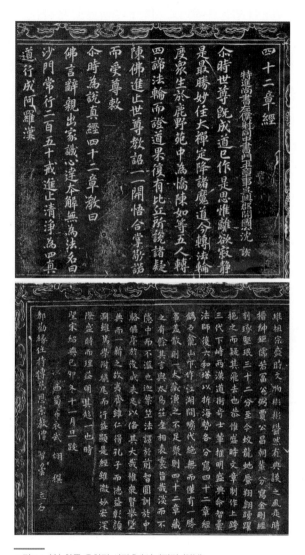

그림 14 (송) 항주 육합탑 석각 「사십이장경」(일부)

제7장 백마가 불경을 지고 오다(白馬馱經)

고 보다 친민적이고 보편성을 띤다. '영평구법'으로부터 500여 년이 지나 당나라 현장이 법을 구하려고 서행을 결심했을 때 마음에 새긴 것은 대승불법이었고 그가 창립한 법상종(法相宗)도 대승과 맥을 같이 한다.

도를 얻는 경로로 볼 때, 소승불법은 홀로 고행해야만 이룬다고 하지만 대승불법은 보시(布施)도 수행 행위에 포함시킨다. 이는 법문을 크게 열어 놓고 더 많은 사람들, 특히는 상인들도 불법에 기대 덕을 쌓고 속죄함으로써 해탈의 경지에 이르게 하였다. 법을 전파하는 방식으로 볼 때 대승불법은 무역과 서로 협력함으로써 법이 상로를 따라 더욱 멀고 넓게 전파될 수 있었다. 역사가 유구한 실크로드는 통상의 길일 뿐만 아니라 홍법(弘法)의 길이요, 실크로드 주변 나라들의 문화가 교류하고 소통하고 융합하는 길이 되었던 것이다.

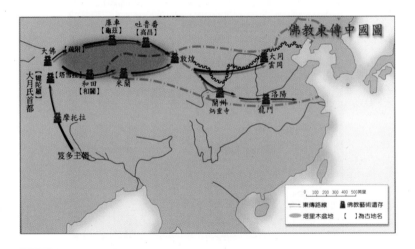

그림 15 불교 동전도(東傳圖)17

17　敦煌研究院 『沙漠明珠 - 敦煌』25쪽에서 발췌. 臺北: 大地地理出版事業股份有限公司, 1999年4月.

이미지로 읽는 고대문명

홍법의 길과 실크로드

那先問王: "王本生何國?"
王言: "我本生大秦國, 國名阿荔散."
那先問王: "阿荔散去是間幾里?"
王言: "去二千由旬合八萬里."[18]

역문:
나선이 묻기를, "대왕님은 고향이 어디십니까?"
왕이 답했다. "나는 본래 대진국에서 태어났고, 나라 이름
은 아려산이다."
나선이 또 왕에게 묻기를, "아려산은 여기서 얼마나 멉니
까?"
왕이 답했다. "2천 유순, 8만 리나 된다."

이는 『나선비구경(那先比丘經)』에 나오는 미란타왕과 나선(Nagasena)
고승의 대화이다. 미란타왕(메난드로스1세. 기원전165/155~기원후130년 재
위)은 서북인도의 인도—그리스 왕국 국왕으로서 재위 기간 나라가 번
창하였다. 미란타왕은 불교를 숭상하여 인도 마우리아 왕조의 아쇼카
왕(阿育王), 쿠샨 왕조의 카니슈카왕과 함께 3대 불교 호법(護法) 명왕
으로 칭송된다. 한역된 불전 『나선비구경』(남전소부경전(南傳小部經典)인
『미란타왕문경(彌蘭陀王問經)』)은 미란타왕이 고승 나선에게 도를 묻는
일문일답 형식으로 연기(緣起), 무아(無我), 윤회(輪回), 열반(涅槃) 등 불

---

18   『中華大藏經』, 『那先比丘經』, (北京): 中華書局, 1993年6月.

교의 중요한 내용에 깊은 지혜가 담겨 있다.

분명히, 이 문답은 결코 불교의 핵심 개념을 언급하지 않고, 그저 『나선비구경』에서 논술한 고묘(高妙)한 불법의 중요 장면에 대해서만 묻고 답하고 있다. 그러나 단순하고 일상적인 대화인 듯 보이는 이 속에 오늘날 우리에게 필요한 많은 정보가 들어 있다.

첫째, 일반적으로 질문자가 상위(上位), 주위(主位)에 놓이는데 질문을 하는 사람이 나선이라는 점은 승려가 이 상위에 있다는 것을 알게 해 준다.

둘째, 묻는 내용 즉 "어디서 오셨습니까?", "고향이 어디십니까?"라는 질문은 편하고 친절하다. 이는 초면에 누구나 우호적으로 할 수 있는 질문으로서 승려와 왕이 매우 호의적이라는 것을 알게 해 준다.

셋째, '대진국'이나 '아려산'이 등장한다. 한나라 때 로마는 '대진'으로 불렸고 '아려산'은 'Alexandria'의 음역일 가능성이 높다. 이로써 서북 인도에 진입하여 왕이 된 박트리아(大夏國) 미란타왕은 그리스—로마 출신임을 알 수 있다.

넷째, 유순(由旬)은 고대 인도의 길이 단위이다. 1유순에 대해 소가 하루를 걷는 거리에 해당한다는 사람이 있는가 하면 제왕의 하루 행군 거리라고 하는 사람도 있다. 소가 하루에 걷는 거리와 제왕의 하루 행군 거리가 대체 얼마인지는 가늠하기 어렵다. 그러나 이 대화에 비춰보면 1유순은 40리 정도 된다는 것을 바로 알 수 있다. 그러니 8만 리라는 거리는 미란타왕이 고향에서부터 얼마나 많은 산을 넘고 물을 건너며 찾아온 것인지 짐작하게 한다.

이미지로 읽는 고대문명

그림 16 메난드로스 금속화폐, 좌측에 새겨진 문자: '홍법대왕미란(弘法大王彌蘭)', 오른쪽은 화폐의 양면으로서 한 면은 윤보(輪寶), 다른 한 면은 종려잎.(대영박물관 소장)

　　메난드로스 화폐에는 '홍법대왕미란'이라는 글자와 함께 메난드로스 1세의 초상이 새겨진 것도 있고 동방 전통의 윤보(輪寶)가 새겨진 것도 있다. 이는 국왕이 불교를 받아들였다는 것을 알게 해준다. 다른 한 면에는 그리스 문명에서 비롯된 종려잎이 새겨져 있다.

　　쿠샨 왕조의 창건자인 쿠줄라왕 화폐에는 한 면은 그리스 문자로 '국왕 헤르마이오스, 구세주'라는 글자가, 다른 면에는 횡문자(橫文字)로 '카드피세스, 쿠샨의 흡후(翕侯), 정법의 독실한 추종자'라고 적혀 있다. 어떤 학자들은 카드피세스 화폐에 나타난 가부좌를 틀고 있는 인물 형상은 최초의 불타상 중 하나였을 것이라 추정한다. 옛날 동전들에 새겨진 장식 무늬들은 당시 불교의 번영 양상을 보여 줄 뿐 만 아니라 동서양 문화의 융합이 이미 상당히 높은 수준에 이르렀다는 것을 말해 주기도 한다.

그림 17 쿠줄라왕 금속 화폐. 좌측 화폐에 새겨진 문자: '국왕 헤르마이오스, 구세주'. 가운데 화폐에 새겨진 문자: '카드피세스, 쿠샨의 흡후, 정법의 독실한 추정자'. 우측 화폐 그림: 가부좌를 튼 불타상.(대영박물관 소장)

"去二千由旬合八萬里(2천 유순, 8만 리나 된다.)"에서 언급된 8만 리는 교통이 발달한 지금으로 봐도 상당히 먼 거리다. 고대 그리스에서 고대 인도까지, 로마에서 박트리아까지, 고대 문명은 경문을 통해 아득히 먼 거리를 뛰어넘으며 서로 이어졌다. 한역 『나선비구경』이나 팔리어 『미란문경(彌蘭問經)』을 통해 동토 중국과 그리스·로마, 인도·박트리아도 다른 언어로 같은 불교 이야기를 주고 받으며 연결되었다.

미란타왕이 고대 그리스의 기품과 로마의 온기를 지니고 고향에서 수만 리나 떨어진 동양까지 와서 나선 비구와 불법을 의논하고 있을 무렵, 또 한 갈래의 길이 그의 고향을 향해 아득히 뻗어가고 있었다. 동으로 장안(長安)에서 시작하여 곤륜산(崑崙山)을 지나고 총령(葱嶺)을 넘어 대완(大宛), 강거(康居), 대월지(大月氏), 안식(安息), 조지(條支)를 거쳐 미란타왕의 고향인 로마 제국에까지 닿았다. 이것이 바로 유서깊은 실크로드이다. 이 고도(古道)는 유라시아 대륙을 뛰어 넘어 중국, 인도, 페르시아, 아랍, 고대 그리스, 고대 로마 문명을 융합시켰다.

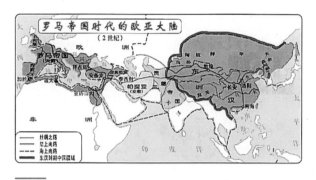

그림 18 로마 시대의 유라시아 대륙

미란타왕의 고향인 고대 로마에서 중국은 '세레스(Seres)'로 불렸다. 이 말은 '비단의 나라'라는 뜻이다. 한번은 율리우스 케사르가 중국 비단으로 만든 두루마기를 입고 연극을 보러 갔는데 장내 사람들의 부러움을 한몸에 받았고 관중들은 앞다투어 화려한 두루마기에 관심을 보였다고 한다. 당시 로마 시장에서 비단 가격은 1파운드 당 약 12냥의 황금으로까지 올라 이로 인해 제국의 황금이 대량 유출되는 사태가 발생했다. 로마 원로원(元老院)에서는 어쩔 수 없이 비단 옷 금지령까지 내렸다고 한다. 고대 로마 시기 한 서양 작가는 "세레스국 사람들이 만든 귀한 꽃비단은 재질이 거미줄마냥 가늘고 부드럽고, 빛깔은 들꽃마냥 아름답다."고 중국 비단에 대해 묘사한 바가 있다.

미란타 1세 무렵, 대승불교는 교의를 일부 수정하였다. 소승에서 말하는 개인의 고행은 해탈에 이르는 유일한 경로가 아니며 경건한 보시와 예배를 통해서도 공덕을 쌓을 수 있다고 했다. 이런 수정을 통해 불교는 포용 범위를 넓힘으로써 실크로드 선상의 여러 민족들의 신앙 수요를 충족시켰다. 뿐만 아니라 불교로부터 배척되거나 외면당했던 상공업자들의 폭넓은 지지까지 얻게 되었다. 이로써 실크로드에 의한 불교의 광범위한 전파는 토대가 마련되었고 더불어 불교 전파에 지속적이고 유력한 경제적 지원까지 몰고 왔다. 실크로드가 무역의 길이라는 것은 의심할 나위가 없지만 그게 다가 아니라는 사실 또한 분명해 진다. 옛날 화폐상에 새겨진 이미지와 장식들은 당시 실크로드가 얼마나 대단했는지 말해준다.

화폐의 유통 여부 및 그것이 어디에서, 또는 어디까지 파급되는지는 어떤 정권 세력의 속성을 드러내게 되어 있다. 주조 또는 화폐에 새겨지는 불교 이미지나 호법 격언에도 카드피세스, 카니슈카, 미란타왕 및 그들 왕조의 불교에 대한 신앙심이 확연히 드러나 있다. 상업적 무역에서, 상업적 무역 사이에서, 상업적 무역의 심층에서, 더 강력한 어떤 존재들이 부딪치고 교류하고 융합하고 있었다-경제와 정치가 뒤엉키고, 정신은 끊임없이 귀의처를 찾고 있었으며, 문화는 탐구와 사랑의 토양을 시종 넓혀가고 있었다.

'일단화기'를 왕성케 하고,' 삼교구류'를 통합하라(讓 '一團和氣' 合 '三敎九流')

마음의 길이 도로가 되고, 말로만 듣던 일들이 눈앞에서 펼쳐지고, 비단을 나르던 길이 불교를 알리는 길로 되고, 오며가며 없던 길도 생겨났다. 사람들은 불교 고사, 부처 형상을 오묘한 경전을 통해서만 알

이미지로 읽는 고대문명

수 있었던 것이 아니라 희문낙견(喜聞樂見)의 형식으로 서로 전하며 불교는 중국 대지에 널리 퍼지게 되었다. 전하는 바로 항저우 영은사(靈隱寺)의 비래봉(飛來峰)에도 '인도 혈통'이 묻어 있고 '영은(靈隱)'이라는 이름 역시 이 봉우리에서 따온 것이라 한다.

진나라 때 천축의 승려 혜리(慧理)가 천하를 떠돌다가 항저우 무림산(武林山)을 지나게 되었다. 그는 한 봉우리를 보고 "이것은 분명 천축국의 영취산(靈鷲山) 작은 봉우리인데 어찌하여 여기까지 날아오게 된 것인가? 부처님이 살아 계실 때 많은 선령들이 이 봉우리에 은거하지 않았던가!"라며 감탄을 금치 못했다. 혜리는 이 곳에 절을 세우고 산 이름은 '천축', 봉우리는 '비래', 이 지역은 '영은'이라 명하였다. 이 뿐만 아니라 당현장도 『대당서역기』에서 서역으로 가는 길과 인도에서 있은 여러 이야기에서 '비래영산(飛來靈山)'을 언급했다. 아마 불도들은 불법은 대단한 신통력으로 대천세계를 비추는 것이라 생각하기에 산을 옮기고 바다를 갈아 바꾸는 것도 어려운 일이 아니라고 여긴 모양이다.

사실상 봉우리가 '날다(會飛)'라는 말은 중국 고서에도 나온다. 장자가 말하기를 "어떤 자가 골짜기에 배를 숨기고, 산을 늪에 감추고는 아무도 모를 것이라 여겼는데 한밤중에 어떤 힘이 센 자가 나타나 그것을 등에 지고 달아났고 잠이 든 자들은 아무도 이를 알지 못했다.(夫藏舟于壑, 藏山于澤, 謂之固矣. 然而夜半有力者負之而走, 昧者不知也.)" 하였다. 뜻인즉, 야심한 밤에 출현한 대역사(大力士)가 산을 지고 갔고 깊이 잠든 사람들은 이를 전혀 알아채지 못했다는 것이다.[19]

부처와 조물신은 모두 산을 옮기고 바다를 갈아엎는 힘을 갖는다고

---

19   陳鼓應: 『莊子今注今譯』, 北京: 中華書局, 1983年4月, 184쪽.

여겨졌다. 흥미롭게도 여기에서도 불교와 도교는 서로 융합하며 뜻이 통한다는 점이 발견된다. 그 후, 송유(宋儒) 소식(蘇軾)이 쓴 "此心安处是吾乡(마음이 편안한 곳이 내 고향이어라)"[20]라는 시구나 명유(明儒) 왕양명(王陽明)의 심학(心學)에 나오는 '산중화개(山中花開)'[21]에서도 보여 지듯이 당시 유생들은 도교나 불교도 함께 알아 갔고 불법은 애초부터 도가와 유가와 상통하였으며 그렇게 점차 중국 지혜에 융합되었다는 것을 알 수 있다.

눈에 들어 온 것은 마음으로 보인다고 하였듯이, 마음속에 부처가 있으면 눈앞에 부처만 보이고 마음속에 영산을 두었으니 영산이 보였을 것이다. 그러니 '영은(靈隱)'이 '영취(靈鷲)'를 몰고 온 것이 아니겠는가.

불교가 유교와 도교와 상호 융합되고 상통한 역사는 꽤 유구하다. 『구당서(舊唐書)』에 보면 당현장이 노자의 『도덕경(道德經)』을 범어로 번역하여 인도에 전했다고 나온다. 유교, 도교, 불교 간의 개방적이고 포용적인 태도 및 그들 서로의 내재된 의미 투합이 있었기에 유학이나 도가 사상이 이미 깊이 뿌리 내렸던 당시 상황에서도 불교가 중국인들에게 저항 없이 받아들여 질 수 있었을 것이다.

불교에서 말하는 핵심 개념인 '윤회(輪回)'와 '무상(無常)'에 대해 살펴보자. 전자는 세상 모든 것은 '성(成)·주(住)·괴(壞)·공(空)'이라는 규칙을 따르며 이것은 인간의 '생(生)·노(老)·병(病)·사(死)'와 대응한다고 말한다. 후자는 세상은 원래 끊임없이 변하며 고정된 형태가 없다는 것으로서 '무상' 본상을 이야기하고 있다. 이는 유교와 도교에 나오는 "하

20　[宋]蘇軾:『定風波·南海歸贈王定國侍人寓娘』, 上海: 上海古籍出版社: 2020年 4月, 295쪽.

21　[明]王陽明:『傳習錄』, 費勇譯, 西安: 三秦出版社, 2018年7月, 203쪽.

그림 19
(명) 주견심, 「일단화기도」, 북경 고궁박물관 소장

늘에는 변함없는 자연의 법칙이 있다.(天行有常)", "도는 항상 하는 일이 없으나 하지 않는 일도 없으되……만물은 스스로 자라날 것이다.(道常無為而無不為……萬物將自化)", "섞여서 흐릿한 무엇이 있었는데, 이것은 천지가 생겨나기 전부터 있었다. 소리도 없고 형체도 없이 무엇에 의존하지도 변하지도 아니하고, 두루 편만하여 계속 돌고 돌지만 없어질 위험은 없도다(有物混成, 先天地生, 寂兮寥兮, 獨立而不改, 周行而不殆.)"라는 사상과 상당히 많은 공통성을 보인다. 불교의 교의와 중국 본토 사상은 경이로울 만큼 서로 공통성을 지니며 동시에 인류와 세계의 영원한 진리에 대한 공동의 신앙과 추구를 갖고 있었던 것이다.

이는 북경 고궁박물관에 소장되어 있는 명헌종(明憲宗) 주견심(朱見深)이 그린 「일단화기도(一團和氣圖)」이다.

서기 1465년, 주견심은 왕위에 오르고 연호를 '성화(成化)'라 고쳤다. 그때 그의 나이는 20살이 채 안 됐지만 즉위 초, 즉 성화 원년에 벌써 이 대단한 그림을 직접 완성하였다. 이 그림은 구상이 독특하고 화면 구도가 절묘하여 얼핏 보면 한 사람이지만 자세히 보면 세 사람이 서로 안고 마주 보며 웃는 그림이다. 왼쪽에 선 사람은 도관(道冠)을 쓰고 오른 쪽에 있는 사람은 유건(儒巾)을 두르고 있다. 두 사람은 경서를 들고 서로 마주 보고 웃고 있다. 세 번째 사람은 두 사람의 어깨에 손을 올리고 체도(剃度)한 채 손에는 염주를 들고 있는 것으로 보아 불도가 틀림없다. 주견심의 『어제일단화기도찬(御製一團和氣圖贊)』에 나온 내용에 따르면 그는 '호계삼소(虎溪三笑)'라는 불교 이야기에서 감명을 받고 이 그림을 그렸다고 한다.

'호계삼소'라는 고사는 당나라 때부터 전해지기 시작했다. 『대송승사략(大宋僧史略)』, 『불조통기(佛祖統紀)』, 『석씨통감(釋氏通鑒)』등 여러 불교 서적에 기재되며 송대에 이르러서는 이공린(李公麟)이 최초로 「삼소도(三笑圖)」라는 그림을 그려냈고 지원(智圓) 스님이 도찬(圖讚)을 달아주면서 대대로 전해지는 미담이 되었다. 그 후 「호계삼소」를 소재로 한 각종 예술 작품들이 잇따라 나타났는데 일본에서도 가마쿠라 시대 후반부터 이런 장르의 그림 작품들이 유행하였다.

「호계삼소」란 어떤 이야기인가?

동진 때, 고승 혜원(慧遠)이 여산(廬山) 동림사(東林寺)에서 불법 연구에 전념하기 위해 스스로 서약하기를, 호계를 경계로 "내 그림자는 대문 밖에 나가지 않을 것이고 발자국은 속세에 들여놓지 않겠다. 손님을 배웅하더라도 호계를 넘지 않으려 한다(影不出戶, 跡不入俗, 送客不過虎溪)"고 하였다. 그러던 어느날 시인 도연명(陶淵明)과 도사 육수정(陸修

이미지로 읽는 고대문명

그림 20 (남송), 「호계삼소도」 타이베이, 고궁박물관 소장

靜)이 이곳을 방문하여 세 사람은 환담을 나누게 되었다. 혜원은 그들을 배웅하며 이야기를 나누다가 그만 도취되어 자기도 모르는 새 호계를 지나치고 말았다. 그때 갑자기 밀림 속에서 호랑이 울음소리가 들려와서 보니 호계 경계를 넘어와 있었다는 것이다. 세 사람은 서로 마주보며 호탕하게 웃고 이별을 고했다고 한다. 훗날 사람들은 그들이 작별한 곳에 '삼소정(三笑亭)'을 지었다. 삼소정에는 다음과 같은 대련(對聯)이 있다. "다리는 호계를 넘고 삼교는 세 갈래 근원이 되었으며 세 사람은 담소를 나누었다. 가람에 연꽃이 피었으니 꽃 하나가 하나의 세상이요, 잎 하나가 부처님 한 분이구나.(橋跨虎溪, 三教三源流, 三人三笑語; 蓮開僧舍, 一花一世界, 一葉一如來)"

'호계삼소' 고사는 허구일 수도 있지만 당시 삼교 화합의 추세와 염원을 반영한 것은 틀림이 없으며 후세 사람들은 이를 삼교 화합의 상징으로 삼았다.

제7장 백마가 불경을 지고 오다(白馬馱經)

주견심은 바로 '호계삼소'의 의미에 의거하여 「일단화기도」를 완성하였던 것이다. 그림에서 도연명, 육수정, 혜원 세 사람은 서로 껴안고 웃으며 '삼교 화합'의 염원을 표현하였다. 이 그림의 「도찬(圖讚)」에 적힌 "세상 사람들은 태어나면 똑같이 하늘을 이고 땅을 밟으며 같은 기운을 부여 받을제 어찌 서로 다르다고 하겠는가?…… 세 사람이 하나 되고 한 마음이 되었으니 피차의 시비는 잊고 화기로움을 왕성케 하라.(世人之有生, 並戴天而履地, 既均稟以同賦, 何彼殊而此異 ?……合三人以為一, 達一心之無二, 忘彼此之是非, 藹一團之和氣)", "세 사람이 합쳐 마음이 하나 되었으니 피차를 잊는다(合三人, 達一心, 忘彼此)"과 같이 화목에 대한 염원은 성화제의 이 그림에서 여실히 드러났다.

서기 1565년(명 가정 44년), 「일단화기도」가 세상에 나온 지 꼭 100년이 되던 해,「혼원삼교구류도찬(混元三敎九流圖贊)」이라는 크고 웅장한 비석이 유명한 불교 성지인 소림사에 우뚝 세워졌다. 도찬비 가운데는 석가, 공자, 노자 세 성인의 합체상이 그려져 있는데 왼쪽은 노자, 오른 쪽은 공자, 둘은 몸을 돌려 마주 앉아 유교와 도교를 의논하며 부처 석가모니의 정면과 합치를 이루고 있다. 셋은 함께 「구류수원도(九流水源圖)」를 받쳐 들고 있다. 그림은 전체적으로 원형을 이루며 화기애애하게 '화기로움을 왕성케(藹一團和氣) 하는' 의미를 담아 내고 있으며

이미지로 읽는 고대문명

유교, 불교, 도교가 서로 "네 속에 내가 있고, 내 안에 네가 있어, 근원을 같이 하며, 서로 갈라서지 않는다"는 의미를 상징한다. 사실상, 개체적 측면에서 보면 이 비석은 정왕 주후완(鄭王 朱厚烷)의 아들 주재육(朱載堉)이 증조부인 화성제에게 경의를 표하려고 바친 것이나, 국가적 측면에서 보았을 때, 이는 명나라 통치 계층의 공동의 염원과 이상을 나타냈다. 불교적 관점에서 보면, 이것은 100년 간 인연이 만들어 낸 결과이며 중국과 세계 역사 문화 발전의 측면에서는 이것은 외국 불법과 중국 본토의 유교, 도교 간의 상호 융합과 상통, 서로 보고 배우며 3교 합일, 합원을 나타내는 간단명료한 도참 요약이자 명백한 도상 증거이다.

"삼교일체, 구류일원(三敎一體, 九流一源), 백가일리, 만법일문(百家一理, 萬法一門)", 화기로움을 왕성케 하고(藹一團和氣) 삼교구류

그림 22
소림사 「혼원삼교구류도찬」비, (명) 가정 44년 (1565년) 세움.

그림 23
남경대학교 중화도상문화연구소 로고, 한충야오 설계.

의 근원을 하나로 하려는(混元三教九流) 이 모든 것에는 화목, 융합, 상통을 기원하고 화목을 으뜸으로 생각하며 혼연일체를 추구하는 취지와 신념이 일관되어 있었다. 이것은 중화 문화의 일관된 초심이기도 하다.

백마타경, 서역 고대 인도 문화를 동토 화하에로, 법을 구하려는 절실한 마음을 받들어 등에 지고 왔다는 이 사실이 우리에게 시사하는 바는 매우 크다. 확고함이 있었기에 길이 멀고 험했으나 굴하지 않았고 절실함이 있었기에 임무가 막중했으나 포기하지 않았던 것이다. 사서(史書)·유력실록(遊歷實錄)·소설(小說) 등 어떤 것을 막론하고 '백마타경'이 대표하는 것은 교류와 전달의 집념과 노정이며 불법의 전파 과정 또한 불교와 중국 본토 문화가 상호 교류하고 융합하는 과정이었다. "불교는 중국 유가, 도가 문화와 융합하고 발전하면서 중국 특색의 불교 문화를 만들어 냈다. 이는 중국인의 종교 신앙, 철학 관념, 문학 예술, 예의 풍속 등 여러 방면에 심원한 영향을 끼쳤다.(佛教同中國儒家文化和道家文化融合發展, 最終形成了具有中國特色的佛教文化, 給中國人的宗教信仰, 哲學觀念, 文學藝術, 禮儀習俗等留下了深刻影響.)"[22]

모든 죽음을 가벼이 여겨 총령하(葱嶺河)를 건너고, 한 마디 말을 무거이 여겨 내원(奈苑)[23]으로 간다.(輕萬死以涉葱河, 重一言以之奈苑).[24] 서기 67년 동한 '영평구법'이 나오고, 한나라 사신이 섭마등과 축법란과 함께 '백마타경'으로 낙양에 온 이후, 삼국의 주사행(朱士行), 동진 법현(法顯), 당대의 현장과 의정(義淨)……등 명대까지 내려오면서 천 수백년 동안

---

22   『시진핑 유네스코 연설문』 중에서, 2014년 3월 27일.

23   불교사찰이라는 뜻 - 역자주

24   「大唐大慈恩寺三藏法師傳」에 나오는 구절 - 역자주

이미지로 읽는 고대문명

중국에서 서행구법하는 행동은 그친 적이 없다.

역사가 말해 주다시피 문명은 서로 교류하고 본받는 과정이 있어야만 생명력이 부여된다.[25] "박망이 서역으로 가는 새로운 길을 내었던 것은 단지 공죽이 나는 지역을 뜻에 두었을 뿐이었다. 그러나 곤명의 길이 닫히고 어지럽혀지자 신지에서 힘을 다해 훈련하였을 뿐이다(博望鑿空, 徒置懷於邛竹; 昆明道閉, 謬肆力于神池.)"[26] 간고한 시작에서 '일단화기'와 '혼원삼교'를 이룩한 것은 초심을 잃지 않는 사람들이 있었기에 험난을 무릅쓰고 만리를 걸어 법을 구해 왔고, 묵묵히 생각하며 동서를 누벼가며 천년 세월을 이어간 사람들이 있었기에 가능했던 것이다. 그들은 모두 안태평화를 희망하였고, 영원한 실상과 진리를 밝혀낼 수 있기를 염원하였다.

---

25 『시진핑 유네스코 연설문』 중에서, 2014년 3월 27일.

26 [唐] 玄奘: 『大唐西域記』, 董志翹譯注, 北京: 中華書局, 2012年 1月, 1쪽.

제8장

황천후토(皇天后土)*

진흙과 물, 불의 3천 년에 걸친 병행의 흔적

---

* 원서에서 *後*라고 쓴 것은 오식임 - 역자주

'진나라 벽돌과 한나라 기와(秦磚漢瓦)'라는 말은, 중화민족의 물질문명에 대한 우리의 찬탄이고, 정신문명에 대한 우리의 추켜세움이다. 와당 도상은 선민들이 이뤄낸 물질에서 문화까지에 대해 진흙과 물, 불로 창조한 최고의 주해(注解)다.

　만약 그 근원으로 소급해가고자 한다면, 우리는 그 옛날 우리의 선민들이 어떻게 생존을 위해 비바람을 맞고 온갖 간난신고(艱難辛苦)를 겪었는지, 어떻게 유소씨(有巢氏)에서 신농씨(神農氏)까지 이르렀는지, 어떻게 들판의 혈거(穴居)에서 띠풀지붕과 흙섬돌까지 이르렀는지, 어떻게 아득하고 신비롭기만 한 전설에서 장대하고 거창한 역사에 이르렀는지에 대해 걸음을 멈추고 생각해보아야 한다. 이 근원, 수천 년 간 이어지면서 중단된 적이 없는 이 근맥(根脈)의 전승은, 초심을 잃지 않고 부단히 앞으로 나아가는 중화 역사 기원(紀元)의 특이점(特異點)이며, 화하자손(華夏子孫)이 오늘날 세계 민족들의 숲에 발붙일 수 있는, 대체 불가능한 자신감의 근원이다.

　건축은 인류의 기본 실천 행위로 볼 수 있다. 동굴에서 지혈(地穴)로, 또 지상에 건물을 짓기까지 선민들은 비와 바람을 막기 위해 수많은 실천 활동들을 해 왔다. 이는 동시에 인류 문명 역사를 써 낸 과정이기도 하다. 나무를 뚫고 동굴을 파서 만든 거처, '길다란 서까래와 우람

한 기둥이 늘어선'('松桷有梴,旅楹有閑')[01]한대의 궁전, 질박한 본색 와당, 심플하면서도 신비로운 서주(西周)의 이중고리문 와당, 이 모든 것들은 우리들로 하여금 무한한 상상에 빠져들게 한다. 2300년 전 장자가 「누와결승(累瓦結繩)」[02]이라는 글에서 거리낌 없이 토로한 것을 보면 당시도 아마 '누와(累瓦)'를 고대 인류의 어리석은 활동으로 막연하게 생각한 모양이다.[03]

와(瓦)의 본뜻은 질그릇이지만 선민들은 흙으로 만든 것들을 전부 와기라고 불렀다. '瓦'자는 갑골문에는 없고 전국(戰國) 문자에 처음 나타난다. 대전(大篆)체의 '瓦'자는 지붕에 기와가 서로 맞붙어 있는 모양과 비슷하다. 와당은 통와(筒瓦) 가장자리에 드리워진 부분을 가리키는데 수키와(筒瓦頭)라고도 한다. 북송 이계(李誡) 『영조법식(營造法式)』에 나오는 「와작제도(瓦作制度)」에서는 '화두(華頭)'라고도 칭했는데 목조 건물에서 비바람에 의한 서까래의 침식을 줄이고 기와가 떨어지는 것을 방지함으로써 건물 수명을 연장하는 역할을 한다고 쓰여있다. 선민들은 와당 당면(當面)에 각종 동물과 식물 문양, 도안, 문자를 그려 넣어 와당에 장식 기능을 더했다.

양사성(梁思成) 선생은 기와는 중국 고대 건축에서 실용성과 장식 효과를 모두 갖춘 특유의 건축 구재로서 중국 건축의 기본어휘 같은 것이라고 하였다. 그는 "건축의 특유성은 두 가지 요소에 의해 결정된다.

---

01 [先秦]『詩經』,『殷武』; 周振甫: 『詩經譯注』, 北京: 中華書局, 2010年3月, 518쪽.

02 [先秦]『莊子』,『駢拇』; 陳鼓應: 『莊子今注今譯』, 北京: 中華書局, 1983年4月, 252쪽.

03 '누와결승(累瓦結繩)'은 『庄子·骈拇』에 나오는 말로서 글자로 풀이하면 '기와를 쌓고 끈을 묶는다'는 뜻인데 '쓸모없이 헛된 언어'라는 의미로 쓰인다. - 역자주.

이미지로 읽는 고대문명

실물 구조면에서 특유의 기술을 채택하고 발전시킨 사람이 있거나, 아니면 어떤 환경이나 사상에 바탕을 두고 그것을 추구하는 사람이 있는 경우다.(建築顯著特徵之所以形成有兩個因素, 有屬於實物結構技術上之取法及發展者, 有源於環境思想之趨向者)", "어떤 계열의 건축이든 자기만의 법식(法式)이 있다. 말하자면 언어가 문법과 어휘를 필요로 하듯이, 중국 건축에서는 지붕, 두공(斗拱), 들보, 부, 기와, 처마 등을 '어휘'로, 지붕, 두공, 들보, 부 등의 법식을 '문법'으로 삼는다.(一系統之建築自有其一定法式, 如語言之有文法與詞彙, 中國建築則以柱額, 斗拱, 梁, 榑, 瓦, 簷為其'辭彙', 施用柱額, 鬥, 拱, 梁, 榑等之法式為其'文法')"[04] 특유하다는 것은, 나에게만 있고 남에게는 없는 것. 바로 "한 개인, 한 민족, 한 씨족이 일반적인 자연이나 대지가 아닌, 어떤 특정된 어떤 토지, 어떤 국도에 의존하는 것. 보통의 물이 아니라 어느 한 곳, 그 곳의 물, 강, 샘에 의존하는 경우를 말한다.(一個人, 一個民族, 一個氏族, 並非依靠一般的自然, 也非依靠二般的大地, 而是依靠這一塊土地, 這一個國度; 並非依靠一般的水, 而是依靠這一處水, 這一條河, 這一口泉)"[05] "귤은 회남에서 나는 것은 귤이라고 하지만, 회북에서 나는 것은 탱자라고 한다. 잎사귀는 비슷하지만 맛은 다르다. 어찌된 까닭인가? 땅과 물이 다르기 때문이다.(橘生淮南則為橘, 生於淮北則為枳, 葉徒相似, 其實味不同. 所以然者何? 水土異也)"[06], 이것은 대체도 비교도 불가능한 '우리의' 땅과 물이고 '우리의' 가국(家國)이기 때문이다.

---

04   梁思成著, 林洙編『中國建築史』, 北京: 北京出版社, 2016年4月, 37쪽.

05   (德)『宗敎的本質』, 費爾巴哈著, 王太慶譯; 北京: 商務印書館, 2010年10月, 3쪽.

06   [先秦]『晏子春秋』, 『內篇雜下』; 陳濤譯注, 『晏子春秋』, 北京: 中華書局, 2016年1月, 307쪽.

그림 1 서주 이중고리 무늬 와당

그림 2 대전체 '瓦' 와당

그림 3 통와

'진나라 벽돌, 한나라 기와'라고 하는 것은 결국 벽돌이나 기와가 진한에 와서야 있었다는 얘기가 아니다. 섬서(陝西) 주원(周原) 유적지에서 출토된 유물들을 통해서도 중국 서주시기에 이미 기와와 와당이 있었

이미지로 읽는 고대문명

고, 특히 와당은 민무늬와 고리 문양의 구별이 있을 정도였다는 사실을 알 수 있다. '진나라 벽돌, 한나라 기와'라고 하는 것은 진나라에는 벽돌이, 한나라에는 기와가 넘쳐났다는 말도 아니다. 이것은 일종의 환유적 표현이다. 말하자면 단순히 수식과 병렬의 단어 조합이 아니라 중국 건축사에서 진나라 벽돌과 한나라 기와가 독보적으로 탁월했다는 말이며 환유적으로 전통 건축의 웅위한 기백과 휘황한 장식을 찬미한다.

"당우의 띠풀집과 하후의 비실이 그립구나(慕唐虞之茅茨, 思夏後之卑室)"[07][08], "두릉 살 적에 초가집 흙계단이여(客居杜陵, 茅室土階)"[09] 이는 장형(張衡)과 반고(班固)가 남긴 시구다. 융성한 한나라를 살았던 그들이 띠풀지붕이나 초가집 흙계단을 그리워했다는 것은 '기와'가 당시 사회에서 일종의 등급 또는 부의 상징이었음을 말해준다. 서한 뿐만 아니라 동한 초까지도 기와나 와당은 민간에서 쉽게 볼 수 있었던 것은 아니고 관아나 궁전 또는 부잣집이나 관사(館肆)와 같은 대형 저택에나 쓰이면서 귀족 가문 또는 우월한 생활과 연관된 것으로 여겨졌다. 띠풀이나 갈대를 이엉으로 하고 진흙으로 계단을 쌓았다는 것은 기와가 없는 형편에서 거처를 누추하고 초라하게 할 수 밖에 없다는 뜻이다.

그렇다면 기와가 있고 나서, 와당을 쓰기 시작하면서 선민들은 과연 언제부터, 또 어떤 방식으로 그 안에 우리들을 감개무량하게 만들고, 우리들로 하여금 막연한 기대와 저회를 하게 만드는 여운을 불어넣게 된 것일까.

---

07 [漢]張衡, 『東京賦』, 『張衡集』, 南京: 鳳凰出版社, 2020年8月, 54쪽.

08 여기서 '당우(唐虞)'는 당뇨(唐堯)와 우순(虞舜)를 병칭한 것으로서 요와 순의 태평성세의 시대를 가리킨다. - 역자주

09 [南朝宋]範曄, 『後漢書』; 北京: 中華書局, 2007年8月, 395쪽.

천지의 신령, 농와(弄瓦)농장(弄璋)하다

띠풀집과 흙계단에 살며, 와기를 주물고 새끼줄을 꼬면서, 순환하고 반복되는 것처럼 보이는 생활 가운데에서, 선민들은 점차 부드러운 진흙으로 선명한 윤곽을 가진 방륜과 도기 항아리를 만들었고, 기와를 만들었으며, 나아가 도안 문자가 있는 와당을 만들었다. 이렇게 말없고 기나긴 전개 과정에서, '나'에 대한 각성이 누적되고, '나'는 '나의 아이덴티티'에 대해서 오랫동안 성찰하고 확인했다. 사색과 승인, 표상─진흙에서 와당으로, 민무늬에서 도문(圖文)으로, 실용에서 장식으로─나에게는 이미, 나에게 속하는 신기(神祇)가 생겼고 신기 체계에까지 이르렀다.

기와는 선민들이 진흙과 물, 불을 조화시킨 최초의 창조물이다. 『주역』「단전(彖傳)」에서는 "지극하다, 곤의 기원이여! 만물이 힘입어 자생하다니!(至哉坤元, 萬物資生)"라고 하고, 『주역』「상전(象傳)」에서는 "땅의 형세가 곤이니 군자가 써서 두터운 덕으로 사물을 싣느니라!(地勢坤, 君子以厚德載物)"라고 말한다. 여기서 '곤(坤)'이라 함은 유연함과 포용력, 전환을 지향한다. 곤과 대지, 여자는 바로 이러한 원초적 본성으로 삼위일체를 이룬다. 이로 인해 선민들은 대지의 흙에서 비롯된 와기를 여자와 본연적으로 연관이 있는 것으로 보았다. 『시경·소아·사간』편에는 "계집아이 낳으면 맨땅에 잠재우고 포대기에 둘러 실감개를 쥐어 준다(乃生女子, 載寢之地, 載衣之裼, 載弄之瓦)"라고 하였다. 『시경』은 서주 초부터 춘추 중엽까지의 시집으로서 주나라 초에서 말까지 약 오백년 간의 사회생활이 잘 반영되어 있다.

황천후토, 만물자생이나 농장농와(弄璋弄瓦)는 모두 가내 식구가 느는 경사를 나타내며 하늘이 내린 호생지덕(好生之德)이라고 믿었다. 이

이미지로 읽는 고대문명

른바 '재농지와(載弄之瓦)'는 도제(陶製)의 장난감 방륜을 여자애들에게 주어 놀게 한다는 말이다. 물레의 부품으로서의 와기와 우리가 아래에 자세히 음미해 볼 와당이 사실 하나는 손안에, 하나는 처마 위에, 쓰임은 다르지만 뿌리는 같다.

그림 4
신석기 시대 소용돌이 문양 질항아리

와당의 재질 선택과 제조 방식이 어떤 시대적 정보를 담아낸다고 할 때, 그것의 문양, 즉 도상, 도안, 문자 등을 통해 당시 사람들의 삶이나 미적 감각, 그들이 동경하고 경외한 것이 무엇이었는지 알 수 있다. 현대인이 찾아낸 최초의 와당은 섬서 부풍(陝西 扶風) 주원 유적지에서 발굴된 반원형의 잿빛 도기(灰陶)인 서주 와당이다. 민무늬에서 이중고리 문양으로 발전하기까지는 꽤 오랜 시간이 걸렸을 것이다.

그림 5 신석기 시대 도제 방륜

춘추 전국 시기에 이르기까지, 진나라, 제(齊)나라, 연(燕)나라를 대표하는 각 나라 지역 특색의 와당은 원형 또는 반원형을 취하며 갖가지 이미지들을 새겨 넣기 시작했다. 주변 지척에 있는 산수, 수목, 짐승에서 새 둥지가 있는

그림 6 선진 시대 와록 와당

나무, 사슴을 쫓는 포수, 기러기를 잡아먹는 호랑이 등 다양한 생활 장면, 포악스러운 도철(饕餮) 문양이나 기문(夔紋)도 있다. 한대에 문자 와당이 나타나면서, 도상으로 함축적으로 표현되었던 염원은 보다 직접적이고 명확해졌다. 한대의 '사신(四神' 일명 '四靈) 와당에서는 천신지기가 더 이상 거처없이 떠도는 것이 아니라 청룡, 백호, 주작, 현무는 하늘이 정해준 방위를 지키며 각자의 세력 범위 내에서 하늘의 뜻을 전하며 백성들을 보호하는 것으로 묘사되었다.

위진 남북조 때, 불광(佛光)이 비추는 연화문이 인기를 받으며 한나라 때 성행했던 운문을 대체하였다. 수당에 이르러 연꽃은 유례없이 빛을 발하였으며 유리 기와의 화려함은 토기와의 질박함을 종결시켰다. 송인(宋人)들이 동작(銅雀) 와기로 벼루를 만들 때, 원인(元人), 명인(明人)들이 와당 문자의 금석 매력, 필법 구조를 음미하고 있을 때, 명청(明淸)의 사인(士人) 지식인들은 와당의 영인 흔적들을 찾아내기 시작하면서 와당의 휘황한 시대는 점차 연기처럼 사라져 가고 있었다.

와당은 형태로 나누면 반원형, 큰반원형, 원형 와당으로 분류되고 문양으로 나누면 민면, 그림, 도안, 문자 등 몇가지 와당이 있다. 고고학적으로 최초로 발견된 와당은 반원형 와당으로서 서주 시대의 것으로 보고 있다. 원형 와당은 전국 시대 진나라 때부터 나타나기 시작했는데 반원형 와당과 병행하다가 서한 중기 이후부터는 원형 와당이 주를 이루고 반형 와당은 점차 사라졌다.

원형 와당면 컨셉은 운문이 가장 많고 구문(勾紋), 식물문, 양각문(羊角紋), 연화문과 문자 등 여러 가지가 있다. 대체로 원형 와당의 도안 문양은 대칭과 균형을 이루는데 원면을 2등분 또는 4등분하여 상한 구역으로 나누고 각 부분의 문양 도안은 다르지만 서로 호응을 이루며 대칭

이미지로 읽는 고대문명

을 이루는 듯하면서도 조금씩 차이를 보이는 것이 특징이다. 문자 와당은 진한 와당 중에서 독보적으로 풍부하고 다채롭다. 문자 내용은 대체로 궁전, 관서, 사묘(祠墓), 덕담, 잡류(雜類) 등 다섯 가지 유형으로 분류된다.[10]

그림 7 반원형 와당

그림 8 큰 반원형 와당

그림 9 원형 와당

주원 유적지에서 출토된 서주 와당은 형태가 질박하다. 청회색의 반원형에 재질이 단단하며 당면은 민면 또는 이중고리 문양으로 되어 있다. 당면 장식은 와당이 제작되고 나서 수공으로 새겨 넣었는데 일부 와당은 출토 당시 당면의 문양 자국에 주홍색의 색감이 남아있는 것

---

10   陳直, 『關中秦漢陶錄』; 北京: 中華書局, 2006年2月, 6쪽.

을 볼 수 있다. 혹자는 이중고리 무늬는 일반적인 기하학적 도형이 아니라 일종의 하늘의 상징이라고 본다. 이중고리 문양은 대체로 몇 개의 고리가 여러 겹으로 엮이면서 고리 모양의 원을 이루는데 이와 유사한 원형들은 신석기 시대 채색 도기 문양 장식에서 하늘을 상징하는 기호로 쓰였다. 하란산(賀蘭山)의 전국(戰國) 암각화에도 이와 유사한 이중고리 문양들이 있다. 서주 와당에 있는 이중고리 문양은 주나라 사람들의 하늘에 대한 경외를 나타낸다고 볼 수 있다. 반면, 반원형 와당에 있는 이중고리 무늬는 지평선에서 아침해가 떠 오를 때 물결이 이는 모양을 본딴 것으로서 물을 숭상하는 주나라 사람들의 신앙이 반영된 것이라고 보는 견해도 있다.[11]

춘추 전국 시대는 정치적으로는 군웅병기(群雄竝起), 사상면에서는 백가쟁명(百家爭鳴), 예술면으로는 활발다자(活潑多姿)의 국면을 이루면서 중국 역사상의 대변혁 시기를 맞았다. 와당에는 정치 구도와 사상 관

그림 10
선진 시기 동물 문양 와당―호식안 문양

그림 11
선진 시기 동물 문양 와당―입록 문양

그림 12
선신 시기 동물 문양 와당―돼지 문양

---

11   常智奇, 張樂蒸, 『中國古代瓦當珍賞』. 西安: 三秦出版社, 2008年8月, 56쪽.

이미지로 읽는 고대문명

념, 사회 생활의 큰 배경까지도 투영되고 반영되었다. 이 시기 와당 문양은 기존의 딱딱함에서 벗어나 보다 생활적이고 신선하면서도 자연스럽고 개성 넘치는 스타일을 연출하였다. 와당 형태는 서주보다 작고 얇게 제작되고 통와와 와당 간에 기와와 지붕 꼭대기 이음새를 평평하게 해 주는 장부도 생겨났다. 특히 진나라, 제나라, 연나라 와당이 대표적이다.

그림 13 제(齊) 짝을 이룬 짐승과 수문 와당

진나라 와당은 내추럴하면서 강렬한 초원풍 또는 생활 활기가 넘치는 동물 문양을 선호하며 자신만의 특색을 구현하였다. 호랑이, 오소리, 돼지, 개, 토끼, 기러기 등등 다양한 동물들은 살아 숨 쉬듯 생동감이 넘치는데 유목 수렵이 진나라 사회에서 얼마나 중요한 위치를 차지하였는지를 보여주고 있다. 그 중에서도 사슴 문양이 가장 많은데 와당에 표현된 사슴의 모습도 매우 다양

그림 14 제(齊) 나무와 운문 와당

그림 15 제(齊) 두 쌍의 새 문양 와당

그림 16 연(燕) 도철 문양 와당

그림 17 연(燕) 도철 문양 와당

그림 18 연(燕) 도철 문양 와당

하다. 누워 있거나, 앉았거나, 서 있거나, 뛰어다니는 사슴이 있는가 하면 물고기가 함께 들어 있기도 하고 어미 사슴과 새끼 사슴이 함께 있는 것도 있다. 사슴이 그만큼 진나라 사람들의 삶과 깊은 연관이 있었다는 것이다.

같은 시기, 제나라 와당은 수문(樹紋)이 특징적인데 서주의 반원형 와당 모양을 많이 계승 발전시켰다고 볼 수 있다. 나무와 짐승, 나무와 잎사귀, 나무와 구름 등 갖가지 문양이 있는데 대부분 중간축에 의해 대칭 구조를 이룬다. 그림은 간결하면서 참신하고 도안은 조화를 이루면서 정연하여 보는 사람에게 상쾌한 미적 감각을 선사하고 있다. 당시 제나라 백성들의 안정된 농경 생활과 평화로운 삶의 분위기가 그대로 전달되는 듯하다.

연나라에서 가장 많이 보이는 것은 수면문(獸面紋) 와당이다. 청동기 문양 장식의 번잡하고 흉

이미지로 읽는 고대문명

물스러운 강렬한 이미지를 유지하면서 형태는 대체로 원형이거나 반원형이고 탄탄하고 신비로운 구도를 취하고 있다. 보는 사람으로 하여금 경외심이 들게 하는 디자인이다.

토깃잔에 기쁨 넘치고, 긴 즐거움이 끝나지 않음

바람이 없으면 신령도 없다.

사람은 바람이 있으며, 사람은 모종의 바람을 위해 살아간다. 지금부터 수천 년 전, 선민들은 바람을 와당에 새겼다. 그것은 장식이기 전에 그들 나름의 절절한 마음의 표현이기도 하였다. 바람이 매번 눈을 들어 바라볼 수 있는 높이―와당의 높이―에 있어, 높지만 가깝고, 높지만 닿을 수 있을 때, 비로소 사람의 마음은 유연하고, 따뜻하며, 목하의 삶은 비록 고생스럽더라도 환하게 탁 트이고 편안한 빛이 입혀진다. 그 빛은 사람들로 하여금 자신이 외롭지 않고, 기댈 데가 있고, 강대한 에너지를 가진 신의 비호를 받고 있고, 모든 기대가 마침내 실현될 것이라고 믿게 해 주기 때문이다.

무수히 많은 수의 와당이 같은 도안, 같은 자구로 된 기원을 반복할 때, 그런 유연함과 따뜻, 그런 탁트인 밝음과 확고함은, 비록 천년의 시간을 사이 두고 있지만 여전히 눈앞에, 왕성하게 가득 넘친다. 이 하나의 선진 와당에는 수목이 우뚝 솟아 있고, 새가 나무에 깃들여 있으며, 물고기가 물 속에서 헤엄치며, 한 마리 목 긴 참새가 목을 빼고

그림 19
선진 나무와 뭇동물 문양 와당

그림 20 선진 뭇동물 문양 와당

그림 21
선한나라 태평천하 운문 와당

노래 부르고, 몇 마리 작은 거북이가 흩어져 돌아다니는데, 참신하고 화기애애하며, 즐겁고 화목하니, 마치 한 수의 안락하고 조화로운 자연전원 노래인 듯하다.

인간의 삶은 홀로 완성되는 것이 아니다. 사람은 반드시 또 다른 존재의 뒷받침이 있어야 만이 인간으로서의 삶을 살 수 있다. 버팀목, 그것은 손 내 밀면 닿을 수 있고, 행여 만질 수 없더라도 언제나 곁을 지켜주는 존재다. 와당에 새겨진 천기와 연관된 도안, 이미지, 문자들이 바로 그런 것이다. 모든 본능적인 행위나 우월한 기질은 결국 하늘에서 툭 하고 떨어지는 것 아니라 자연의 어느 깊숙한 곳에서 오는 것이지만, 와당을 만들고 사용하는 사람들은 이 모든 아름다운 것들은 하늘이 내려주며 천신지기의 보살핌을 받는다고 믿고 싶었다. 와당은 하늘이 보낸 사신이 되어 인간의 염원을 천신지기에 전달하였던 것이다.

선진의 도상 와당은 소박하면서 생동감이 넘친다. 각종 동물, 식물 문양 외에도 집 건물, 사냥꾼이 투수하는 장면 등은 박진감과 역동적인 미감을 선사하며 진나라 사람들의 사회 구조와 생활상을 잘 보여준다. 진

이미지로 읽는 고대문명

나라 역사를 거슬러 올라가 보면 춘추 초에 진양공이 제후로 봉해졌을 때, 변방에 살던 진인(秦人)들은 농산(隴山)을 넘어 주천자(周天子)가 하사한 기서(岐西)땅(오늘날 보계—宝鷄)으로 옮겨간다. 백여 년 간 융적(戎狄)들과의 끊임없는 전쟁을 거쳐 그들은 관중 서부 토지를 획득하고 융성(隆盛, 오늘의 봉상현—鳳翔縣 경내)에 도읍을 정한다. 이로써 진나라는 본격적으로 중원의 패권 쟁탈에 박차를 가하게 되는데, 그 후 관중 평원의 도처에 세워진 백여 채의 왕의 행궁, 별궁이 이 점을 확인시켜 준다.

진나라가 세워지기 전에 이 곳은 주로 유목과 수렵 생활을 경제적 원천으로 삼는 부락 사회였다. 와당에 새겨진 영리한 사슴, 산뜻한 봉황, 흉맹한 호랑이, 사나운 오소리, 정치한 두꺼비…,그 밖에도 투수하는 사냥꾼과 야수의 대치 장면이나 기러기를 포획하는 호랑이에 대한 디테일한 캐치, 이 모든 것들에는 진인들의 탁월한 예술적 감각이 그대로 드러난다.

동물 문양의 도상 와당 외에도 진나라 도안 와당 역시 기문(夔紋), 회오리, 해바라기, 구름, 고리 등 종류가 다양하고 내용 또한 복잡하다. 통시적으로 보면 도안 와당은 도상 와당의 진화 또는 변이형태로 볼 수 있다. 도안 와당은 초현실적 이상주의 기법으로 생활에 대한 직접적인 모방에서 벗어나 패턴을 굴곡있게 표현해 냈다.

진은 동주(東周)가 끝나고, 전국이 시작되면서 제후들의 정권 다툼으로 혼란스러웠던 국면을 종결지었다. 통일된 제국은 정치, 경제, 문화면에서 의지와 상관없이 전례 없는 발전을 요구하고 또 필연적으로 발전하게 돼 있다. 생산력의 대폭적인 향상과 통치자들의 토목홍기, 궁궐광축의 염원은 서로 부추기며 웅장한 대국 기상은 국가의 건축물들에 남김없이 조영되었다.

진나라는 대형 궁전을 짓는 전통이 있었는데 목공(穆公) 시기, 융사
(戎使) 유여(由餘)가 우뚝 솟은 진나라 궁궐을 보고 감탄을 금치 못하며
"귀신을 불러 지은 것이면 귀신을 욕보게 했을 것이요, 백성을 시켜 한
것이라면 백성들이 고생을 하였겠구나.(使鬼為之, 則勞神矣, 使人為之, 亦
苦民矣)"[12]하였다. 사료에 따르면 시황제(始皇帝) 당시 관중평야에는 궁
궐이 즐비하고 누대가 늘어섰다고 한다. "북쪽으로 구준 감천, 남쪽으
로 장무 오작, 동쪽으로 황하, 서쪽으로 위하와 맞닿으면서 동서 800
리에 행궁 별관들이 마주 보고 있구나. 나무가 단장하고 땅도 울긋불
긋, 궁인들은 옮겨가지 않고 일 년 내내 돌아갈 념을 않으니 통 갈피
를 잡을 수가 없구나.(北至九峻甘泉, 南到長武五柞, 東至河, 西至開渭之交, 東
西八百里, 離宮別館相望屬. 木衣綈繡, 土被朱紫, 宮人不徙, 窮年忘歸, 猶不能遍
也)", "궁궐을 헤아려보니 관중에 300채, 관외에 400채가 넘는구나(关
中计宫三百, 关外四百余)"[13]…

　　궁실과 전각(殿閣)의 대규모 발전은 와당의 수량, 제작 기술, 예술성
까지 전례없이 고조시켰다. 6국을 멸한 진나라가 한 번씩 나라를 멸망
시킬 때마다 관실을 함양에 두었기 때문에 궁궐은 수량이 많이 늘었을
뿐만 아니라 건물마다 규모가 상당히 컸다. "시황제는 함양에 사람은
많으나 선왕의 궁정이 작다고 여겨… 조궁인 위남 상림원에 전전 아방
궁을 짓기로 한다. 그것은 동서 오백보, 남북 오십장으로 위로는 만인
을 수용하고 밑에는 오장기를 세울 수 있었다. 궁에서 남산까지 각도가

12　[漢]司馬遷,『史記』,『秦本紀』; 南朝宋裴駰集解, 唐司馬貞索隱, 唐張守節正義;
　　上海: 上海古籍出版社, 2011年11月, 131쪽.

13　『元本三輔黃圖』, 元致和元年(1328)餘氏勤有堂刻本, 北京: 國家圖書館出版社,
　　2018年1月,145쪽.

이미지로 읽는 고대문명

뻗어있고 남산 꼭대기를 대궐로 삼았다. 잔도는 아방부터 위하를 건너 함양에 닿았는데 하늘에 닿는 잔도가 한을 가로막고 영실에 도달하게 하였다.(始皇以爲咸陽人多, 先王之宮廷小……乃營作朝宮渭南上林苑中, 先作前殿阿房, 東西五百步, 南北五十丈, 上可以坐萬人, 下可以建五丈旗. 周馳爲閣道, 自殿下直抵南山. 表南山之巓以爲闕. 爲複道, 自阿房渡渭, 屬之咸陽, 以象天極閣道絶漢抵營室也.)[14”]

와당은 자연히 웅장한 진나라 궁전에서 없어서는 안 될 건축 부품이 되었다. '와당왕'으로 불리는 진나라 기문(夔紋)의 큰 반원형 와당은 조형이 독특하고 문양 장식이 정교하다. 직경이 56센티미터에 달할 정도로 형체가 방대하고 당면은 기이한 기문으로 되어 있다. '기(夔)'는 전설 속 유니콘으로서 천둥 같은 소리를 내며 사방을 향해 기세를 뿜는다. 이러한 이미지를 와당에 새겨 넣은 셈이다. 구도상 균형과 대칭을 이루고 선은 복잡하고 굴곡적으로 얽히며 새김이 굵직하고 단단하여 신비롭고 위엄 있는 기품을 뿜어낸다. 반면 진나라 기봉문(夔鳳紋) 원형 와당은 지름이 80센티미터에 달할 정도로 거대하여 지금까지 알려진 와당 중 가장 큰 것으로 뽑힌다.

기봉문은 상주 청동기에서 많이 볼 수 있는 문양인데 와당에도 사용되었다. 봉황새의 이미지는 진나라 사람들이 수렵 생활에서 본 공작에서 유래하였을 것이다. 유향(劉向)의 『열선전(列仙傳)』에는 농옥(弄玉)이 통소로 봉황을 불러와 사랑하는 소사(簫史)와 함께 봉황을 타고 하늘로 가서 신선이 되었다는 이야기다. 농옥은 다름 아닌 진목공의 딸이다. 진나라 사람들은 봉황새를 안락함과 상서로움을 주는 신조라고 여

---

14   [漢]司馬遷, 『史記』, 『秦始皇本紀』. 南朝宋裴駰集解, 唐司馬貞索隱, 唐張守節正義; 上海: 上海古籍出版社, 2011年11月, 174쪽.

그림 22 '와당왕' 진 기문 와당

그림 23 진 기봉문 와당

그림 24 진 기룡문 와당

겨 매우 좋아하였다. 진나라 특유의 기룡문이나 기봉문의 대형 와당은 우리로 하여금 2000여 년 전의 진왕 궁실의 얼마나 위엄 있고 웅장하였을지 짐작하게 한다.

서동문(書同文)·거동궤(車同軌)[15]의 진한 대통일의 정치 국면은 어떤 기준 문양의 전파를 가속시켰고 전파 범위를 확대시켰다. 이는 진한 시기 각 지역의 와당 장식이 점차 비슷한 모양으로 나타나게 된 원인이다. 그 중 가장 유행한 것은 운문(雲門)과 와문(渦文)이다. 운문은 가장 전통적인 중국식 도안이며 대표적인 중국 문화 기호이기도 하다. 구름은 자연계에서 흔하디 흔한 풍경이지만 구신득도(求神得道)를 숭상했던 한나라 사람들은 높은 하늘에 떠 있는 구름을 신인선가(神人仙家)의 표식으로 간주하였다. 2008년 베이징 올림픽에서 전 세계 사람들에게 깊은 인상을 남긴 "상운(祥雲)성화"는 바로 운문에서 영감을 얻었다고 한다. 운문은 오로지 선으로만 그림이 만들어지는데 선조입화(線條入畵)는 중국의 대표적인 창작 기법이

---

15   서동문(書同文)·거동궤(車同軌)는 진시황이 펼친 문자와 도량형의 통일 정책으로서 "문자의 서체를 통일하고 수레의 폭을 통일한다"는 의미다. - 역자주.

이미지로 읽는 고대문명

다. 운문 선조는 심플하면서도 부드럽고, 활발하면서 역동적이다. 처마밑을 감싸고 있는 운문 와당에는 "여기가 바로 천한(所居卽天漢)"이라는 사상이 담겨 있다. 진시황은 장생불사약을 구하고 한무제는 이슬을 받는 선인 성로반(盛露盤)을 만들었듯이, 역사적 기록이나 시가부 또는 민간설화에서 사람들이 흥미진진하게 토로한 것은 하나같이 고난에서 벗어나 득도하고 승선하여 장생불로하려는 절절한 열망이었다. 이루고 싶은 소망이 대체로 비슷하지만 그 속에도 개인차이가 있는 것처럼 다같은 운문이라고 해도 세분하면 종류가 각양각색이다. 화면 문양의 밀도나 선의 굵기, 점과 선의 배치 등 운문 종류는 수백 가지에 달하고 매끄럽게 조화를 이루는 것이 있는가 하면 세련되고 명쾌한 인상을 주는 것도 있다.

거슬러 올라가 보면, 운문으로 된 도안 와당이 흥기한 시점은 전국시기지만 운문이 과연 어떤 이미지에서 진화된 것인지는 의견이 분분하다. 그것이 청동기의 운뢰문(雲疊紋), 회문(回紋), 도철문(饕餮紋)에서 왔다는 설도 있고 나뭇가지, 태양빛발에서 변했거나 규문(葵紋)이 발전한 것이라는 의견도 있다. 그러나 운문의 기원이 무엇이었든 운문의 형성은 와당 장식이 도상에서 도안으로 발전한 결과라는 사실은 분명하다. 구름무늬가 기타 모든 양식을 대체하고 운문이라는 가장 핫한 장르를 만들어 낸 것이다. 민면 와당에서 동물 문양, 사냥 투수 문양 등 생기발랄한 생활 이미지에서 의미심장한 기복 도안에 이르기까지, 도상에서 도안, 구체적인 것에서 추상적인 것으로의 변화는 와당 예술이 성숙해 가는 과정을 의미한다.[16]

---

16   陝西省考古所秦漢研究室, 『新編秦漢瓦當圖錄』, 三秦出版社, 1986年6月, 8쪽.

그림 25 한 운엽문 와당

그림 26 한 유정 운문 와당

그림 27 한 문자 운문 와당

한경제(漢景帝) 때 쯤 나타난 문자 와당은 무제 때에 꽤 성행하였고 서한 중말엽에 와서 절정에 달했다. 출토된 문자 와당을 보면 한나라 와당 문자는 길어류(吉語類), 건물명칭류, 묘사류(墓祀類), 기사류, 택사류(宅舍類) 등으로 매우 다양하였다. 지금까지 출토된 300여 종의 각가지 문자 와당 중 복을 기원하는 길어류 문자 와당이 절반 이상을 차지할 정도로 가장 많고 대부분 장락장생의 염원을 담고 있다.

도상이나 도안으로 생동감 넘치고 함축적으로 나타내던 것이 문자 와당으로 전환되면서 추상적이고 개괄적인 문자로 보다 명확하게 표현되었다. 예를 들면, '여천(與天)', '연년(延年)', '고안만세(高安萬世)', '억년무강(億年無疆)', '여화상의(與華相宜)', '유천강령연원만년천하강녕(維天降靈延元萬年天下康寧)'등 문자로 복을 기원하였다. 건물명칭에는 '우양천세(羽陽千世)', '난지궁당(蘭池宮當)', '계양(械陽)', '연궁(年宮)' 등이 있고 관서명칭으로는 '상림농관(上林農官)', '화창(華倉)', '경사경당(京師庚當)', '우공(右空)', '위(衛)' 가 있다. 묘사류에는 '장능동당(長陵東當)', '제원(齊園)', '윤씨사당(昀氏祠堂)', '만세

이미지로 읽는 고대문명

총당(萬歲冢當)’ 등이 있다. 그 밖에 ‘오윤사
당(吳尹舍當)’ 등 택사류 문자 와당도 있다.
기사류 문자 와당에는 ‘한병천하(漢並天下)’,’
천강선우(天降單于)’, ‘낙재파호(樂哉破胡)’,
‘선우화친(單于和親)’, ‘사이진복(四夷盡服)’등
이 있는데 모두 당시 중대한 역사 사건과
연관이 있는 것들이다. 몇 자 안 되는 문자
지만 넓고도 드높으며 낙관적이고 발전하
는 생활 기상이 역력히 나타나 있다.

그림 28 천강선우 와당

문자 와당에 나오는 내용과 고서적의
기록들을 대조해 보면 해당 와당의 건축물
을 복원할 수 있을 뿐만 아니라 당시 대사
건과 시대상까지도 알게 해 준다. 예를 들
면 ‘미(郿)’라는 문자 와당은 고고학과 사적
자료에서는 동탁(董卓)이 공을 들여 만든
‘만세오(萬歲塢)’의 와당으로 나온다. “신백
이 호매롭게 나서니 왕이 미를 보내준다(申
伯信邁, 王餞於郿)”[17] 이는 ‘미(郿)’에 관한 최
초의 역사 기록이다. 그러나 동한 초평 3년
(192)에 동탁이 미후(郿侯)로 봉해지고 이런
말을 남긴다. “미에 높이 7장의 성채를 짓는
데, 이름을 ‘만세오’라 하고, 30년을 먹을 곡

그림 29
한 유천강령 연원만년 천하강녕
와당

그림 30 한 한병천하 와당

17　[西周]『詩經』,『崧高』; 周振甫:『詩經譯注』北京: 中華書局, 2010年3月, 441쪽.

식을 쌓아 둘 것이다. 스스로 이르기를 '일이 성사되면 이 땅에 우뚝 설 것이고 그렇지 되지 못하더라도 이 곳을 지키면서 늙어갈 것이다.(又築 塢于郿, 高厚七丈, 號曰'萬歲塢'. 積谷為三十年儲. 自雲: "事成, 雄踞天下; 不成, 守 此足以畢老."[18]

'維天降靈延元萬年天下康寧(유천강령 연원만년 천하강녕)'이라는 와당 은 한나라 장안성 무고(武庫) 유적지의 서한 문화층에서 발견되었다. 당면이 12자의 양문 전서로 되어 있어 처음에는 진대의 것으로 알려졌 으나 텍스트와의 대조를 거쳐 결국 서한 시대 와당인 것으로 밝혀졌다. 『한서·선제기(宣帝紀)』(원강 4년) 3월, 조서에 이르기를 '그렇다, 신작에 오색은 장락, 미앙, 북궁, 침궁, 감천 태치 궁전 내에서 상림원에 이르 기까지 쓰이지 않은 곳이 없다. 짐은 이에 미치지 못하고 덕이 두텁지 아니하므로 내려지는 이 상서로움은 결국 짐의 공이 아니다.(乃者, 神爵 五采以萬數集長樂, 未央, 北宮, 高寢, 甘泉泰時殿中及上林苑. 朕之不逮, 寡於德 厚, 屢獲嘉祥, 非朕之任.)" 하였다. 또한 "천지에 순응하고 사계절을 따라 야 가서를 받는다. 은혜를 베풀고자 밤낮으로 전전긍긍하면서도 교만 한 기색이 전혀 없다. 게으르지 않도록 스스로 반성하며 오래도록 망극 하기를 생각하고 또 생각한다.(承天順地, 調序四時, 獲蒙嘉瑞, 賜茲祉福, 夙 夜兢兢, 靡有驕色, 內省匪解, 永惟罔極)"라는 말도 나온다. 유천(維天) 12자 와당에는 조서들에서 보여진, 하늘이 신령을 내려 나라에 상서로움을 주고 천하가 태평하고 왕조가 영원하기를 갈망하였던 통치자들의 염 원이 담겨 있다.

'양궁(梁宮)' 와당은 진나라 승상 이사(李斯)에 의해 벌어진 양산궁(梁

---

18   [南朝宋]範曄,『後漢書』,『董卓列傳』; 北京: 中華書局, 2007年8月, 681쪽.

이미지로 읽는 고대문명

山宮) 거마 사건과 연관이 있다. "시황제 35년(B.C.212년)에 시황은 양산
궁에 가게 되었는데 산 아래 어떤 승상의 거마가 빼곡이 줄을 지어 있
는 것을 보고 나무랐하였다. 그 중 한 자가 승상에게 이를 알렸고 승상
은 이내 거마를 줄였다. 이에 진시황은 대노하여 '어떤 자가 내 말을 흘
렸는가!'라며 죄를 물었고 영을 내려 그 자리에 있던 사람들을 모조리
죽였다. (始皇帝三十五年(西元前212年)始皇幸梁山宮, 從山上見丞相車騎眾, 弗
善也. 中人或告丞相, 丞相後損車騎. 始皇怒曰: '此中人泄吾語！'當是時, 詔捕, 諸
時在旁者, 皆殺之.)"[19]

이는 『사기·진시황 본기(史記·秦始皇本紀)』에 나오는 기록이다. 영정
이 양산궁을 돌아보며 정상에 올라서서 관중의 아름다운 경치를 감상
하는데 문득, 산 아래 한 거마 대오가 꼬리에 꼬리를 물고 지나 가는 것
을 보게 된다. 그 규모가 일국 군주인 자기보다도 위풍이 넘쳐 보였던
것이다. 어찌된 영문인지 물어보니 그것은 다름 아닌 승상 이사의 거마
대오였고 영정은 이것을 아주 못마땅하게 생각하였다. 그런데 이 일을
어떤 내시가 몰래 이사에게 귀띔해 주어 이사는 이내 일부 수행을 철수
시켰다. 워낙 의심이 많은 영정은 이사의 대오가 줄어 든 것을 보고 더
욱 대노하였고 그새 말이 새어나간 것은 분명 자신에게 충성을 다 하지
않는 자가 이 안에 있다고 여겼다. 그는 당장 영을 내려 당시 옆에 있던
시종들을 모조리 처단하였다. '양궁' 와당은 바로 이 사건에서 영정이
본 이사 거마의 행궁이며 당시 '직금성(織錦城)'이라 불렸던 양산궁의 유
물이다.

---

19 [漢] 司馬遷, 『史記』, 『秦始皇本紀』 南朝宋裴駰集解, 唐司馬貞索隱, 唐張守節正
義; 上海: 上海古籍出版社, 2011年11月, 175쪽.

자형이 수려하고 반듯한 '양궁' 와당이 거기에 얽힌 역사 사실로 우리를 아연하게 하였다면 '한병천하(漢竝天下)' 와당 당면의 사자 양문전서는 볼수록 편안함이 느껴진다. 『한서·가추매로전(漢書·賈鄒枚路傳)』에는 "한은 24군을 병합하고 17명의 제후를 봉했으니 한번 나섰다 하면 수천리를 가도 길이 끊기지 않았다.(夫漢並二十四郡, 十七諸侯, 方輪錯出, 運行數千里不絕於道)" 라는 글귀가 있고 『동중서전(董仲舒傳)』에도 "오늘날 폐하께서 천하를 통일하고 나서 이 땅에는 그에게 순종하지 않는 자가 없다. 널리 보고 살펴주시니 저기 저 하층까지 그의 덕이 닿지 않는 데가 없다. 지덕이 소연하여 외방까지 베푸시더라. 야랑, 강거, 멀리 만 리까지, 덕을 주고 의를 받으니 이게 바로 태평의 이치가 아니겠는가(今陛下並有天下, 海內莫不率服, 廣覽兼聽, 極群下之知, 盡天下之美, 至德昭然, 施于方外. 夜郎,康居, 殊方萬里, 說德歸誼, 此太平之致也.)"라는 문장이 나온다. '한병천하', 자부심에 찬 찬양이 아닐 수 없다.

앞에서 언급된 제후 제왕과 관련된 문자 와당들에 비해 사자전서(四字篆書)의 둥글고 전아한 '백만석창(白萬石倉)' 와당은 보다 친민적이다. 유명한 '세류영(細柳營)'과 연이 깊은 이 와당에 깃든 이야기를 살펴보자. "눈 깜짝할 사이에 신풍시를 지나고, 세류영으로 돌아왔구나.(忽過新豐市, 還歸細柳營)", "상림원의 꽃들도 하얗게 피고 세류영 앞의 버들잎도 새싹이 돋는구나.(上林苑裡花徒發, 細柳營前葉漫新)", "바람이 상산사진[20]하니 세류영이 시끄럽구나(風卷常山陣,笳喧細柳營)", "오랑캐가 하남

---

20 상산사진(常山蛇陣). 상산사진법이라고도 하는데 고대 병사들이 '전설에서 머리와 꼬리가 서로 응하여 구원한다'는 상산사 반응의 신속함을 본받아 배열한 '머리를 공격하면 꼬리가 응하고, 꼬리를 공격하면 머리가 응하는 진법'을 말한다-역자주.

이미지로 읽는 고대문명

을 물러갔다고 하니 세류영에 진을 칠 필요가 없겠구나", "원문이 장군령 높은 줄 모르니 어찌 세류영을 알겠는가.(轅門不峻將軍令, 今日爭知細柳營)" 그렇다, 이것이 바로 역대 수많은 시문에 끊임없이 등장했던 장아부(張亞夫)의 장군의 세류영이다. "…하내태수 주아부를 장군으로 임명하고 군사를 세류에 주둔시켜 흉노의 침략을 대비한다.(以河內守亞夫爲將軍, 軍細柳, 以備胡)"[21] 한문제 후원 6년, 흉노가 대거 침입하자 변경이 매우 긴장하였다. 문제는 주아부 등 세 명을 수장으로 내세우고 군사를 세 갈래로 나누어 흉노를 막게 하였다. "황제가 친히 군대를 위로하려고 패상과 극문의 군영에 이르렀는데, 곧장 말을 달려 안으로 들어갔다. 장군은 황급히 말에서 내려 왕을 영접하였다. 이어서 세류의 병영에 도착했는데, 갑옷을 한 병사들이 빽빽이 줄을 지어 칼과 창을 들거나 화살을 견주고 있었다. 유항이 사람을 보내 통보하려고 하자 문을 지키는 병사가 못 들어가게 막았다 … 유항이 친히 다가갔으나 문을 지키는 병사는 또 저지하며 안으로 들여보내지 않았다. 유항은 부절을 넘겨주며 장군에게 통보하게 하였다. '내가 병영에 들어가 군사들을 위문하고 싶다고 전하거라' 그때서야 주아부는 병사에게 병영문을 열게 하였다. 문을 지키던 병사는 문을 열면서 유항의 마부에게 '장군께서 명하기를 병영 안에서는 달릴 수 없다고 했습니다.'라고 하였다 유항은 말고삐를 거머쥐고 천천히 병영 안으로 들어갔다. 주아부가 검을 찬 채로 나와서 장읍을 하며 아뢰었다. '장병이 갑옷을 입으면 절을 하지 못하므로 군례로 알현함을 용서하여 주시옵소서(上自勞軍, 至霸上及棘門軍,

---

21 [漢]司馬遷, 『史記』 『絳侯周勃世家』 南朝宋裴駰集解, 唐司馬貞索隱, 唐張守節正義; 上海: 上海古籍出版社, 2011年11月, 1612쪽.

直馳入, 將以下騎送迎. 已而之細柳軍, 軍士吏被甲, 銳兵刃, 殼弓弩, 持滿. 天子先
驅至, 不得入……上至, 又不得入. 上乃使使, 持節詔將軍: '吾欲入營勞軍. '亞夫乃
傳言開壁門. 壁門士請車騎曰: '將軍約: 軍中不得馳驅. '於是天子乃按轡徐行. 至
營, 將軍亞夫持兵揖曰: '介冑之士不拜, 請以軍禮見)'…"

친히 군사를 위문하러 온 황제가 처음 두 병영에서는 아무 일 없이
곧장 들어가고 장군이 말에서 내려 영접하였지만 세류영에서는 문전
박대를 당할 뻔한 이야기다. 유항은 어렵사리 장군의 윤허를 받고서야
병영 안으로 들어 갈 수 있었다. 병영에 들어가서도 서행을 해야만 했
고 장군은 황제를 보고도 절을 하지 않았다. 이에 문제는 화를 내지 않
았을 뿐만 아니라 "이게 바로 장군이지. 파상과 극문 두 곳은 그야말
로 어린애 장난과 같아서 만약 적군이 기습이라도 한다면 사령관도 포
로로 잡히고 말 것이다. 주아부처럼 해야 뚫고 들어갈 만한 구멍이 없
지.(此真將軍矣 ! 曩者霸上, 棘門, 軍若兒戲耳, 其將固可襲而虜也. 至於亞夫, 可
得而犯耶!)"[22]라며 높이 치하했다고 한다.

현상을 보고 본질을 꿰뚫어 보는 황제의 지혜와 흉금은 감탄을 자
아낸다. 이 일로 '진짜 장군' 주아부는 군영을 엄하게 다스리고 군령 을
철석같이 여기는 대명사가 되었고 세류영은 군율이 삼엄하고 엄정한
대명사가 되었다. 그렇다면 주아부의 '세류영'은 어디에 있고 '백만석
창'과는 또 무슨 연관이 있단 말인가? '세류영'은 함양(咸陽) 양사도(兩寺
渡) 부근에 있으며 '백만석창' 와당은 출토된 토층 및 출토된 지점이 함
양 양사도이며 세류 창고 위치와 맞아 떨어진다. 이로써 '백만석창(白萬

22 [漢]司馬遷, 『史記』, 『絳侯周勃世家』, 南朝宋裴駰集解, 唐司馬貞索隱, 唐張守節
    正義; 上海: 上海古籍出版社, 2011年11月, 1612쪽.

이미지로 읽는 고대문명

石倉)' 와당은 당시 세류영에 공급되던 세류
창고 유물일 것으로 추정된다.

글자 수 면에서 문자와당은 사자와당이
대반수를 차지하고 '위(爲)', '궁(宮)'과 같은 1
음절로 된 것은 많지 않다. 글자 수가 많은
것은 12자로 된 '유천강령 연원만년 천하강
령(唯天降靈延元萬年天下康寧)', '여민세세 천
지상방 영안중정(與民世世天地相方永安中正)'
이 있다. 서사 각획의 특징으로 보면 한대
의 문자와당은 양문이 많고 음문이 적으며
글자체는 소전체를 위주로 예서체, 조충서
체(鳥蟲書體)도 일부 들어 있다. 문자 구조
와 필법 면에서는 방중에 원을 띠며 미끈하
면서 부드럽거나 직선과 곡선이 함께 어울
리며 강유(剛柔)를 겸비하고 있다. 와당 문
양은 이분식, 삼분식 등 다종 구도를 취하
지만 사분식이 주를 이룬다. 와당 문양 도
안은 톱니 문양과 같은 한대의 동거울 문양
요소도 담고 있다. 앞에서 언급된 '鄙'자 와
당은 두 가지 양식이 있는데 하나는 심양문
(心陽文) 전서체인 '鄙'자에 원 밖에는 쌍선
양각문양이 있고, 다른 하나는 당면 가운데
구슬을 그려 넣고 당면은 좌우로 양분하여
'眉'와 '邑' 두 글자로 분리하였다. 구도가 바

그림 31 한 '鄙' 와당 탁편

그림 32 진 양궁 와당 탁편

그림 33 한 백만석창 와당 탁편

르고 필획이 단단하며 문자 배치가 균형이 잘 잡혀있다.

전국 시기 도상와당에 비해 한대의 와당에는 삶의 양상이 반영된 것이 많지 않다. 한인들은 영물신기(靈物神祇)에 신성 기탁이나 숭배 사상을 담아냄으로써 와당상의 신기 금수로 하늘과 소통하려 하였다. 한대의 이미지 도상에 자주 나오는 두꺼비, 옥토끼, 거북, 봉황은 동물이면서 일종의 기호로써 그것은 어떤 천신을 향한 기도의 뜻을 나타낸다. 누군가가 굿을 한 와당은 곧 신성을 띤 실체가 되었는데 대표적으로 '사신(四神)'(또는 사령, 四靈)와당이 있다. 이는 한나라 도상와당 중에서 가장 신비하고 신성하며 심원한 영향을 끼친 와당이다. '사신'은 청룡, 백호, 주작, 현무로 구성되는데 이 네 동물은 각인된 이미지가 동서남북과 호응을 이룰 뿐만 아니라 색채적으로도 사방과 엄연하게 대조를 이룬다.

동양과 서양은 청색과 백색, 남방과 북방은 붉은색과 검은색을 상징하는데 사신 각자의 색채와 완전히 일치한다. 사신은 천지신명의 위엄을 부여받고 '정사방(正四方)'을 지키며 동서남북의 수호신이 되었다. 그들은 대개 상응하는 방위의 건물이나 건물의 상응하는 위치에 놓여지며 사람들은 그것들이 각자 놓여진 방위에서 최대의 신력을 발휘하며 그곳에 사는 사람들을 지켜준다고 믿었다. 날렵하고 씩씩하게 하늘을 나는 동방 청룡, 용맹무쌍하고 위풍당당한 서방 백호, 봉황의 머리에 매의 부리를 한 남방 주작, 동(動)과 정(靜)이 공존하면서 중후하고 신비로움을 주는 북방 현무. '사신' 와당에는 선민들의 낭만에 찬 상상력이 고스란히 표현되었다. '사신' 와당은 도상와당이 사실적인 삶의 투영에서 점차 신화적 사의를, 현실 표현에서 신성 기탁으로 전환되는 양상을 집약적으로 구현하였다.

이미지로 읽는 고대문명

그림 34 한 사신와당 청룡

그림 35 한 사신와당 백호

그림 36 한 사신와당 주작

그림 37 한 사신와당 현무

붉은 용마루와 푸른 기와, 불탑 위의 연꽃

위진남북조 시기, 한나라 와당 가운데 중요한 위치를 차지하고 있
던 운문와당은 점차 외래의 연꽃문양 와당에 의해 대체되었다. 연화문
의 성행은 불교의 융성과 밀접한 관련이 있다. 한나라 때 중국에 유입
된 불교가 북위에 이르러 크게 발전하면서 불교의 성물인 연꽃을 모티
브로 한 연화문이 당시 각종 기물의 장식에 널리 사용되었다. 당연히

그림 38 연화문 와당

그림 39 연화문 와당

그림 40 연화문 와당

와당도 예외가 아니었다. 사신와당에 한인들의 공간 사상이 반영되었다면 연화문 와당에는 시간에 대한 사람들의 명상이 피어난다고 하겠다. 불교는 윤회적으로 연꽃 이미지를 통해 과거, 현재, 미래를 관통하면서 진한의 환생불사의 염원을 나타냈다. 또한 이 생에 지은 업은 삼세의 인과통로가 되는 연꽃으로 인해 얽히고 포용한다고 믿었다. 한대에 유행한 문자와당은 위진 시기부터 점차 적어지다가 북조에 와서는 아주 드문 것이 되어 버렸다. 양진(兩晉)과 정시(正始)에 와서는 연화문이 와당 문양에서 중요한 지위를 차지하면서 수면문양도 와당에 나타나기 시작했다.

수당 시기에 사회 경제가 유례없이 발전하면서 각 지역 건축업이 번성하고 건축의 수요는 와당의 수량도 대대적으로 증가시켰다. 그러나 와당의 문양이나 종류가 더 풍부해진 것은 아니다. 불교가 수당 시기에 와서 극성을 이루고 통일 국가들에서 급속히 전파되면서 절대 다수의 와당은 연꽃 장식으로 일관되었다. 이 점은 전국 각지에서 출토된 수당 와당을 통해 확인할 수 있다. 멀리 변방에서 출토된 연꽃 와당과 당대 양

이미지로 읽는 고대문명

경 지역에서 출토된 연꽃 와당의 문양은 거의 일치하며 고대 조선반도
와 일본에까지 영향을 미쳤다.

연화문 도상은 꽃잎 수에 따라 홑꽃과 겹꽃으로 나뉘고, 가운데에
연꽃의 떨기(蓮蓬)나 유정(乳丁)이 있는지, 둘레에 연주(連珠)가 있는지
없는지에 따라 세분하기도 하지만 대체로 연화문을 주체로 하고 디테
일면에서만 약간의 차이를 보인다. 수당 시기 와당은 장식면에서 통일
성이 증가된 반면 다양성은 많이 없어졌다. 그렇게 대동소이한 수많은
연화문 와당들 속에서 사람들의 시선을 사로잡은 것이 있었으니 바로
호무문(胡舞紋) 와당이다. 와당의 한가운데는 춤을 추는 사람 모양이 새
겨져 있는데 몸집이 풍만하고 움직임이 유연하여 코믹한 분위기를 풍
긴다. 불교와 깊은 연관을 맺는 와당은 연화문 외에 불상문 와당도 있
다. 이 시기 불상 연주문 와당 중에서 가장 대표적인 것은 불상문 와당
이다. 당심은 가부좌를 하고 있는 불상이고 그 주위는 연꽃으로 둘러 있
고 연꽃 주변에는 연주가 널려 있다. 그밖에 위진 남북조 시기부터 있었
던 수면문 와당도 수당 시기에 와서 보다 많아졌다.

수당 시기 와당의 가장 큰 변화는 유리 와당의 출현이다. 이는 중국
와당 발전사, 특히는 와당 제작 공예에서 비약적인 발전이라 할 수 있
다. 출토된 서주 와당 중에서 일부 붉은 색흔이 남아있는 와당들이 발
견되었는데 2000여년 전, 와당이 처음 생겼을 때 사람들은 와당에 색
을 입힐 것을 시도하였음을 알 수 있다. 사람들은 회도(灰陶) 재질의 와
당을 천년 넘게 사용해 오다가 유리 와당이 있고 나서야 비로서 칼라
와당에 대한 생각을 현실에 옮기게 되었다. 화려하고 웅장한 유리 와당
은 도기 와당의 고풍스러움과 크게 대조를 이루며 지붕 장식에 미를 더
했을 뿐만 아니라 사용도 편리하고 방수와 도수 성능도 탁월하였다. 지

그림 41 불상 연주문 와당

그림 42 불상 운문 와당

그림 43 오무문 와당 탁편

금도 고궁박물관 같은 곳에 가면 붉은 용마루와 푸른 기와가 주는 장엄하면서도 럭셔리한 분위기를 느껴볼 수 있지 않은가.

자금성의 유리 와당은 대부분 황금색이고 간혹 녹색이 섞여 있는 정도지만 문연각(文淵閣)만은 특이하게도 검정 유리 와당을 사용했다. 이는 자금성에서만 아주 예외적인 일이다. 검은 색은 오행 중 물에 속하며 물은 불과 상극이다. 국가의 장서루(藏書樓)인 문연각에 검정 기와를 사용했다는 것은 방화의 의미가 담겨있다. 칼라와당은 출현하자마자 바로 한대로부터 강구해 오던 오색오행과 결부되었음을 알 수 있다.

중국 전통 문화상 옥은 귀하고 금과 은은 재부의 상징으로 간주된다. 금도 아니고 옥도 아닌 와당은 처음부터 중국 건축과 함께 장인들이 다루는 것으로서 문인아사(文人雅士)의 서재에 있는 것도 아니요, 관리들의 봉록이나 상인들의 벌이와 연관되는 것도 아니었다. 진흙에서 사람의 손을 거쳐 만들어지는 와당은 신축이 생겨날 때마다 무더기로 나오고 볼품없고 흔한 것이기 때문에 아무도 중히 여기지 않았다. '기와가 벼루로(以瓦爲硯)'로 격상하게 된 기록은 당

이미지로 읽는 고대문명

대의 『고와연부(古瓦硯賦)』[23]에서 처음으로
보여진다. "연하다고 강건함이 없다 말라,
흙이 화하여 기와가 된다. 버려졌다고 쓸모
없다 말라, 기와가 쪼개져 벼루가 된다.(勿
明乎柔而無剛, 土埏而爲瓦; 勿謂乎廢而不用, 瓦
斷而爲硯)"

와당에 대한 문자 기록은 200년 정도
더 미뤄져 송나라 왕벽지(王闢之)의 『민수
연담록(澠水燕談錄)』[24]에서 최초로 나타난
다. 여기서는 '우양천세(羽陽千歲)'라는 와당
에 대해 언급하였다. "진무공이 봉상 보계
현에 우양궁을 지었는데…거민 권씨가 지
준에서 고동 와기 다섯 점을 주웠다. 모두
깨지고 하나만 온전하였는데 당면 지름 4
촌 4분에 '우양천세' 네 글자가 새겨있다.(秦
武公作羽陽宮, 在鳳翔寶雞縣界……居民權氏浚池
得古銅(筒)瓦五, 皆破, 獨一瓦完. 面徑四寸
四分, 瓦面隱起四字, 曰'羽陽千歲)" 『민수연
담록』의 뒤를 이어 『동관여론(東觀餘論)』[25]에
는 "장안의 한 자가 통기와로 보이는 진무

---

23 [唐]吳融,『古瓦硯賦』, (淸)董皓『全唐文』第09部卷八百二十; 上海: 上海古籍出
    版社, 1990年12月.
24 [宋]王闢之,『澠水燕談錄』, 呂友仁點校; 北京: 中華書局, 2006年9月.
25 [宋]黃伯思,『東觀餘論』; 北京: 中國書店, 2018年8月.

공 우양궁의 와당 십여 점을 바쳤는데 앞에 '우양천세', '만세' 글자가 새겨있다. 세월이 흘러 낡았으나 썩지는 않았다.(今有長安民, 獻秦武公羽陽宮瓦十餘枚, 若今人筒瓦然, 首有'羽陽千歲'萬歲'字, 其瓦猶今日舊瓦, 殊不朽腐)"『동관여론』에는 또 서한 무제 시기의 '익연수(益延壽)' 와당에 대한 언급도 나오는데 이로써 당나라 안사고(顏師古)『한서(漢書)』주해에 나오는 관련 오류를 바로 잡고 와당 문자 연구의 시초를 열어 주었다.

　　남송의『속고고도(續考古圖)』는 최초로 '장락미앙(長樂未央)' 와당을 기재한 고적이다. 원나라『장안지도(長安志圖)』[26]에는 원나라 때 한대 와당들을 발견하던 당시 상황이 적혀 있다. "한와는 모양이 고풍스럽고 공예가 정교하다. 비록 흙먼지가 얼룩지고 형태도 어수선하지만 볼수록 새롭다. 어떤 사람이 와당 조각을 주어 보니 구불구불 고전자가 보일 듯 말 듯 새겨있는데 장신구인줄로 알았다. 자세히 보니 '장락미앙', '장생무극', '한병천하', '저서미앙', '만수무강', '영봉무강'라는 글자가 새겨있고 '상림'이라는 글자도 보인다. 옛날 어떤 자가 진창에서 진나라 와당을 주웠는데 '우양천세'라는 글자가 새겨있는 것을 보았다. 우양은 진무공의 왕궁이다. 이것은 옛날 사람들이 이정 뿐만 아니라 기와 한 조각에도 이름을 붙여줄 만큼 무엇을 허투루 만들지 않았음을 알게 해 준다.(漢瓦形制古妙, 工極精緻, 雖塵壞漬蝕, 殘缺漫漶, 破之如新. 人有得其瓦頭者, 皆作古篆盤曲隱起, 以爲華藻. 其文有曰'長樂未央', 有曰'長生無極', 有曰'漢並天下', 有曰'儲胥未央', 有曰'萬壽無疆', 有曰'永奉無疆', 亦有作'上林'字者. 昔人有于陳倉得秦瓦文曰'羽陽千歲'. 羽陽, 秦武王宮也. 以是知古人製作不苟, 雖一瓦甓, 必有銘識, 不特彝鼎爲然耳.)"

26　[元]李好文,『長安志圖』, 卷中『志圖雜說』, 西安: 三秦出版社, 2013年12月.

이미지로 읽는 고대문명

고서적에 나오는 이러한 서사 자료들은 와당 문자 내용과 역사 사실을 서로 매치시켜 주면서 우리들의 지식을 넓혀주고 인식을 강화하며 우리들의 궁금증을 속시원히 해결해 준다.

서까래와 와당 조각, 영원히 잊지 않으리

우리는 때로는 고토(故土)에서, 때로는 고지(故紙)로부터 와당과 만나 깨달음을 얻으며 선민들이 절절히 원했던 게 무엇이었을지 되새겨 본다. 얼음이 녹고 기와가 부서지는 빙소와해(冰消瓦解)는 결국 얼음을 녹이고 기와를 부수려는 의욕이니, 녹이고 부수는 것은 얼음과 기와가 아니고 인간세상의 추위와 온기이다. 와당은 탄생, 흥기, 번성의 과정이 있었지만 갈수록 쇠락하고 쇠퇴하다가 결국 은몰하고 만다. 성(成), 주(住), 괴(壞), 공(空)의 윤회는 마치도 그동안 와당 위에서 활짝 피어난 연꽃의 은유인 듯싶다. 와해가 새로운 도전을 예고하는 것처럼 말이다.

지난 일이 되어야 기념일이 되는 것처럼 동작연(銅雀硯)—동작와(銅雀瓦)로 만든 벼루—이것은 당연히 동작대(銅雀臺)가 무너지고 나서야 생겨났다. 동작연은 고업성(古鄴城) 유적지에만 있던, 극히 추승을 받았던 명품 벼루다. 동작연이 이름을 떨친 것은 와연(瓦硯)이 좋은 것도 있지만 위진이라는 풍운의 시대, 초연한 풍골을 가졌던 인물들에 대한 열렬한 추모와 떼놓을 수 없다. 북송 이래 수많은 문인들이 동작연을 찬양했다. "온 세상이 다투어 업와의 견고함을 칭찬하니, 업와 하나를 백금과도 바꾸지 않는다(擧世爭稱鄴瓦堅, 一枚不換百金頒)" 소식(蘇軾)의 시구에 나오는 말인데 업와(鄴瓦)를 징니연(澄泥硯)에 견주어 표현했다. 명나라 사람 최선(崔銑)은 『동작와연명(銅雀瓦硯銘)』에서 이 와연이 수일 동안 물을 담아 두어도 스며들지 않고, "붓을 사용하지 않아도 먹이 생기는(不費筆而發墨)" 이유는 동작와의 재질이 뛰어나서, 섬세하고 부드러우면서도 돌같이 견고했기 때문이라고 말한다. "동작대의 누가 폐기와를 모았을까, 명문에는 아직 건안 연호가 새겨져 있네(銅雀何人收廢瓦, 銘文猶記建安年)" 이는 송대 서악상(舒岳祥)의 칠언시 『동작와연(銅雀瓦硯)』에 나오는 문구다. 다행히 지금도 박물관에 가면 그때의 크고 두툼하고 견고한 동작 기와를 만나볼 수 있다. 우연히 얻어 걸린 동작와연이 과연 벼루계의 정종(正宗)인 단연(斷硯)을 넘어섰을까? 한 시대의 문종이었던 구양수(歐陽修)는 이런 말을 남겼다. "단석은 민간에서만 유행한 것이 아니고, 관에서도 세공품(歲貢品)으로 삼으니, 역시 다른 벼루들보다 품질이 좋다. 그러나 먹을 가는 경우는 열에 한 둘도 안 되고, 그저 가지고 놀 뿐이다.……굳이 옛기와가 아니더라도 무릇 기와라면 먹을 갈 수 있으니, 돌보다는 낫다(端石非徒重於流俗, 官司歲以為貢, 亦在他硯上. 然十無一二發墨者, 但充玩好而已…不必真古瓦, 自是凡瓦皆發墨, 優於石尔.)" 뜻인즉, 단연보다는 와연이라는 것이다. 그야말로 "진짜 명사는 스스로 풍류를 즐긴다(是真名士自風流)"라고 명성보다는 실용성에 충실했던 것이다.

송대 이후, 건축은 창문과 난간, 장지 등 목조 장식을 추구하면서 와당은 보편적이기는 하나 장식 기능이 점차 희미해지고 당면 크기도 작아졌다. 문양 장식은 수면문, 연화문, 화훼문 정도로 채워졌는데 그 중 수면문은 요금원 시기에 많이 유행하면서 연화문의 지배적 지위를 대

이미지로 읽는 고대문명

체하였다. 명대의 와당은 수면문과 용문이
주를 이루면서 연화문도 있었는데 노란색,
검정색, 녹색의 유리 와당이 많았다. 명청
이후 중국 건축 공예의 변화로 와당은 더
이상 필수가 되지 않았고 점차 사라졌다.

　송인들은 동작연의 매력에 끌려 고와를
찾아 나서고 청대에는 감천궁(甘泉宮)의 '장
락미앙'와당의 영향으로 와당 찾기 열풍이
일었다. 청인의 『진한와도기(秦漢瓦圖記)』는
와당의 원형을 모각한 최초의 와당 전문서
다. 그 뒤로 방와록(訪瓦錄)를 쓰는 사람들이
많아지면서 감탄을 자아내는 진한의 와문
(瓦文)들이 오늘날까지 전해지게 된 것이다.

　가령 인생에 무상함과 슬픔이 없다면,
죽음도 고통도 없는 신을 노래하는 사람은
어디에도 없을 것이다. 죽고 싶은 사람이 없
고 행복하고 싶지 않은 사람이 없으니 말이
다. 천지신명이 많은 이유는 우리의 염원과
축도가 그만큼 많기 때문이다. 인간에게는
어쩔 수 없는 것들이 있다. 늙을 수 밖에 없
고 언젠가는 죽게 되어 있으며 아무런 근심
걱정 없이 부귀영화만 누리는 삶이란 있을
수 없다. 어찌 되었든 하고 싶은 대로 하고
살 수는 없는 것이다. 따라서 사람들은 이러

그림 50 일입백금미천석 와당

그림 51 금오신조문 와당

그림 52 영수가복 와당

한 염원들을 견고한 돌이나 귀한 청동기에 새기고 건물의 가장 높은 곳에 걸어 두었던 것이다.

중국 전통 건축의 발전과 더불어 건물의 형태와 등급, 특히는 지붕의 등급, 치문(鴟吻) 양식, 잡상 수량면에서 모두 엄격한 룰이 있었다. 건물의 가장 높은 곳에 주렁주렁 자리하고 있는 와당에는 많은 축도가 깃들어 있었다. 와당은 점점 장식 효과를 내는 것으로 발전하는 듯이 보였지만 그 안에 담긴 축도의 의미는 결국 줄지 않았다. 치문(鴟吻)이나 처마 끝에 걸린 동물은 궁전이나 관서의 건물에나 있을 법하지만 와당은 모든 전통 건축에 사용되는 것이었다. 와당은 살짝 고개를 들면 보이는, 높지만 닿을 수 있는 높이에서 사람들에게 그토록 친근하면서도 신비로운 존재가 되었다. '장락미앙', '장무상망', '영수가복' 수없이 반복하며 나타나는 이러한 각화들은 사람들의 일관된 어떤 희기(希冀)의 표상이었다.

이미지로 읽는 고대문명

맺음말

흙은 물, 불과의 조화와 단련을 거쳐 새롭게 태어난다. 인간의 감정과 숨결은 대지의 자양분과 에너지를 받으며 와당과 함께 소생한다. 삼천년 세월동안 와당은 반원에서 원, 민짜에서 문양, 동물문, 식물문, 운문, 변형문에서 문자로, 구상에서 추상으로 변화 발전하는 역사를 써냈다. 그림이 있는 와당과 와당상의 이미지, 특히 사람들의 열정, 감정에서 비롯된 축도문자(祝禱文字)와 주신도상(駐神圖像)이 새겨졌다. 그 안에서 사람들은 작은 숨결로 흩어지는 진흙을 주워담아 가장 낮은 발밑 대지에서 생명이 깃든 실체를 매만지며 경건한 마음을 담아 자신을 지켜줄 최고의 신기(神祇)를 창조하였다.

건축 양식의 변화, 과학기술의 발전, 신형 원료의 출현으로 말미암아 현대 건축은 오래 전에 벌써 와당으로 건물의 내구성을 검증할 필요가 없게 되었다. 서까래나 기와 조각은 더 이상 우리가 고개를 들어 축복을 전할 수 있는 지붕 위에 있지 않다. 우리는 그것을 유리를 사이에 두고 눈으로 만질 수밖에 없다. 그럼에도 불구하고 와당은 여전히 신비롭다. 왜냐하면 그것에는 인류의, 줄곧 변함없는 가장 경건하면서 아름다운 축도가 들어 있기 때문이다. 사람들이 서까래나 기와 조각을 믿는 담녀, 사람들이 믿는 것은 결코 서까래나 기와 조각 자체가 아니라 그 안에 가득 담긴 정감, 애틋한 축도에 대한 믿음이며 천백년 동안 쌓이고 쌓인 사람들의 기억과 열망에 대한 믿음일 것이다.

1. 『白虎通義·五祀』, 『中國經學史基本叢書(一)』, 上海: 上海書店, 2012年.

2. 『抱樸子·登涉』, 上海: 上海古籍出版社, 1990年影印本.

3. 『春秋公羊傳注疏』, 上海: 上海古籍出版社, 1990年影印本.

4. 『東京賦』, 『張衡集』, 張在義, 張玉春, 韓格平導讀, 南京: 鳳凰出版社, 2020年.

5. 『韓非子·說林』, 『二十二子』, 上海: 上海古籍出版社, 1986年. 『莊子·逍遙遊』, 『二十二子』, 上海: 上海古籍出版社, 1986年.

6. 『漢書』卷90『酷吏列傳』, 北京: 中華書局, 1962年.

7. 『漢書·梅福傳』, 『二十五史』(1), 上海: 上海古籍出版社, 上海書店, 1986年影印本.

8. 『漢魏六朝筆記小說大觀』, 上海: 上海古籍出版社, 1999 年.

9. 『後漢書』, 北京: 中華書局, 2007年.

10. 『繪圖三教源流搜神大全』, 上海: 上海古籍出版社, 1990年影印本.

11. 『金剛經』, 心澄注釋, 揚州: 廣陵書社印, (佛曆二五五五年)2012年.

12. 『晉書·天文志』, 『二十五史』(2), 上海: 上海古籍出版社, 上海書店, 1986年影印本.

13. 『晉書·王猛傳』, 『二十五史』(2), 上海: 上海古籍出版社, 1986年影印本.

14. 『禮記正義·祭法』(下), 上海: 上海古籍出版社, 1990年影印本.

15. 『禮記正義·郊特牲』(上), 上海: 上海古籍出版社, 1990年影印本.

16. 『列仙傳』, 上海: 上海古籍出版社, 1990年影印本.

17. 『馬克思恩格斯選集』卷3『反杜林論』, 北京: 人民出版社, 2012年.

18. 『妙法蓮華經』, 心澄注釋, 揚州: 廣陵書社印, (佛曆二五五五年)2012年.

19. 『那先比丘經』, 『中華大藏經』, 北京: 中華書局, 1993年.

20. 『清稗類鈔·物品類』, 北京: 中華書局, 2003年.

21. 『山海經·海內東經』, 『二十二子』, 上海: 上海古籍出版社, 1986年影印本.

22. 『山海經·西次二經』, 『二十二子』, 上海: 上海古籍出版社, 1986年影印本.

23. 『山海經·西次三經』, 『二十二子』, 上海: 上海古籍出版社, 1986年影印本.

24. 『山海經·中次八經』, 『二十二子』, 上海: 上海古籍出版社, 1986年影印本.

25. 『山海經·中次六經』, 『二十二子』, 上海: 上海古籍出版社, 1986年影印本.

26. 『山海經·中次三經』, 『二十二子』, 上海: 上海古籍出版社, 1986年影印本.

27. 『詩經』, 周振甫譯注:『詩經譯注』, 北京: 中華書局, 2010年.

28. 『史記』, 宋裴駰集解, 司馬貞索隱, 張守節正義; 上海: 上海古籍出版社, 2011年.

29. 『史記』卷8『高祖本紀』, 北京: 中華書局, 1985年標點本.

30. 『史記』卷8『廉頗藺相如列傳』, 北京: 中華書局, 1985年標點本.

31. 『搜神記』, 『繪圖三教源流搜神大全』(外三種), 上海: 上海古籍出版社, 1990年影印本.

32. 『搜神記』卷4, 『繪圖三教源流搜神大全(外二種)』, 上海: 上海古籍出版社, 1990年影印本.

33. 『晏子春秋』, 陳濤譯注, 北京: 中華書局, 2016年.

34. 『異出菩薩本起經』, 『中華大藏經』, 北京: 中華書局, 1993年.

35. 『元史·輿服志』, 『二十五史』(9), 上海: 上海古籍出版社, 1986年影印本.

36. 『周禮注疏·夏官·校人』, 上海: 上海古籍出版社, 1990年影印本.

37. 『周易』楊天才, 張善文譯注:, 北京: 中華書局, 2011年.

38. 『莊子』, 陳鼓應注譯:『莊子今注今譯』, 北京: 中華書局, 1983年.

39. 『莊子·秋水』, 『二十二子』, 上海: 上海古籍出版社, 1986年影印本.

40. 『莊子集釋·外篇達生第十九』卷7, 『二十二子』, 上海: 上海古籍出版社, 1986年影印本.

41. 白壽彝:『中國通史綱要』, 上海: 上海人民出版社, 1980年.

42. 蔡絛:『鐵圍山叢談』卷4, 北京: 中華書局, 1983年.

43. 曹定雲:『殷墟婦好墓銘文研究』, 昆明: 雲南人民出版社, 2007年.

44. 陳根遠, 朱思紅:『屋簷上的藝術——中國古代瓦當』, 成都: 四川教育出版社, 1998年.

45. 陳鼓應:『莊子今注今譯』, 北京: 中華書局, 1983年.

46. 陳鍠:『古代帛畫』, 北京: 文物出版社, 2005年, 第頁.

47. 陳立:『白虎通疏證』, 北京: 中華書局, 2007年.

48. 陳師曾:『中國繪畫史』, 北京: 中華書局, 2010年.

49. 陳濤譯注:『晏子春秋』『內篇諫下二』, 北京: 中華書局, 2007年.

50. 陳兆複:『古代岩畫』, 北京: 文物出版社, 2002年.

51. 陳直:『關中秦漢陶錄』, 北京: 中華書局, 2006年.

52. 陳忠實主編:『中國古代瓦當珍賞』, 西安: 三秦出版社, 2008年.

53. 程敦:『秦漢瓦當文字』, 橫渠書院, 1787年.

54. 崔致遠:『補安南錄異圖記』,『全唐文』(5), 上海: 上海古籍出版社, 1990年影印本.

55. 村上和夫:『中國古代瓦當紋樣研究』, 從蒼,曉陸譯, 西安: 三秦出版社, 1996年.

56. 單士元:『故宮營造』, 北京: 中華書局, 2015年.

57. 鄧椿:『畫繼』卷10『雜說論近』, 北京: 人民美術出版社, 2004年.

58. 丁再獻,丁蕾:『東夷文化與山東·骨刻文釋讀』, 北京: 中國文史出版社, 2012年.

59. 董作賓,董敏:『甲骨文的故事』, 海口: 海南出版社, 2015年.

60. 杜預譯注:『左傳』, 上海: 上海古籍出版社. 2016年.

61. 段成式:『西陽雜俎』『前集卷十四』, 上海: 上海古籍出版社, 2012年.

62. 敦煌研究院:『沙漠明珠—敦煌』, 臺北: 大地地理出版事業股份有限公司, 1999年.

63. 範曄:『後漢書·銚期王霸祭遵列傳』, 北京: 中華書局, 1965年.

64. 方韜譯注:『山海經』, 北京: 中華書局, 2011年.

65. 房玄齡等:『晉書』卷92, 列傳第62『文苑』, 北京: 中華書局, 1974年.

66. 費爾巴哈:『宗教的本質』, 王太慶譯, 北京: 商務印書館, 2010年.

67. 馮冀才編:『中國木版年畫集成』, 北京: 中華書局, 2010年.

68. 馮驥才:『中國木版年畫集成』『內丘神碼卷』, 北京: 中華書局, 2009年.

69. 馮時:『中國天文考古學』, 北京: 中國社會科學出版社, 2010年.

70. 傅嘉儀:『中國瓦當藝術』, 上海: 上海書店出版社, 2002年.

71. 傅毅:『舞賦』, 費振剛等校注,『全漢賦校注』, 廣州: 廣東教育出版社, 2005年.

72. 幹寶:『搜神記』, 北京: 中華書局, 1979年.

73. 幹寶:『搜神記』卷18, 北京: 中華書局, 1979年.

74. 更秋登子編:『德格印經院藏傳木刻版畫集』, 成都: 四川民族出版社, 2002年.

이미지로 읽는 고대문명

75. 故宮博物院編: 『清宮圖典』10卷, 北京: 故宮出版社, 2020年.

76. 顧聲雷修, 張塤『興平縣誌』卷7『舊跡』, 乾隆四十四年(1779)刻本.

77. 郭璞: 『山海經圖贊·太華山』, 『漢魏六朝百家三集外三種』(二), 上海: 上海古籍出版社, 1994年.

78. 韓叢耀: 『踏查西藏秘境』, 臺北: 大地地理文化科技事業股份有限公司, 2001年.

79. 韓叢耀: 『圖像: 一種後符號學的再發現』, 南京: 南京大學出版社, 2008年.

80. 韓叢耀: 『圖像: 主題與構成』, 北京: 北京大學出版社, 2010年.

81. 韓叢耀: 『圖像傳播學』, 臺北: 威士曼文化事業股份有限公司, 2005年.

82. 韓叢耀主編: 『中華圖像文化史·岩畫卷』(上,下), 北京: 中國攝影出版社, 2017年.

83. 韓叢耀主編: 『中華圖像文化史·明代卷』(上,下), 北京: 中國攝影出版社, 2017年.

84. 韓叢耀主編: 『中華圖像文化史·秦漢卷』(上,下), 北京: 中國攝影出版社, 2016年.

85. 韓叢耀主編: 『中華圖像文化史·儒學圖像卷』, 北京: 中國攝影出版社, 2018年.

86. 韓叢耀主編: 『中華圖像文化史·宋代卷』(上,下), 北京: 中國攝影出版社, 2016年.

87. 韓叢耀主編: 『中華圖像文化史·隋唐五代卷』(上,下), 北京: 中國攝影出版社, 2019年.

88. 韓叢耀主編: 『中華圖像文化史·圖像論卷』, 北京: 中國攝影出版社, 2017年.

89. 韓叢耀主編: 『中華圖像文化史·魏晉南北朝卷』, 北京: 中國攝影出版社, 2016年.

90. 韓叢耀主編: 『中華圖像文化史·先秦卷』, 北京: 中國攝影出版社, 2016年.

91. 韓叢耀主編: 『中華圖像文化史·原始卷』, 北京: 中國攝影出版社, 2017年.

92. 河南安陽殷墟博物館印製: 『世界文化遺產——殷墟博物館』手冊.

93. 黃伯祿: 『集說詮真』, 上海: 慈母堂, 清光緒三十二年(1906).

94. 黃伯思: 『東觀餘論』, 北京: 中國書店, 2018年.

95. 黃德寬: 『書同文字』, 南京: 江蘇人民出版社, 2017年.

96. 紀曉嵐: 『閱微草堂筆記』(上), 上海: 上海古籍出版社, 1980年.

97. 蔣英炬, 吳文祺: 『武氏墓群石刻研究』, 濟南: 山東美術出版社, 1995年.

98. 克勞德·列維—斯特勞斯: 『結構人類學——巫術·宗教·藝術·神話』, 陸曉禾, 黃錫光等譯, 北京: 文化藝術出版社, 1989年.

99. 老聃: 『帛書老子校注老子』, 高明編, 北京: 中華書局, 1996年.

100. 李發林: 『齊故城瓦當』, 北京: 文物出版社, 1990年.

101. 李好文:『長安志圖』卷中『志圖雜說』, 西安: 三秦出版社, 2013年.

102. 李零:『待兔軒文存』, 南寧: 廣西師範大學出版社, 2015年.

103. 李守奎, 洪玉琴譯注:『揚子法言譯注』, 哈爾濱: 黑龍江人民出版社, 2003年, 第頁.

104. 李漁:『閒情偶寄』,『續修四庫全書』(1186), 上海: 上海古籍出版社, 2001年影印本.

105. 李約瑟:『中國科學技術史』, 北京: 科學出版社, 上海: 上海古籍出版社, 1999年.

106. 李澤厚:『美的歷程』, 合肥: 安徽文藝出版社, 1994年.

107. 酈道元:『水經注』, 北京: 首都師範大學出版社, 2007年.

108. 梁思成:『中國建築史』, 北京: 生活·讀書·新知三聯書店, 2011年.

109. 林家驪譯注:『楚辭』, 北京: 中華書局. 2015年.

110. 臨沂市博物館編:『臨沂漢畫像石』, 濟南: 山東美術出版社, 2002年.

111. 劉懷君, 王力軍:『秦漢珍遺·眉縣秦漢瓦當圖錄』, 西安: 三秦出版社, 2002年.

112. 劉文典:『淮南鴻烈集解(下)』卷20『泰族訓』, 北京: 中華書局, 1989年點校本.

113. 劉向:『列女傳』,『四部叢刊』(六十), 上海: 商務印書館縮印本, 1937年.

114. 魯迅:『魯迅全集』, 北京: 人民文學出版社, 1981年.

115. 呂思勉:『中國通史』, 北京: 中國華僑出版社, 2016年.

116. 馬昌儀:『古本山海經圖說』(上下卷), 臺北: 臺灣蓋亞出版社, 2009年.

117. 馬東峰, 張景忠:『用年表讀懂中國史』, 北京: 北京理工大學出版社, 2017年.

118. 馬淩諾斯基:『文化論』, 費孝通譯, 北京: 華夏出版社, 2002年.

119. 馬世年譯注:『新序』卷7『節士』, 北京: 中華書局, 2014年.

120. 毛治中注釋:『唐詩三百首』, 杭州: 浙江古籍出版社. 1994年.

121. 孟元老:『東京夢華錄·駕詣青城齋宮』卷10,『四庫全書』(589), 臺灣: 商務印書館, 1986年.

122. 孟元老:『東京夢華錄·清明節』卷7,『四庫全書』(589), 臺北: 商務印書館, 1986年.

123. 莫尼克·西卡爾:『視覺工廠』, 陳穎姿譯, 臺北: 成邦文化事業股份有限公司, 2005年.

124. 年希堯:『重修風火神廟碑記』,『道光浮梁縣誌』卷9, 南昌: 江西古籍出版社, 1996年.

125. 牛天偉, 金愛秀:『漢畫神靈圖像考述』, 開封: 河南大學出版社, 2009年.

126. 蒲松齡:『考城隍』,『聊齋志異(一)』, 上海: 上海古籍出版社, 1978年.

127. 錢存訓:『印刷發明前的中國書和文字記錄』, 北京: 印刷工業出版社, 1988年.

이미지로 읽는 고대문명

128. 錢君匋, 張星逸, 許明農編: 『瓦當彙編』, 上海: 上海人民美術出版社, 1988年.

129. 錢君匋編: 『瓦當彙編』, 臺北: 文史哲出版社, 2015年.

130. 錢穆: 『中國文化史導論』, 上海: 三聯書店, 1988年.

131. 屈原: 『楚辭·遠遊』, 北京: 中華書局, 2010年.

132. 屈原: 『九歌·河伯』, 『中國歷代詩歌選』上編(一), 北京: 人民文學出版社, 1964年.

133. 饒宗頤: 『符號, 初文與字母──漢字樹』, 香港: 商務印書館, 2015年.

134. 任虎成, 王保平: 『中國歷代瓦當考釋』, 西安: 世界圖書出版西安有限公司, 2019年.

135. 陝西省考古所秦漢研究室: 『新編秦漢瓦當圖錄』, 西安: 三秦出版社, 1986年.

136. 申雲豔: 『中國古代瓦當研究』, 北京: 文物出版社, 2006年.

137. 沈括: 『夢溪筆談』卷18『技藝·畢昇活版』, 上海: 上海古籍出版社, 2013年.

138. 司馬遷: 『史記』, 上海: 上海古籍出版社, 2015年.

139. 司馬貞: 『補史記·三皇本記』, 『二十史』(1), 上海: 上海古籍出版社, 上海書店, 1986年 影印本.

140. 斯坦因: 『西域考古記』, 向達譯, 北京: 商務印書館, 2013年.

141. 蘇軾: 『次韻章傳道喜雨』, 『東坡全集』卷7, 『八十七首』, 北京: 中國書店, 1986年.

142. 蘇軾: 『定風波·南海歸贈王定國侍人寓娘』, 上海: 上海古籍出版社, 2020年.

143. 蘇輿撰: 『春秋繁露義證』『循天之道』, 北京: 中華書局, 1992年.

144. 孫希旦: 『禮記集解』(中), 北京: 中華書局, 1989年.

145. 孫英剛, 何平: 『圖說犍陀羅文明』, 北京: 生活, 讀書, 新知三聯書店, 2019年.

146. 孫洙, 吳戰壘: 『唐詩三百首 唐詩三百首續編』, 杭州: 浙江古籍出版社, 1994年.

147. 湯用彤: 『漢魏兩晉南北朝佛教史』, 北京: 商務印書館, 2015年.

148. 唐諾: 『文字的故事』, 上海: 上海人民出版社, 2010年.

149. 唐豔: 『歎哉！紫禁城』, 北京: 外文出版社, 2012年.

150. 唐英: 『火神傳』, 『道光浮梁縣誌』卷9, 南昌: 江西古籍出版社, 1996年.

151. 藤枝晃: 『漢字的文化史』, 李運博譯, 北京: 新星出版社, 2005年.

152. 田亞岐, 孫周勇: 『椽頭乾坤』, 陝西古代瓦當, 西安: 陝西人民出版社, 2016年.

153. 塗小馬: 『老子』卷25『春秋(二)』, 大連: 遼寧教育出版社, 1997年點校本.

154. 脫脫: 『宋史·河渠志』, 北京: 中華書局, 1977年.

155. 汪紹楹校注:『搜神記』卷5, 北京: 中華書局, 1979年.

156. 王充:『論衡·雷虛』, 長沙: 嶽麓書社, 2015年.

157. 王綱懷:『止水集——王綱懷銅鏡研究論集』, 上海古籍出版社, 2010年.

158. 王嘉:『拾遺記』卷1, 北京: 中華書局, 1981年.

159. 王建中, 閃修山:『南陽兩漢畫像石』圖版34., 北京: 文物出版社, 1990年.

160. 王力軍:『秦漢珍遺·眉縣秦漢瓦當圖錄』, 西安: 三秦出版社, 2002年.

161. 王寧:『中國文化概論』, 長沙: 湖南師範大學出版社, 2000年.

162. 王辟之:『澠水燕談錄』, 呂友仁點校, 北京: 中華書局, 2006年.

163. 王世昌:『陝西古代磚瓦圖典』, 西安: 三秦出版社, 2004年.

164. 王樹村:『中國民間工藝全集: 民間紙馬』, 北京: 中國輕工業出版社, 2009年.

165. 王秀梅譯注:『詩經』, 北京: 中華書局, 2015年.

166. 王陽明:『傳習錄』, 費勇譯, 西安: 三秦出版社, 2018年.

167. 王雲五主編:『孟子今注今譯』, 重慶: 重慶出版社, 2009年.

168. 威爾伯·施拉姆:『人類傳播史』, 遊梓翔, 吳韻儀譯, 臺北: 遠流出版事業股份有限公司, 1994年.

169. 魏收:『魏書』, 唐長孺點校, 何德章編修, 北京: 中華書局, 2017年.

170. 吳承恩:『西遊記』, 北京: 新世界出版社, 2011年.

171. 吳融:『古瓦硯賦』, 董皓『全唐文』第09部卷820, 上海: 上海古籍出版社, 1990年.

172. 吳自牧:『夢梁錄·十二月』, 哈爾濱: 黑龍江人民出版社, 2003年.

173. 夏淥:『古文字演變趣談』, 北京: 文物出版社, 2009年.

174. 向達:『唐代長安與西域文明』, 上海: 三聯書店, 1957年.

175. 蕭師鈴:『中國古代文化遺跡』, 北京: 朝華出版社, 1995年.

176. 宿白:『唐宋時期的雕版印刷』, 北京: 文物出版社, 1999年.

177. 徐道:『列代神仙演義』(即『歷代神仙通鑒』), 瀋陽: 遼寧古籍出版社, 1995年.

178. 徐鉉:『稽神錄·建康人』卷2,『四庫全書』(1042), 臺灣: 商務印書館, 1986年.

179. 許進雄:『文字小講』, 天津: 天津人民出版社, 2016年.

180. 許慎:『說文解字』, 北京: 中華書局, 2013年.

181. 許慎:『說文解字』『孫氏重刊宋本說文序』, 杭州: 浙江古籍出版社, 2012年影印本.

이미지로 읽는 고대문명

182. 玄奘:『大唐西域記』, 董志翹譯注, 北京: 中華書局, 2012年.

183. 楊衒之:『洛陽伽藍記校注』, 範祥雍校注, 上海: 上海古籍出版社, 2018年.

184. 楊循吉:『除夜雜詠』,『楊循吉集』, 上海: 上海古籍出版社, 2013年.

185. 葉德輝:『書林清話』, 上海: 上海古籍出版社, 2008年.

186. 永瑢等:『四庫全書總目』, 北京: 中華書局, 1965年.

187. 虞兆湰:『天香樓偶得·馬字寓用』,『四庫存目叢書』(98), 濟南: 齊魯出版社, 1997年影印本.

188. 元鵬飛:『戲曲與演劇圖像及其他』, 北京: 中華書局, 2007年.

189. 袁枚:『續子不語·天后』卷1, 嶽麓書社, 1686年.

190. 袁玉紅編:『陳介祺藏古拓本選編瓦當卷』, 杭州: 浙江古籍出版社, 2008年.

191. 約翰·菲斯克:『傳播符號學理論』, 張錦華, 劉容玫, 孫嘉蕊, 黎雅麗譯, 臺北: 遠流出版事業股份有限公司, 1997年.

192. 張華:『博物志』, 上海: 上海古籍出版社, 1990年影印本.

193. 張童心, 黃永久:『禹王城瓦當——東周秦漢時期晉西南瓦當研究』, 上海: 上海古籍出版社, 2010年.

194. 張童心, 黃永久:『禹王城瓦當』, 上海: 上海古籍出版社, 2010年.

195. 張文彬:『新中國出土瓦當集錄·齊臨淄卷』, 西安: 西北大學出版社, 1999年.

196. 張文彬主編:『新中國出土瓦當集錄·甘泉宮卷』, 西安: 西北大學出版社, 1998年.

197. 張彥遠:『歷代名畫記』, 鄭州: 中州古籍出版社, 2016年.

198. 張蔭麟:『中國史綱』, 天津: 天津人民出版社, 2016年.

199. 趙璘:『因話錄』卷3, 上海: 上海古籍出版社, 1983年.

200. 趙孟頫:『秀石疏林圖』, 北京: 文物出版社, 2018年.

101. 趙翼:『陔余叢考·金龍大王』卷35, 上海: 上海古籍出版社, 2011年.

202. 趙翼:『陔余叢考·紙馬』卷30, 上海: 上海古籍出版社, 2011年.

203. 鄭爾康編:『鄭振鐸藝術考古文集』, 北京: 文物出版社, 1988年.

204. 鄭樵:『通志』, 北京: 中華書局, 1987年.

205. 鄭振鐸:『中國古代木刻畫史略』, 上海: 上海書店, 2006年.

206. 鄭振鐸:『中國古代木刻畫選集』, 北京: 人民美術出版社, 1985年.

207. 鄭振鐸編:『中國版畫史圖錄』, 上海: 中國版畫史社, 1940年.

208. 中國國家博物院編:『中國國家博物館藏文物研究叢書·瓦當』, 上海: 上海古籍出版社, 2019年.

209. 中國畫像石全集編輯委員會:『中國畫像石全集(2)』, 鄭州: 河南美術出版社, 濟南: 山東美術出版社, 2000年.

210. 中國畫像石全集編輯委員會:『中國畫像石全集(7)』, 鄭州: 河南美術出版社, 濟南: 山東美術出版社, 2000年.

211. 中國社會科學院考古研究所編:『商王朝文物存萃: 甲骨, 靑銅, 玉器』, 北京: 科學出版社, 2013年.

212. 中國社會科學院考古研究所編著:『中國古代天文文物圖集』, 北京: 文物出版社, 1980年.

213. 鐘嶸著, 周振甫譯注:『詩品譯注』, 北京: 中華書局, 1998年.

214. 2周曉陸主編:『中國消失的文字』, 濟南: 山東畫報出版社, 2014年.

215. 周心慧:『中國古代戲曲版畫集』, 北京: 學苑出版社, 1999年.

216. 朱思紅:『屋簷上的藝術: 中國古代瓦當』, 成都: 四川敎育出版社, 1998年.

217. 朱彧:『萍洲可談』卷2, 北京: 中華書局, 2007年.

번역에 참고한 기존 한국어 번역본들

김영문 외, 『문선역주』, 소명출판, 2010

김학주, 『새로 옮긴 시경』, 명문당, 2010

권용호, 『초사』, 글항아리, 2015

이치수·박세옥, 『조자건집』, 소명출판, 2010

이숙인, 『열녀전』, 예문서원, 1996

임동석, 『설원』, 동문선, 1996

이미지로 읽는 고대문명

일념·고행
- 들판 위의 넝마꾼

서기 2017년 1월 1일, 나는 가슴에 품고 있던 자신과의 약속을 이행하고자 선사시대 암각화가 있는 강소성 연운항시 장군애(將軍崖) 산기슭에 이르렀다. 먼 옛날 선민들의 영혼과 신앙이 서려 있는 태양해안을 굽어보며 그들과 함께 새해 첫날 따스한 햇살을 쬐었다. 그렇게 한참을 누워 있다가 나는 툭툭 털고 일어나 나의 북위 34도 미북—인류의 4대 고대문명 지대의 전야 도상 여행을 시작했다.

지인들은 나를 보고 이렇게 중대한 답사, 중요한 문화 미션은 좀 더 많은 시간을 투자하고 많은 인원을 참여시켜 연구성과가 훨씬 방대해 보이게 해야 한다며 만류했다. 몰라서 하는 소리다. 솔직히 나는 걸핏하면 연구성과를 내야 하는 일에 겁을 내는 사람이다. 그냥 혼자 조용히, 자유롭게 돌아다니고 싶을 뿐이다.

과실을 수확하는 일은 여럿이 함께 환호할 일이지만, 들판에서 넝마를 줍는 일은 혼자서 묵묵히 수행하는 게 아닌가. 비록 '고행'을 하면 재미없고 누구와 위안이나 의논을 할 수도 없다. 대신 '일념'을 얻을 수 있지 않은가. 생각에 몰두하여 세속에서 벗어나다 보면 어느새 고요한 이상의 경지에 다달아 있기도 한다.

혈혈단신으로 하늘땅을 마주하고 비바람이 몰아쳐도 목동의 피리 소리는 멈추지 않는다. 홀로 영혼과 함께 살고 선인들과 화음하면서 이렇게만 살고 싶구나.(子然獨行, 俯地仰天; 隨意風霜雨雪, 不改斷續牧笛. 堪與靈魂獨處, 冀同故圖和鳴. 吾心所願唯此耳.)

시멘트 숲속의 시끌벅적한 사람들 행렬, 틀에 박힌 팍팍한 생활, 복잡한 인간관계, 도시인의 삶은 숨 막히고 답답하다. 일탈은 일종의 사치이고 떠돌아 다니는 일은 더할 나위 없이 좋은 일이다. 하물며 시골에서 태어난 나로서는 들에서 뛰놀고 강에서 물고기 잡고 언덕에서 소와 양떼 방목하며 피리 불고 하는 일만큼 신나는 일도 없다. 나로서는 살면서 가장 골치 아픈 일이 '학술연구'라고 하고 싶지만, 운명은 장난하듯 나를 학술더미에 빠뜨려 허우적대게 한다.

들판 위를 홀로 돌아다니는 것을 좋아하는 사람, 그렇게 떠돌아 다니면서 올라오는 생각들은 험난한 고행이 가져다 주는 최고의 진언이다. 언젠가 어떤 책의 말미에 나는 이렇게 터놓은 적이 있다. '생각하며 떠돌기' 또는 '떠돌면서 생각하기'는 "내가 21세기 첫날, 대만 화련(花蓮) 해변가에서 태평양을 바라보며 시작되었다", 때는 바로 2000년 1월 1일, "떠돌기로 작심한 날"이다.

떠돌면서 생각하기, 이것은 젊은이가 하기에는 적합하지 않다. 생각할 만한 자본이 주어지기 않았기 때문이다. 그렇다고 늙어서 하기도 곤란하다. 떠돌아 다닐만한 체력이 없으니 말이다. 그때 떠돌아 다니며 얻어 모은 '말 쪼각'들을 묶어서 책으로 출판했다. "어떤 것은 현대화한 도시 속에, 어떤 것은 시골집 밭머리에, 또 어떤 것은 고대 로마의 폐허 속에, 아리산, 일월담의 안개 속에 숨어 있었다. 버클리 캠퍼스에, 히말

이미지로 읽는 고대문명

라야 망망 설역에, 루아강의 요새에, 신강 대고비 사막에, 유럽 북극권의 추운 긴 밤에, 수려한 강남의 어떤 마을 한 구석에, 서양의 어느 박물관, 미술관, 교회당에, 동방의 어느 문명 유적지의 어느 모퉁이에…" 그때 나는 종이책을 손에 쥐고 "전 세계를 일주하며 세상에서 가장 미련한 짓, 그러나 나로서는 가장 행복한 일을 했다. 무엇보다도 생각과 육신의 동행을 원했으니 말이다."(『이미지: 포스트 기호학의 재발견』, 2008) 망망한 들판 위에서 말없이 넝마를 줍기로 마음을 먹었다.

홀로 고독한 밤길을 걷는 나그네에게 마을이 주는 유혹은 크다. 특히 심한 갈증이 밀려올 때 귓가에 들려오는 개짖는 소리, 반짝이는 불빛과 전해지는 따스함, 인적이 가까워짐에 따라 지친 발걸음은 점점 빨라지건만 개짖는 소리는 점점 커지고 많아지면서 나의 접근을 거부하고 온기를 감추려고 한다. 하는 수 없이, 나는 마을을 에돌아 가던 길을 계속하며 걷고 또 걷는다. 개짖는 소리를 뒤로 하고 말이다. 그 와중에 주인을 향한 개의 충성심에 알 수 없는 감동을 느끼기도 하고, 캄캄한 밤에 나를 길동무해 준 소리들에 깊은 고마움을 느끼기도 하였다. 하긴 깊은 밤을 삼켜 먹으려 결심한 행자에게 마을의 따뜻함에 발목이 잡힐 일은 거의 없을 것이다.

북위 34도 미북, 들판 위의 이번 고행은 아마도 지금껏 내가 가장 길게 걸어 본 길이 아닌가 싶다. 그리고 이 생에서는 아마도 마지막이 아닐까 싶다. 나는 동쪽에서 서쪽으로 인류의 4대 고대문명(화하문명, 고인도문명, 고바빌로니아문명, 고이집트문명)의 발원지를 따라 걸으며 생각하며, 오로지 나의 들판 이미지에만 전념하며, 바로 여기 북위 34도 미북 지대에 가려진 베일을 벗겨내며 저 멀리 떨어진 문명들을 보다 가까이 만나 보려 했다.

첫 번째 구간은 연운항에서 서안(西安)까지인데 중간에 서주(徐州), 개봉(開封), 정주(鄭州), 낙양(洛陽), 삼문협(三門峽)을 경유한다. 두 번째 구간은 서안에서 쿤자랍(紅其拉甫)까지다. 경유지는 보계(寶鷄), 천수(天水), 장액(張掖), 돈황(燉煌), 누란(樓蘭), 키질(克孜尔), 호탄(和田), 카스(喀什) 등 지역이다. 이 두 구간은 주로 중국 내 화하 문명사의 명문과 전기의 역사적 이미지에 대해 고찰하였다. 세 번째 구간은 전부 외국이다. 주로 고바빌로니아문명, 고이집트문명, 고인도문명, 고황하문명고인도문명, 고바빌로니아문명과 고이집트문명(그중 고로마문명, 고그리스문명 포함)을 반영하는 명문과 전기 사적 이미지에 대해 고찰하였다. 쿤자랍에서 국경을 넘으면서 처음으로 도착한 곳은 카슈미르(kashmir)지역이다. 다음은 파키스탄, 아프가니스탄, 이란, 이라크, 시리아, 이스라엘, 터키, 이탈리아, 키프로스(Kypros), 그리스, 이집트 등 지역을 둘러보았다. 더 넓고 광활한 들판을 누비기 위해 출발지인 화하에서 조금 더 머물며 영향력이 큰 몇몇 명사(銘史), 전사(傳史) 이미지에 대해 깊이 음미해 보는 시간을 가졌다.

북위 34도 미북의 동쪽에서 서쪽에로 향하는 축선을 따라 넝마주이를 시작하려면 우선 다리힘이 좋아야 하고 마음이 바르고 순수해야 한다. 다음, 눈빛이 맑아야 초심으로 그림을 마주할 수 있다. 걷고, 보고, 느끼면서 명사와 전사 이미지에 대해 살아 숨쉬는 것으로 관찰하였다. 고대 문명지대의 문명 현장, 역사 분위기를 몸소 체험하며 알고 배우고, 역사 문화 환경 속을 헤집고 들어가 지식과 깨달음을 얻으며 그 문화와 문명에 대해 새롭게 인식하고 이해하였다. 그 과정에서 문명 본연의 형태와 최초의 모습을 찾아내고 전혀 알지도, 보지도 못했던 것들을 발견하면서 마음속에 품고 있던 수수께끼들을 하나둘 풀었던 게 아닌

이미지로 읽는 고대문명

가 싶다.

넝마꾼, 문맹(文盲)이라고 도맹(圖盲)일 이유는 없다. 일자무식이라고 그림을 모른다고 할 수도 없다. 아마 그래서 피할 수 없는 선택을 하였을지도 모른다.

이미지는 직관적이고 편하여 쉽게 읽힌다. 그렇다고 그것을 제대로 읽어내는 것도 쉬운 일은 아니다. 이미지는 신이 인간에게 내린 최고의 지혜이자 가장 혹독한 시험이기도 하다. 그는 세상 가장 신비로운 비밀 번호를 누구나 찾을 수 있고 알아 볼 수 있는 도식에 적어 넣고 그 비밀의 열쇠를 도식 속에 깊숙이 숨겨 두었다.

이미지는 단순해 보이면서 회삽하고, 직관적이면서도 난해하다. 이미지는 오래 음미하고 오래 찾아내며 천천히 깨달을 수 밖에 없다.

내가 그동안 여러 자리에서 반복해서 한 말이지만 인류가 역사를 기록하고 세계를 파악하며 문명을 전파하는 방식에는 주로 두 가지가 있다. 하나는 어문(말, 언어, 문자, 코드 등)을 매개로 한 선형 구조의, 통시적, 논리적 기술과 전파의 방식이고 다른 하나는 이미지(도안, 그래픽, 영상, 그래픽 코드 등)를 매개로 한 면형 구조의 공시적, 감성적 묘사와 전파의 방식이다. 어문적 기술의 전파 방식은 인류가 오천년 가까이 문명을 기록하고 파악하고 전파하는 수단으로 삼아온 것으로서 이미 충분한 발전과 인류 사회의 절대적 인정을 받았다. 반면, 수천, 수만년의 역사를 지니면서 대량의 역사 문화 정보를 보유하고 있는 이미지의 표징과 전파 형태에 대해서는 마땅한 중시와 충분한 과학적 해석을 받지 못하는 형편이다. 이미지 전파 형태와 어문 전파 형태의 논리적 인과 관계는 적절한 접점을 찾지 못한 채 외면되고 있고 이미지로서 역사를 파악하는 전파 형태 또한 체계적인 정리와 구현을 받지 못하고 있다.(A Brief History of Image Science and Technology in China, 2018) 지금 하고 싶은 말도 여전히 이 말이다.

이미지 형태는 한 민족의 가장 유구한 문화 기호로서 그것은 일종의 상징적 형태일 뿐만 아니라 상사적(相似的) 형태이며 암시성 형태이기도 하다. 요즘같이 디지털 기술이 뒷받침되는 시대에 이미지는 하나의 취합적인 형태를 취하기도 한다. 이미지는 한 민족의 문화적 DNA를 흔적 또는 생적으로 담고 있으며 문자에 비해 더욱 오래되고 직관적이며 진실하다. 이미지는 그 자체로 시각 전파의 지시성, 상징성, 모사성, 흔적성 등 우세를 지니며 인류의 물질 또는 비물질 문명을 이어받은 원생(原生) 형태를 기록한다. 그 안에 담긴 비할 바 없이 풍성하고 풍요로운 인류 역사 문화의 내핵이 또 인류로 하여금 그들이 매 한 차례 사회 변혁, 거대한 자연재해와 맞닥뜨릴 때마다 회생과 궐기의 힘을 갖게 하였다.(『도상론(圖像論)』, 2017) 중화민족이 쉼 없이 걸어온 문명 과정은 이미지의 정신적 힘이 어디에 있는지를 여실히 보여준다.

역사를 기록하고, 문명을 전승하며 세계를 표증(表證)하는 이미지의 해독 방식은 우리가 생각하는 것만큼 단순하지 않다. 이미지마다 세계를 그려내는 방식이 각양각색이기 때문이다. 또한 이미지 정보와 문자 정보가 서로 중첩될 때 이미지 분석은 더욱 심오해지고 어려워진다. 오래된 이미지가 '역사의 본모습'을 재현하고 '제 집'을 찾아가도록 해 주는 일은 행자가 평생 동안 행해야 하는 일이며 끝까지 비바람을 헤쳐가며 완성해야 할 일이다.

덩굴식의 이번 들판 행군은 길고 험할 수밖에 없었다. 하나의 이미지를 대할 때마다 나는 인류의 문화 모반을 마주한 것마냥 그것을 가려내고 읽어내려고 애썼다. 그러다 어느새 어머니의 품속으로 돌아간 듯

이미지로 읽는 고대문명

젖향기를 맡고 있었고 또 갓난아기마냥 그것을 빨고 있었다.

기꺼이, 원없이 흠뻑 빠졌노라.
일편단심으로 홀로 걸었노라.
들판 위의 넝마꾼이 되어,
인류 문명의 댕기 위를 걸었노라.

한충야오(韩丛耀)

초고 2020년 10월 25일 중양절에.

재고 2021년 1월 9일 창하이병원에서.

퇴고 2021년 9월 10일 스승의 날에.

지은이 | **한충야오**(韓丛耀, Han Congyao)
南京大學校 新聞傳播學院/歷史學院 教授
中華圖像文化研究所 所長

현재 중국에서 도상사학, 미디어학, 예술학 등 영역에서 권위자로 활동하고 있으며 지금까지 150편의 논문을 발표하였다. 저서 45편, 교재 5편을 집필 또는 편찬하였으며 그 중 17편은 영어, 독일어, 일본어, 한국어로도 번역되면서 세계적인 주목을 받기도 하였다. 중국 국가사회과학 대형 프로젝트 5건, 국가신문출판서 중점 프로젝트 4건, 성급 프로젝트 12건, 국제과학연구 프로젝트 2건을 수행하면서 눈부신 성과를 이뤘다. 중국 내 개인 예술 부분 최고 영예인 '중국촬영황금상(평론 부문)'을 2년 연속(제8회, 제9회) 수상하였으며 그 외에도 중국 내 대학 과학연구 우수성과 은상 2회(제7회, 제8회), 제4기 중화우수출판도서상, 강소성 철학사회과학 우수성과 금상 등 수상 경력을 갖고 있으며 2022년에는 중국 대학 평가 기관에서 뽑은 '중국 중대공헌학자'에 선정되었다.

옮긴이 | **오성애**(吳聖愛, Wu Shengai)
中國海洋大學校 外國語學院 韓國語學科 副教授
『중국 청도 조선족 언어의 사회언어학적 연구』, 『韩国的近代转型』 등 저서 또는 역서를 펴냈고 중국 국가 사회과학원 번역 프로젝트, 교육부 인문사회과학 연구 프로젝트를 다수 수행하였다. 논문으로는 「조선족 단체 대화방의 코드 전환과 코드 혼용 양상에 대한 연구」, 「'上'의 문법적 기능에 대한 한중일 대조 연구」 등이 있다.

최정섭
연세대학교에서 문학박사 학위를 취득하고 현재 안양대학교 HK연구교수로 재직 중이다. 역서로는 『텍스트의 제국』, 『고대 중국의 글과 권위』, 『청말 중국의 대일정책과 일본어 인식』, 『위대한 중국학자』(공역) 등이 있고, 다수의 연구논문을 발표하였다.